Le contentieux judiciaire et arbitral

des contrats internationaux du Cameroun

Joseph Stella Francis Magloire ZOCK ATARA À NGONN

Le contentieux judiciaire et arbitral

des contrats internationaux du Cameroun

Préface de Alain Didier Olinga

Avant-propos de Félix Onana Etoundi

L'Harmattan

5-7, rue de l'École-Polytechnique, 75005 Paris
http://www.editions-harmattan.fr
ISBN : 978-2-343-13823-7
EAN : 9782343138237

DÉDICACE

À

Hélène Marguerite Zock Atara à Ngonn,

Agnès-Reine Baran à Zock

Astrid Manuela F. Queen Engome à Zock

REMERCIEMENTS

Mes remerciements vont au Professeur *Daniel Dormoy* de l'Université de Paris Sud 11 qui avait accepté de diriger notre thèse de doctorat unique en droit ; au Professeur *Alain Didier Olinga*, le Chef de Département de droit international à l'Iric, qui a accepté de préfacer cet ouvrage, après avoir soutenu, organisé et réorganisé notre réflexion ; au Docteur *Félix Onana Etoundi*, Directeur général de l'Ersuma qui a accepté de signer l'avant-propos de cet ouvrage ; à Madame le Docteur *Lisette Elomo Ntonga*, Directrice du Cabinet du Président du Parlement africain à l'Union Africaine (AU), Ancien Secrétaire général des Universités de Yaoundé I et Yaoundé II, Ancien Directeur de l'Iric et fondateur des nouvelles filières, dont la filière contentieux international ; au Professeur *André Akam Akam*, Doyen de la Faculté des Sciences Juridiques et Politiques de l'Université de Douala ; maître *Ndjawa Samuel Valentin*, Conseiller technique à l'Agence de Régulation des Télécommunications du Cameroun (ART) ; monsieur *Blaise Abel Ezo'o Engolo*, directeur national des Assurances au Cameroun ; à Monsieur *François Mballa Mekongo*, Journaliste principal, Juriste, Directeur Juridique à Électricité du Cameroun (EDC) ; au Docteur *Patrice William Ondoa*, Messieurs *Tchue André*, Cadre supérieur des Assurances diplômé du Cnam à Paris, *Yves Kamga Youte* et *Robert Lesage Ndame Lobè* en France, pour leur inestimable soutien.

Je voudrais également remercier des professionnels du droit, en l'occurrence : Monsieur *Jean Paul Kouam Tekam*, magistrat hors hiérarchie, ancien directeur des Affaires non répressives, conseiller à la Cour Suprême du Cameroun ; Monsieur *Michel Mahouve*, magistrat hors hiérarchie, directeur des Affaires Non Repressives au Ministère de la Justice ; Monsieur *Akoa Philippe*, magistrat hors hiérarchie, Ancien Directeur des Affaires Juridiques (Minfi), Directeur Général du Feicom ; docteur *Alexandre Anaba Mbo*, magistrat hors hiérachie, Président du Tribunal Administratif du Centre ; Monsieur *Henri Eboa*, magistrat, Procureur de la République près le Tribunal de Grande Instance du Wouri ; Monsieur *Benoît Mevoua*, magistrat, chef de la Division des Affaires Juridiques au Ministère de l'Économie et du Plan ; Monsieur *Ngwem Honoré,* Ancien Directeur des Affaires Juridiques (Minfi) ; *maître Diana Acha Morfaw,* Maître *Lydienne Yen Eyoum ;* Maître *Yolande Ngo Minyogog ;* Maître *Jeanne Françoise Yapmi ;* Maître *Akere Muna* (Ancien Bâtonnier)*;* Maître *Emmanuel Tang (Ancien Président de l'Assemblée Générale du Barreau du Cameroun) ;* Maître *Charles Nguini,*

Maître *Abraham Ndoumbè,* Maître *Rolin Bernard Njoya,* Maître *Joseph Nguefack*, Avocats au Barreau du Cameroun. Je n'oublierai pas de citer, le Bâtonnier *Robert Dossou*, Ancien Président de la Cour Constitutionnelle du Benin : Maître *Nadine Dossou*, Avocat au Barreau du Benin, Secrétaire d'un Tribunal arbitral Ad hoc ; le Professeur *O.O. Laleye*, Arbitre ad hoc, de l'Université du Benin ; Maître *Mendes Antunes,* Maître *Chifflot Bourgeois,* Maître *Benoît Lebars,* Maître *Michael Ostrove,* Maître *Jean-Claude Midelel à Don,* Maître *Gilles Dingome,* Maître *Ariel Goldmann* du Barreau de Paris, Maître *Denis Bensaude*, Avocat aux Barreaux de Paris et New York ; maître *Ben Ndi* du Barreau de New York ; maître Sophie *Beker Kenfack Kamga,* Avocat Stagiaire au Barreau du Cameroun, en spécialisation à Sciences politiques Paris. Aux côtés de ces avocats, j'ai expérimenté la pratique du contentieux des contrats internationaux du Cameroun.

Enfin, mes sincères remerciements et toute ma reconnaissance à mes défunts parents, Monsieur *Ngonn à Zock Jacques Joseph* et son épouse Madame *Ngonn née Kerefeg*[1] *Baran à Bessagnen Agnès Thèrèse* ; cette dernière avait effectué le déplacement de la soutenance de ma thèse de doctorat à Paris, pour tous vos sacrifices pour faire de moi un homme ; à Madame *Marthe Rael Bidias Kos épouse Lidam*, Spécialiste du contentieux international et de l'arbitrage (Iric), mon Assistant-Juriste au sein de la Société camerounaise de contentieux international ; enfin à Monsieur *Collins Guela,* Infographiste, un très vieil ami, qui a accepté de réaliser la mise en forme définitive de cet ouvrage, et à toutes autres personnes dont l'apport est réel et dont j'ai omis le nom.

[1] Kerefeg en langue bafia, inégalable, qu'on ne peut comparer ; c'est tout dire, une grande femme.

SOMMAIRE

PRÉFACE

Le sujet que le Docteur Zock Atara à Ngonn Joseph Stella Francis Magloire explore dans l'ouvrage qu'il m'est particulièrement agréable de présenter aux lecteurs, est d'un intérêt capital et d'une évidente actualité.

Il l'est, bien sûr, en raison du développement considérable des échanges internationaux, phénomène mondial qui se joue des frontières et dont on peut affirmer qu'il est transnational par vocation.

D'emblée, on comprend que parmi les divers instruments internationaux notamment les accords, les marchés, le contrat international est particulièrement, au cœur des modes d'échanges des produits et des services, en passe de conquérir le monde. C'est cet instrument technique, cet outil de régulation des rapports économiques et transnationaux, qui est au centre de l'ouvrage de Monsieur Zock.

Pour le saisir avec quelque intelligibilité, il a fallu procéder à une analyse circonstancielle des modes de négociation et d'exécution des contrats internationaux au Cameroun ; en insistant particulièrement sur les modalités de règlement des différends liés à l'interprétation ou à leur exécution.

Ce faisant, le Docteur Zock Atara est parvenu avec bonheur à clarifier l'apport de ces contrats dans la dynamique de développement du Cameroun ; et l'on peut retenir à cet égard que, si les résultats ne sont pas toujours probants ou optimaux, la responsabilité est imputable moins à l'outil technique qu'est le contrat international de développement, qu'à la capacité pour l'acteur camerounais avec son système administratif à le manager de manière profitable.

L'intérêt de la contribution de cet ouvrage à l'appréhension et à la compréhension d'ensemble de cette question tient à la synthèse globale que l'auteur offre dans l'examen des contrats internationaux passés par l'Etat du Cameroun et ses démembrements. Son apport réside par ailleurs, dans la pertinence des analyses et des réflexions toujours fondées sur une connaissance pratique de quelques contrats internationaux privés, dont l'auteur a eu connaissance à l'occasion des conflits d'exécution qui sont survenus.

En outre, l'une des analyses porte sur la consécration de l'inexistence de toute tentative du préalable de l'arrangement à l'amiable. À ce sujet, l'auteur parvient à démontrer l'intérêt pour les parties à épuiser l'étape de l'arrangement amiable des différends ; ce d'autant que les différents règlements d'arbitrage et autres codes et lois ont élaboré une procédure fructueuse dans ce domaine.

Sur un plan personnel, l'aisance analytique de Monsieur ZOCK tient certes d'abord aux qualités intellectuelles de l'auteur, mais aussi à l'expérience acquise par sa participation en qualité d'expert auprès de groupes de travail et d'organismes comme intervenant, représentant de l'État ou encore arbitre dans les contentieux des contrats internationaux.

L'auteur a une qualité : il sait exprimer ses connaissances en une forme qui va droit à l'essentiel dans l'évocation des problèmes. Il en résulte une clarté et un intérêt soutenu pour la lecture de ce livre.

Par ailleurs, les qualités qui s'expriment dans cet ouvrage procurent au signataire de ces lignes, la joie de dire l'estime en laquelle il tient celui qui est devenu, depuis sa thèse de doctorat, un praticien affirmé, un expert reconnu, un enseignant écouté.

On admire la vitalité et la puissance de travail qui lui ont permis d'apporter, en quelques années de nombreuses contributions ponctuelles et très spécialisées dans le domaine du règlement des litiges commerciaux internationaux en général, et notamment celui de l'arbitrage en particulier. Celle-ci, de plus grande envergure, pourra alimenter la réflexion de tous ceux, juristes d'entreprises, conseils, praticiens ou universitaires qui sont concernés par ces questions de grande actualité, qui font apparaître les nouvelles formes d'extériorisation des volontés et les nouvelles modalités d'exécution des transactions.

Conçu comme une présentation d'ensemble des contrats internationaux du Cameroun, ce livre du **Docteur Zock** vient à son heure. Nul doute qu'il rencontrera auprès des lecteurs l'audience qu'il mérite.

Professeur Alain Didier Olinga
Professeur Titulaire des Universités
Chef de département de droit international
Institut des Relations Internationales du Cameroun (IRIC)
Conseiller technique, ministère de la Défense (Cameroun)

AVANT-PROPOS

C'est un agréable plaisir que d'être invité à signer l'avant-propos d'un ouvrage sur *Le contentieux judiciaire et arbitral des contrats internationaux du Cameroun* ; le sujet étant d'une constante actualité.

En effet, à l'heure où les grands contrats de la commande publique font feu de tout bois au Cameroun pour en faire un pays émergent, sans oublier le foisonnement des contrats de commerce international, l'ouvrage du Dr. Zock Atara à Ngonn vient à point nommé pour offrir aux politiques, aux opérateurs économiques, aux acteurs juridiques et judiciaires, aux universitaires, un visage complet des divers contrats internationaux conclus au Cameroun tant dans leur phase d'élaboration ou de conclusion, que sous l'approche de leur exécution.

Si tant est vrai que le renouvellement du rôle de l'État dans les relations économiques internationales rend la problématique complexe et banalise la distinction droit international privé et droit international public en la matière ; toujours est-il que les contrats internationaux au Cameroun se trouvent également au cœur de la préoccupation du droit Ohada. Car, si jadis, la plupart des affaires impliquant l'État du Cameroun et bien d'autres États africains se réglaient devant les juridictions judiciaires ou arbitrales étrangères, la tendance est toute autre aujourd'hui. Les États de l'Ohada ont l'incroyable opportunité de recourir au droit uniforme Ohada, et à l'arbitrage de la Cour Commune de Justice et d'Arbitrage qui offrent des garanties certaines de crédibilité et de célérité dans le règlement du contentieux international des affaires.

En tout état de cause, avec l'avènement de l'Ohada et des Actes uniformes qui constituent le droit dérivé, l'existence d'une Cour Commune de Justice et d'Arbitrage et son système d'arbitrage amène à croire que le débat contemporain sur les juridictions traditionnelles qui connaissaient jusque-là du contentieux des affaires, aura tout un autre visage.

Tout le mérite reviendra aux juristes africains en général et camerounais en particulier, qui ont la lourde responsabilité de négocier et conclure les contrats internationaux, aux juges et arbitres de rendre des jugements et sentences arbitrales crédibles, pour rassurer les investisseurs étrangers sur la crédibilité du règlement du contentieux né de leur exécution des contrats internationaux.

L'auteur que je connais personnellement, a l'art de convaincre par la force de ses idées, et inspire de ce point de vue une sympathie intellectuelle à la hauteur de ses mérites.

Je voudrais par conséquent souhaiter un accueil certain à cet ouvrage qui dévoile la réalité de la vie juridique, judiciaire et arbitrale de nos États, bien au-delà des immunités de juridiction et d'exécution dont ils bénéficient, et qui demeure toute une autre problématique dans l'exécution des contrats internationaux.

Docteur Félix Onana Etoundi
Magistrat
Docteur d'État en Droit des Affaires
Enseignant HDR
(Université de Pau et des Pays de l'Adour)
Expert de l'Institut Français d'Experts Juridiques
Internationaux (IFEJI) de Paris
Directeur Général de l'Ersuma

PRINCIPALES ABRÉVIATIONS

AFD	:	Agence Française de Développement
AID	:	Agence Internationale de Développement
ARMP	:	Agence de Régulation des Marchés Publics
BAD	:	Banque Africaine de Développement
BADEA	:	Banque Arabe pour le Développement Economique en Afrique
BDF	:	Banque de France
BIRD	:	Banque Internationale pour la Reconstruction et le Développement
BIT	:	Bilateral Investments Treaties
BM	:	Banque de Montréal
BNP	:	Banque Nationale de Paris
BUE	:	Banque de l'Union Européenne
CAA	:	Caisse Autonome d'Amortissement
CA	:	Cour d'Appel
CAMAIR	:	Cameroon Airlines
CAMSHIP	:	Cameroon Shipping Lines
CAMSUCO	:	Cameroon Sugar Company
CAMTEL	:	Cameroon Telecommunications
CAY	:	Chambre Administrative de Yaoundé
CCass	:	Cour de Cassation
CCF	:	Crédit Commercial de France
CCI	:	Chambre de Commerce Internationale
C Civ.	:	Code Civil
Ccja	:	Cour Commune de Justice et d'Arbitrage de l'Ohada
C2D	:	Contrat de désendettement et de Développement
CDC	:	Cameroon Development Coorporation
CEAC	:	Communauté Economique de l'Afrique Centrale
CEDEAO	:	Communauté Economique des États de l'Afrique de l'Ouest
CFJ	:	Cour Fédérale de Justice
CFJ/AP	:	Cour Fédérale de Justice, Assemblée Plénière
C.F.J/SCAY	:	Cour Fédérale de Justice, Section de la Chambre Administrative de Yaoundé
Cemac	:	Communauté Economique et Monétaire des États de l'Afrique Centrale

CEPER	:	Centre d'Édition et de Production pour l'Enseignement et la Recherche
CHOCOCAM	:	Chocolaterie, Confiserie Camerounaise
CIA	:	Cour Internationale d'Arbitrage
CIJ	:	Cour Internationale de Justice
CIMENCAM	:	Cimenteries du Cameroun
Cirdi	:	Centre International pour le Règlement des Différends relatifs aux Investissements
CNUDCI	:	Commission des Nations Unies pour le Droit Commercial International
C.N.R.	:	Caisse Nationale de Réassurance
COCAM	:	les Contres Plaqués du Cameroun
C.P.E.	:	Commune de Plein Exercice
CPJI	:	Cour Permanente de Justice Internationale
CREVCAM	:	Société des Crevettes du Cameroun
CRTV	:	Cameroon Radio and Television Coorporation
CS	:	Cour Suprême
CS/CA	:	Cour Suprême, Chambre Administrative
CTPL	:	Commission Technique de Privatisation et des Liquidations
CTS	:	Comité Technique de Suivi
DGTC	:	Direction Générale des Grands Travaux du Cameroun
DP	:	Dalloz Périodique
E.Cam.Occ.	:	Ex Cameroun Occidental
E.Cam.OR.	:	Ex Cameroun Oriental
ERSUMA	:	École Régionale Supérieure de la Magistrature de l'Ohada
FECAFOOT	:	Fédération Camerounaise de Football
FED	:	Fonds Européen de Développement
FEICOM	:	Fonds Spécial d'Équipement et d'Intervention Intercommunale
FMI	:	Fonds Monétaire International
GETRAM	:	Générale des Travaux Métalliques
GIBL	:	Golf International Bank Limited
GIBBSC	:	Golf International Bank BSC
GICAM	:	Groupement Inter patronal du Cameroun
HEVECAM	:	Société des Hévéas du Cameroun
HCF	:	High Court of Fako
JORFC	:	Journal Officiel de la République Fédérale du Cameroun
JORUC	:	Journal Officiel de la République Unie du Cameroun

ICA Base	:	Base de données du Secrétariat de la Cour Internationale d'Arbitrage
IDI	:	Institut du Droit International
IDAI	:	Institut du Droit des Affaires Internationales
IDLO	:	International Development Law Organisation
IRIC	:	Institut des Relations Internationales du Cameroun
JORF	:	Journal Officiel de la République Fédérale
KFW	:	Kreditanstalt Für Wiederaufbau
MINESUP	:	Ministère de l'Enseignement Supérieur
MINPLADAT	:	Ministère du Plan et de l'Aménagement du Territoire
MTN	:	Mobile Telephone Networks
NOBRA	:	Nouvelles Brasseries du Cameroun
OCB	:	Organisation Camerounaise de la Banane
OHADA	:	Organisation pour l'Harmonisation en Afrique du Droit des Affaires
OIDD	:	Organisation Internationale pour le Droit du Développement
OMC	:	Organisation Mondiale du Commerce
ONDAPB	:	Office National de Développement de l'Aviculture et du Petit Bétail
PAS	:	Plan d'Ajustement Structurel
PPTE	:	Pays Pauvre Très Endetté
PSFE	:	Programme de Sécurisation Forestière et Environnementale
REGIFERCAM	:	Régie Nationale des Chemins du Fer du Cameroun
SAAW	:	South Africa Airways
SABC	:	Société Anonyme des Brasseries du Cameroun
SCB	:	Société Camerounaise de Banque
SCDM	:	Société Camerounaise de Métallurgie
SCDP	:	Société Camerounaise des Dépôts Pétroliers
SCM	:	Société Camerounaise de Mobiles
SCT	:	Société Camerounaise des Tabacs
SDN	:	Société des Nations
SEAC	:	Société d'Equipement pour l'Afrique
SECAF	:	Société d'Exploitation des Chemins de Fer Africains.
SEDA	:	Société pour le Développement de l'Afrique
SEE	:	Société canadienne pour l'Expansion des Exportation
SOCATOUR	:	Société Camerounaise de Tourisme
SOCAPALM	:	Société Camerounaise des Palmeraies
SEPBC	:	Société d'Exploitation des Parcs à bois du Cameroun

SITABAC	:	Société Industrielle des Tabacs du Cameroun
SNEC	:	Société Nationale des Eaux du Cameroun
SNH	:	Société Nationale des Hydrocarbures
SNI	:	Société Nationale des Investissements
SOCAMAC	:	Société Camerounaise de manutention et d'Aconage
SODEBLE	:	Société de Développement pour la culture et la transformation du blé
SODECOTON	:	Société de Développement du Coton
SODERIM	:	Société de Développement des Rizières des Plaines des Mbos
SOFIBEL	:	Société Forestière et Industrielle de Bélabo
SONEL	:	Société Nationale d'Electricité
SOTELCAM	:	Société des Télécommunications du Cameroun
TCA	:	Taxe sur le Chiffre d'Affaires
TGI	:	Tribunal de Grande Instance
T.O.M.	:	Territoire Outre Mer
TVA	:	Taxe sur la Valeur Ajoutée
UBA	:	Union de Banques Arabes
UCAC	:	Université Catholique d'Afrique Centrale
UDEAC	:	Union Douanière et Economique de l'Afrique Centrale
UNIDROIT	:	Institut International pour l'unification du droit Privé
UNU	:	United Nations University
WTL	:	World Trade Law
WIEDER	:	World Institute for Development Economics Research

INTRODUCTION GÉNÉRALE

La culture et la pratique contractuelles internationales ne sont pas nouvelles au Cameroun.

L'histoire du Cameroun, ce pays situé en Afrique Centrale, au cœur du Golfe de Guinée, indique que ce qui peut être assimilé au premier contrat commercial international fut signé en 1840 entre les Anglais et les Chefs Douala.

En effet, depuis « 1840, des chefs indigènes de la côte camerounaise ont souvent conclu des traités avec des puissances européennes, avec l'Angleterre notamment ». À ce propos, on peut citer le contrat anglo-douala[2] du 10 juin 1840[3].

Ce contrat sera suivi par d'autres, sous la forme de contrats ou de traités. Le traité du 29 avril 1852 notamment, traduit le caractère commercial des relations anglo-douala. L'article 6 de cet accord dispose que :

« Les sujets de la Reine d'Angleterre seront en tout temps libres de faire avec le peuple camerounais le commerce de places, ports et fleuves sur le territoire du roi et des chefs du Cameroun, et à travers l'ensemble de leurs dominions : et le roi et les chefs du Cameroun s'engagent eux-mêmes à n'accorder aucune faveur, ni donner aucun privilège aux bateaux et commerçants d'autres pays, qu'ils ne donnent à ceux de l'Angleterre ».

Pour assurer la bonne exécution de ces contrats, la Grande-Bretagne va créer une Cour d'équité par une Loi du 14 janvier 1856.

À l'analyse, « il s'agit en fait d'un traité (...) créant un tribunal de commerce, composé d'Anglais, de rois et de commerçants indigènes. Son palais est une propriété britannique protégée par le consul de Sa Majesté la reine d'Angleterre.

Ce tribunal avait compétence sur toutes affaires commerciales survenant après la date de signature du traité »[4].

Toutefois, malgré ces antécédents historiques qui auraient pu constituer des précurseurs à la prospérité de certains pays africains, il se trouve que

---

[2] Le terme anglo-douala traduit la relation économique entre les représentants de la Grande Bretagne et les chefs douala, seule tribu de la côte atlantique camerounaise à l'époque de ces faits, en contact avec les colons et les explorateurs européens. A cet effet, il convient de relever qu'après s'être établis dans les comptoirs coloniaux, les colons allaient entreprendre la politique de l'hinterland. Par ce terme, il faut comprendre la politique des conquêtes des terres et autres tribus situées à l'intérieur du territoire camerounais.

[3] « Les chefs BELL et AKWA s'associent aux Anglais pour combattre la traite des esclaves. Aussi s'engagent-ils à signaler la présence de tout bateau négrier dans le Wouri, aux croiseurs de sa Majesté britannique.
En contrepartie les Anglais leur assurent des avantages matériels annuellement renouvelables: fusils (60), pièces de toile (100), deux barils de poudre, deux tonneaux de rhum, un uniforme écarlate avec épaulettes, un sabre».

[4] *Idem. Op. Cit.*, p. 22.

cinquante ans après leurs indépendances, le problème du développement économique des pays de l'Ex Afrique Équatoriale Française (aujourd'hui constituée en une entité d'États regroupés au sein de la Communauté Economique et Monétaire de l'Afrique Centrale [CEMAC] et en Communauté des États de l'Afrique Centrale [CEEAC]) et de l'Ex Afrique Occidentale (aujourd'hui constituée en une entité d'États regroupés au sein de la Communauté des États de l'Afrique de l'Ouest [CEDEAO]) reste posé.

En effet, on aurait espéré qu'en souhaitant leur indépendance, les leaders de ces pays qui voulaient, au-delà de leur souveraineté retrouvée, gérer eux-mêmes leurs ressources naturelles, allaient en nationalistes assurer la prospérité de leurs peuples respectifs.

Les résultats auxquels ils sont parvenus reçoivent des justifications bien contrastées.

Assez souvent, les dirigeants de ces États invoquent des raisons telles que l'inégalité des termes de l'échange, la baisse des cours des matières premières ; et toutes autres raisons tenant au fonctionnement du système économique mondial pour expliquer ces échecs.

Toutefois pour faire face à ces difficultés économiques, le recours aux bailleurs de fonds internationaux à l'instar du Fonds Monétaire International (FMI) devient la solution incontournable.

Des Plans d'Ajustement Structurel (PAS) sont élaborés avec l'appui de la Banque Mondiale et de la Banque Africaine de Développement (BAD)[5].

Au regard de ce schéma négatif, l'on est bien porté à penser avec l'agroéconomiste René Dumont qui avait prophétisé que « L'Afrique Noire est mal partie »[6].

Le Cameroun ne fait pas exception à ces difficultés. Économie sous ajustement structurel depuis 1989, le Cameroun a été élu au régime PPTE (Pays Pauvre très endetté) en l'an 2000. Ce pays a atteint le point d'achèvement le 4 avril 2006 ; ce qui lui permet désormais de bénéficier des remises totales de sa dette[7].

Le présent ouvrage a pour objet l'étude et l'analyse du contentieux des contrats internationaux du Cameroun. Avant la crise économique survenue à partir de 1987, le Cameroun a régulièrement eu recours aux investissements directs des partenaires étrangers. On peut citer à titre d'exemple l'implantation de grands groupes industriels sur son territoire depuis 1954[8].

---

[5] Tedga (P.J.M.), *Entreprise publique, Etat et crise au Cameroun. Faillite d'un système.* L'Harmattan, p. 11, Paris, 1990, 303p.

[6] Dumont (R.), *L'Afrique Noire est mal partie*, Le Seuil, 1962.

[7] Sur cette question, renvoi aux développements sur l'exécution des contrats internationaux d'emprunts; supra.

[8] Le groupe Pechiney avec les usines Alucam-Socatral à Edéa.

Par ailleurs avec le nécessaire réajustement de son économie, l'Etat du Cameroun a procédé à la restructuration de son tissu bancaire[9], ainsi qu'à celle des établissements publics et parapublics, au moyen des privatisations.

À cet effet, la privatisation des sociétés d'État autant que la restructuration des banques ont nécessairement entraîné le recours à des partenariats avec des apports en capitaux et investissements étrangers. Au rang de ces opérations, on peut citer les fusions ou cessions prévues par l'article 5 (1) de l'Ordonnance 96/03 du 24 juin 1996[10].

Ces restructurations sont mises en place au moyen d'un contrat ou d'un marché commercial.

La présente étude n'inclut pas les marchés de défense et de sécurité dont la gestion est organisée et confiée à une Commission Permanente des Marchés de Défense et de Sécurité[11]. Sans que ce décret ne le dise, les marchés portant sur les armements et autres équipements de guerre frappés du sceau de la défense échappent à la procédure ordinaire et publique de passation des marchés publics en partenariat avec des firmes étrangères. Il eût pourtant été intéressant d'étudier les clauses de ce type de contrats[12].

L'article 30 du décret n° 2004/275 du 24 septembre 2004 portant Code des marchés publics, qualifie de marchés spéciaux, les marchés qui ne répondent pas, pour tout ou partie, aux dispositions relatives aux marchés sur appel d'offres ou aux marchés de gré à gré. Cet article précise que les marchés spéciaux comprennent « essentiellement les marchés relatifs à la défense nationale, à la sécurité aux intérêts stratégiques de l'État ».

Le régime réservé aux marchés de défense se justifie par le fait que ces marchés « comportent des clauses secrètes pour des raisons de sécurité et d'intérêts stratégiques de l'État »[13]. Ils échappent de ce fait à l'examen de toute commission des marchés publics.

---

[9] L'Ordonnance 96/03 du 24 juin 1996 relative à la restructuration bancaire dispose en son article1:«la présente ordonnance fixe le cadre juridique de la restructuration des établissements de crédit».

[10] L'article 5 (1) de l'Ordonnance 96/03 du 24 juin 1996,«La cession totale ou partielle des actions des établissements de crédit, la fusion de certains établissements de crédit avec d' autres établissements de crédit, la cession par des établissements de crédit de tout ou partie de leurs activités ou de leurs fonds de commerce, le transfert de l'actif et du passif, aux fins de réalisation ou de liquidation, à la Société de Recouvrement de Créances du Cameroun ou de toute autre entreprise ayant les mêmes prérogatives».

[11] Le Décret n° 89/913 du 31 mai 1989 porte réorganisation de la Commission Permanente des Marchés de Défense et de Sécurité.

[12] Toutefois, pour l'intérêt de ce travail, le cas d'un règlement amiable de différend est traité dans la partie consacrée au contentieux extrajudiciaire des contrats internationaux du Cameroun. Ce cas porte sur l'examen d'un contrat d'armement, infra.

[13] Article 30 (1) du décret n° 2004/275 du 24 septembre 2004 portant Code des marchés publics.

En outre, pour des raisons de délimitation du sujet, cette étude ne prend pas en compte les contrats internationaux passés par des investisseurs privés camerounais. Ce qui eût été intéressant dans la mesure où certains de ces contrats d'investissement ont défrayé la chronique avec des procès interminables ou des faillites retentissantes.

On citera pour ce faire la faillite de la société N0bra (Nouvelles Brasseries du Cameroun). Cette brasserie mise en place avec le concours des capitaux norvégiens, en partenariat avec un homme d'affaires camerounais, M. Tchankeu Pierre[14], avait fait concurrence à la plus ancienne brasserie du Cameroun, à savoir la Sabc (Société Anonyme des Brasseries du Cameroun). On aurait eu accès à ce dossier[15], que l'étude des contrats internationaux du Cameroun, n'en serait qu'enrichie.

Une autre expérience est fournie dans les conflits nés entre la Société Sitabac (Société Industrielle des Tabacs du Cameroun), promue par M. Onobiono James[16], un universitaire et homme d'affaires camerounais, et ses partenaires allemands de la Reemtsa, au sujet du contrôle du capital de la Sitabac, et de sa marque de cigarettes phare Delta.

Tout récemment, un autre conflit vient de se dérouler entre le promoteur de la société Isenbeck, M. Bibehe et ses partenaires allemands au sujet de l'exploitation de la marque de bière allemande Isenbeck.

Nonobstant cette réserve, les contrats collectés ont cependant permis de dresser une typologie des contrats internationaux camerounais

Dans toutes ces circonstances, le recours à la technique contractuelle demeure le moyen de formaliser ces ententes. En effet, les acteurs économiques du Cameroun ont régulièrement recours à la négociation, à la rédaction et à la signature des contrats internationaux pour le compte du Cameroun. L'État du Cameroun, personne morale de droit public, est également amené dans le cadre de ses activités de développement économique, à passer des accords, des contrats avec d'autres États, avec des tiers, personnes morales de droit privé ou public.

En cela, il convient de relever que le Cameroun n'innove pas. Il s'insère dans un processus international avéré, étant entendu que « les techniques contractuelles ont pris aujourd'hui une place fondamentale dans le processus de développement »[17].

---

[14] Expert comptable, Président de la Chambre de Commerce et d'Industrie du Cameroun.

[15] Contrat d'investissement, bilan de clôture, ainsi que le contentieux international qui aurait suivi après la faillite.

[16] Docteur d'Etat en mathématiques, ancien Professeur à l'Ecole Nationale Supérieure Polytechnique de Yaoundé.

[17] Cassan (H.), *Contrats internationaux et pays en développement. Présentation générale*, p. ; Economica, Paris, 1999, 283 p.

Avant tout développement sur ce sujet, il conviendrait de circonscrire la notion de contrat international ; l'Etat du Cameroun étant un acteur majeur dans le développement socio-économique du Cameroun, il a régulièrement recours à la technique du contrat d'État.

La définition du contrat international n'est pas simple « dans la mesure où les contrats dont il est question ici se situent au croisement ou à la marge de plusieurs disciplines »[18]. Le caractère international d'un contrat dépend de certains critères. Deux approches majeures se dégagent, notamment une définition basée sur le critère juridique et une autre fondée sur le critère économique.

Sur le plan juridique, la qualification donnée par les parties et la nationalité de celles-ci sont sans effet sur la nature nationale ou internationale du contrat[19]. Pour la doctrine, le contrat est international, « quand il met en jeu plusieurs droits nationaux, ou quand il entre dans le champ d'application d'une convention internationale »[20].

En effet, les contrats internationaux impliquent à la fois l'application des règles de droit international privé, des règles de droit international public, les techniques de détermination de la loi applicable, les modes de règlement des différends, qu'ils soient internationaux (arbitrage international) ou nationaux (compétence d'une juridiction étatique). En ce sens, les relations d'affaires internationales mettent en cause « l'application des conventions internationales, des règles de conflits de lois, et de règles relatives à la solution des litiges, qu'il s'agisse de l'arbitrage international ou des règles de conflits de juridiction »[21].

Sur ce, la définition la plus simple et la plus évocatrice du contrat international telle que la doctrine la propose est la suivante : « est international le contrat qui présente des liens avec plus d'un système juridique »[22]. Par conséquent, le recours à la notion de contrat international qui résulte de cette définition conduit à « recenser les différents éléments d'extranéité qui se présentent... Il suffit en principe qu'un élément d'extranéité apparaisse pour que le contrat soit considéré comme international »[23].

Une tentative de définition du contrat international est fournie par la convention de Rome du 19 juin 1960. L'article premier, alinéa 1er de la

---

[18] *Idem.*
[19] L'article 1er alinéa 3 de la Convention de Vienne du 11 avril 1980, sur les contrats de vente internationale de marchandises précise que la nationalité des parties n'est pas prise en considération pour l'application de la convention cité par Chatillon (S.), in Droit des affaires internationales.
[20] Chatillon (S.),*op.cit.* p. 169.
[21] Chatillon (S.), *op.cit.*p. 2.
[22] Jacquet (J.M.), *Le contrat international*, 2è édition, Dalloz, 1998, p. 5.
[23] Jacquet (J.M.), *Le contrat international*, 2è édition, Dalloz, 1998, p. 6.

convention déclare que « les dispositions de la présente convention sont applicables, dans les situations présentant un conflit de lois, aux obligations contractuelles ».

La jurisprudence française reprend cette définition du contrat international au moyen du critère juridique à travers l'Arrêt HECHT qui relève que, « il s'agit tout d'abord de contrats internationaux, encore que certains d'entre eux ne répondent qu'imparfaitement à la définition classique donnée »[24].

Dans cette affaire, la Cour d'Appel de Paris a jugé que, est international, « le contrat se rattachant à des normes juridiques émanant de plusieurs États ». C'est le critère juridique qui est pris en compte pour définir ce qu'il faut entendre par contrat international.

Comme on peut le noter, les critères de la définition juridique du contrat international se ramènent à la mise en compétition de plusieurs droits nationaux ou à l'existence d'une convention internationale. Par conséquent, il faut recourir aux techniques de désignation de la loi applicable.

À ce critère juridique, le droit français a ajouté un critère économique. À cet effet, le contrat est international, « quand il met en jeu plusieurs droits nationaux, quand il entre dans le champ d'application d'une convention internationale, ou quand il implique le franchissement d'une frontière, ou quand il met en cause les intérêts du commerce international »[25]. Ces deux derniers éléments constituent la base des critères économiques du contrat international.

La définition du contrat international passe sur un plan historique par la prise en compte d'un critère économique. Celui-ci se décline en deux aspects ; la prise en compte des intérêts du commerce international et le franchissement d'une frontière.

Le franchissement d'une frontière est pris en compte dans le transport de marchandises, en ce qu'il peut conférer le caractère international à ce transport, soit seul dans le transport international de marchandises par voie aérienne[26], ou terrestre[27], soit cumulé avec l'émission d'un titre dans les transports de marchandises par voie ferrée[28].

En matière de transport international de marchandises par air, constitue un transport international au sens l'art. 1 (2) la Convention de Varsovie de 1929, «tout transport dans lequel, d'après les stipulations des parties, le point de départ et le point de destination, qu'il y ait ou non interruption de

---

[24] Affaire HECHT, Cour d'Appel de Paris, 19 juin 1970.
[25] Chatillon (S.), *op.cit.* p. 169.
[26] La Convention de Varsovie du 12 octobre 1929 Article 1er.
[27] La Convention de Genève de 1956, Article 1er.
[28] La Convention de Berne de 1961, Article 1er.

transport ou transbordement, sont situés sur le territoire de deux États, ou sur le territoire d'un seul État contractant, si une escale est prévue sur le territoire d'un autre État même si cet État n'est pas un État contractant».

Le franchissement d'une frontière a été également utilisé par la jurisprudence dans le domaine de la réglementation monétaire.

Dans l'Affaire Colombo et Catapodis[29] par exemple, il s'agissait de savoir s'il fallait étendre aux différentes formes d'indexation du prix, l'effet des lois sur le cours forcé quand elles figuraient dans des contrats passés entre un opérateur établi en France et un opérateur étranger.

Pour répondre à cette question, la jurisprudence a posé le principe selon lequel, « le cours forcé s'applique à la monnaie de paiement, le créancier étant tenu de recevoir en France des francs papiers convertibles, mais que dans les règlements internationaux, le cours forcé ne s'applique pas à la monnaie de compte, ce qui permet l'indexation»[30].

Le critère économique du contrat international a pu être également défini par la jurisprudence à l'occasion d'un paiement international.

En 1927 en effet, la Cour de Cassation avait jugé dans l'Affaire Pélissier de Besset[31] que le locataire français d'un immeuble situé en Algérie[32], et appartenant à un étranger, «ne pouvait être condamné à exécuter la clause du bail qui stipule que le loyer est payable en monnaie anglaise, à Londres ou à Alger, au choix du bailleur». En ce sens, la Cour, suivant les conclusions de son Procureur Général, définissait «le règlement international par le jeu d'un flux et reflux de fonds par-dessus les frontières»[33].

Dans le même esprit, à l'occasion de l'Affaire dite des Messageries maritimes[34], la Cour de Cassation a jugé que, «constitue un emprunt international, l'opération qui implique un double mouvement de fonds de pays à pays, la société débitrice ayant son siège en France et empruntant à l'étranger des fonds pour les besoins de son exploitation et devant rembourser les prêteurs sur des places étrangères».

Le second critère économique est retenu dans la définition du contrat international, lorsque les intérêts du commerce international sont en jeu.

Le critère fondé sur les intérêts du commerce international peut également conférer le caractère international à un contrat.

---

29 Civ. Paris, 10 mai 1966, Colombo c/ Catapodis.

30 Affaire Colombo c/ Catapodis, *Op. Cit.*

31 Cour de Cassation, 17 mai 1927, Affaire Pélissier de Besset.

32 L'Algérie, alors Territoire français.

33 Cour de Cassation, *idem.*

34 Cour Cass, 02 juin 1950, *affaire des Messageries maritimes*, D. 1951, 749 ; note Hamel ; S. 1952. 1. 1, note Niboyet.

En ce sens, la Cour de Cassation française avait jugé que, *«est international, le contrat qui met en cause les intérêts du commerce international»*[35].

Dans deux affaires, à savoir l'affaire Pélissier de Besset et l'affaire Dambrincourt c/ Brossard et autres, la Cour a jugé que, *«les contrats mettant en jeu les intérêts du commerce international et la nullité de la clause compromissoire n'étant pas d'ordre public, les parties ont pu déroger aux dispositions de la loi française et se référer à la loi anglaise admettant la validité de cette clause»*.

En rappel des faits, il s'agissait de deux ventes entre deux entreprises françaises, conclues et exécutées en France, portant sur des marchandises embarquées de l'étranger à New York, le blé du Chili dans un cas, et celui du Manitoba dans l'autre.

Les contrats étaient conclus entre deux entreprises françaises, mais suivant les conditions de la London Corn Trade Association ; ces contrats avaient inclus une clause compromissoire qui retenait la compétence des juridictions anglaises. Le prix était payable à Londres. Dans les deux cas, l'enjeu du litige était la clause compromissoire insérée dans le contrat prévoyant le recours à l'arbitrage pour le règlement de tout litige éventuel.

La Cour de Cassation française avait jugé dans ces deux affaires que, les contrats mettant en jeu les intérêts du commerce international et la nullité de la clause compromissoire n'étant pas d'ordre public, les parties ont pu déroger aux dispositions de la loi française et se référer à une loi étrangère, la loi anglaise notamment ; admettant la validité de cette clause.

La qualité des parties permet également le recours à un certain type de contrats internationaux. En effet, la plupart des contrats internationaux sont des *«contrats d'État»*[36]. En ce sens, tout contrat conclu par une personne publique avec une personne privée soulève des difficultés, car le phénomène contractuel, fondé sur l'égalité juridique des parties et sur l'autonomie de la volonté, constitue à certains égards un corps étranger dans un système de droit public dont l'âme est la puissance publique, voire la souveraineté[37].

En ce sens, le contrat dans ce domaine, généralement passé entre un Etat et un ressortissant étranger, demeure enraciné dans l'ordre juridique national de l'État contractant[38], en raison de ce que *«la loi du pays d'accueil semble avoir une vocation naturelle à régir l'acte»*[39].

---

[35] C. Cass., Civ. 21 janvier 1931, Dambrincourt c/ Brossard et autres, Civ. 19 février 1930, Mardelé c/ Muller et Cie, S. 1933. 1. 41, note Niboyet.

[36] Cassan (H.), *Op. Cit.*, p. 1. Des développements approfondis sur cette notion ; supra.

[37] Weil (P.), Problèmes relatifs aux contrats passés entre un Etat et un particulier. Académie de Droit International, Recueil des Cours, 1969, Tome III, p 101.

[38] Affaire des Emprunts serbes, Cour Permanente de Justice Internationale, 17 juillet 1929.

[39] Cassan (H.), *Op. Cit.*, p. 40.

Cette position se fonde sur une interprétation de l'Arrêt rendu par la Cour Permanente de Justice Internationale le 12 juillet 1929, à propos de l'Affaire des Emprunts Serbes[40]. Cette décision énonce que *«tout contrat qui n'est pas un contrat entre des États en tant que sujets de droit international a son fondement dans une loi nationale»*.

Bien qu'il soit fait référence à la loi nationale de l'État contractant, il se trouve également que l'exécution du contrat puisse mettre en cause le problème général de la protection des étrangers. Cette situation représente une limite réelle à la toute-puissance des États dès lors qu'elle soulève la question de savoir dans quelle mesure une atteinte portée par l'État aux droits de son cocontractant, peut être considérée comme une violation des obligations internationales de cet État, et engager à ce titre sa responsabilité internationale[41].

En tout état de cause, il existe des raisons de s'intéresser à l'étude des contrats internationaux du Cameroun, dans la mesure où les recherches sur les contrats internationaux constituent une préoccupation permanente des professionnels du droit ; au regard à tout le moins des nombreux contentieux que soulève l'exécution de ce type d'accords[42].

La démarche n'est pas nouvelle, dans la mesure où le droit des contrats internationaux est un champ de recherche particulièrement fertile. Cette constatation s'impose de manière éclatante lorsque l'occasion se présente de pénétrer de manière concrète dans la pratique de leur rédaction. Telle est l'activité d'un groupe de travail qui se réunit depuis 1975, et procède depuis lors à l'analyse systématique des principales clauses présentes dans les contrats internationaux, sur la base de très larges échantillons tirés de l'expérience vécue de ses membres[43].

En effet, les litiges nés de la rédaction et de l'application des clauses dans les contrats internationaux sont nombreux. À cet effet, l'État du Cameroun fait face à de nombreux contentieux internationaux qui trouvent leur source dans l'exécution de la plupart des contrats internationaux[44] qu'il a passés avec des États ou des partenaires étrangers du Nord, beaucoup plus développés.

Pour ce faire, il a fallu identifier et analyser les causes de l'abondant contentieux international auquel fait face l'État du Cameroun avec ses cocontractants des partenaires étrangers. C'est en interrogeant la doctrine, la

---

40 Dalloz Périodique 1930, 2, 45, *Note Decencière-Ferrandière*, Clunet, 1929, p. 977

41 Weil (H.), *Op. Cit.*, p. 101.

42 Le Cameroun ne fait pas exception ; la vie de ses contrats internationaux est jalonnée de nombreux contentieux.

43 Fontaine (M.)-Filyp De Ly, Droit des contrats internationaux, analyse et rédaction de clauses. ; p. 1 ; 2ème édition ; Bruylant, 2003.

44 Sur la typologie de ces contrats, infra.

jurisprudence et la pratique internationales qu'il a été possible d'asseoir une analyse et une démarche pour mieux présenter cette étude. Dans la plupart des cas, l'État du Cameroun est attrait devant les juridictions nationales, étrangères ou des centres d'arbitrage internationaux.

Notre étude va porter sur l'examen des contrats internationaux passés par l'État du Cameroun et ses démembrements ; elle va également s'intéresser à quelques contrats internationaux dont on a eu connaissance, à l'occasion des conflits d'exécution qui sont survenus. En parcourant les contrats en cause, il a été possible de relever soit que certaines clauses sont mal rédigées, soit que les plénipotentiaires camerounais avaient fait prendre des engagements sous la forme de renonciations graves[45], privant de ce fait l'État du Cameroun de la jouissance de certains droits et protections prévus par le droit et les conventions internationales. Ces constats faits, il reste à déterminer la problématique que suscitent l'élaboration, la gestion et le suivi des contrats internationaux du Cameroun.

En effet, le recours à la technique juridique des contrats internationaux a été présenté par de nombreux auteurs et accepté par les Etats en développement comme un outil d'accompagnement des États nouveaux[46] dans leur marche vers le développement économique. Il importe donc de vérifier par une étude systématique des contrats internationaux du Cameroun, si cette contribution d'une technique juridique à la réalisation d'un objectif politique et économique est objectivée.

Par ailleurs, il importe d'apprécier les éléments qui permettent à cette technique juridique de réaliser son potentiel, soit à la mise en œuvre de cette technique, soit à la capacité des parties à respecter leurs engagements, soit à l'environnement dans lequel ces contrats sont appelés à déployer leurs effets. La question finale à laquelle l'on entend répondre est donc celle-ci : les contrats internationaux du Cameroun ont-ils été et dans quelle mesure un facteur d'accompagnement du développement ? Le contrat international tel qu'il a été mis en œuvre est-il une technique adaptée à la quête du développement du Cameroun ?

De cette problématique, il découle un constat, celui de l'existence d'un abondant contentieux dans l'exécution des contrats internationaux du Cameroun. Dès lors, les préoccupations de notre étude vont vers une analyse de ce contentieux. Sur un plan méthodologique, certains contrats internationaux passés par le Cameroun ont été recensés tant bien que mal[47].

---

[45] Exemple: la renonciation aux immunités de juridiction et d'exécution dans certains contrats, Affaire Winslow c/ Etat du Cameroun, High Court britannique – TGI/CA/Cass. Paris, infra.

[46] Le Cameroun a accédé à la souveraineté internationale depuis le 1er janvier 1960, donc récemment.

[47] L'exercice a requis de nombreux mois, voire des années pour accéder à des contrats internationaux. La plupart de ces contrats sont passés et conservés au sein d'un certain nombre d'entreprises publiques et parapubliques. Les fonctionnaires et agents en service dans

Au terme de cette revue, plusieurs acteurs internationaux ont été identifiés. Deux démarches ont caractérisé cette étude ; une approche analytique et une approche comparative.

La première approche a été analytique. Il s'est agi d'une analyse de la lettre des contrats, d'une analyse de leurs contenus, une analyse qui situe les contrats dans leur environnement. Cette analyse a été faite en prenant en compte les données théoriques existantes sur les contrats internationaux.

De manière dominante, l'Etat du Cameroun et ses démembrements constituent les premiers cocontractants à l'international des pays et partenaires étrangers. Il a également été possible d'accéder à quelques contrats privés mettant en cause les intérêts des nationaux camerounais.

Il est apparu dès lors utile de procéder à une lecture organisée et raisonnée de ces contrats internationaux ; en espérant à terme donner des indications qui mettraient l'État du Cameroun et ses démembrements, à l'abri de condamnations et des exécutions forcées onéreuses tant sur ses biens mobiliers[48] qu'immobiliers[49], situés au Cameroun[50] ou à l'étranger.

---

ces structures se cachent derrière le caractère confidentiel, voire secret de ces conventions. De cette manière, nous n'avons pu obtenir aucun contrat de la Société Nationale des Investissements du Cameroun (Sni), de la Société Nationale de Raffinage (Sonara), de la Société Nationale des Hydrocarbures (SNH) ; alors que les champs couverts par ces entreprises relèvent d'une activité contractuelle avérée.

[48] Dans l'affaire Winslow c/ la Société Nationale des Hydrocarbures (SNH), la société Winslow a obtenu la condamnation par le juge français, et le reversement de l'équivalent de la somme de 25 milliards de FCFA sur les comptes de la SNH à Paris, en exécution d'une créance revendiquée à l'Etat du Cameroun, infra.

[49] Dans l'affaire Winslow c/ l'Etat du Cameroun, l'immeuble abritant le Haut Commissariat du Cameroun en Grande Bretagne, a fait l'objet d'une saisie attribution de créances par le créancier Winslow, infra.

[50] La Circulaire n°008/CAB/PR du 26 décembre 1985 relative aux procédures civiles intéressant les entreprises publiques relève que : « La Présidence de la République est souvent l'objet des sollicitations des dirigeants des sociétés d'économie mixte, des sociétés d'Etat, ou des chefs des départements ministériels assurant la tutelle de ces sociétés, lors de l'exécution des décisions de justice rendues en matière civile contre ces entreprises publiques. Il est porté à ma connaissance les montants exorbitants exigés de l'Etat à la suite de ces procédures bâclées et conduite avec légèreté par des conseils défaillants. Une telle situation est de nature à grever lourdement le trésor public.

Il convient de rappeler que le ministère public n'intervient pas dans les affaires civiles, à moins qu'il ne s'agisse d'affaires d'état des personnes. De sorte que les procédures intéressant les sociétés d'économie mixte et autres entreprises d'Etat en cette matière, échappent souvent, sinon toujours à l'attention du Ministre de la Justice. Celui-ci n'est saisi qu'en cas de contestations survenues à l'occasion de l'exécution des décisions rendues.

Afin d'éviter autant que possible, de telles situations sans qu'il soit porté préjudice aux intérêts équitablement appréciés des parties en présence, je demande instamment que le Ministre de la Justice soit informé des procédures intéressant les entreprises publiques dès l'introduction de l'instance, soit par les responsables des sociétés d'économie mixte et des sociétés d'Etat, soit par les Ministres de tutelle.

L'analyse des contrats internationaux étudiés a permis de dresser la typologie suivante. Leurs domaines sont variés. Ils portent sur les télécommunications (attribution des concessions de téléphonie mobile aux sociétés Camtel, Mobilis, Orange, Mtn) et les TIC (technologies de la communication) avec l'exploitation d'Internet au Cameroun, les mines (pétrole), l'énergie (eau, électricité), le transport (chemin de fer), l'agriculture (hévéa, thé). Par ailleurs, bon nombre des contrats portent sur des emprunts de capitaux.

L'exploitation de ces contrats a permis de dégager les clauses contractuelles majeures qui y sont contenues. En les rapprochant de la pratique internationale en la matière, il a été possible d'exploiter au mieux toute la littérature juridique portant sur les contrats internationaux.

Face à ce qu'il convient d'appeler une absence de législation particulière sur les contrats en général, les contrats internationaux en particulier[51], les États membres de l'Ohada[52] ont décidé d'élaborer une législation commune. Le Projet d'Acte Uniforme Ohada sur le droit des contrats[53] pourra s'appliquer dès qu'il sera adopté ; sauf cas particuliers[54], « le Code civil français ou la Common Law hérités des colonisateurs continuent pour l'essentiel à s'appliquer dans les pays africains»[55]. Ce qui pose à tout le moins le problème du droit applicable pour régir les contrats internationaux au Cameroun.

Les dirigeants des entreprises publiques doivent, en ce qui les concerne, lors de la constitution des avocats appelés à défendre les intérêts de leurs organismes, fonder leur choix sur la compétence de ces auxiliaires de justice plutôt que sur des critères subjectifs ».
Pour l'exécution forcée contre l'Etat et ses démembrements, voir l'article 30 et s. de l'Acte Uniforme Ohada portant recouvrement forcé et voies d'exécution. Ces nouvelles dispositions ont introduit le régime de la compensation entre les créances liquides, certaines, exigibles de l'Etat et ses créanciers.

[51] L'Etat du Cameroun se réfère en la matière, aux règles définies par le droit international, à la jurisprudence internationale, aux usages du commerce international, aux incoterms et à la pratique internationale tout court.

[52] Ohada: Organisation pour l'Harmonisation en Afrique du Droit des Affaires instituée par le Traité de Saint Louis (Ile Maurice) adopté le 17 octobre 1993. L'Organisation regroupe seize membres à savoir: le Bénin, le Burkina Faso, le Cameroun, le Congo (Brazzaville), la Côte d'Ivoire, le Gabon, la Guinée-Bissau, la Guinée Equatoriale, le Mali, le Niger, la République Centrafricaine, le Sénégal, le Tchad, le Togo et l'Union des Comores.

[53] Le Projet d'Acte Uniforme Ohada sur le droit des contrats a été élaboré sous l'égide et l'inspiration des Principes d'Unidroit relatifs aux contrats du Commerce International. La procédure de son adoption au niveau institutionnel a été abandonné.

54 Seuls le Sénégal s'est doté de deux lois le 10 juillet 1963 et le 13 juillet 1966 portant Code des obligations civiles et commerciales ; Madagascar a adopté une série de textes sur le droit des obligations rassemblés dans la loi du 2 juillet 1966 sur la théorie générale des obligations. Le Mali quant à lui s'est doté d'un Code des obligations civiles et commerciales, à travers sa loi du 29 août 1987.

[55] Onana Etoundi (F.), Les principes d'Unidroit et la sécurité juridique des transactions commerciales en Ohada, Revue de Droit Uniforme, 2005-4 ; p. 692.

Dans son esprit, le Projet d'Acte Uniforme Ohada sur le droit des contrats s'inspire étroitement des Principes d'Unidroit relatifs aux contrats du commerce international, publiés depuis 1994. La référence à ces Principes représente un avantage pour le droit des contrats dans l'espace Ohada ; dans la mesure où les Principes ont déjà été appliqués par des praticiens, la jurisprudence et la doctrine les ont déjà améliorés. Mais l'adoption de cet avant-projet d'acte uniforme a été abandonnée[56]. Sa rédaction avait été confiée au Professeur Marcel Fontaine[57] qui relève notamment qu'en s'inspirant de ces Principes, le futur Acte Uniforme aura pour base «des textes modernes sur le plan de la technique juridique, élaborés par des juristes relevant des différents systèmes juridiques et connaissant déjà une remarquable consécration international».

Le Professeur Fontaine ajoute que cet Acte Uniforme marquera une «ouverture vers un droit plus universel (...) dans un contexte de mondialisation», sans oublier que «se doter d'un droit des contrats inspiré des règles déjà reconnues et appréciées sur le plan international est de nature à rassurer les investisseurs»[58]. Allant dans le même sens, le Dr Onana Etoundi Félix[59] constate qu'une «lecture d'Afrique» de ces avantages permet de soutenir que le recours aux Principes d'Unidroit comme source d'inspiration du Projet d'Acte uniforme sur le droit des contrats «offre une garantie de sécurité juridique pour les transactions commerciales, à travers des règles instituant en Afrique un droit prévisible pour les investisseurs étrangers». Ces règles qui modernisent en outre le droit des contrats hérité du « législateur colonial encore applicable dans la plupart des États de l'Ohada»[60].

La présente étude n'ayant pas pour objet le Projet d'Acte uniforme Ohada sur le droit des contrats, à chaque fois toutefois que cela paraîtra nécessaire, et à titre de droit comparé, la règle prescrite par le Projet d'Acte uniforme va être rappelée.

---

[56]Njib (M.), L'harmonisation du droit des contrats dans l'espace Ohada : une analyse de la pertinence de l'avant-projet de l'Acte Uniforme Ohada sur le droit des contrats, Mémoire de troisième Master Professionnel en relations internationales, option contentieux international, Iric, 2015,120 p.

[57] Professeur émérite, ancien Directeur du Centre de droit des obligations, Faculté de droit de l'Université Catholique de Louvain (Belgique) ; membre du Groupe d'étude d'Unidroit pour la préparation des Principes.

[58] Fontaine (M.), Le projet d'Acte Uniforme Ohada sur les contrats et les Principes d'Unidroit relatifs aux contrats du commerce international ; revue de Droit Uniforme ; 2004-2, p. 257.

[59] Magistrat, Docteur d'Etat en droit des affaires, fonctionnaire international de l'Ohada, expert juriste à la Cour Commune de Justice et d'Arbitrage de l'Ohada, Professeur à l 'Université Catholique d'Afrique de l'Ouest (Unité Universitaire d'Abidjan), et à l'Ecole Supérieure Internationale de Droit d'Abidjan (E.S.I.D), Côte d'Ivoire.

[60] Onana Etoundi (F.), Les principes d'Unidroit et la sécurité juridique des transactions commerciales dans l'avant-projet d'Acte uniforme Ohada sur le droit des contrats, p. 686 et s. ; Revue de droit uniforme, 2005-4.

Ce travail qui s'intéresse essentiellement à l'analyse des contrats internationaux passés avec l'Etat du Cameroun, ses démembrements et quelques particuliers, n'inclut pas les contrats de coopération, c'est-à-dire des contrats financés par des fonds de coopération.

Un exemple de ces contrats est fourni par les projets financés sur les fonds Stabex de l'Union Européenne[61] à l'instar du Marché passé entre le Cameroun et l'Union Européenne relatif à la gestion technique et à la maintenance des stations de pesage routier. Ce marché met en place un mécanisme autonome de règlement des litiges en référence au Règlement de procédure de conciliation et d'arbitrage pour les marchés financés par le FED[62]. Ce mécanisme se démarque des autres mécanismes connus en matière de règlement des litiges nés de l'exécution des contrats internationaux du Cameroun en général.

À la suite de cette réglementation européenne, une loi nouvelle vient d'être adoptée par le Parlement camerounais, pour réglementer le Régime général des contrats de partenariat financés par les fonds de coopération. La L'article 2 (1) de la loi n° 2006/012 du 29 décembre 2006 relève que le contrat de partenariat régit, dans le cadre des projets d'une très grande envergure technique et financière, les relations de partenariat «entre les personnes publiques et une ou plusieurs autres personnes publiques ; les personnes publiques et une ou plusieurs personnes privées».

Cette loi ne précise pas, s'il s'agit des entreprises publiques nationales et/ou étrangères. Par ailleurs, en parlant des personnes publiques et des personnes privées, cette nouvelle loi ne dit pas si elle en limite le bénéfice des dispositions aux seules personnes privées nationales, et/ou étrangères. S'il fallait intégrer les personnes publiques et privées étrangères ce qui est probable, compte tenu du fait que le Nord est détenteur des plus gros capitaux, il y aura forcément un problème de détermination du droit applicable à ce type de relations.

En effet, des conventions internationales encadrent déjà les investissements réalisés dans un pays étranger par une personne morale privée de nationalité étrangère[63].

La définition qui en est faite est donnée à l'article 2 (2) de la loi du 29 décembre 2006 ci-dessus, indique que le contrat de partenariat est un contrat par lequel l'État ou l'un de ses démembrements confie à un tiers, pour une période déterminée, en fonction de la durée d'amortissement des investissements ou des modalités d'investissements ou des modalités de

---

[61] Coopération Cameroun-Union Européenne ; Marché N° 00218 au sujet de la gestion technique et de la maintenance des stations de pesage routier.

[62]Fonds Européen de Développement.

[63] Convention du 18 mars 1965 signée à Washington 1965 instituant le Centre International pour le Règlement des différends relatifs aux investissements (Cirdi).

financement retenues, la responsabilité de tout ou partie des phases suivantes d'un projet d'investissement :

- la conception des ouvrages et équipements nécessaires au service public ;
- le financement ;
- construction ;
- la transformation des ouvrages ou des équipements ;
- l'entretien ou la maintenance ;
- l'exploitation ou la gestion».

À l'analyse, la lecture de certaines dispositions de cette loi laisse présumer que l'État du Cameroun est en train de mettre en place une nouvelle Société des Grands travaux, après l'échec et la fermeture de la Direction Générale des Grands Travaux du Cameroun (DGTC) en 1995. En ce sens, la loi prévoit par exemple que «les modalités de désignation de la personne habilitée à signer les contrats de partenariat, au nom de l'État ou de l'un de ses démembrements, sont fixées par décret» (article 19). Connaissant le processus complexe décrit par la Loi pour procéder à la signature d'un contrat de partenariat, l'on est en droit de comprendre que sa gestion devrait se faire au sein d'un organisme approprié.

Autrement dit, ce type de contrats mérite qu'une étude distincte soit consacrée à l'analyse des mécanismes de leur passation, ainsi qu'à l'encadrement juridique spécifique qui leur est attaché.

Cette analyse et cette étude ont été approfondies grâce aux séjours de recherches passés dans les bibliothèques d'Unidroit[64], de la Chambre de Commerce Internationale (Cci), de la Cnudci (Commission des Nations Unies pour le Droit Commercial International), et de l'Ompi (Organisation Mondiale de la Propriété Intellectuelle).

Par ailleurs, les connaissances reçues au cours des séminaires sur la négociation, la rédaction la gestion des contrats internationaux et la résolution des différends au sein de l'Institut du Droit des Affaires internationales (Idai) de la Cci, ainsi que le séminaire organisé par l'Idlo/Oidd sur la participation du secteur privé au financement des entreprises publiques, a contribué à approfondir les connaissances sur les contrats internationaux.

Comme tout acte juridique, les contrats internationaux sont susceptibles d'être contestés pour diverses causes, au rang desquelles la mauvaise

---

[64] L'Institut International pour l'unification du droit privé (UNIDROIT) est une organisation intergouvernementale située à Rome dont l'objet, aux termes du Statut organique, est « d'étudier les moyens d'harmoniser et de coordonner le droit privé entre les Etats ou entre les groupes d'Etats ». L'Institut fut créée en 1926 à la suite d'une décision prise par le Conseil de la Société des Nations (Sdn) en 1924.

exécution ou l'inexécution. Il n'est donc pas à exclure la survenance de nombreux litiges qui seront également analysés.

Cette étude tente dans une première partie de cerner le processus de l'élaboration des contrats internationaux du Cameroun (Chapitre 1er), avant d'en analyser le contenu (Chapitre deuxième).

La seconde partie porte sur l'exécution de ces contrats ; notamment l'exécution normale des contrats (Chapitre 1er) et le contentieux des contrats internationaux du Cameroun en cas de différend découlant de leur application (Chapitre deuxième).

PREMIÈRE PARTIE :

L'élaboration et le contenu des contrats internationaux du Cameroun

Le Cameroun a une pratique connue[65] dans le domaine de la négociation, de la rédaction, et de la conclusion des contrats internationaux. Que ce soit au niveau étatique, parapublic ou privé ; ces différents acteurs, chacun dans son domaine d'intérêt, passe des contrats internationaux avec des partenaires étrangers, personnes morales ou personnes physiques.

Dans le cadre des relations d'affaires entre l'État du Cameroun et ses partenaires étrangers, le pouvoir de conclure des contrats internationaux échoit constitutionnellement au Président de la République.

En effet, l'Article 43 de la Constitution de 1996 dispose que, «le Président de la République négocie et ratifie les traités et accords internationaux». Dans la pratique, il délègue souvent ce pouvoir de manière ponctuelle, au Premier ministre, Chef du Gouvernement, ou à tout autre membre du Gouvernement[66].

Au regard de la loi n° 06 du 18 janvier 1996 portant révision de la Constitution du 2 juin 1972[67], les contrats internationaux apparaissent comme étant des «accords internationaux»[68].

---

[65] L'Etat du Cameroun négocie et signe régulièrement des contrats d'emprunts en vue du financement de grands projets de développement. Certaines émanations de l'Etat du Cameroun, au rang desquelles des sociétés d'Etat, négocient et signent des contrats internationaux avec des partenaires étrangers; infra.

[66] Infra.

[67] Loi n°96-06 du 18 janvier 1996, portant révision de la Constitution du 02 juin 1972.

[68] Article 43 de la Constitution de 1996, *Op. Cit*.

CHAPITRE I

l'élaboration des contrats internationaux du Cameroun

La notion d'accords, rapprochée au sujet de ce travail qui porte sur les contrats internationaux, peut paraître embarrassante. La question qui vient à l'esprit est celle de savoir si un contrat international est un accord international au sens entendu par le droit international.

La pratique consacre une grande variété de termes. La doctrine quant à elle définit généralement le traité comme étant « une manifestation de volontés concordantes imputables à deux ou plusieurs sujets de droit international et destinée à produire des effets de droit selon les règles de droit international »[69].

Sur cette question, il convient de relever que la doctrine utilise indifféremment l'un ou l'autre mot. On ne trouve pas facilement la définition de la notion d'accord international. Toutefois, les Conventions de Vienne du 23 mai 1969 et celle du 21 mars 1986 définissent le traité, comme étant un « accord international conclu par écrit entre États, ou entre un État et une organisation internationale et régie par le droit international »[70].

De cette définition il se dégage clairement que le contrat international bien qu'étant un accord international n'est pas assimilable ou n'obéit pas au même régime juridique qu'un traité. En effet, les acteurs d'un contrat international peuvent être un État avec un autre État, un démembrement de l'État avec une société privée ou publique étrangère.

L'excellente étude sur les « Contrats entre États ou entreprises étatiques et personnes privées ; développements récents », consacrée à Jean-Flavien Lalive par l'Académie de droit international de La Haye, utilise indifféremment l'un ou l'autre terme. Dans cette étude, Jean-Flavien Lalive écrit que la dynamique du commerce international et les exigences du « développement » ont eu pour résultat la prolifération des contrats entre États et opérateurs privés. Ces accords se comptent aujourd'hui par dizaines de milliers, associant ou opposant des États qui agissent souvent par le biais

---

69 Ruzié (D.), *Droit international public*, p Dalloz, 15ème édition, 2000, p.19, 311 p.
70 *Idem.*

d'entreprises publiques, d'un côté, à des personnes physiques ou morales étrangères, de droit privé ou public, de l'autre[71].

Comme on peut le constater, l'éminent juriste utilise indifféremment les mots contrats et accords.

La terminologie est reprise par M. Ali Mebroukine dans un article consacré aux modes de conclusion des contrats dans les rapports commerciaux Nord-Sud. L'auteur affirme que, *a priori*, les accords conclus entre les entreprises des États du Sud et les entreprises du Nord ne font apparaître de spécificités par rapport à ceux qui sont d'ordinaire passés par les entreprises occidentales entre elles. On retrouve les modes traditionnels de formation des contrats qu'il s'agisse de l'appel d'offres, de la procédure de gré à gré, de l'appel à la concurrence ouvert ou restreint. Ce sont les mêmes mécanismes qui président à la formation des contrats commerciaux qui sont ici mis en œuvre[72].

Toutefois, il convient de relever que la Convention de Vienne du 23 mai 1969 sur le droit des traités n'est pas applicable à ce type d'accords ; bien que leur négociation et leur conclusion obéissent aux règles du droit international des traités[73].

À cet effet, l'Article 3 de la Convention de Vienne sur le droit des traités du 23 mai 1969 dispose que le fait que la présente Convention ne s'applique ni aux accords internationaux conclus entre des États et d'autres sujets du droit international, ni aux accords internationaux qui n'ont pas été conclus par écrit, ne porte atteinte ni à la valeur juridique de tels accords, ni à l'application à ces accords de toutes règles énoncées dans la présente Convention auxquelles ils seraient soumis en vertu du droit international indépendamment de ladite convention, moins encore à l'application de la Convention aux relations entre États régies par des accords internationaux auxquels sont également parties d'autres sujets du droit international.

La doctrine relève à ce sujet qu'au point de vue de sa portée matérielle, la Convention de Vienne n'a couvert qu'un domaine limité du droit conventionnel. Les exclusions et les silences de la Convention de Vienne sont à cet égard significatifs de certaines évolutions coutumières en cours. C'est ainsi qu'en laissant prudemment en dehors du champ d'application de la Convention les accords conclus entre des États et d'autres sujets du droit

---

[71] Lalive (J.F.), Contrats entre Etats ou entreprises étatiques et personnes privées, développements récents. Cours dispensé par l'Auteur à l'Académie de droit international de la Haye.

[72] Mebroukine (A.), Les modes de conclusion des contrats dans les rapports commerciaux Nord-Sud, p. 1;in Cassan (H.), Contrats internationaux et pays en développement, Economica.

[73] L'Article 3 de la Convention de Vienne sur le droit des traités du 23 mai 1969, infra.

international, la Conférence diplomatique a implicitement constaté l'importance acquise au cours de ces dernières années par ces problèmes[74].

À cet effet, en excluant les contrats internationaux des règles de la Convention de Vienne sur les traités pour les soumettre au droit international des traités, il est fort à constater que, «l'œuvre de Vienne se caractérise fondamentalement par le souci de fonder un équilibre nouveau entre les exigences de la sécurité juridique qui est indissociable d'un certain légalisme formel et les exigences plus nobles, mais aussi plus vagues de la justice, de la bonne foi et de la moralité internationales»[75].

Dans le cadre du présent chapitre, l'on va d'abord déterminer les organes d'État qui sont en charge de la conclusion des contrats internationaux de l'État (Section 1). Cette détermination faite, l'autre préoccupation va consister à retracer le cheminement de la négociation des contrats internationaux du Cameroun (Section 2).

Section I : La compétence en matière d'élaboration des contrats internationaux

La conclusion des contrats internationaux par l'État du Cameroun se justifie par des impératifs de développement.

À ce titre, les divers engagements sont pris par la plus haute autorité de l'État dans le cadre de l'exercice d'une compétence propre, qu'il peut déléguer à certains membres du Gouvernement dans le cadre d'une autorisation préalable et ponctuelle (Paragraphe 1).

Cette compétence échoit également aux dirigeants des organismes publics, parapublics ou décentralisés dans le cadre d'une compétence dérivée (Paragraphe 2).

Paragraphe 1 : la compétence exercée par le pouvoir exécutif

Le Président de la République du Cameroun négocie et signe des contrats internationaux (A). Il peut également déléguer cette mission de manière expresse au Premier ministre, Chef du Gouvernement, ou à tout autre membre du Gouvernement (B).

A. Le pouvoir exercé par le Président de la République

En référence à la loi n° 06 du 18 janvier 1996 portant révision de la Constitution du 2 juin 1972[76], le Président de la République du Cameroun

[74] Paul De Visscher, *Cours général de droit international public, Recueil des cours, Académie de Droit International*, 1972, II, Tome 136 de la collection, p. 86, Edition 1973, AW. Sijthoff, Leyde.
[75] COT, J.P., « *Bonne foi et conclusion des traités* », RBDI, I, pp. 140ss.
[76] Art. 43 ; supra.

négocie et signe les contrats internationaux passés avec des partenaires étrangers. Sur ce dernier cas, *«si la qualité de la partie étrangère cocontractante est si importante, elle n'est pas déterminante au regard du régime du contrat ni de nature à influer sur sa qualification. C'est pourquoi nous estimons qu'un contrat conclu par une entreprise ou un établissement public avec une autre entreprise publique n'est pas fondamentalement différent d'un contrat auquel une entreprise privée est partie »*.

Cette disposition constitutionnelle peut s'expliquer par des raisons de développement économique (2). Elle trouve également sa justification en droit international (1).

1. L'exercice d'un pouvoir constitutionnel

L'Article 43 de la loi n° 06 du 18 janvier 1996 dispose que, *« le Président de la République négocie et ratifie les traités et accords internationaux »*. Cette attribution du Chef de l'Etat du Cameroun se justifie par ailleurs dans les dispositions de l'article 8(1) de la Constitution au regard duquel, *« le Président de la République représente l'Etat dans tous les actes de la vie publique »*. Pour le Professeur Olinga Alain Didier, il s'agit des *attributions propres »* c'est-à-dire, les pouvoirs que le Chef de l'État exerce directement par sa seule autorité ; complémentairement à *« ceux qu'il exerce en rapport avec les autres pouvoirs institués »*[77].

En droit, le contrat est un acte qui suppose généralement un échange et un accord de volontés. Dans le cadre bien spécifique du droit des contrats, la stipulation d'un contrat se manifeste par un échange de volontés en vue de parvenir à des obligations. Pour l'État du Cameroun, la personnalité qui peut l'engager au plan international est le Président de la République.

On peut citer de manière significative l'Accord entre le Gouvernement de la République du Tchad et le Gouvernement de la République du Cameroun relatif à la construction et à l'exploitation d'un système de transport des hydrocarbures par pipeline, signé à Yaoundé le 8 février 1996 par le Président de la République du Tchad[78], et le Président de la République du Cameroun[79].

L'Article 2 dispose que cet Accord a pour objet de, faciliter la construction et l'exploitation du Système de Transport destiné à l'évacuation à travers le territoire de la République du Cameroun jusqu'au large de sa côte atlantique, des hydrocarbures en provenance de la République du Tchad et les activités qui leur sont liées ; et de prendre toutes les mesures susceptibles d'assurer la construction et l'exploitation dudit système.

---

[77] Olinga (A.D.) ; *La constitution de la République du Cameroun* ; p. 81 ; Les éditions terre africaine – Presses de l'UCAC, mars 2006.

[78] Monsieur Idriss Deby Itno est le Président de la République du Tchad.

[79] Monsieur BIYA Paul est le Président de la République du Cameroun.

L'objet de cet accord traduit son caractère éminemment commercial. Historiquement, la pratique selon laquelle la haute autorité de l'État signe les accords internationaux au nom de l'État du Cameroun n'est pas nouvelle.

En effet, la Convention du 29 octobre 1954 Alucam – Territoire du Cameroun portant transformation de la bauxite de Guinée à Edéa, fut signée pour le compte du Cameroun par le Haut Commissaire Français au Cameroun[80], assumant les fonctions de chef du Territoire du Cameroun.

À l'analyse, l'Accord tchado camerounais du 8 février 1996 se réfère abondamment aux principes du droit international. Par ailleurs, les dispositions de cet Accord renvoient les Républiques du Tchad et du Cameroun aux Constitutions respectives de leur pays, pour ce qui est du respect des procédures en vigueur en matière d'approbation ou de ratification d'un traité ou d'un accord international.

a) La référence de l'accord du 8 février 1996 au droit international

Sur le contenu, l'Accord du 8 février 1996 relatif à la construction et à l'exploitation d'un système de transport des hydrocarbures par pipeline fait abondamment référence à divers instruments internationaux[81].

Le Préambule de l'Accord du 8 février 1996 fait également référence aux dispositions pertinentes de l'Accord Général sur les Tarifs Douaniers et le Commerce du 30 octobre 1947 et de l'Accord Général sur les tarifs Douaniers et le Commerce (Gatt) annexé à l'Accord du 15 avril 1994 instituant l'Organisation Mondiale du Commerce (Omc).

Par ailleurs, toujours dans le Préambule, il est fait référence aux principes des Traités régissant l'Union Douanière et Economique de l'Afrique Centrale (Udeac) et en particulier de l'Acte n°12/74-UDEAC-180 du 7 décembre 1974 portant révision du Traité instituant une Union Douanière et Economique de l'Afrique Centrale et ses textes subséquents.

De manière spécifique, l'Accord tchado camerounais du 8 février 1996 démontre que les accords internationaux passés par le Cameroun dans une large mesure, tirent leur fondement dans les règles du droit international. Il en est ainsi dans leur application dans le droit interne.

b) Les accords internationaux du Cameroun doivent respecter une procédure pour produire des effets au plan interne

L'Accord du 8 février 1996 relatif à la construction et à l'exploitation d'un système de transport des hydrocarbures par pipeline est soumis à la

---

80 Le Cameroun étant sous mandat franco-britannique depuis 1919, sous l'égide de la Société des Nations (SDN).

81 L'Article 3(1) de cet Accord dispose que: «La République du Cameroun reconnaît et octroie à la République du Tchad, Etat sans littoral, un droit d'accès à la mer et une liberté de transit pour l'exportation par pipeline des hydrocarbures produits sur son territoire, conformément aux dispositions pertinentes de la Convention des Nations Unies sur le Droit de la Mer du 10 décembre 1982».

procédure de *« ratification de chacun des États Contractants suivant les procédures constitutionnelles internes prévues à cet effet »*[82].

Cette disposition de l'Accord tchado camerounais est du reste conforme aux prescriptions de l'Article 43 in fine de la Constitution camerounaise du 19 janvier 1996 qui dispose que, *« les traités et accords internationaux qui concernent le domaine de la loi, défini à l'article 26 ci-dessus, sont soumis, avant ratification, à l'approbation en forme législative par le Parlement »*[83].

Les amendements et les modifications de cet Accord sont également soumis aux *« procédures constitutionnelles internes à chaque État Contractant »*[84].

Le fait pour de tels accords d'être soumis au respect de la procédure d'approbation ou de ratification par le Parlement camerounais démontre la soumission des accords internationaux du Cameroun aux règles prescrites en matière d'approbation ou de ratification des traités.

En outre, derrière cet Accord commercial du 8 février 1996, se profilent divers autres accords du même type. Pour l'illustrer, l'Article 6(1) de l'Accord tchado-camerounais dispose que, les États Contractants conviennent de s'assurer que le Transporteur Camerounais et le Transporteur Tchadien concluront un Accord de Coopération fixant notamment les conditions dans lesquelles s'effectuera la coordination de leurs Systèmes de Transport en tant que système intégré de transport par pipeline ; ainsi que la répartition des coûts y compris la couverture des risques des assurances, la propriété des immobilisations et le régime de responsabilité.

Par ailleurs, chacun des Etats s'engage à approuver dans les meilleurs délais, et préalablement à sa signature, les termes dudit Accord de coopération. Il est réputé approuvé si à l'expiration d'un délai de quarante-cinq (45) jours courant à partir de la date de sa soumission aux États Contractants, l'un ou l'autre État Contractant n'a pas notifié au Transporteur Camerounais ou au Transporteur tchadien son opposition audit Accord de coopération.

Il s'agit en réalité d'un enchevêtrement d'engagements contractuels, visant à assurer une bonne exécution de l'accord commercial cadre, qui porte sur la construction d'un pipeline entre les deux États.

La conclusion des accords internationaux à caractère commercial se justifie largement, au regard des impératifs de développement qui interpellent les gouvernements des pays sous-développés.

---

[82] Article 28 de l'Accord du 08 février 1996.

[83] L'Accord tchado camerounais du 08 février 1996 relatif à la construction et à l'exploitation d'un système de transport des hydrocarbures a été adopté par l'Assemblée Nationale du Cameroun et ratifié par le Président de la République.

84 Article 27 (1) de l'Accord tchado camerounais du 08 février 1996, *Op. Cit.*

2. Les nécessités du développement économique

Il est généralement admis aujourd'hui que les Etats peuvent pour leurs besoins propres et de manière plus générale, pour l'accomplissement de leurs missions, passer les marchés les plus divers : contrats de fournitures et d'approvisionnement, contrats d'équipements, contrats de travaux publics, de concession et d'emprunts[85]. Pour ce type d'accords, une plus grande tentation d'intervention de l'État existe, fondée sur sa souveraineté, et légitimée par sa responsabilité d'incarner l'intérêt général.

Dans le cas d'espèce, la doctrine a tenté d'isoler parmi les contrats passés par les Etats, des conventions dotées de caractéristiques internationales renforcées en raison du haut degré de participation du cocontractant à une mission économique de l'État. Aussi parle-t-on, pour souligner l'intérêt fondamental de l'État, *« d'accord de développement économique et, pour souligner son caractère international renforcé, de contrat internationalisé »*[86].

Dans l'arbitrage Texaco[87], M. Dupuy résume la notion de développement économique aux trois éléments suivants [88] :

a) L'importance pour l'économie du pays d'accueil

D'après cet arbitre, plusieurs éléments caractérisent ces accords. En premier lieu, leur objet est particulièrement ample. Ces accords ne se bornent pas à une fourniture ou à une personne isolée, mais tendent à apporter à un pays en voie de développement des investissements et une assistance technique, notamment dans le domaine de la recherche et de l'exploitation des ressources minérales ou dans la construction d'usines à livrer *«clefs en main»*[89].

b) Une coopération durable entre l'État et son cocontractant

En second lieu, pour retenir le critère du développement économique, la longueur de la durée assignée à ces contrats doit impliquer une étroite coopération entre l'État et son cocontractant et entraîner des installations durables comme la reconnaissance de responsabilités étendues à l'investisseur.

---

[85] Lesguillons (H.), *Lamy Contrats internationaux*, Tome 2, pp. 3/159-3/160.

[86] *Idem.*

[87] Arbitrage Texaco, I.L.M. 1978, vol. 17, p. 3; Journ. Dr. Int. (Clunet) 1977-p. 350, spec. 361 Commentaire J.F. Lalive.

[88] M. Dupuy, *Op. Cit.*

[89] *Cf* construction de l'usine d'engrais à Douala (Affaire Klockner).

c) Le renforcement du caractère contractuel de l'accord

L'accentuation du caractère contractuel des relations juridiques entre l'État d'accueil et l'investisseur a pour but d'assurer un équilibre entre l'objectif d'intérêt général qui leur est assigné et la rentabilité nécessaire à la poursuite de la mission confiée.

Toutes ces caractéristiques dégagées, il est aisé de comprendre la forme juridique retenue dans la conclusion de tels accords. En ce sens, M. Seidl-Hohenveldern[90]a consacré la notion de *« contrat internationalisé»*.

Cet auteur a présenté une liste des caractéristiques des accords, qu'il qualifie de «*quasi-internationaux*» ou «*partiellement internationalisés* ; en effet, poursuit-il, «*de telles conventions, notamment les conventions de concession et probablement aussi les conventions de prêt comportent les caractéristiques pertinentes suivantes :*

- elles sont conclues au nom de l'État, par le Chef de l'État ou par le Chef du Gouvernement[91].
- elles sont parfois publiées au journal officiel».

Certaines de ces caractéristiques sont assez proches de la pratique contractuelle camerounaise. Dans bien de circonstances, le Président de la République autorise de manière expresse son Premier ministre ou tout autre Membre du Gouvernement, à contracter.

B. La technique de l'autorisation préalable du Président de la République

En rappel, l'article 43 de la Constitution camerounaise du 18 janvier 1996 confère au Président de la République le pouvoir de négocier et de ratifier les traités et accords internationaux. Cette disposition est complétée par l'article 8(1) de la loi fondamentale camerounaise qui indique que «*le Président de la République représente l'État dans tous les actes de la vie publique*».

En outre, la Constitution prévoit que le Président de la République peut déléguer certains de ses pouvoirs au Premier ministre, aux autres membres du Gouvernement et à certains hauts responsables de l'administration de l'État, dans le cadre de leurs attributions respectives.

À l'observation, le Président de la République a régulièrement recours à la technique de *«la délégation»*.

Par délégation de pouvoir, il faut entendre que le Président de la République peut confier au Premier ministre, Chef du Gouvernement, la négociation et la conclusion de certains accords internationaux.

---

[90] I. Seidl-Hohenveldern, *"The Theory of Quasi-International and Partly International agreements"*, Rev. Belge dr. int., 1975, p. 567.

[91] Seidl-Hohenveldern, "*The Theory of Quasi-International and Partly International agreements*", Rev. Belge dr. int., 1975, p. 567, *Idem.*

Ce dernier peut également déléguer ces pouvoirs en vertu de l'article 12 (5) qui dispose que, le Premier ministre *«peut déléguer certains de ses pouvoirs aux membres du gouvernement et à des hauts responsables de l'Administration de l'État»*.

La délégation dans ce cas se fait de manière expresse et ponctuelle pour le cas précis, c'est-à-dire au moyen d'un *«décret d'habilitation»*.

En guise d'illustration, on peut citer le Décret n° 99/099 du 3 mai 1999 habilitant le ministre des investissements Publics et de l'Aménagement du Territoire à signer avec le Fonds de l'Opep, un accord de prêt d'un montant de.... Dollars US pour la réhabilitation des routes rurales dans trois provinces. Dans les visas du Chef de l'Exécutif camerounais, il délègue ces fonctions de manière ponctuelle, expresse et limitée.

L'article 1er du Décret précité dispose en effet que, le ministre des Investissements publics et de l'Aménagement du Territoire, avec faculté de délégation, à signer avec le Fonds de l'Opep, pour le Développement International un accord de prêt d'un montant de...... dollars US, soit environ... Francs CFA destinés au financement partiel du projet de réhabilitation des routes rurales dans les Provinces de l'Adamaoua, du Sud-Ouest et de l'Est du Cameroun.

La pratique est courante, ainsi qu'on peut le relever à travers deux autres Décrets. Le Décret n°99/155 du 22 juillet 1999 habilite, avec faculté de délégation, le ministre des Investissements Publics et de l'Aménagement du Territoire, à signer avec l'Agence Française de Développement un accord de prêt d'un montant de... Millions d'euros, soit.... Millions de FCFA, destiné au financement partiel du projet de réhabilitation et de construction des ouvrages d'art.

Par ailleurs, le Décret n°99/194 du 8 septembre 1999 habilite, avec faculté de délégation, le ministre des Investissements Publics et de l'Aménagement du Territoire, à signer avec la Banque Arabe pour le Développement Economique en Afrique (Badea) un accord de prêt d'un montant de.... Millions de dollars, soit environ... milliards de francs CFA, pour le financement partiel du projet de développement de l'élevage et de la pêche dans la Province du Sud-ouest.

C'est ce qui explique par exemple le fait que le ministre des Investissements Publics et de l'Aménagement du Territoire[92] soit délégataire en sa qualité de responsable de l'Aménagement du Territoire[93]. Cette

---

[92] Depuis la réorganisation du gouvernement du 7 septembre 2007, ce ministère est devenu le Ministère de l'Economie, des Investissements et de l'Aménagement du Territoire.

[93] Le Décret n°2002/216 du 21 août 2002 a transformé le Ministère des Investissements Publics et de l'Aménagement du Territoire, en Ministère des Affaires Economiques, de la Programmation et de l'Aménagement du Territoire. A la faveur de la réorganisation du Gouvernement du 8 décembre 2004, ce ministère est devenu le Ministère du Plan et de l'Aménagement du Territoire (Minpladat).Le décret n°2007/268 du 7 septembre 2007 modifiant et complétant certaines dispositions du décret n°2004/320 du 8 décembre 2004

mission de l'aménagement du territoire justifie le sens et la nature des projets pour lesquels les financements sont sollicités.

Paragraphe 2 : la compétence dérivée exercée par les organismes publics et décentralisés

Les établissements publics et les collectivités territoriales décentralisées sont des personnes morales de droit public. À ce titre, elles jouissent de la personnalité juridique et de l'autonomie financière.

La loi n° 06 du 18 janvier 1996 portant révision de la Constitution du 2 juin 1972 dispose en son article 55(2) que, *«les collectivités territoriales décentralisées sont des personnes morales de droit public. Elles jouissent de l'autonomie administrative et financière pour la gestion des intérêts régionaux locaux»*.

De ce fait, les collectivités locales décentralisées ont vocation à représenter leur structure au plan juridique.

La loi n° 99/016 du 22 décembre 1999 portant Statut général des établissements publics et entreprises du secteur public et parapublic définit à son article 2(3) l'établissement public administratif.

Un établissement public est une *«personne morale de droit public, dotée de l'autonomie financière et de la personnalité juridique ayant reçu de l'État ou d'une collectivité territoriale décentralisée un patrimoine d'affectation, en vue de réaliser une mission d'intérêt général ou d'assurer une obligation de service public»*.

A. la signature des contrats internationaux par les établissements publics

On ne prétend pas faire une présentation exhaustive de tous les cas de contrats internationaux passés par divers établissements publics camerounais. Cette étude se limite à quelques contrats auxquels on a pu avoir accès.

1. La Société Nationale des Investissements (Sni) :

La Société Nationale des investissements existe au moyen de la Loi n° 63-25 du 19 juin 1963 autorisant l'émission publique de bons et prévoyant la création d'une Société Nationale des Investissements. Réorganisée par Décret n° 85-1177 du 28 août 1985, la Sni est *«un établissement public à caractère financier doté de la personnalité juridique et de l'autonomie financière»*[94].

---

portant organisation du gouvernement transforme de nouveau le Minpladat en Ministère de l'Economie, de la Planification et de l'Aménagement du Territoire.

[94] Article 1er (1) du Décret n°85-1177 du 28 août 1985 réorganisant la Société Nationale d'Investissement (Sni).

La Sni a pour objet la mobilisation et l'orientation de l'épargne nationale et de tout autre moyen financier en vue de favoriser les opérations d'investissement d'intérêt économique et social dans les secteurs industriel, agricole, commercial et financier, ainsi que dans les secteurs des services et de l'hôtellerie[95].

À cet effet, le directeur général de la Sni jouit de pouvoirs élargis pour accomplir sa mission. L'article 21(1) a, b, h, n et p du Décret réorganisant cet organisme financier indique que le directeur général (de la Société nationale des Investissements) est chargé de l'exécution des décisions du conseil d'administration. Il reçoit à cet effet du conseil d'administration les pouvoirs nécessaires. À ce titre :

- il représente la société dans tous les actes de la vie civile et en justice ;
- il contracte tous engagements et obligations et consent toutes délégations, autorise toutes signatures d'actes engageant la société ;
- il demande, accepte, rétrocède, modifie et résilie toutes concessions ;
- il procède à tous emprunts aux taux, charges et conditions qu'il juge convenables, avec ou sans hypothèques ou autres garanties ; les émissions de bons ou d'obligations doivent toutefois être autorisées par la loi ;
- lorsqu'il juge utile, il donne l'aval, la caution de la Sni pour assurer le paiement des dettes contractées par des tiers ou garantit l'exécution de toutes conventions passées avec ceux-ci, ainsi que tous engagements contractés par ces tiers dans les conditions prévues à l'article 8 ci-dessus.

Dans l'exercice de ses fonctions de co-contractant, le directeur général de la Sni reçoit une autorisation du conseil d'administration qui est doté des pouvoirs les plus étendus pour agir au nom de la société, accomplir ou autoriser tous actes et opérations relatifs à son objet social. À cet effet, *«il autorise tous traités, y compris transactions»*[96].

Les contrats de la Société Nationale des Investissements sont gardés secrets. En effet, cet organisme public refuse systématiquement de faire consulter les contrats qu'elle signe, au motif qu'il s'agit d'actes juridiques propres à l'entreprise et dont les informations sont confidentielles. Aucune raison objective n'est avancée. Il pourrait s'agir de la protection ordinaire des secrets d'une entreprise.

Ce qui revient à dire que l'on ne saurait savoir si le directeur général engage l'entreprise sur le plan international par sa propre signature, ou au moyen de celle d'un membre du Gouvernement habilité à cet effet[97]/[98].

Cet organisme qui mobilise un actionnariat important en matière d'investissement gagnerait à améliorer sa technique contractuelle, grâce à

---

[95] Article 4 du Décret n°85-1177 du 28 août 1985, *Op. Cit.*

[96] Article 17(1) a du Décret n°85-1177 du 28 août 1985, *Op. Cit.*

[97] La technique de l'autorisation préalable du Président de la République, infra.

[98] Le contrat de joint venture passé entre la République de Chine et la Sni, participe de ces énigmes.

l'analyse de ses engagements juridiques qu'en feraient les jurisconsultes et autres experts en projets.

2. La société Cameroon Airlines (Camair)

Par divers contrats, le Directeur général de la Camair a pu engager son entreprise au plan international.

En guise d'illustration, l'on pourrait évoquer le contrat de commissariat passé entre cette société et une société française. Ce contrat signé à Roissy a pour objet de se faire fournir par cette entreprise, les services de commissariat dans ses vols, notamment restauration et armements hôteliers.

Il s'agit d'une série de contrats, dans la mesure où divers documents contractuels forment ensemble le contrat. En l'occurrence, l'Annexe A qui énumère les services et opérations relatives à l'assistance hôtelière en escale, et l'Annexe B qui définit les tarifs[99].

Le directeur général de la Camair a également passé sous sa signature directe, un contrat international constituant un mandataire, «*conseiller exclusif dans la restructuration, le remplacement de la flotte de la Camair et le suivi du rapatriement d'une partie ou de tous les aéronefs que comporte la flotte*»[100]. Ce contrat est passé entre une société étrangère qui a son siège dans les Îles Caïman et la Camair[101].

3. La Cameroon Radio Television

Le directeur général de la Cameroon Radio Television, est appelé dans l'exercice des activités de l'organisme qu'il dirige, à négocier, à signer et à exécuter divers accords internationaux avec des opérateurs et organismes étrangers.

En guise d'illustration, le directeur général de la Crtv avait signé un contrat de service à l'occasion du match de football opposant l'équipe nationale du Cameroun à l'équipe nationale de France devant se dérouler au stade de France à Saint Denis le 4 octobre 2000, la Fédération Française de Football titulaire de plein droit des droits de diffusion en exclusivité de la compétition au Cameroun, les a cédés le 7 juin 2000 à titre gratuit à la Fédération Camerounaise de Football (FECAFOOT), sur le territoire camerounais uniquement, à charge pour elle de les négocier localement en vue de leur exploitation télévisuelle, la société française de télévision Canal Horizons disposant pour sa part, en tant que cocontractant de la société française de télévision TF1 détenteur pour le monde entier des droits pour le territoire du pays opposé à cette équipe, du droit de diffuser cette

---

[99] Article 3 –Documents contractuels du Contrat de Commissariat entre Servair et Cameroon Airlines.

[100] Un contrat similaire vient d'être signé entre le Gouvernement du Cameroun et le constructeur américain Boeing, dans la perspective de la restructuration de la compagnie aérienne Camer-Co.

[101] Pour l'étude des clauses de ces contrats respectifs, supra.

compétition dans la zone de couverture du satellite qu'elle utilise, à l'exception du Cameroun.

Un rappel des faits. Par contrat du 11 août 2000, la FECAFOOT a cédé ses droits à la société de droit camerounais Digicom Interactive Services (Société DIGICOM), opérateur privé disposant d'une clientèle d'abonnés payants à Douala et dans ses environs, moyennant le versement de la somme de… euros (… francs FF), soit… FCFA.

Le 4 octobre 2000, la société Cameroon Télévision (société Crtv), opérateur public camerounais, a acquis de la société Digicom, au prix de…. euros (… francs FF) les droits de retransmission et de diffusion en direct de la compétition qui devait se dérouler le même jour, la société Crtv s'engageant à diffuser le signal Digicom TVMAX qui comprenait à part le match proprement dit, des éléments publicitaires de la société Digicom.

Quelques instants avant le match, un accord est intervenu entre la société Canal Horizons et la sociétéCrtv, la première acceptant de livrer à la seconde son propre signal comprenant les images prises par TF1, permettant la diffusion en direct de la compétition sur l'ensemble du territoire camerounais, en contrepartie d'une lettre de garantie remise à Canal horizons par la société Crtv[102].

Il s'agit dans le cas d'espèces d'une série de contrats internationaux, portant sur la diffusion d'un match international opposant deux équipes nationales de football, l'une sacrée championne du monde à la Coupe du monde football jouée en France en 1998[103], et l'autre sacrée championne olympique aux Jeux olympiques de Sydney en 2000[104]. L'objet et les acteurs de ces contrats justifient les juridictions saisies pour connaître du contentieux qui naîtra des difficultés d'exécution de ces contrats[105].

En effet, est concerné dans le cas d'espèce, un contrat de diffusion d'une rencontre internationale de football passé entre la Fédération Française de Football et la Fédération Camerounaise de Football. Cette dernière va céder à titre onéreux, les droits de diffusion de la partie en direct au Cameroun à une société de droit camerounais, la société Digicom. La société Digicom à son tour va céder ce droit à la Crtv moyennant rémunération ; en exécution d'un contrat passé entre deux opérateurs audiovisuels. Parallèlement à ce contrat, le Directeur général de la Crtv va signer un autre contrat avec la société Canal Horizons.

La pertinence de cette évocation réside dans le fait que la Crtv est une société d'État, qui déploie ses activités au-delà des frontières nationales camerounaises. Par conséquent elle a recours à des partenaires résidant dans

---

[102] Cour d'Appel de Paris, 5ème chambre, section A, Arrêt du 5 mai 2004, Affaire S.A Canal Horizons, Société Digicom Interactive Services et société Cameroon Radio Television.

[103] Les Bleus, ou encore l'équipe nationale de football de la France.

[104] Les Lions indomptables, ou encore l'équipe nationale de football du Cameroun.

[105] Supra, dans le Chapitre consacré au contentieux de l'exécution des contrats internationaux du Cameroun.

ces pays. Les contrats passés par cet organisme ne sauraient constituer des actes juridiques isolés, dans la mesure où ce média est souvent appelé à diffuser des événements de portée planétaire, à l'instar des rencontres sportives[106], des sommets politiques[107] ou bien d'autres activités.

Ces activités ne peuvent se déployer véritablement qu'au moyen de divers contrats internationaux. Chaque fois, la Crtv doit négocier et payer à des coûts très élevés, les droits de retransmission de ces divers événements.

De nombreux exemples existent par lesquels, les organismes publics d'État sont impliqués dans des négociations avec des partenaires étrangers, dans l'exercice de leurs missions de service public. Les organismes décentralisés se déploient également au plan international.

B. La signature des contrats internationaux par les collectivités décentralisées

L'article 55(1) de la Constitution du Cameroun[108] dispose que, *«les collectivités territoriales décentralisées de la République sont les régions et les communes»*.

À la date d'aujourd'hui, seules les communes ont toujours fonctionné en qualité de collectivités territoriales décentralisées. Une loi récente organise l'activité des régions au Cameroun[109]. L'article 2 (1) de cette loi dispose que, *«la région est une collectivité territoriale décentralisée constituée de plusieurs départements»*. La région est dirigée par un président du conseil régional qui est *«l'organe exécutif de la région»*[110]. À ce titre, il *«représente la région dans les actes de la vie civile et en justice»*[111].

Au rang des actes de la vie civile, on peut noter que le conseil régional mène des activités de développement qui font appel à l'intervention d'opérateurs économiques de tous ordres. Ces activités s'opèrent généralement au moyen des contrats. Cette possibilité de contracter des régions reste théorique dès lors que les régions ne sont pas encore fonctionnelles au Cameroun.

Toutefois, la définition qu'en donne la Constitution est la suivante : *«les collectivités décentralisées sont des personnes morales de droit public. Elles jouissent de l'autonomie administrative et financière pour la gestion des*

---

[106] Coupes du Monde de football. A la date d'aujourd'hui, l'équipe nationale de football du Cameroun a participé de manière continue aux Coupes du Monde de 1982, 1990, 1994, 1998, 2002, 2010 et 2014; Jeux olympiques, jeux africains, Coupes d'Afrique des Nations de Football.

[107] Les sommets du Commonwealth, les sommets France Afrique, les sommets de l'Oua, les Assemblées des Nations Unies, les visites d'Etat du président de la République du Cameroun à l'étranger etc.

[108] Loi n°06 du 18 janvier 1996 portant révision de la Constitution du 02 juin 1972.

[109] Loi n°2004/019 du 22 juillet 2004 fixant les règles applicables aux régions.

[110] Article 65 (1) de la loi n° 2004/019 du 22 juillet 2004 fixant les règles applicables aux régions.

[111] Article 65 (1) –b ,idem.

intérêts régionaux et locaux. Elles s'administrent librement par des conseils élus et dans les conditions fixées par la loi»[112].

En tout état de cause, et en référence aux activités de développement qui échoient aux mairies, il est envisageable de déduire que les collectivités locales ont recours aux contrats nationaux et internationaux pour réaliser les projets locaux de développement.

La loi n° 2004/018 du 22 juillet 2004 fixant les règles applicables aux communes confie à la commune la gestion et l'utilisation du domaine privé, public et national de l'État[113]. Par ailleurs, cette loi transfère des missions de développement économique[114] à la commune ; notamment dans le secteur économique[115] proprement dit, dans la gestion de l'environnement et des ressources naturelles[116], dans la planification, l'aménagement du territoire, l'urbanisation et l'habitat[117]. Il en est de même dans le domaine de la santé, de la population[118], de l'éducation et de la formation professionnelle[119], du sport[120], et de la culture[121]. A cet effet, les communes qui ne disposent pas suffisamment de ressources financières, ni de main-d'œuvre qualifiée, ont forcément recours à des emprunts nationaux ou étrangers, à l'expertise des entreprises locales et étrangères.

Section 2 : l'élaboration des contrats internationaux du Cameroun

La conclusion d'un contrat international ne devrait pas avoir pour seule préoccupation de résoudre les problèmes qui peuvent se poser au cours de leur application, mais de chercher – et réussir – à les éviter par une rédaction habile et « *une*» mesure des risques que telle initiative emporte[122].

Pour y parvenir, il est conseillé que la conclusion des contrats internationaux soit toujours précédée dans la phase précontractuelle par des négociations soutenues (Paragraphe 1er). À ce stade, le rôle du juriste d'entreprise en interne comme en externe est indispensable, aussi vrai qu'il *«n'est pas un thérapeute mais, en premier lieu, un hygiéniste»*[123]. Car, il convient de relever que les manquements observés dans la phase des négociations donnent droit à des réparations (Paragraphe 2).

---

112 Article 55(2) de la loi n°06 du 18 janvier 1996 portant révision de la Constitution du 02 juin 1972.
113 Titre II de la loi n° 2004/018 du 22 juillet 2004 fixant les règles applicables aux communes.
114 Titre III *,idem.*
115 Article 15 *,idem.*
116 Article 16 *,idem.*
117 Article 17*,idem.*
118 Article 19*,idem.*
119 Article 20*,idem.*
120 Article 21*,idem.*
121 Article 2é*,idem* .
122 Mousseron (J.M), Technique contractuelle ; p. 17, Editions Francis Lefebvre, 1992, 623p.
123 *Ibid.*,p. 17.

Paragraphe 1 : la phase précontractuelle

L'article 2.15 (1)[124] du Projet d'Acte Uniforme Ohada sur le droit des contrats reprenant ainsi les dispositions de l'article 2.1.15 (1) des Principes d'Unidroit 2004 relatifs aux contrats du commerce international admet que, *«les parties sont libres de négocier et ne peuvent être tenues pour responsables si elles ne parviennent pas à un accord»*[125]. La rédaction du contrat (B) est généralement précédée par sa négociation (A).

A. La négociation du contrat

La négociation est un dialogue engagé entre d'éventuels contractants, pour leur permettre de rechercher s'il existe entre eux un concours de volontés sur un ensemble de règles, de droits et d'obligations déterminés d'un commun accord[126].

La pratique et l'expérience recommandent qu'avant la passation d'un contrat, qu'il y ait négociation.

En effet même dans des contrats présentés comme des « *contrats d'adhésion (soviétiques, algériens), il y a toujours possibilité d'infléchir le texte, tout en respectant le canevas du contrat qualifié de contrat-type. Il est important de connaître au regard des précédents et des lois locales ce qui est négociable de ce qui ne l'est pas*»[127]. Le caractère et finalement l'étendue de la négociation, devraient varier vraisemblablement suivant le type de contrats négociés.

Pour une étude aisée des contrats internationaux du Cameroun, il est envisageable de distinguer les contrats des privatisations des autres types de contrats, à l'instar des contrats d'emprunt des capitaux.

---

[124] L'Avant-projet d'Acte Uniforme Ohada sur le droit des contrats est rédigé par le Professeur Marcel Fontaine, sous l'égide d'Unidroit, à la demande du Conseil des Ministres de l'Ohada tenu à Brazzaville en février 2002.

[125] Les Principes d'Unidroit relatifs aux contrats du commerce international énoncent des règles générales propres à régir les contrats du commerce international.

Ils sont élaborés sous l'égide de l'Institut International pour l'Unification du Droit privé, basé à Rome.«*Préambule: objet des principes*

Ces principes s'appliquent lorsque les parties acceptent d'y soumettre leur contrat. Ils peuvent s'appliquer lorsque les parties acceptent que leur contrat soit régi par les «Principes généraux du droit», la «lex mercatoria», ou autre formule similaire.

Ils peuvent s'appliquer lorsque les parties n'ont pas choisi une loi particulière devant régir leur contrat. Ils peuvent être utilisés afin d'interpréter ou de compléter d'autres instruments du droit international uniforme. Ils peuvent être utilisés afin d'interpréter ou de compléter le droit national. Ils peuvent servir de modèle aux législateurs nationaux et internationaux».

[126] Dubuisson, M., La négociation des marchés internationaux, p. 52 ; Moniteur, 1982, 418 p.

[127] Guide pour la rédaction des contrats internationaux ; Pratique des contrats internationaux, Livre XXI, juin 1990, p. 1.

1. La négociation des contrats des privatisations

L'environnement des années 1980 de l'économie camerounaise a été marqué par une crise économique qui a conduit l'Etat à restructurer son économie, et à se désengager du secteur productif.

L'illustration la plus palpable de cette réalité est l'adoption d'une réglementation de circonstance.

Par Décret n° 97/002 du 3 janvier 1997, le Président de la République a mis sur pied une Commission Technique de Réhabilitation des entreprises du secteur public et parapublic[128].

La Commission est chargée de proposer au Comité interministériel de la Mission de réhabilitation des entreprises du secteur public et parapublic, toute mesure permettant l'éradication et la prévention des causes des difficultés des entreprises du secteur public et parapublic, pour une performance accrue de celles-ci. Elle contribue à la définition de la politique de prise de participation de l'État et donne son avis sur toute nouvelle création d'entreprises publiques ou parapubliques[129].

En guise d'observation, la situation des entreprises du secteur public ou parapublic va nécessiter avant comme après la mise sur pied de cette Commission, le recours aux privatisations.

Les objectifs assignés à cette politique de privatisation sont nombreux. Il s'agit pour le gouvernement :

- de parvenir à l'assainissement des finances publiques ;
- de stimuler les initiatives privées et promouvoir les investissements ;
- de restaurer des mécanismes de marché, mobiliser et orienter l'épargne nationale vers les investissements productifs[130].

À cet effet, le Décret n°99/210 du 22 septembre 1999 admet certaines entreprises du secteur public ou parapublic à la procédure des privatisations.

Il s'agit des Cimenteries industrielles du Cameroun (Cimencam)[131], de la Société camerounaise des dépôts pétroliers ("Scdp), de la Société nationale des eaux du Cameroun (Snec), de la Société nationale d'électricité du

128 Décret n°97/002 du 3 janvier 1997 portant organisation et fonctionnement de la Commission Technique de Réhabilitation des entreprises du secteur public et parapublic.
129 Article 1(1) du Décret n°97/002 du 3 janvier 1997 ; *Op. Cit.*
130 Ministère des finances et du Budget - Commission Technique de privatisation et des liquidations. http : /www.ctpl.cm/message.htm
131 Privatisation maintenue au profit de l'Etat du Cameroun, avec le partenaire français Lafarge.

Cameroun (Sonel)[132], de la Cameroon télécommunications (Camtel), de la Cameroon Télécommunications Mobiles (Camtel Mobile)[133].

Par un décret plus ancien du 3 octobre 1990, le Président de la République procédait à la privatisation de quinze sociétés d'État. Il s'agit de l'Imprimerie nationale, la Générale des travaux métalliques, le centre de production et d'édition pour l'enseignement et la recherche (Ceper), la Société de développement des rizières des Mbos (SODERIM), l'Office national de développement de l'aviculture et du petit bétail (Ondapb), la Société forestière du Cameroun (Sofibel), la Société des crevettes du Cameroun (Crevcam), la Cameroon Sugar Company (Camsuco), la Société camerounaise de métallurgie (Scdm), la Chocolaterie, confiserie camerounaise (Chococam), la Société camerounaise de manutention et d'aconage (Socamac), l'ex-Société d'équipement pour l'Afrique – Cameroun (Seac), l'Organisation camerounaise de la banane (OCB)[134].

Traiter des privatisations représente un intérêt pour ce travail, dans la mesure où les privatisations s'appuient essentiellement sur la conclusion des contrats et marchés. Dès lors, il va falloir étudier les techniques et le processus suivis dans la conclusion desdits contrats.

Les privatisations des entreprises du secteur public et parapublic sont menées par la Commission Technique de Privatisation et des Liquidations (Ctpl).

Son activité est régie par l'Ordonnance n° 90/004 du 22 juin 1990 relative à la privatisation des entreprises publiques et parapubliques et son décret d'application du 30 août 1990[135].

Créée par Décret n° 97/003 du 3 janvier 1997, la Ctpl est directement rattachée au Ministère de l'Économie et des Finances[136]. Le ministre de l'Économie et des Finances préside le Comité interministériel de la Mission de Réhabilitation des entreprises du secteur public et parapublic, chargé de la mise en œuvre du programme de privatisation.

C'est sous l'égide de cet organisme que sont menées toutes les opérations juridiques devant aboutir à la désignation d'un futur acquéreur.

---

[132] La Sonel a été privatisée au profit de la société américaine AES.

[133] La Camtel Mobile a été reprise par la société sud africaine MTN.

[134] Décret n°90/142 du 03 octobre 1990 portant privatisation de certaines entreprises du secteur public et parapublic.

[135] Décret n°90/1257 du 30 août 1990 portant application de l'Ordonnance n° 90/004 du 22 juin 1990 relative à la privatisation des entreprises publiques et parapubliques.

[136] Le Ministère de l'Economie et des Finances est transformé en Ministère des Finances et du Budget, par Décret présidentiel n° 2002/216 du 21 août 2002 réorganisant le gouvernement. A la faveur du réaménagement du gouvernement du 8 décembre 2004, le Ministère des Finances et du Budget est redevenu le Ministère de l'Economie et des Finances.

À cet effet, comme tout négociateur, la Ctpl «doit *se munir d'un dossier aussi complet que possible»*[137]. Le lancement de l'appel d'offres, ou toute autre forme retenue est précédé de nombreuses études.

a) L'évaluation préalable de l'entreprise à privatiser

Conformément à l'article 4 de l'Ordonnance n° 90/004 du 22 juin 1990, les entreprises à privatiser feront l'objet d'une évaluation selon des méthodes objectives couramment pratiquées et reconnues. Ces méthodes tiendront compte, selon une pondération appropriée à chaque cas et en fonction du mode de privatisation retenu, de la valeur patrimoniale et de la valeur de rendement de l'entreprise[138].

Le Comité prépare avec l'aide d'une sous-commission, l'évaluation des entreprises à privatiser. Une fois l'évaluation terminée il arrête les mesures préparatoires à prendre, établit le cahier des charges définitif, ainsi que le délai et les formes dans lesquels les offres seront reçues. Le cahier des charges précise le mode de privatisation choisi, le prix demandé, les modalités de paiement, les mesures d'accompagnement éventuelles[139].

L'évaluation préalable elle-même obéit à une expertise qualifiée ; elle est effectuée par des professionnels extérieurs à l'administration, *«cabinets comptables locaux ou étrangers»*, et selon les normes et les standards internationaux. De même, depuis 1997, le Comité interministériel a recours *«aux banques d'affaires de renommée mondiale, chaque fois qu'il s'agit d'opérations de privatisations complexes et de grande envergure»*[140].

Le choix des organismes chargés de l'évaluation se fait sur la base d'un appel à la concurrence sur cahier des charges. Les critères utilisés sont : «*le coût de la prestation, l'expérience et les références de l'organisme en la matière, la composition de l'équipe de travail et l'approche proposée à cet effet*»[141].

b) L'offre de contracter

L'offre de contracter est publique ; elle se fait au moyen *«d'un appel à la concurrence par voie d'appel d'offres»*[142].

---

[137] Guide pour la rédaction des contrats internationaux ; Pratique des contrats internationaux, *Op. Cit.*, p. 1.

[138] Article 11 (a) du Décret n° 90/1257 du 30 août 1990 portant application de l'ordonnance n°90/004 du 22 juin 1990 relative à la privatisation des entreprises publiques et parapubliques.

[139] Décret n° 90/1257 du 30 août 1990, *Op. Cit.*, article 13(a).

[140] Ministère des finances et du budget-Commission Technique de Privatisation et des Liquidations(CTPL); principes directeurs et modes de privatisation; http :/www.ctpl.cm/princip.htm.

[141] Ministère des finances et du budget-Commission Technique de Privatisation et des Liquidations (CTPL); principes directeurs et modes de privatisation; http : /www.ctpl.cm/princip.htm, *Op. Cit.*

[142] Décret n° 90/1257 du 30 août 1990, *Op. Cit.*, article 11 (b), (c).

La technique du recours à la voie d'appel d'offres n'est pas nouvelle ; elle se justifie dans la pratique contractuelle des pays en développement.

En effet, le souci de se réserver une certaine marge de manœuvre concernant le déroulement et le régime des négociations conduit les entreprises des pays du sud à préférer *«la formule de l'appel d'offres à celle du marché de gré à gré »*[143], qui est une autre modalité de contracter.

Dans l'appel d'offres, c'est le maître de l'ouvrage qui, désireux de réaliser un ouvrage ou de privatiser une entreprise, prend l'initiative de s'adresser à un ou plusieurs repreneurs.

L'avis d'appel d'offres est restreint lorsqu'il est adressé à un groupe précis de candidats. Il est ouvert, lorsqu'il se limite à une publicité générale. Dans la pratique contractuelle de la Commission, l'appel d'offres est international [144] ; il est publié dans les journaux nationaux, étrangers et sur Internet.

Il est par ailleurs disponible, non seulement au siège la Commission technique de privatisation et des liquidations, mais aussi dans les ambassades du Cameroun à l'étranger. Par exemple, l'avis d'appel d'offres international concernant la privatisation de la Cdc fut diffusé dans les ambassades du Cameroun à Bruxelles, Londres et Washington.

Cet avis indique par exemple, qu'un dossier d'appel d'offres contenant notamment *«un mémorandum d'informations, les règles et procédures de cette privatisation, est disponible depuis le 2 octobre 2000»*..

À ce stade de la négociation, il est exigé de tous les candidats, la signature d'un *«accord de confidentialité avant la mise à leur disposition de ce dossier d'appel d'offres»*.

Par accord de confidentialité, il est aujourd'hui communément admis qu'il s'agit d'accords en vertu desquels une ou plusieurs parties s'obligent, à conserver *«la confidentialité des informations qui leur ont été communiquées dans le cadre ou préalablement à la conclusion d'un contrat, ainsi qu'à ne pas les utiliser à d'autres fins que celles convenues»*[145]. En violant cette confidentialité, la partie contrevenante s'expose à une réparation des dommages que cette violation entraîne.

L'article 2/16 du Projet d'Acte Uniforme Ohada sur le droit des contrats dispose à et effet que, *«qu'il y ait ou non conclusion du contrat, la partie qui, au cours des négociations, reçoit une information donnée à titre confidentiel pour l'autre partie, est tenue de ne pas la divulguer ni l'utiliser de façon indue à des fins personnelles. Le manquement à ce devoir est*

---

[143] Mebroukine, A., Les modes de conclusion des contrats dans les rapports commerciaux Nord-Sud, p. 7 ; in Cassan, H., Contrats internationaux et pays en développement ; Economica, 1989, 283p.

[144] Privatisation de la Cameroon Development Corporation (Cdc) ; Avis d'appel d'offres international ; site Internet : http : www.gcnet.cm/CTE/privatisations/privatisation%20CDC.htm

[145] Marchandise (P.), Qui doit signer l'accord de confidentialité ? Revue du droit des Affaires Internationales/IBLJ, N°7, 2002 ; p. 741.

susceptible de donner lieu à une indemnité comprenant, le cas échéant, le bénéfice qu'en aura tiré l'autre partie».

À l'analyse, il apparaît que les techniques utilisées et la publicité qui en sont faites garantissent l'appel à la concurrence recherchée[146].

c) Le comité des négociateurs des contrats des privatisations

Le Président du Comité interministériel[147] signe, au nom de l'État et des organismes publics, les documents et les actes relatifs aux privatisations[148].

La conduite des négociations échoit à la Commission Technique qui réalise toutes les études préalables jugées nécessaires pour la préparation technique de la privatisation ; à ce titre il apprête le dossier de l'entreprise à privatiser, prépare le dossier d'appel d'offres et les campagnes promotionnelles, lance, reçoit et dépouille les offres. Il connaît bien l'entreprise à privatiser au moment de négocier, de retenir le soumissionnaire le mieux qualifié d'établir et de suivre les actes juridiques nécessaires à la prise d'effet des privatisations.

Différentes administrations sont représentées au sein du Comité de négociation. De manière générale, il y a un représentant de la Présidence de la République, un représentant des Services du Premier ministre, un représentant du Ministère des Investissements et de l'Aménagement du Territoire (Minpladat), un représentant du Ministère de l'Économie et des Finances, un représentant du Ministère de tutelle de l'entreprise à privatiser[149]. La Commission peut se faire assister par des experts nationaux et/ou étrangers[150].

La négociation des contrats de privatisation aboutit généralement à la désignation du cocontractant de l'État qui est adjudicataire de l'entreprise en privatisation. Cette désignation est constatée par un préaccord portant le nom de Protocole d'adjudication provisoire[151].

Le Protocole d'adjudication provisoire apparaît aux plans des effets juridiques qu'il produit, comme étant un véritable contrat dans la mesure où il est créateur de droits et d'obligations ; sa violation pouvant entraîner des réparations pécuniaires. De manière plus précise, le Protocole d'adjudication provisoire désigne les parties au contrat, l'objet du contrat, procède à des cessions de droits, à la détermination des obligations des parties, et même à

---

[146] Décret n° 90/1257 du 30 août 1990, *Op. Cit.*, article 11 (b) (c).

[147] Le Ministre de l'Economie et des Finances assume les fonctions de Président du Comité Interministériel de la Mission de réhabilitation des entreprises du secteur public et para public chargé de la mise en œuvre du programme des privatisations.

[148] Ministère des finances et du budget – Commission technique de privatisation et des liquidations ; site Internet : http : //www.ctpl.cm/cadreli.htm.

[149] Décret n° 90/1257 du 30 août 1990, *Op. Cit.*, article 7(b).

[150] Décret n° 90/1257 du 30 août 1990, *Op. Cit.*, article 10.

[151] L'étude de cet acte juridique est renvoyée à l'étude des effets des engagements pris dans la phase précontractuelle ; supra.

la détermination d'une clause compromissoire, en cas de survenance d'un différend. Généralement, il est indiqué qu'il fait partie de l'Accord à conclure et dont il a la même valeur juridique.

En guise d'illustration, le Protocole d'adjudication provisoire signé le 15 novembre 1996, retient l'offre de la société d'investissement basée à Singapour, soumissionnaire à la reprise de la société Hevecam[152].

La pratique conventionnelle classique connaît bien ce type d'engagements, à savoir que sur certaines questions, les parties s'engagent irrémédiablement à signer un accord ultérieurement[153].

En effet, la préparation d'une opération aussi complexe qu'un investissement international nécessite parfois beaucoup de temps. Il faut réunir des moyens financiers, techniques et humains destinés à la réalisation du projet envisagé. Mais en dehors de cet aspect purement technique, il peut se faire que l'accord des volontés soit l'aboutissement d'une longue période de pourparlers ayant permis une « *maturation* » du contrat envisagé. Nous avons relevé la manière avec laquelle les contrats étatiques faisaient l'objet de négociations souvent fort longues et il n'est pas rare que la période des pourparlers dure plusieurs années. Or pendant cette période des rapports vont s'instaurer entre les parties, desquels vont naître des liens et certaines obligations[154].

Le Protocole d'adjudication provisoire est suivi ultérieurement par une Convention de cession d'actions constatant la privatisation.

Dans le cas de la privatisation d'Hevecam, l'article 4 du protocole d'adjudication provisoire dispose que l'Etat et le Repreneur conviennent à titre indicatif de fixer la date de signature de la convention de cession, au plus tard le 17 décembre 1996, sous réserve que les conditions énumérées à l'article 3.1 ci-dessus soient remplies. La Convention de cession est effectivement signée le 9 décembre 1996[155].

Avant de procéder à l'examen des contenus des contrats étudiés, il reste à analyser la forme que prennent les négociations portant sur les emprunts de capitaux.

---

[152] «*Par le présent protocole, l'Etat déclare solennellement le Repreneur adjudicataire provisoire... des actions qu'il détient au capital d'Hevecam ... au prix de ...francs CFA, dans les conditions et modalités définies au présent protocole et dans la convention de cession à intervenir*».

[153] «*Le Repreneur accepte sa désignation comme adjudicataire provisoire des actions et les deux parties approuvent le prix ... indiqué et s'engagent irrévocablement à signer la convention de cession et à s'y conformer, sous réserve du respect de toutes les conditions contenues dans le présent protocole et la convention de cession définitive*».

[154] Leboulanger (Ph.), Les contrats entre Etats et entreprises étrangères, p28, Economica, 1985, 353p.

[155] Supra.

2. La négociation des contrats d'emprunts des capitaux

L'emprunt des capitaux est étroitement lié à la réalisation de grands projets de développement. À la seule différence que les méthodes de négociations exposées plus haut ne correspondent pas toujours aux techniques qui sont déployées dans le cas d'espèce (b). Bien que l'usage de ces fonds renvoie aux techniques de recherche d'une entreprise capable de réaliser l'ouvrage pour lequel le prêt a été consenti[156]. Toute autre est la technique de négociation déployée par l'État du Cameroun à l'occasion de sa coopération avec les institutions de Bretton Woods (a)[157].

a) Les négociations avec les institutions de Bretton Woods

L'interlocuteur technique du Fonds Monétaire International et de la Banque Mondiale est le Comité Technique de Suivi (Cts) chargé de conduire le programme économique du Cameroun. Le Cts travaille sous la coordination du Ministère de l'Économie et des Finances. Ce dernier assure le suivi des affaires économiques, ainsi que celui des projets d'investissements, du Fonds Monétaire international et de la Banque mondiale. Le Ministère de l'Économie et des Finances préside le Comité interministériel pour le programme d'ajustement structurel du Cameroun, en collaboration avec le ministre de l'Économie, de la Planification et de l'Aménagement du Territoire.

L'une des principales fonctions du Fonds Monétaire International (FMI) est de *«fournir des prêts aux pays qui éprouvent des difficultés de balance des paiements»*[158]. Les concours financiers accordés permettent aux pays demandeurs de reconstituer leurs réserves internationales, de stabiliser la valeur de leur monnaie, de continuer à régler leurs importations et de restaurer les conditions d'une croissance forte et durable.

Les prêts du FMI sont accordés sous la forme d'une série *«d'accords «* stipulant les conditions que le pays doit remplir pour avoir accès aux emprunts. La signature d'un accord est conditionnée par la mise en place d'un *«programme de politique économique»*[159] du pays, contenue dans la *«lettre d'intentions»*[160].

Dans le droit des contrats internationaux, la terminologie *«lettre d'intention « est utilisée d'une manière générale afin d'indiquer toute sorte*

---

[156] Renvoi aux précédents développements sur la question ; supra.

[157] Le Fonds Monétaire International (FMI) et la Banque Mondiale.

[158] Source: Fonds Monétaire International ;
site Internet : www.imf.org/external/np/exr/facts/fre/howlendf.htm.

[159] Source:Fonds Monétaire International.
site Internet : www.imf.org/external/np/exr/facts/fre/conditiof.htm.

[160] Sur les effets juridiques de la lettre d'intention: développements dans les effets juridiques des engagements pris dans la phase précontractuelle.

de documents précontractuels par lequel une partie ou toutes les parties envisagent de régler le processus de négociation et de formation du contrat...»[161]. Ces documents portent fréquemment le nom *de «lettres d'intention» ou de «mémorandum of understanding»*, bien que d'autres expressions soient utilisées, notamment *«protocole»*, *«letter of understanding»*, *«accord de principe»*, *«head of agreement»*, etc.[162].

De manière générale, la violation des engagements contenus dans une lettre d'intention n'entraîne aucune responsabilité contractuelle ; *«toutefois, la partie qui, dans la conduite ou la rupture des négociations, agit de mauvaise foi est responsable du préjudice qu'elle cause à l'autre partie»*[163].

La portée de la lettre d'intention signée dans les relations avec le FMI est toute différente, puisque l'État du Cameroun s'engage envers le Fonds Monétaire International à réaliser un certain nombre de réformes sur sa gestion de la chose publique[164]. Ce n'est qu'en se soumettant à ces conditions que l'État pourra bénéficier des prêts consentis par la Banque Mondiale.

Toutefois, *«quelle que soit la précision avec laquelle la lettre d'intention est d'ordinaire rédigée, elle n'est pas toujours suivie de la conclusion d'un contrat définitif»*[165]. C'est pour cette raison que le Chef du Gouvernement prend des engagements qui apparaissent sous la forme des conditionnalités à remplir.

En effet, lorsqu'un pays emprunte au FMI, son gouvernement prend des engagements fermes aux plans des politiques économiques et financières ; engagements connus sous le nom de *« conditionnalités »*. L'ensemble des conditionnalités constitue le programme de politique économique du pays. Ce programme est formulé par le pays en consultation avec le FMI, puis soumis au Conseil d'Administration au moyen de la *« lettre d'intention »*.

Les lettres d'intention qui précèdent l'accord du Conseil d'administration du FMI sont adressées au Directeur Général du FMI par le Premier ministre, Chef du Gouvernement qui les signe en personne. Cette intervention du Chef du Gouvernement constitue un maillon important et déterminant dans les négociations des prêts avec le FMI.

---

[161] Fontaine (M.) et Filip De LY; Droit des contrats internationaux, analyse et rédaction des clauses ; p. 6 ; Fondation pour l'Etude du Droit et des Usages du Commerce International (Feducil), 2ème Edition, 2003, 715p.

[162] Fontaine (M.), *idem.*

[163] Article 2/15 (2) du Projet d'Acte Uniforme Ohada sur le droit des contrats.

[164] Deniers publics, assainissement du système judiciaire, privatisation des sociétés publique et parapublique etc.

[165] Cassan (H.), Contrats internationaux et pays en développement, p. 24, Economica, 1989, 283p.

L'État du Cameroun a déjà signé plusieurs lettres d'intention et les programmes des politiques économiques qui les accompagnent. La lettre du 23 mai 2000, qui complète celle du 9 août 1999, passe en revue l'exécution par le Cameroun du programme appuyé par le troisième accord annuel au titre de la RFPC ; que le Conseil d'Administration du FMI a approuvé le 7 septembre 1999. Cette dernière lettre expose les politiques et objectifs du gouvernement pour le second semestre de l'exercice 1999/2000 (juillet-juin)[166].

b) La négociation des autres emprunts

Divers autres contrats internationaux se négocient sur la base des relations bilatérales que le Cameroun entretient avec des *«pays amis»*, avec lesquels il passe des accords bilatéraux qui ont une portée générale[167].

En application de ces accords bilatéraux, l'État du Cameroun noue de nombreux liens contractuels entre les organismes publics et privés des États étrangers amis[168].

Dans la pratique, la négociation de ce type d'accords se déroule soit au sein des commissions bilatérales[169], comprenant les plénipotentiaires de chacun des Etats concernés[170], ou les représentants des organismes financiers

---

[166] Source: Lettre d'intention n° 1329/SG/PM du 23 mai 2000 signée du Premier Ministre, Chef du Gouvernement; inédit.

[167] Accord entre le gouvernement de la République du Cameroun et le Gouvernement de la République de Chine pour la promotion des investissements.
Accord entre le Gouvernement de la Roumanie et le Gouvernement du Cameroun concernant la promotion et la protection réciproques des investissements.
Accord entre le gouvernement de la République italienne et le gouvernement de la République du Cameroun pour la promotion et la protection des investissements.

[168] Protocole du 4 août 1989 entre la République du Cameroun, la Société Camerounaise de Banque et une banque française portant création de sa filiale au Cameroun.
Convention de prêt pour la réalisation de la boucle routière de Sangmélima entre la République du Cameroun représentée par le Ministère du Plan et de l'Aménagement du Territoire, et une banque française en tant que mandataire d'autres banques françaises et africaine.
Convention de crédit pour l'installation, la mise en service et la remise en état de quatre centraux téléphoniques, entre la République du Cameroun représentée par le Ministre du Plan et de l'Aménagement du Territoire et des banques françaises et européennes.
Convention de crédit d'accompagnement pour le financement des projets d'adduction d'eau dans les villes de Bokito, Elak-Okou et Nwa-M'ben, entre la république du Cameroun représentée par le Ministère des Mines et de l'Energie, et des banques belges.

[169] Confer le procès-verbal des travaux de la Sixième session de la Grande Commission Mixte de coopération Cameroun – Tunisie, tenue à Tunis, du 14 au 16 décembre 2002.

[170] Confer le procès-verbal des travaux de la Sixième session de la Grande Commission Mixte de coopération Cameroun – Tunisie, tenue à Tunis, du 14 au 16 décembre 2002 ; *Op. Cit.* paraphé et signé Monsieur François-Xavier Ngoubeyou, Ministre d'Etat chargé des relations extérieures de la République du Cameroun, et Monsieur Habib Ben Yahia, Ministre des affaires étrangères de Tunisie ; p. 18.

étrangers, soit au moyen des chefs des missions diplomatiques du Cameroun à l'étranger.

Dans ce dernier cas, un exemple nous est donné par l'Accord de prêt relatif au financement du projet de la micro finance dans le nord du Cameroun, entre le Gouvernement de la République du Cameroun et une banque islamique ; accord signé par l'Ambassadeur de la République du Cameroun auprès du Royaume d'Arabie Saoudite[171].

Par ailleurs, en référence à cette session de Tunis, des Accords-cadres ont été signés, notamment l'Accord-cadre de coopération économique, scientifique, culturelle et technique ; l'Accord de coopération dans les domaines de l'information et de la communication, et l'Accord de coopération en matière de formation professionnelle.

Aux termes de ces accords-cadres, l'État du Cameroun en relation avec les organismes publics ou privés de ces États, ou des personnes morales ou physiques originaires de ces pays passent une série de contrats d'affaires ayant un caractère international.

Dans un cas comme dans un autre, les négociations ont pour objectif de parvenir à la rédaction d'un accord définitif.

B. La rédaction du contrat

Le Projet d'Acte Uniforme Ohada sur le droit des contrats (article1/3) relève que :

1) « le présent acte Uniforme n'impose pas que le contrat, la déclaration ou tout autre acte soit conclu sous une forme particulière.

2) Les questions de preuve sont régies par les dispositions qui les concernent ».

Bien que le projet d'Acte Uniforme ci-dessus, ainsi que *«les Principes d'UNIDROIT écartent tout formalisme»*[172], l'écrit ne devant servir que comme moyen de preuve, il se trouve néanmoins que les contrats internationaux dans la pratique consacrée, ont recours à l'écrit.

En plus de l'écrit, l'autre préoccupation consiste à identifier les personnes qui ont la charge de rédiger les projets de contrats du Cameroun.

La solution varie selon qu'on se situe dans des hypothèses maîtrisées[173] ou nouvelles[174].

---

[171] Accord de prêt, relatif au financement du projet de micro finance dans le nord du Cameroun.

[172] Fontaine (M.), Le projet d'Acte Uniforme Ohada sur les contrats et les principes d'Unidroit relatifs aux contrats du commerce international ; *Op. Cit,*. p.262.

[173] Les privatisations au Cameroun sont mises en route par une structure spécialisée.

[174] La Commission Technique de privatisation et des liquidations a recours à des experts nationaux, ou étrangers. Tout dépend de la complexité de la privatisation en cause.

Dans le domaine des contrats de privatisation, le cahier des charges et bien d'autres documents contractuels sont préparés et rédigés par les experts de la Commission Technique de Privatisation et des Liquidations.

Au rang des documents contractuels produits figurent les termes de références qui accompagnent l'avis d'appel d'offres, l'appel d'offres, le protocole d'adjudication provisoire de l'entreprise en privatisation[175], et la Convention de cession, c'est-à-dire l'acte par lequel les parties cocontractantes procèdent au transfert des droits sociaux.

Dans le cadre des relations entre la Banque Mondiale, le Fonds Monétaire International et l'État du Cameroun, la rédaction de la lettre d'intention incombe au Gouvernement qui déclare à quoi il s'engage dans le cadre de l'exécution de son programme économique.

La lettre d'intention est soumise à l'approbation du Conseil d'Administration du FMI. L'accord du Conseil d'Administration du FMI noue le lien contractuel avec l'État du Cameroun et a pour conséquence directe, le déblocage progressif des fonds alloués.

Par ailleurs, l'organigramme de chacune des structures impliquées dans la négociation et la signature des contrats internationaux laisse apparaître la présence d'une structure juridique. Comme leur nom l'indique, ces structures devraient être étroitement impliquées dans l'élaboration juridique des contrats. Dans ce sens, elles ont les arguments juridiques pour prévenir certaines défaillances ; ce qui n'est pas souvent le cas[176]. La pratique confine ces structures au suivi du contentieux, c'est-à-dire qu'elles interviennent plutôt en pompiers.

Cette consultation préalable permettrait de se retrouver avec des contrats mieux rédigés sur la forme[177]. La lecture de ces différents contrats ne permet pas d'identifier où sont les obligations et les droits des uns et des autres. Le lecteur a en face de lui une litanie d'articles, sans qu'il n'y ait une structuration des champs couverts par le contrat. Même l'objet des contrats n'est pas bien défini.

Dans le contrat signé entre le Ministère de la Jeunesse et des Sports du Cameroun, la Fédération Camerounaise de Football et Monsieur C.R, le contrat a pour objet : Le Ministère de la Jeunesse et des Sports du Cameroun et la Fédération Camerounaise de Football recrutent Monsieur C. R. en qualité de Coordonnateur Technique National de Football des Jeunes. Ce serait mieux dit en indiquant que : le présent contrat a pour objet le

---

175 Le Protocole d'adjudication provisoire entre la République du Cameroun et une société indonésienne, au sujet du rachat de la Société Hevecam, signé le 15 novembre 1996 ; *Op. Cit.*

176 Circulaire N° 001/CAB/PM du 04 janvier 2000 relative au fonctionnement des structures juridiques des départements ministériels.
Lettre Circulaire N° 001/CAB/PM du 04 janvier 2000 relative à la défense des intérêts de l'Etat en justice.

177 Certains contrats conclus sous l'égide du Ministère de la Jeunesse et des Sports du Cameroun, portant sur le recrutement des entraîneurs étrangers.

recrutement de Monsieur C. en qualité de Coordonnateur Technique National du Football des jeunes. L'objet serait suivi par les obligations et les droits du Coordonnateur Technique. Ensuite viendraient les obligations de l'État du Cameroun.

De manière générale, le contrat n'est pas signé par un démembrement de l'État du Cameroun, mais par l'État du Cameroun représenté par l'entité gouvernementale qui a la charge du secteur concerné.

Par ailleurs, dans la majeure partie des cas, les experts des deux parties se mettent ensemble pour la rédaction du projet de contrat. Assez souvent, les partenaires étrangers viennent avec leur projet de contrat ; étant entendu que du fait qu'ils apportent des capitaux ou du savoir-faire, ils entendent les négocier aux conditions qui leur sont favorables. C'est ici que l'attention des négociateurs est interpellée ; ils ne doivent pas donner l'impression à l'autre partie *«qu'ils sont pressés d'aboutir à un accord... Ils doivent aussi posséder des informations sur la psychologie des négociateurs de l'autre partie et sur les objectifs de cette dernière»*[178].

En tout état de cause, il semble préférable de limiter autant que possible, *«l'échange de documents écrits au cours de la négociation tant que celle-ci n'est pas achevée et que l'on ne connaît pas l'étendue complète des concessions qu'il faudra éventuellement consentir par la suite»*. De tels documents en effet, en figeant au cours de la négociation la volonté des parties, constitueraient *«des engagements sur lesquels il serait difficile de revenir»*.

Paragraphe 2 : les effets juridiques de la phase précontractuelle

Il s'agit d'étudier d'une part, la portée juridique des documents rédigés au cours des négociations (A), ainsi que les cas d'abus observés pendant la phase précontractuelle (B) d'autre part.

A. Les effets juridiques des différents actes passés au cours de la négociation

1. Les effets liés à l'offre de contracter

En droit, l'offre est une déclaration unilatérale de volonté adressée à autrui qui constitue un engagement à l'égard de ce dernier[179]. Pour avoir ce caractère, l'offre doit se présenter comme telle. Il faut donc qu'elle soit claire et non équivoque. De plus, l'offre doit être déclarée, c'est-à-dire être adressée à celui auquel elle est destinée. En matière de contrats internationaux, l'offre est généralement faite par la voie d'un avis d'appel d'offres international ouvert[180] ou restreint[181].

---

[178] Dubisson (M.), *La négociation des marchés internationaux*, p. 84, *Op. Cit.*

[179] *Idem.* p. 84, *Op. Cit.*

[180] L'avis d'appel d'offre international est ouvert lorsqu'il n'est fait mention du nom d'aucun destinataire.

Le problème qui peut entraîner la responsabilité de la partie qui fait l'offre se pose généralement en cas de retrait de l'offre ou de son annulation. En effet, la doctrine française appuyée sur la jurisprudence, tout en reconnaissant à l'auteur d'une offre, conformément à la conception classique, la possibilité de la retirer tant qu'elle n'est pas acceptée, estime que *«le retrait d'une offre peut entraîner la responsabilité de l'offrant, si ce retrait est effectué brutalement et crée un préjudice au destinataire»*[182].

Dans la pratique contractuelle internationale, les entreprises ont la possibilité de maîtriser parfaitement les conséquences qui s'attachent pour elles à la remise d'une offre ; *«en donnant un contenu plus ou moins précis et complet à leurs propositions... la question de la révocabilité se pose donc rarement»*.

Par conséquent, la technique utilisée à l'international consiste à ne pas faire des offres *«pour une période indéterminée»*. Les raisons en sont évidentes. Sur le plan économique, une offre de prix ne peut être tenue, en raison de l'inflation, que pour une durée limitée. Généralement donc, la durée de l'offre est déterminée.

À titre d'exemple, l'Avis d'appel d'offres international lancé pour la privatisation de la Cameroon Development Corporation précise que les offres devront être déposées conformément aux prescriptions du dossier d'appel d'offre *«au plus tard le... à 16 heures précises, heure locale»*, à la Commission Technique de Privatisation et des Liquidations à Yaoundé. Cet avis, on le voit, précise la date limite de recevabilité des offres.

Par ailleurs, l'offre peut être déclarée infructueuse, c'est-à-dire qu'aucune entreprise n'a été déclarée adjudicataire du marché. Dans cette hypothèse, l'article 2.1.15 (1) des Principes d'Unidroit 2004[183] relatifs aux contrats du commerce international exclut la responsabilité des parties qui n'ont pas pu parvenir à un accord ; sauf à démontrer la mauvaise foi de l'une d'elles.

2. La portée juridique des actes passés au cours de la négociation

a) Le sort de la lettre d'intention

La terminologie est variée. Quelle qu'elle soit, la lettre d'intention désigne de manière générale, *«toute sorte de documents précontractuels par lesquels une partie ou toutes les parties envisagent de régler le processus de négociation et de formation du contrat»*[184]. Il est à relever que la pratique

---

[181] L'avis d'appel d'offre est restreint, lorsqu'il est fait à destination d'un nombre de cabinets ou d'entreprises bien identifiés et limités.

[182] Dubisson (M.), *op.cit.*p. 86.

[183] Principes Unidroit 2004 - Article 2.1.15: (Mauvaise foi dans les négociations)
(1) *«Les parties sont libres de négocier et ne peuvent être tenues pour responsables si elles ne parviennent pas à un accord»*.

[184] Fontaine, M et Dely, F. *op.cit.*p. 6.

contractuelle assimile à la lettre d'intention (L/I), le *«mémorandum of understanding»* (MoU) ou *«letter of understanding»* (LoU)[185].

Le statut juridique des lettres d'intention est variable. En effet, quelle que soit la précision avec laquelle la lettre d'intention est d'ordinaire rédigée, elle n'est pas toujours suivie de la conclusion d'un contrat définitif.

Néanmoins, ce document renferme deux catégories de clauses : celles qui ne produiront d'effets que lors de la conclusion du contrat et celles qui, en revanche, ont vocation à engager immédiatement les parties sur le plan contractuel[186].

Certains auteurs de ces lettres estiment *«souvent qu'elles ne les obligent encore à rien»*[187].

Mais à travers la très grande diversité des situations et des formules employées, il se dégage cependant l'impression que certaines lettres d'intention, ou tout au moins, certaines clauses contenues dans ces lettres *«créent déjà des obligations juridiques dans le chef des signataires»*[188].

L'illustration de cette analyse est consacrée par la portée des lettres d'intention que le Premier ministre, Chef du Gouvernement de la République du Cameroun adresse au Directeur Général du Fonds Monétaire International, à l'occasion des négociations de prêt avec cet organisme financier.

La lettre d'intention en pareille circonstance porte sur des engagements que le Gouvernement de la République du Cameroun prend, à l'occasion de la poursuite de son programme économique, pour que le Fonds Monétaire International puisse lui accorder un nouveau prêt. Cette lettre est soumise à l'accord du Conseil d'administration du FMI. L'accord donné lie les deux parties qui se soumettent à l'exécution des engagements contenus dans la lettre d'intention.

Par conséquent, il est normal de considérer la lettre d'intention du Cameroun adressée au FMI, comme étant un accord conditionnel ou suspensif. Un accord conditionnel dans la mesure où le déblocage de certaines facilités est lié à la réalisation de certaines conditionnalités contenues dans la lettre d'intention. Par exemple, il faudra dans la période triennale de tel accord, réformer le système judiciaire, ou procéder à la privatisation de telle société d'État, ou encore d'inclure les recettes pétrolières dans le budget.

---

[185] «*Il est devenu clair qu'en pratique toutes les notions précitées sont utilisées d'une manière interchangeable et qu'elles n'ont pas de signification précise*» ; Fontaine (M.) et Dely (F.), Droit des contrats internationaux. Analyse et rédaction des clauses. Les lettres d'intention ; *Op. Cit.*, p. 7.

[186] Cassan (H.), *Contrats internationaux et pays en développement*, p.24, Economica *Op. Cit.*

[187] Fontaine, M et Dely, F. *op.cit.*p. 6.

[188] *Idem.*

Toutefois, ainsi que l'indique la terminologie, il ne s'agit que d'une lettre d'intention. Par précaution, les parties qui n'entendent pas donner une portée contractuelle à un tel document doivent pouvoir le dire expressément dans le document rédigé. Il est toujours préférable *«d'exprimer aussi clairement que possible ce à quoi on s'engage, et ce à quoi on ne s'engage pas»*[189].

La pratique dans la Common Law recommande aux parties qui ressentent le besoin d'établir l'un ou l'autre document faisant le point des négociations, mais sans engagement de leur part, de le dire clairement. À défaut de le dire clairement, elles peuvent recourir à une formule telle que, la clause anglaise *«subject to contract»*.

b) Le sort du protocole d'adjudication provisoire

Les privatisations au Cameroun obéissent à un processus de contractualisation bien déterminé. L'avis d'appel d'offres est suivi de la phase du dépouillement qui permet d'adjuger l'entreprise privatisée, au profit d'un repreneur désigné.

Dans la pratique, le repreneur signe un protocole d'adjudication provisoire qui a pour objet l'adjudication provisoire des actions détenues par l'État, et son acceptation par le repreneur ; le prix de la cession est également connu. Vient par la suite la signature d'une Convention de cession d'actions, qui constitue l'acte juridique de la privatisation, qui sera suivie par la signature d'un pacte des actionnaires.

De par la nature de l'acte en cause, l'on est bien tenté de croire que le caractère provisoire du Protocole d'adjudication impliquerait un avant-contrat non obligatoire.

Or, la lecture d'un spécimen de Protocole démontre tout le contraire. Dans le Protocole d'adjudication provisoire passé entre la République du Cameroun et une société domiciliée à Singapour, il est indiqué dans le préambule qu'à l'issue de l'appel d'offres public portant sur la vente de 90 % des actions détenues par l'État au sein du capital de la société camerounaise d'hévéa, le Gouvernement a retenu l'offre du Repreneur sur la base des informations et engagements donnés par ce dernier dans son dossier de soumission.

C'est ainsi que le Gouvernement avait invité le Repreneur, à entamer des négociations afin de concrétiser la cession définitive desdites actions.

Les discussions ont permis notamment d'obtenir certains éclaircissements sur l'offre financière du Repreneur, son plan d'investissement, sa politique en matière de l'emploi des nationaux, les garanties juridiques économiques et fiscalo-douanières du Gouvernement, ainsi que les modalités de transfert de la gestion de la société d'hévéa au Repreneur. Ces discussions ont abouti à la signature d'un protocole d'adjudication provisoire qui sera suivi d'une convention de cession définitive.

---

[189] Fontaine, M et Dely, F. *Op. Cit.*p. 67.

En sus de ces ententes, il y a des obligations de ne pas faire. À cet effet, l'État s'engage préalablement à la signature de la convention de cession :

- à gérer la société d'hévéa en bon père de famille... à ne conclure aucun nouveau contrat de vente de ses produits sans l'accord préalable du repreneur ;
- à mettre en œuvre la procédure de résiliation du contrat qui lie cette société à une société étrangère[190], et portant sur la gestion, l'assistance technique et la commercialisation des produits.

Par ailleurs, l'État certifie qu'il n'y a aucun contrat de même nature en vigueur à la date des présentes et déclare *«faire son affaire personnelle de la résiliation éventuelle, des conséquences financières et autres suites des contrats de même nature qui se révéleraient à la charge d'Hevecam»*, de sorte que la responsabilité du Repreneur ni celle de ladite société, ne puissent être recherchée à ce sujet pour quelque cause que ce soit[191].

Dans cette Convention les parties s'étaient engagées à signer au plus tard à une date indicative, la Convention de cession définitive des actions détenues par l'État dans le capital de ladite société ; soit un peu plus d'un mois plus tard.

Par ailleurs, au plan de la valeur juridique de ce document, l'article 5 du Protocole dispose que ; ledit protocole, ainsi que tous les contrats et engagements susceptibles d'en découler, ne pourront être modifiés que par voie conventionnelle équivalente aux présentes. Les annexes au présent protocole, les contrats susceptibles d'en découler ainsi que leurs avenants ont la même force juridique.

En définitive, bien qu'on se trouve encore dans la phase précontractuelle, ce protocole d'adjudication provisoire est considéré comme une convention. Elle revêt à ce titre, la valeur d'une convention internationale au regard à tout le moins des parties signataires ; ainsi qu'en référence à la clause arbitrale qui y est contenue.

Au sujet de la clause arbitrale notamment, l'article 9 du Protocole soumet le règlement de tous les différends relatifs à la validité, l'interprétation, le sens, l'exécution ou les effets du présent protocole ou relatif aux droits et obligations des parties, à *«l'arbitrage de la Chambre de Commerce Internationale de Paris»*.

c) Le sort de certaines informations échangées : la clause de confidentialité

Le sort de certaines informations échangées dans la partie préliminaire des négociations n'est pas toujours lié au sort réservé au projet d'accord

---

190 *Terres rouges consultant.*

191 Protocole d'adjudication provisoire l'"§ n,Etat du Cameroun, et la société indonésienne, article 3.1.1 (i), (ii).

projeté[192]. De manière connue, quelle que soit la précision avec laquelle l'offre projetée est rédigée, elle n'aboutit pas toujours à la conclusion d'un contrat définitif. Il peut ne pas y avoir de responsabilité à envisager sur le seul chef de cette absence de conclusion. Toutefois, les lettres d'intention contiennent généralement deux types de clauses ; celles qui ne produiront des effets que lors de la conclusion du contrat, et celles qui, en revanche, ont vocation à engager immédiatement les parties sur le plan contractuel.

Dans ce dernier cas, certains contrats relatifs aux transferts de processus technologiques contiennent des clauses de secret à effet immédiat[193]. Au cours de la négociation, le détenteur de la technologie communique généralement au preneur les informations principales concernant le transfert du know how, de nature à lui permettre de s'engager en connaissance de cause.

L'article 2.1.16 des Principes d'Unidroit 2004 relatifs aux contrats du commerce international est clair sur la question ; en effet, *«qu'il y ait ou non conclusion du contrat, la partie qui, au cours des négociations, reçoit une information donnée à titre confidentiel par l'autre partie est tenue de ne pas la divulguer ni l'utiliser de façon indue à des fins personnelles. Le manquement à ce devoir est susceptible de donner lieu à une indemnité comprenant, le cas échéant, le bénéfice qu'en aura retiré l'autre partie»*.

Cette disposition est reprise à l'article 2/16 de l'Avant-projet d'Acte Uniforme Ohada sur le droit des contrats[194].

Les commentaires qui accompagnent les Principes d'Unidroit nuancent cette règle, en ce sens que les parties ne sont pas tenues en règle générale à un devoir de confidentialité.[195].

Par conséquent, la partie qui a intérêt à ce que certaines informations données à l'autre partie ne soient pas divulguées ou utilisées à des fins autres que celles pour lesquelles elles avaient été données doit le *« déclarer*

---

192 Le projet d'accord est désigné par une lettre d'intention; sans que cette dernière ne soit prise dans le sens de la lettre d'intention pratiquée par le FMI et la Banque Mondiale.

193 Voir sur ce point Delaune (J.M.), Le contrat de transfert de processus technologique, Masson, 3è édition, p. 31.

194 L'article 2/16 de l'Avant-projet d'Acte Uniforme Ohada sur le droit des contrats :*«Qu'il y ait ou non conclusion du contrat, la partie qui, au cours des négociations, reçoit une information donnée à titre confidentiel par l'autre partie, est tenue de ne pas la divulguer ni l'utiliser de façon indue à des fins personnelles. Le manquement à ce devoir est susceptible de donner lieu à une indemnité comprenant, le cas échéant, le bénéfice qu'en aura retiré l'autre partie»*.

195 En effet, «*tout comme il n'existe pas de devoir général de divulgation, les parties qui entament des négociations pour la conclusion d'un contrat ne sont habituellement pas tenues de considérer que les informations qu'elles ont échangées sont confidentielles. En d'autres termes, puisqu'une partie est normalement libre de décider quels éléments importants pour la transaction en cours de négociation divulguer, ces informations doivent en principe être considérées comme non confidentielles, c'est-à-dire comme des informations que l'autre partie peut soit divulguer à des tiers soit utiliser à des fins personnelles si le contrat ne devait pas être conclu*», Principes Unidroit 2004, p. 31.

expressément ». En ce moment, en recevant ces informations, l'autre partie a implicitement accepté de les considérer comme confidentielles. Cette restriction doit être limitée dans le temps.

La revue des négociations des contrats internationaux du Cameroun ne rapporte pas l'utilisation courante de la clause de confidentialité. Toutefois, cette clause figure généralement dans les dossiers d'appel d'offres. En Annexe 1 du Dossier d'appel d'offres d'Hevecam, une lettre de confidentialité relative à l'appel d'offres est exigée de toute personne intéressée. L'Annexe 2 quant à elle contient une lettre de confidentialité relative à l'accès aux diligences.

Dans l'Annexe1, le Soumissionnaire *« s'engage à respecter la confidentialité des renseignements fournis dans le cadre de la privatisation ; il s'engage à retourner toute la documentation reçue dans ce cadre, si sa soumission n'est pas acceptée »*.

Dans l'Annexe 2, il est demandé à tout Soumissionnaire, d'adresser une correspondance sur le modèle joint en annexe, à la Mission de Réhabilitation des Entreprises Public et Parapublic, ayant pour objet de recevoir l'engagement du Soumissionnaire, de ses conseillers et représentants *«à n'utiliser les Informations d'évaluation qu'uniquement dans le but d'évaluer une transaction potentielle portant sur le capital de la société et à les garder confidentielles»*[196]. Cette lettre de confidentialité *«est valable pendant une durée de deux ans à compter de sa date de signature»*.

La clause de confidentialité, désignée par *«Secret»* se retrouve dans le Contrat de promotion passé entre Monsieur.... et le Laboratoire Y...[197] En son Article 7.1 *M....* s'engage, pendant la durée du présent contrat et pendant dix ans après sa fin, quelle que soit la cause de cette fin, à conserver secrètes toutes les informations et données de nature confidentielle qui lui seront communiquées dans le cadre ou à l'occasion du présent contrat (ci-après les Informations) et à ne pas les utiliser autrement que pour les besoins du présent contrat». Il est évident que le souci de confidentialité justifie cette clause de secret.

Le même sort est réservé à la clause d'exclusivité qui met à la charge du maître de l'ouvrage l'obligation de ne pas conclure le même contrat avec un autre partenaire alors que se déroulent les négociations avec le premier[198].

B. La sanction des abus observés pendant la négociation

Les alinéas (2) et (3) de l'article 2.1.15 de l'Avant projet d'Acte Uniforme Ohada sur le droit des contrats[199] précisent que, *«la partie qui,*

---

[196] Dossier d'appel d'offres privatisation d'Hevecam ; Annexe 2 : Lettre de confidentialité relative à l'accès aux diligences.

[197] Infra.

[198] Cassan (H); *Contrats internationaux et pays en développement* ; *Op. Cit.*, p. 25.

[199] Cette disposition correspond à l'article 2.15 (2) (3) de l'Avant projet d'Acte Uniforme Ohada sur le droit des contrats.

dans la conduite ou la rupture des négociations, agit de mauvaise foi est responsable du préjudice qu'elle cause à l'autre partie».

L'article 2/15 (3) du projet d'Acte Uniforme Ohada sur le droit des contrats indique que, «*est, notamment de mauvaise foi la partie qui entame ou poursuit une négociation sachant qu'elle n'a pas l'intention de parvenir à un accord*».

Le commentaire qui accompagne cette disposition, rajoute que la mauvaise foi peut aussi découler du cas où une partie a délibérément, ou par négligence, induit en erreur l'autre partie quant à la nature des clauses du contrat, soit en déformant les faits, soit ne révélant pas des faits qui, en raison de la qualité des parties et/ou de la nature du contrat, auraient dû l'être.

La responsabilité d'une partie pour mauvaise foi dans la négociation est limitée aux préjudices causés à l'autre partie (article 2.1.15 [2]). En d'autres termes, le créancier peut recouvrer les dépenses encourues lors des négociations et peut être indemnisé pour l'occasion manquée de conclure un autre contrat avec un tiers ; mais il ne peut pas recouvrer le profit qui aurait résulté si le contrat original avait été conclu.

Une illustration de la mauvaise foi est à rechercher dans l'exécution du contrat de construction d'une usine clé en main entre la société allemande Klöckner et l'État du Cameroun. À un moment de l'exécution, les Allemands avaient constaté des changements dans les données du contrat. Ils avaient délibérément choisi de ne pas les révéler à l'État du Cameroun. Ce contrat a donné lieu à un arbitrage qui constitue une référence en matière d'arbitrage international des investissements[200].

Après avoir examiné le processus d'élaboration des contrats internationaux du Cameroun, le chapitre suivant va procéder à une analyse des clauses des contrats internationaux, en termes d'étude de contenus des contrats.

---

200 Affaire Klöckner devant le Cirdi, infra.

CHAPITRE II

Le contenu des contrats internationaux du Cameroun

L'étude du contenu des contrats internationaux du Cameroun conduit à se préoccuper de deux choses.

La première consiste à présenter le domaine matériel des contrats internationaux passés par le Cameroun (Section 1). La seconde porte sur une étude approfondie des clauses contractuelles contenues dans ces contrats (Section 2).

Section 1 : le domaine matériel des contrats internationaux du Cameroun

Le domaine matériel des contrats internationaux du Cameroun inclut la typologie des contrats d'une part (Paragraphe 1er), les modes de passation de ces contrats d'autre part (Paragraphe 2).

Paragraphe 1 : la typologie des contrats internationaux du Cameroun

L'article 4 de la Loi n° 2002/004 du 19 avril 2002 portant Charte des investissements en République du Cameroun définit la notion d'investissement. Est considéré comme investissement au sens de la présente loi, un actif détenu par un investisseur, en particulier :

- une entreprise ;
- les actions, parts de capital ou autres formes de participation au capital d'une entreprise ;
- les obligations et autres titres de créance ;
- les créances monétaires ;
- les droits de propriété intellectuelle ;
- les droits au titre des contrats à moyen et long terme notamment les contrats de gestion, de production, de commercialisation[201].

À la lecture de cette loi, l'on est tenté de croire que les contrats internationaux du Cameroun sont limitativement énumérés, et ne concernent que le seul domaine de la gestion, de la production et de la commercialisation (A) ; d'autres formes de contrats existent cependant (B).

---

[201] Loi n°2002/004 du 19 avril 2002 portant Charte des investissements en République du Cameroun ; article 4, page 4.

A. Les contrats consacrés par la loi

La loi camerounaise a identifié à côté des contrats de production, les contrats de gestion et de commercialisation comme moyen pour investir.

1. Les contrats de production

La production industrielle au Cameroun s'est essentiellement orientée vers l'énergie et l'agriculture.

a) La production de l'aluminium

Historiquement, c'est l'un[202] des plus anciens contrats commerciaux passés par le Cameroun contemporain[203]. Le 23 octobre 1954, le Haut commissaire pour le Territoire du Cameroun[204] signait avec le représentant de Pechiney France[205], une convention d'installation à Edéa, avant le 1er janvier 1962, d'un ensemble industriel pour la production de l'aluminium à Edéa.

Après l'accession du Cameroun à l'indépendance[206], cette convention sera révisée à plusieurs reprises pour préserver au Groupe Pechiney les acquis négociés au moment où le Cameroun était un Territoire français. C'est ainsi que le 24 novembre 1962, le Gouvernement de la République Fédérale du Cameroun et la Compagnie camerounaise de l'aluminium Pechiney Ugine «*Alucam*» signent une nouvelle convention[207] qui *«admet la compagnie Alucam au bénéfice du régime C du Code des Investissements pour une durée de 20 ans»*[208]. Le Chapitre VI de la Convention, en ses articles 9, 10 et 11 assure le bénéfice des régimes fiscaux de longue durée à Pechiney. L'article 9 de cette convention notamment dispose que conformément au dernier alinéa de l'article 28 de la Loi 60-64 du 27 juin 1960, les dispositions des régimes fiscaux de longue durée accordés à Alucam, Compagnie de Produits chimiques et Electro-métallurgiques, et à la Société d'Electro-Chimie, d'Electro-Métallurgie et des Aciéries Electriques d'Ugine, sont incorporées à la présente convention dont elles font partie intégrante et telles que ces dispositions résultent des Arrêtés 4746 du 8 septembre 1954, 6070 du 15 Novembre 1954 et 2558 du 13 avril 1955.

---

[202] Le premier Accord international du Cameroun date de 1864, passé entre les commerçants anglais et les Chefs Douala. Infra.

[203] La convention d'établissement de la Société Alucam (Compagnie camerounaise d'aluminium) date du 22 octobre 1954.

[204] En la personne de Monsieur Roland Pré.

[205] Monsieur Jean Matter.

[206] Le Cameroun sous tutelle française, accède à la souveraineté internationale le 1er janvier 1960.

[207] Source: Mahouve Same; L'incidence socio-économique de l'investissement privé direct au Cameroun. Le cas Alucam (1957-1979). Mémoire IRIC – 1980; inédit.

[208] Article 1er de la Convention de 1962. Cette convention sera révisée avec effet à compter du 24 novembre 1982.

L'article 10 de la même Convention précise qu'en outre, la durée des régimes fiscaux de longue durée rappelés à l'article 9 ci-dessus est portée de 15 à 20 ans, augmentée des délais légaux d'installation, à compter du point de départ prévu par les Arrêtés 6624, 6626 et 6628 du 10 décembre 1954.

En conséquence, et nonobstant les dispositions de l'article 4 de l'Arrêté n° 2558 du 13 avril 1955, les dates de départ et de clôture des régimes fiscaux de longue durée applicables à Alucam, Compagnie Camerounaise de l'Aluminium Pechiney Ugine, à Pechiney, Compagnie de Produits chimiques et Electro-métallurgiques, et à la Société d'Electro-Chimie, d'Electro-Métallurgie et des Aciéries Electriques d'Ugine, sont fixées respectivement au 1er janvier 1955 et au 31 décembre 1979.

b) La production de l'hévéa

Le protocole d'adjudication provisoire du 15 novembre 1996 et la Convention de cession de 90 % des actions détenues par l'État dans le capital de la société Hévéa Cameroun intervenue le 9 décembre 1996sont muets sur l'objet de cette entreprise privatisée.

Tout l'intérêt de ces accords est porté sur la *«cession»* ou la *«vente»* des actions détenues par l'État dans le capital de cette société parapublique. Or l'objet même de la Société Hevecam est la culture, la production et la commercialisation de l'hévéa.

Par ces conventions, l'État a cédé 90 % des actions qu'il détenait dans cette entreprise à une société de Singapour[209].

c) La production d'électricité

Dans un contrat de concession et de licence signé en juillet 2001, entre l'État du Cameroun représenté par le ministre de l'Économie et des Finances, le ministre des Mines, de l'eau et de l'Énergie, et une société américaine, l'État donne en exploitation plusieurs parties du secteur de l'électricité sur le territoire de la République du Cameroun.

L'article 15 (1) du Contrat indique pour ce qui est de la durée que, le présent Contrat et les Contrats dérivés prendront fin au terme du vingtième (20ème) exercice social complet de la Sonel suivant la date de signature ou de manière anticipée à toute date décidée d'un commun accord entre les parties. Il s'agit plus précisément de l'exploitation d'une partie des activités de production, transport, distribution et vente d'électricité[210].

d) La production du blé

Le Gouvernement de la République Unie du Cameroun avait signé pour vingt-cinq ans, une convention d'établissement avec la Sodeblé (Société de

[209] Singapour est la capitale de Singapour en Asie du Sud Est.
[210] Article 2 de la Convention du 18 juillet 2001.

développement pour la culture et la transformation du blé)[211], l'admettant au *«bénéfice du régime C prévu par la Loi 60/64 du 27 juin 1960 portant code des investissements»* en vertu des obligations qui pèsent désormais sur cette entreprise, notamment la création d'un complexe agro-industriel ayant pour objet :

- la mise en œuvre d'un programme de culture du blé, ainsi que des cultures d'assolement correspondantes ;
- la commercialisation et la transformation du blé en farine ;
- l'expérimentation, en vue de l'amélioration des techniques de production du blé ;
- le programme de production du blé étant fixé dans la première phase à 20.000 tonnes sur 10.000 ha et dans la seconde phase à 125.000 tonnes sur 50.000 ha[212].

Le montant des investissements envisagés, d'environ 9.725.000.000 FCFA en 1971, ainsi que l'existence d'une clause compromissoire dans la Convention laissent présumer la présence d'un partenariat étranger.

e) La production du thé

Aux termes d'un Protocole d'adjudication provisoire de mai 2002, l'État du Cameroun avait retenu la société Cameroon Tea Estates, société de droit camerounais en tant que repreneur de la filière thé de la Cdc. En octobre 2002, intervenait la Convention de cession proprement dite, au profit de la Cameroon Tea Estates (Cte), en partenariat avec une société sud-africaine.[213] Mais avant cette Convention d'acquisition de la filière thé, en février 2001 intervenait la signature d'une convention de joint venture entre la société camerounaise Geniba et une société sud-africaine ci-dessus.

De manière générale, les contrats de production sont conclus sous la forme des concessions. L'État du Cameroun cède des biens à des tiers pour en assurer la gestion. Le Contrat-cadre de concession et de licence entre l'État et une société américaine, relatif à l'exploitation de plusieurs parties du secteur de l'électricité sur le territoire de la République du Cameroun définit les biens concédés comme *«l'ensemble des actifs dont l'État est propriétaire et qui sont mis à la disposition de la Sonel au titre des Contrats dérivés»*.

---

[211] Source : Annexes du mémoire de DES présenté et soutenu par Madame Mahouve Same, à l'IRIC ; *Op. Cit.*

[212] Convention d'établissement entre le Gouvernement de la République Unie du Cameroun et la Société de développement pour la culture et la transformation du blé (Sodeble).

[213] Cette convention et diverses autres qui lui sont annexées ont fait l'objet d'un arbitrage, par devant la Cour Internationale d'Arbitrage de la Chambre de Commerce Internationale (Cci) ; infra dans le chapitre consacré au contentieux de l'exécution des contrats internationaux du Cameroun.

Ces derniers prennent la forme de Contrat de concession de distribution et vente, de contrat de concession de production ou de contrat de concession de transport et de gestion du réseau de transport. Les contrats de concession sont conclus pour une durée moyenne de vingt années. Les entreprises concessionnaires bénéficient d'un certain nombre d'avantages fiscaux pour leur permettre d'amortir les investissements lourds réalisés.

2. Les contrats de gestion

Ces contrats sont de divers ordres et concernent des domaines variés de l'économie nationale. De manière empirique, on peut citer la gestion des activités douanières au sein du Port Autonome de Douala qui est confiée à la Société Générale de Surveillance (SGS)[214] ; la gestion commerciale de l'hôtel Hilton à Yaoundé par la chaîne internationale Hilton[215], ou encore la gestion des activités commerciales aéroportuaires dans les aéroports du Cameroun par la société Adc (Aéroports du Cameroun), qui travaillait à l'origine en partenariat avec les AdP (Aéroports de Paris). Ce partenariat est rompu depuis la fin de la mise en place du projet Adc.

Le Gouvernement du Cameroun avait constitué une société hollandaise en qualité de Conseiller Financier à l'occasion de la renégociation de sa dette commerciale extérieure avec divers créanciers.

Ce contrat signé en juin 1999 indique dans son préambule que cette société allait intervenir en tant que Conseiller Financier du Gouvernement dans la formulation, la préparation, la négociation et l'exécution du Programme. Par *«Programme»*, il faut entendre le *«programme de règlement de la dette commerciale extérieure du Cameroun»*[216]. Concrètement, cette société a assisté le Gouvernement camerounais, à travers la Caisse Autonome d'Amortissement (Caa)[217] pour négocier sa dette commerciale extérieure devant le Club de Londres.

Dans une autre convention signée en avril 1997, le Gouvernement du Cameroun demandait à une société anglaise[218] de l'assister dans la collecte de la TCA[219], avec pour objectif l'amélioration de la collecte de cette recette fiscale sur le territoire camerounais. Cette taxe est devenue TVA[220] et sa collecte est désormais assurée au sein de la Direction Générale des impôts.

---

[214] La Société Générale de Surveillance (SGS) est une société multinationale suisse spécialisée dans la surveillance du fret maritime au Cameroun.

[215] L'Etat du Cameroun est coactionnaire dans la construction et l'exploitation de ce groupe hôtelier international.

[216] Contrat de service de conseil financier du 08 janvier 2001, Préambule, article (1) ; p. 2.

[217] La Caisse Autonome d'Amortissement est un établissement financier public, chargé au Cameroun de la négociation, et du règlement de la dette intérieure et extérieure de l'Etat, au moyen de divers instruments financiers, y compris les titres, bons et autres effets du trésor.

[218] RMA (Revenue Management Associates Ltd).

[219] Taxe sur le chiffre d'affaires.

[220] Taxe sur la valeur ajoutée.

Comme dans les contrats de production, l'Etat du Cameroun confie à des tierces, entreprises étrangères au moyen des contrats de concession, la gestion de certains secteurs d'activités.

La durée de la concession est variable. Dans un contrat de gestion industrielle, la durée du contrat peut être de longue durée soit en moyenne vingt ans renouvelables. La convention Alucam Pechiney au Cameroun est depuis son origine en 1954 négociée par paliers de vingt années. Par contre, dans un contrat de négociation des conditions de remboursement de la dette extérieure, la durée tient à la durée des négociations avec les créanciers ; celle-ci varie entre cinq et dix ans.

3. Les contrats de commercialisation

Dans une convention de concession signée le 19 janvier 1999, l'État du Cameroun confie à la Société Camerounaise des Chemins de Fer (Camrail), dont le capital est majoritairement détenu par une société française[221], l'exploitation technique et commerciale de services de transport ferroviaire de marchandises et de voyageurs ; l'exploitation, la maintenance, le renouvellement et l'aménagement des infrastructures ferroviaires, la gestion domaniale courante du domaine ferroviaire concédé[222].

L'article 3 de cette Convention consacre le caractère commercial de l'activité ferroviaire en ces termes :

(1) l'exploitation de l'activité ferroviaire est réputée activité commerciale.

(2) le concessionnaire exerce son activité sur une base commerciale, en concurrence active avec les autres modes et entreprises de transport, et dans le respect des lois et règlements en vigueur au Cameroun.

En rappel, la Regifercam (Régie Nationale des Chemins du Fer du Cameroun), jadis gestionnaire du chemin du fer camerounais, a été dissoute et mise en liquidation par Décret n° 99/057 du 19 mars 1999.

B. Les autres types de contrats

1. Les conventions de prêts

Dans son besoin de développement, l'État du Cameroun a régulièrement recours à des créanciers étrangers, privés ou publics. Les domaines d'intervention sont variés.

a) Les prêts destinés aux contrats de constructions

En 1987, intervenait une Convention de prêt entre la République du Cameroun et un groupe de banques étrangères, pour la réalisation de la

[221] La Société d'Exploitation des Chemins de Fer Africains (Secaf).

[222] Convention de concession de l'activité ferroviaire au Cameroun du 19 janvier 1999 ; article 1er : objet, p. 9 de 41.

boucle routière de Sangmélima par les entreprises Razel Frères, Satom, Razel Cameroun et Satom Cameroun.

Dans un autre Contrat de prêt et de financement conclu en avril 1994, la République du Cameroun avait emprunté auprès d'une banque allemande[223], un montant d'argent devant servir exclusivement pour l'adduction d'eau de Bafoussam, la réhabilitation et l'extension du système d'adduction d'eau existant de Bafoussam et de Bandjoun, y compris la localité de Baham, ainsi que l'installation d'une décharge contrôlée d'ordures, la livraison du matériel nécessaire et la construction de latrines[224]. En exécution de l'objet de ce prêt, l'État du Cameroun va passer un Marché après appel d'offres international restreint avec l'entreprise allemande[225]. À cet effet, un Marché avait été souscrit, signé et notifié en novembre 1995[226].

En 1988, intervenait un contrat d'emprunt[227] entre la République du Cameroun et des banques étrangères destiné à la construction du tronçon *«Dschang-Bamoungoum, qui fait partie des projets prioritaires du programme de développement du Cameroun».*[228]

La Convention de crédit d'accompagnement passée en 1987 entre la République du Cameroun et un consortium de banques belges, avait eu pour objet le financement du marché d'études, de fournitures et de travaux en vue de la réalisation d'installations d'adduction d'eau potable dans les villages de Bokito[229], Elak-Okou et de Mwa-M'bem.

Par ailleurs, le Cameroun et le Tchad sont deux pays voisins, dont le premier cité a un accès sur l'océan atlantique. À cause de cette situation géographique, les deux pays, par un Accord du 8 février 1996, ont décidé de la construction et l'exploitation d'un système de transport des hydrocarbures par pipeline. Le pipeline qui s'étend sur 1070 km, sert désormais au transport du pétrole tchadien depuis la zone de Doba. Le projet a bénéficié des financements conjoints de la Banque Mondiale, et d'un consortium de sociétés pétrolières américaines[230] et malaysien[231].

---

[223] La KFW est la banque publique allemande, qui réalise les opérations de prêts pour le compte du Gouvernement allemand.

[224] Article 1.1.2 du Contrat de prêt et de financement conclu le 15 avril 1994. *Op. Cit.*

[225] La société allemande Wiemer& Trachte.

[226] L'exécution de ce marché fait l'objet d'un arbitrage en cours, par devant la Cour Internationale d'Arbitrage de la Chambre de Commerce Internationale. Infra, dans le chapitre consacré au contentieux de l'exécution des contrats internationaux du Cameroun.

[227] Une convention de prêt.

[228] Cet emprunt a donné naissance à un contentieux complexe entre la société Winslow Bank et l'Etat du Cameroun; contentieux qui s'est soldé par une exécution forcée contre les avoirs d'une société d'Etat camerounaise; infra Chap. 2 consacré au contentieux de l'exécution des contrats internationaux du Cameroun.

[229] Administrativement, la ville de Bokito est un arrondissement situé dans le département du Mbam et Inoubou, qui a pour chef-lieu Bafia, dans la province du centre du Cameroun.

[230] Exxon, Chevron, Texaco.

[231] Petronas.

b) Les contrats de prêts destinés au financement des banques

En août 1989, la République du Cameroun et la Société Camerounaise de Banque, d'une part, signaient un protocole avec des banques françaises[232], avec pour objet la création d'une filiale ayant un statut de banque dénommée «*Société Commerciale de Banque-CL-Cameroun*»[233].

Cette entrée dans le capital procédait de ce que la Scb s'est trouvée confrontée à de sérieuses difficultés résultant d'une inadaptation de ses structures et de son organisation, de la prise d'engagements qui se sont révélés douteux et qui ont entraîné une détérioration marquée de son fonds de commerce et une contraction importante et rapide de ses dépôts[234]. À ce protocole seront annexés un Traité d'apports, et un Avenant à ces deux Actes.

Certains prêts viennent en outre en concours au financement de la micro finance dans le Nord du Cameroun. C'est l'objet de l'Accord de prêt passé à Djeddah entre l'État du Cameroun et une banque arabe[235]. Certaines agences furent sélectionnées et associées à l'exécution locale de ce projet[236].

Les accords de prêt du Fonds Monétaire International aident quant à eux, à financer de manière globale le programme économique de l'État du Cameroun. Par diverses lettres d'intention, le Gouvernement de la République du Cameroun s'engage à poursuivre une politique économique cohérente, avec des objectifs à atteindre. Il poursuit la mise en œuvre de son programme économique au titre de la facilité pour la réduction de la pauvreté et la croissance (FRPC), approuvé par le FMI le 21 décembre 2000. Le Gouvernement à atteint le point d'achèvement en mars 2006 avec pour conséquence majeure, un allégement intégral de sa dette.

2. Les contrats de service

Par divers contrats certains démembrements de l'État du Cameroun ont eu recours aux prestations de services d'entreprises étrangères, en vue d'atteindre les missions de service public qui sont les leurs.

Au moyen de certains contrats de mandataire, l'Administrateur Directeur Général de la Cameroon Airlines avait sollicité les services d'une société étrangère[237] aux fins de *«conseiller exclusif dans la restructuration, le renouvellement de la flotte de la Camair ainsi que le suivi du rapatriement de certains ou de tous les aéronefs que comporte la flotte»*[238].

---

232 Le CL de France.

233 A la date d'aujourd'hui, le CL Cameroun est devenu CL tout court.

234 Protocole du 04 août 1989, entre le CL et le Cameroun ; préambule, *op.cit*.p.3

235 La Banque Islamique de Développement.

236 Ce sont le Crédit du Sahel, la Caisse d'Epargne et de Crédit rural du Cameroun, la Caisse d'Epargne et d'Initiatives Communes du Septentrion.

237 L'Aircraft Portfolio Management.

238 Lead Financial Advisor Mandate Agreement for aviation advisor to Cameroon Airlines, article 1 appointment.

Dans un contrat de même nature, la Cameroon Airlines confie à la une société française[239], les prestations de restauration à bord des aéronefs, de la confection de l'armement hôtelier, l'exploitation et la régularité des vols, la gestion des vols spéciaux affrétés par la Camair.

Dans le cadre des contrats de service, il fait bien de rappeler ce contrat par lequel en octobre 2000, la Cameroon Radio Television (CRTV)[240], opérateur public camerounais de l'audiovisuel, avait acquis de la société Digicom, les droits de retransmission et de diffusion en direct du match amical de football des équipes nationales de France et du Cameroun.[241].

Par des conventions de concession de téléphonie mobile, l'Etat du Cameroun a concédé des fréquences aux sociétés Camtel Mobile, Mtn et Orange en vue de l'exploitation de la téléphonie mobile au Cameroun[242].

Dans le secteur des Ntic (Nouvelles technologies de l'information et de la communication), la société Camtel a conclu un contrat de gestion du nom de Domaine The cm[243] dom-reg. En effet, le cm dom-reg est *«un organisme (dirigé et exploité par Camtel, ci-après désigné "cm dom-reg") précisément créé pour assurer l'administration des noms de domaine d'internet de deuxième niveau sous le domaine internet de premier niveau (TLD). Le TLD a été délégué à Camtel à la demande du ministère des PTT par l'Internet Assigned Numbers Authority IANA»*[244].

Nathalie Dreyfus donne une définition de ce qu'est un nom de domaine.[245]Le nom de domaine est une clé d'entrée sur l'Internet ; prenons par exemple celui de l'AFNIC : *«afnic.asso.fr».* À partir de ce nom de domaine, l'accès à différents services d'Internet est possible : la messagerie électronique (une adresse mail ou Mél du type *«nom@afnic.asso.fr»* ou *«prenom@afnic.asso.fr»*, le site web (l'adresse web prend la forme pour l'AFNIC : http : //www.afnic.asso.fr», pour récupérer notamment différents documents sous leur forme électronique. Le *«nom de domaine»* est composé :

- d'un identifiant pouvant être le nom d'une société, d'une association, d'une marque ou de toute autre chose ;
- d'une extension ; [dans le cas du Cameroun, c'est.cm] cette extension s'appelle TLD (Top Level Domains) et définit la *«zone d'enregistrement»* du nom de domaine.

---

239 Servair.

240 *Op. Cit.*

241 Ce contrat a donné lieu à un procès retentissant par devant les juridictions françaises ; infra, développements dans le chapitre consacré au contentieux de l'exécution des contrats internationaux du Cameroun.

242 Sur les clauses de ces contrats ; infra.

243 CM : nom du Domaine. CM : Cameroun sur le Net.

244 La gestion du Domaine .Cm est désormais assurée par l'Antic.

245 Dreyfus (N.), *Marques et noms de domaine de l'Internet*, *Collection Droit des technologies avancées*, p. 32,

Quelle que soit l'extension choisie, un nom de domaine est accessible dans le monde entier. Le *«NIC»* qui aura en charge la gestion d'une extension sera le seul décisionnaire des conditions d'attribution des *«identifiants»* dans sa zone[246].

Par ailleurs, le Ministère camerounais de la Jeunesse et des Sports a procédé à des recrutements d'entraîneurs de football[247]. Par un contrat de 2002, le ministre de la Jeunesse et des Sports avait signé un contrat avec Monsieur W. S. en vue de son recrutement en qualité d'entraîneur national sélectionneur de l'équipe nationale senior de football[248]. Par un contrat similaire, la même autorité procédait au recrutement d'un coordonnateur technique national pour le football des jeunes[249].

Il fait bien de relever que l'objet des contrats internationaux camerounais est très varié. Maintenant, reste à déterminer la technique contractuelle empruntée par ces différents contrats.

Paragraphe 2 : les modes de passation des contrats

L'État du Cameroun recourt à divers modes pour passer des contrats internationaux. De manière générale, il a recours d'une part aux contrats d'État (A), d'autre part il a recours aux marchés publics[250] (B).

A. Le recours aux contrats d'État[251]

Avant de procéder à l'étude des contrats de concessions passés par l'État du Cameroun (2), il conviendrait d'abord de présenter la notion de contrats d'État (1). Par ailleurs, pour financer certains ouvrages de développement, l'Etat du Cameroun et certains de ses démembrements ont recours à des emprunts privés (3).

1. La notion de contrats d'États

La doctrine a pu s'accorder sur le fait qu'un contrat d'État est *«un contrat où l'une des parties est un État»* et l'autre partie, une entreprise étrangère (a). Elle reste cependant partagée sur sa nature juridique (b). Si pour une partie de la doctrine, le contrat d'État est un acte juridique international, pour les puristes du droit international, le contrat d'État ne saurait revêtir cette nature. Il s'agit plutôt d'un acte juridique transnational. Les questions ci-dessus traduisent les difficultés à résoudre.

---

246 Dreyfus (N.), *Marques et noms de domaines de l'Internet*; *Collection Droit des technologies avancées*, Vol. 8- n° 1/2001, p. 32.

247 *Idem*

248 *Idem*

249 *Idem*

250 Par marchés publics internationaux l'on entend, «*l'ouverture des marchés publics à la concurrence internationale*»; Lesguillons (H.); *Les contrats internationaux; T.2*, p. 3. Lamy, juin 2001, *Op. Cit.*

251 Sur les contrats d'Etat, voir infra; chapitre 1er.

a) Les caractères du contrat d'État

Le Professeur Charles Leben relève qu'à la différence des contrats administratifs marqués par la prééminence de la partie étatique, les contrats d'État se caractérisent par *«la volonté d'établir, autant que faire se peut, une égalité juridique entre un État et son partenaire privé étranger»*[252]. Bien qu'un contrat d'État puisse suivre la procédure d'adoption d'un marché public, il échappe à l'emprise de l'État qui jouit de sa souveraineté.

Il est toutefois important de bien cerner la notion d'État. De quel État s'agit-il ? Il se pose le problème de l'identification juridique des co-contractants avec les conséquences attachées à la qualification retenue.

Le Professeur Weil conçoit la notion d'État contractant *«d'une manière à la fois étroite et large»*[253].

Selon le Professeur Maurice Kamto au sens étroit, M. Weil s'en tenait aux contrats passés par des États ; *«à l'exclusion, d'une part de ceux conclus par des organisations internationales, d'autre part, de ceux passés par des subdivisions politiques ou administratives des Etats (États membres d'un État fédéral, provinces, communes, etc.)»*.

Étendant cette notion de manière large, il considérait comme contrats d'État, *«les accords conclus par des organismes mi-publics mi-privés intervenant pour le compte de l'État bien que possédant une personnalité juridique distincte»*[254] /[255].

Poursuivant son analyse, M. Kamto relève que dans le même ordre d'idées M. J.-F. Lalive assimile États et «*entreprises publiques*». Après avoir défini l'État comme une personne juridique de droit international dont les partenaires habituels, à ce niveau, sont d'autres personnes juridiques internationales, c'est-à-dire les autres États et les organisations internationales publiques, il enchaîne avec la notion *«d'entreprise étatique ou entreprise publique qu'il entend dans un sens plutôt économique que juridique»*[256].

Pour le Professeur Maurice Kanto, cette assimilation rapide de l'entreprise étatique ou de l'entreprise publique – quel que soit son régime juridique – à l'État est sans doute une des raisons de «*la confusion qui règne sur le statut juridique des contrats d'État*»[257].

En effet, poursuit l'auteur, la démarche juridique commande en la matière la distinction entre l'État puissance publique et l'État entrepreneur que l'on

---

[252]Leben (Ch.), *«L'évolution de la notion de contrat d'Etat»*, Revue de l'Arbitrage, Ann.2003 - N°3 - Juill.-Sept.; p. 629.

[253]Weil (P.);*Problèmes relatifs aux contrats passés entre un Etat et un particulier*, *Op.cit.*, p.104.

[254] Weil (P.), *Ibid.* p. 105.

[255] Kamto (M.), *La notion de contrat d'Etat: une contribution au débat*; Revue de l'arbitrage 2003 -N°3, p. 719.

[256] *Idem.*

[257] *Idem.*

appelle aussi quelquefois l'Etat commerçant. Cet État entrepreneur agit rarement directement, en particulier lorsqu'il s'agit de conclure des «*accords de développement économique*» ; catégorie à laquelle on a assimilé parfois les contrats d'État. Il prend généralement la forme d'une personne morale distincte, ayant sa propre personnalité juridique : société d'État, entreprise publique ou parapublique.

M. Kamto ajoute plus loin que d'un point de vue juridique, on ne saurait l'assimiler à l'État tout court dans la mesure où sous ces formes, l'État en tant qu'entrepreneur ne jouit plus de ses prérogatives de puissance publique. Lorsqu'un contrat est conclu directement par l'État entrepreneur avec une personne privée, il est tenu directement par ses obligations contractuelles, que ce contrat soit qualifié de contrat de droit public ou de droit privé. En revanche, lorsque l'État entrepreneur agit par l'intermédiaire d'une autre personne morale, il n'est pas juridiquement tenu directement par les stipulations contractuelles de cette dernière, sauf si tel est l'engagement contractuel clairement exprimé et approuvé par l'État.

L'analyse de M. Kamto rejoint celle faite par le Professeur Lalive qui conclut que, *«il y a certainement une différence juridique entre un contrat d'État au sens où il aurait pour cocontractant l'État lui-même et un contrat conclu entre «un organisme d'État et une société privée étrangère»*[258].

Cette analyse est pertinente au regard de l'étude des contrats internationaux du Cameroun, qui fournit un cas d'école. Dans l'affaire Winslow c/ la Société Nationale des Hydrocarbures du Cameroun (SNH), le juge d'appel français a ordonné la saisie des avoirs de cette société anonyme, dont le patrimoine est distinct de celui de l'État du Cameroun ; en lieu et place de ce dernier[259].

En tout état de cause, la nature juridique du contrat d'État ne devrait plus être le même que dans un contrat ordinaire.

b) La nature juridique du contrat d'État

La nature juridique du contrat d'État est controversée dans la doctrine. Trois tendances se dégagent.

En rappelant les différentes écoles, le Professeur Kamto[260] relève que, *«selon une tendance, le fondement du contrat d'État est dans le droit*

---

[258] Cité par Kamto (M.), «*Terminologie incontestablement plus exacte utilisée par J.F. Lalive dans son étude: Un récent arbitrage suisse entre un organisme d'Etat et une société privée étrangère*»; Annuaire suisse de droit international, 1962, pp. 273 et s.

[259] Infra.

[260] *Idem.*

national, alors que la loi du contrat pourrait être en partie ou en totalité le droit international»[261].

D'après une autre tendance esquissée en 1953 par Fawcett et soutenue par une partie de la doctrine française de droit public[262], *«le contrat d'État serait un acte de droit international, par rattachement ou par enracinement»*[263].

Une tendance intermédiaire entre la thèse de la *«nationalité»* et celle de l'*«internationalité»* des contrats d'État soutient l'idée selon laquelle, *«ces contrats seraient des actes de droit transnational soumis à un tiers ordre juridique qui ne serait ni l'ordre juridique national ni l'ordre juridique de droit international public»*[264].

Pour M. Kamto si le développement du droit des contrats d'Etat tant sur le plan de la doctrine que de la jurisprudence soustrait lesdits contrats au droit national, *«il apparaît malaisé de convaincre de leur internationalité».* En effet le contrat d'Etat ou ce qui est généralement désigné tel, *«est un improbable acte juridique international*[265]*, parce qu'en dépit de son rattachement désormais courant à l'ordre juridique international, il ne réunit pas toutes les caractéristiques d'un tel acte. Acte composite par nature, il nous paraît mieux répondre aux caractéristiques d'un acte du «droit transnational» qu'à toutes autres»*[266].

Malgré ces carences, pour dire du contrat d'État qu'il n'est pas un acte juridique international, il demeure tout de même vrai que le contrat d'État met en cause des acteurs, pas nécessairement internationaux, mais à l'international. Il implique également l'application de normes et de conventions internationales. Par ailleurs, c'est le moyen utilisé pour faciliter le développement des États en développement.

2. Les contrats de concessions dans les privatisations

Le Décret n°90/1257 du 30 août 1990 portant application de l'Ordonnance n° 90/004 du 22 juin 1990 relative à la privatisation des

---

261 Pellet (A.), Le droit international du développement, Paris, PUF (Que-sais-je ?), 1978, p. 83. Cette opinion semble désormais plus nuancée: voir Nguyen Quoc Dinh, Daillier (P.), Pellet (A.), *Droit International public*, 7è éd. Paris, LGDJ, p. 1097-1098.

262. Kamto (M.), *op.cit.*p.731.

263 V. J.E.S. Fawcett, «*The legal character of International Agreements*», BYBIL, 1953, pp. 381 et s. D'après cet auteur: «*There are two classes of international agreements: inter-States agreement and States contracts...*» .

264 *Idem.*

265 Le contrat d'Etat ne saurait être un acte juridique international, qui par définition est «*une manifestation de volonté d'un ou plusieurs sujets de droit international produisant des effets en partie ou en totalité dans l'ordre juridique international*». Or, dans le cadre d'un contrat d'Etat, le cocontractant de l'Etat est une entreprise étrangère, et non un sujet de droit international. Etude M. Kamto, *Op. Cit.*p.733.

266 *Idem.*

entreprises publiques et parapubliques, définit clairement l'objet de la privatisation. Elle porte sur le capital social de l'entreprise à privatiser[267].

Ce texte énonce que *«la privatisation se fait par cession de la totalité desdites actions à une ou plusieurs personnes physiques ou morales de droit privé»*. L'article 6 de ce Décret précise que la privatisation peut également être réalisée par fusion ou par absorption d'une entreprise publique par une société appartenant à des personnes physiques ou morales de droit privé.

Organiquement, les opérations de privatisation sont confiées à une structure autonome, le Comité Interministériel de la Mission de Réhabilitation des entreprises du secteur public et parapublic. Bien qu'ayant recours à des techniques *«d'appel à la concurrence par voie d'appel d'offres, et de publicité»*, cette forme de marchés publics échappe complètement aux organes et procédures nationales de passation des marchés publics au Cameroun[268].

Il s'agit d'un type particulier de marchés publics, portant sur la vente des actions, et non l'acquisition d'un bien ou d'un service dans le court terme. En effet, *«la mise en valeur économique des différentes régions de la terre ne saurait être faite au même moment par tous les peuples»*[269].

L'auteur estime qu'il n'y a que la technique de la *«concession»* pour répondre à cette préoccupation. Nous en donnerons d'abord une définition (a), avant d'analyser les contrats de concession signés par l'État du Cameroun (b).

a) Définition de la concession

Selon Capitant, ce terme générique qualifie en effet des actes très divers par lesquels *«une administration confère à des particuliers, moyennant l'assujettissement à certaines charges et obligations, des droits ou avantages spéciaux, sur le domaine ou à l'encontre du public. Ces droits et avantages sont la plupart du temps, l'exercice de certaines prérogatives*

---

[267] Le Décret n°90/1257 du 30 août 1990 portant application de l'Ordonnance n°90/004 du 22 juin 1990, relative à la privatisation des entreprises publiques et parapubliques; article 1.1°.

[268] L'Agence de Régulation des Marchés publics (ARMP), et toutes les structures formelles de passation des marchés ne sont pas impliquées dans le processus des contrats liés à la privatisation au Cameroun. En ce sens, cf Décret n° 2001/048 du 23 février 2001 portant création, organisation et fonctionnement de l'Agence de Régulation des Marchés publics.

[269] *«Combien d'entreprises étrangères ont ainsi, par le procédé de la concession, mis en valeur les ressources naturelles que l'impéritie locale ne permettait pas de faire entrer dans le circuit de la production et des échanges ? Quelles sont les nations qui, soit sur leur continent, soit au dehors, ont fait sortir, par leur collaboration intéressée, dûment rémunérée, les latentes richesses de la terre? Quel est le montant des capitaux employés ? Quel est, approximativement, le rendement individuel et totalisé, de pays à pays, des exploitations ainsi faites? Quelle est la contribution de l'étranger au développement de l'économie nationale? Ce sont des questions qui, du point de vue économique, offrent le plus grand intérêt, mais qui d'un point de vue politique, en présentent peut être plus encore»*.

administratives»[270]. La concession suppose une relation bilatérale. Elle ne suppose pas seulement qu'un particulier apporte sa collaboration au service public en acceptant par délégation de le gérer, elle implique aussi *«des avantages financiers en compensation des travaux effectués ou du concours prêté. Elle est contractuelle et se distingue des cas où les particuliers sont placés en face de la puissance publique dans une situation exclusivement légale et réglementaire»*[271].

Par ailleurs, celle-ci présente un double caractère. En effet, la concession est un mode de gestion des services publics au même titre que la régie directe ou intéressée, et un accord financier dont le particulier seul tire à l'origine un profit pécuniaire. C'est le cas dans les concessions les moins évoluées qui sont le plus souvent utilisées en droit international.

Cette approche rejoint les principes posés par la jurisprudence internationale. Dans l'arbitrage sur la concession d'électricité de la ville de Varsovie, le juge international a, contrairement aux arguments du concédant, admis que la concession n'était pas seulement un contrat de droit public, mais aussi une convention de droit privé[272] ; toutefois, elle *«n'entre pas dans la catégorie d'instrument ordinaire de droit privé»*[273].

Le recours à la concession se justifie davantage par le fait que pour ce type d'accord, *«une plus grande tentation d'intervention de l'État existe, fondée sur sa souveraineté et légitimée par sa responsabilité d'incarner l'intérêt général»*[274].

b) Les contrats de concession

i) Le contrat de concession de l'activité ferroviaire au Cameroun

Le 19 janvier 1999, la République du Cameroun a mis «en concession les chemins de fer du Cameroun»[275], au profit de la société concessionnaire Camrail, au moyen d'une Convention de concession écrite, «pour une durée initiale de vingt ans»[276] prorogeable. Cette convention est approuvée par Décret N° 99/058 du 19 mars 1999 du Président de la République.

---

270 Capitant. *Vocabulaire Juridique, T.II*, V° Concession; cité par A. de La Pradelle; *Op. Cit*.p.134.

271 P. Develle, *La concession en droit international*, *Op. Cit.*, p. 35.

272 Revue du droit international, 1933, p. 401. Cf. le texte de la sentence arbitrale.

273 Jugement du 17 mars 1934, CPIJ Publications Series A/B N° 62, 20; in Njem, J.C.; Le régime juridique et la nationalisation de concessions pétrolières et autres concessions d'immeubles. Une étude de droit international privé au regard des pays en voie de développement. Université d'Uppsala, Institut Suédois de droit international, Etudes en droit international, T.4, p. 182.

274 Par marchés publics internationaux, l'on entend «*l'ouverture des marchés publics à la concurrence internationale*». Lesguillons (H.); Les contrats internationaux; T.2, Lamy, juin 2001, *Op. Cit*.p.3160

275 Convention de concession de l'activité ferroviaire au Cameroun ; p. 7 de 41.

276 Convention de concession de l'activité ferroviaire au Cameroun ; article 46(1) ; p. 32 de 41.Sonel.

La Convention à son article 1 consacre le terme *«exploitation de l'activité ferroviaire»* dont il en donne une définition. Par activité ferroviaire il faut entendre, l'exploitation technique et commerciale de services de transport ferroviaire de marchandises et de voyageurs, l'exploitation, la maintenance, le renouvellement et l'aménagement des infrastructures ferroviaires et la gestion domaniale courante». Les biens meubles et immeubles du domaine ferroviaire concédés sont mis à la disposition du concessionnaire par l'État, et retournent à l'État en fin de concession.

ii) Le contrat de concession de l'électricité

La privatisation du secteur de l'électricité est effective depuis la signature le 18 juillet 2001 du Contrat cadre de concession et de licence entre l'État du Cameroun et une société privée américaine[277], relatif à l'exploitation de plusieurs parties du secteur de l'électricité sur le territoire de la République du Cameroun. Cette concession et cette licence portent sur l'exploitation d'une partie des activités de production, transport, gestion du réseau de transport, distribution et vente de l'électricité[278].

Le détail et les modalités particuliers des activités confiées par l'Etat à la société nationale d'électricité[279] sous forme de concession ou de licence sont définis dans les contrats dérivés conclus pour chaque activité. Ces contrats dérivés sont soumis, pour toutes les modalités qui n'y sont pas expressément stipulées, au contrat mère et à son cahier de charges[280].

Les biens meubles, immeubles et installations mis en exploitation sur la base de contrats dérivés, seront repris par les nouveaux exploitants ou à défaut l'État, à la fin de chacun des contrats dérivés concernés[281].

L'activité portant sur la vente de l'électricité justifie le deuxième vocable du contrat, qui se réfère au contrat de «*licence*». L'article 1 du contrat définit la *«licence de vente* [comme étant] *l'autorisation administrative pour la vente d'électricité Haute tension et d'électricité Moyenne tension visée aux articles 22, 23 et 27 de la loi».*

Le Contrat de concession et les contrats dérivés prendront fin au terme du vingtième exercice social suivant la date de signature du contrat. La fin anticipée du contrat est également envisagée dans les conditions précisées

---

277 Aes-Corp.

278 Contrat cadre de concession et de licence Etat/Aes-Corp relatif à l'exploitation de plusieurs parties du secteur de l'électricité sur le territoire de la République du Cameroun. Article 2: objet du contrat.

279 Sonel.

280 Contrat cadre de concession et de licence Etat/Aes-Corp relatif à l'exploitation de plusieurs parties du secteur de l'électricité sur le territoire de la République du Cameroun; *Op. Cit.*; Article 2: objet du contrat.

281 Contrat cadre de concession et de licence Etat/Aes-Corp relatif à l'exploitation de plusieurs parties du secteur de l'électricité sur le territoire de la République du Cameroun ; *Op. Cit.*, Article 3.2: Régime des biens et installations.

dans le contrat[282]. Plus précisément, ladite concession est faite pour vingt ans, avec possibilité d'un renouvellement du contrat de concession, ou de sa résiliation avant le terme convenu.

S'agissant d'un contrat de concession, l'Etat s'est réservé le droit d'une révision unilatérale des termes du présent contrat, des contrats dérivés ou des cahiers de charges, *«dans le seul intérêt d'une meilleure gestion du secteur de l'électricité et afin de promouvoir la politique de l'État ; sans toutefois pouvoir bouleverser l'économie du présent contrat»*[283].

iii) Les contrats de concession de la téléphonie mobile

La Société Cameroon Telecommunications Mobile, est constituée par Décret n° 98/99 du 8 septembre 1998, et mise en concession par la République du Cameroun dans le cadre de la Convention de concession de téléphonie cellulaire signée le 15 février 2000.

L'article 2 de cette convention dispose que l'Autorité concédante octroie par les présentes au concessionnaire, une concession l'autorisant à établir un réseau national de téléphonie cellulaire GSM mobile ouvert au public au Cameroun et à fournir le service visé, y compris des services à valeur ajoutée, des services d'équipements terminaux et tout service support, sous réserve des lois et règlements du Cameroun et des dispositions du cahier des charges.

La possibilité d'une cession de cette concession est affirmée à l'article 5.7 de la Convention de cession, à la condition que l'autorité concédante ait préalablement donné son consentement par écrit.

En exécution de cette disposition, la République du Cameroun a cédé la totalité des actions qu'elle détenait dans le portefeuille de la Société Camtel Mobile, à une société sud africaine de téléphonie mobile[284], société de droit mauricien[285], par Contrat de cession et d'acquisition d'actions du 15 février 2000[286].

À l'article 2 de la convention susvisée, il est indiqué que par les présentes, l'État cède à l'Acquéreur, et l'Acquéreur acquiert du Cédant, les Actions et les droits d'actionnaire de l'État afférent au Droit d'Entrée à payer par la Société, au terme d'un appel d'offres international. Par ailleurs,

---

[282] Contrat cadre de concession et de licence Etat/Aes-Corp relatif à l'exploitation de plusieurs parties du secteur de l'électricité sur le territoire de la République du Cameroun; *Op. Cit.*, Article 15.1: Fin du contrat et des contrats dérivés.

[283] Article 10.3; contrat de concession et de licence Etat/Aes-Corp. *Op. Cit.*

[284] La Mobile Telephone Networks International Ltd (Mtn).

[285] Originaire de l'Île Maurice.

[286] La Convention de concession de téléphonie mobile entre la République du Cameroun et la Société Camtel Mobile et le Contrat de cession et d'acquisition d'actions de la Camtel Mobile ont été signés le même jour, à savoir la 15 février 2000. A l'analyse, la Convention de concession a précédé la cession et le transfert des actions détenues par l'Etat du Cameroun dans le portefeuille de la Société Camtel Mobile.

l'État du Cameroun déclare et garantit que la Convention de concession du 15 février 2000 est valable et exécutoire dans toutes ses dispositions à compter de la date de la signature[287].

En vertu de la clause de non exclusivité contenue dans les autres contrats de concession[288], la République du Cameroun a signé avec la Société Camerounaise des Mobiles (Mobilis), une Convention de concession de téléphonie cellulaire. Au terme d'un avis d'appel d'offres international, la Société France Câbles et Radio du Groupe France Télécom a été déclarée adjudicataire à 99, 97 % du capital du concessionnaire.

Cette concession a pour objet, l'octroi au concessionnaire d'une autorisation d'établir et d'exploiter *«un réseau national de téléphonie cellulaire GSM mobile ouvert au public au Cameroun et fournir le service visé, y compris des services à valeur ajoutée, des services d'équipements terminaux et tout service de support, sous réserve des lois et règlements du Cameroun et des dispositions du cahier des charges»*[289]. La cession de cette concession ayant été autorisée, à la condition que l'Autorité concédante l'ait autorisée par écrit, la Société des Mobiles du Cameroun a cédé ladite concession à une société française[290]. Ainsi se justifie également la technique du recours à l'emprunt.

3. Les contrats d'emprunts

a) Définition d'un emprunt international

Selon Van Hecke, la délimitation du sujet demande en premier lieu la recherche d'un critère permettant de distinguer les emprunts internationaux des emprunts internes (…). Si par emprunt international, *«on vise tout emprunt qui donne lieu à des conflits de lois, le critère du caractère international sera la présence d'un élément d'extranéité, quel qu'il soit»*[291].

De manière générale, sont considérés comme internationaux, les emprunts qui sont tels au sens de la doctrine des conflits de lois, c'est-à-dire tous les emprunts qui comportent lors de leur conclusion un élément d'extranéité, *«qu'ils soient à court terme ou à long terme*[292]*, qu'ils soient*

---

[287] La Convention de concession du 15 février 2000, article 6.2.3, p. 9 ; *Op. Cit.*

[288] Article 2.4 de la Convention de concession de téléphonie cellulaire du 15 février 2000 entre la République du Cameroun et la Société Camtel Mobile, et l'article 6.2.2 du Contrat de cession et d'acquisition des actions détenues par l'Etat dans le portefeuille de la société Camtel Mobile, qui déclare et garantit la validité et le caractère exécutoire de la convention de concession ci avant.

[289] Article 5.7 de la Convention de concession de téléphonie mobile opérée en faveur de la société camerounaise de mobiles.

[290] La société française Orange.

[291] G. Van Hecke. Problèmes juridiques des emprunts internationaux, p.1; Bibliotheca Visseriana, 1964, 332 p.

[292] *«Cette distinction n'a aucune portée sur le statut juridique des emprunts»* ; G. Van Hecke. Problèmes juridiques des emprunts internationaux, *Op. Cit.*, p. 3 – Note de bas de page n° 12.

garantis ou non, qu'ils soient conclus de manière directe entre prêteur et emprunteur ou qu'ils soient émis sur le marché».

Par ailleurs, autant il existe une différence de régime entre un emprunt privé et un emprunt public, autant la différence est nette entre un emprunt direct et un emprunt obligataire. Le mécanisme financier est assez différent selon qu'il s'agit d'un emprunt direct ou d'un emprunt obligataire.

Dans un emprunt direct, les clauses du contrat sont établies par négociation entre le prêteur et l'emprunteur ; le montant du prêt est mis à la disposition de l'emprunteur contre signature d'un contrat ou d'une reconnaissance de dette. La créance du prêteur pourra être cédée à un tiers ; mais ce transfert devra se faire conformément aux règles générales du droit civil applicables à la cession de créances. À moins qu'en vue précisément de faciliter les cessions, la créance soit représentée par une série d'effets négociables[293].

L'emprunt obligataire est caractérisé par la pluralité de prêteurs. Cette pluralité ne donne pourtant pas naissance à des contrats différents. Les clauses de l'emprunt sont fixées pour tous de manière identique par un seul contrat. Les documents remis aux prêteurs comme preuve du contrat sont toujours des effets négociables. C'est la pluralité de prêteurs, avec lesquels l'emprunteur entre en contact à la suite d'une offre adressée au public, qui donne à l'emprunt obligataire son caractère propre. Cet emprunt se négocie et se conclut sur le marché des capitaux. Malgré la pluralité des prêteurs, l'emprunt obligataire constitue une unité[294] ; tous les titres de l'emprunt sont *«fongibles et négociables».* Les éléments du contrat sont identiques pour tous les titres : même montant, même échéance, même taux d'intérêt, mêmes garanties. Même lorsque l'emprunt est placé simultanément sur plusieurs marchés, il garde son unité, tous les titres conférant les mêmes droits, quelle que soit la place d'émission[295].

Les éléments de définition ci-dessus ne permettent pas encore de qualifier la nature des emprunts auxquels ont généralement recours les États. Pour y parvenir, il existe une littérature abondante[296] qui a permis de qualifier les emprunts auxquels ont recours les États en *«emprunts d'État».*

Selon une première opinion, l'emprunt n'est pas un contrat juridiquement obligatoire. Les tenants de cette doctrine ont laissé consacrer la désormais théorie du Dr Drago[297], qui avaient adopté cette position à l'occasion des difficultés soulevées par les emprunts vénézuéliens.

[293] G. Van Hecke. *Op. Cit.*, p. 7.
[294] *Idem.*
[295] C.P.J.I., dans l'affaire des emprunts serbes et brésiliens (série A n° 20/21) : « il résulte de la nature même des titres au porteur, qu'au regard de tous les porteurs, la substance de la dette est nécessairement la même, et que la personne du porteur et la place où il a acquis son titre, sont sans importance « .
[296] G. Van Hecke. *op.cit.* p. 17.
[297] Ministre des Affaires Etrangères de la République Argentine

En effet, Drago voit dans l'émission des fonds publics, *«un acte de souveraineté de même nature que l'émission de papier-monnaie»*. Il relève ensuite que l'État fait ou suspend le service de ses emprunts au moyen d'actes qui revêtent également le caractère d'actes de souveraineté. Il en conclut que *«les relations qui s'établissent entre l'État emprunteur et les souscripteurs ne sont pas des liens contractuels, mais des liens de souveraineté»*[298]. De nombreux juristes ont suivi Drago dans cette analyse[299]. Laband distingue très nettement les trois catégories qui concourent à établir le statut juridique des emprunts d'État : les règles constitutionnelles, les règles administratives et les règles civiles.

- Les règles de droit constitutionnel : elles établissent les conditions moyennant lesquelles le gouvernement peut contracter un emprunt. En guise d'illustration, nous citons de nouveaux, différents Décrets du Président de la République du Cameroun, habilitant le ministre des Investissements publics et de l'Aménagement du Territoire à signer avec divers bailleurs de fonds internationaux, des conventions de prêts devant servir à la réalisation de certains projets de développement[300].

- Les règles de droit administratif : elles concernent l'organisation de l'administration de la dette publique. Au Cameroun, l'État organise la gestion de la dette publique intérieure et extérieure par la mise en place de la Caisse Autonome d'Amortissement[301], qui succède à l'ancienne direction de la dette du Ministère camerounais des Finances.

---

[298] G.Van HECKE. Problèmes juridiques des emprunts internationaux, *Op. Cit.*, p. 17.

[299] Wuarin estime pour sa part que l'emprunt est déterminé par la loi qui autorise l'Etat à emprunter;il en conclut que l'Etat, en contractant un emprunt, agit en vertu de sa souveraineté. Albert Wuarin, Essai sur les emprunts d'Etats et la protection des droits des porteurs de fonds d'Etats étrangers, Paris, 1907, p. 23-24.

[300] L'article 1er du Décret du 3 mai 1999 dispose que, *«le Ministre des Investissements publics et de l'Aménagement du Territoire est habilité, avec faculté de délégation, à signer avec le Fonds de l'OPEP, pour le Développement International un accord de prêt d'un montant de 6.000.000 dollars US, soit environ 3.600.000.000 francs CFA, destiné au financement partiel du projet de réhabilitation des routes rurales dans les Provinces de l'Adamaoua, du Sud-ouest et de l'Est du Cameroun»*.

La pratique est courante, ainsi que nous pouvons le relever à travers deux autres Décrets.

Le Décret n°99/155 du 22 juillet 1999 habilite, avec faculté de délégation, le Ministre des Investissements Publics et de l'Aménagement du Territoire, à signer avec l'Agence Française de Développement un accord de prêt d'un montant de 8, 8 millions d'euros, soit 5.770 millions de FCFA, destiné au financement partiel du projet de réhabilitation et de construction des ouvrages d'art.

Par ailleurs, le Décret n°99/194 du 8 septembre 1999 habilite, avec faculté de délégation, le Ministre des Investissements Publics et de l'Aménagement du Territoire, à signer avec la Banque Arabe pour le Développement Economique en Afrique (BADEA) un accord de prêt d'un montant de 6, 66 millions de dollars, soit environ 4 milliards de francs CFA, pour le financement partiel du projet de développement de l'élevage et de la pêche dans la Province du Sud-ouest.

[301] Infra.

- Les règles de droit privé : elles gouvernent les rapports entre l'État emprunteur et les porteurs d'obligations. Les règles constitutionnelles qui subordonnent les emprunts d'État à une autorisation législative sont étrangères aux rapports juridiques qui s'établissent entre le prêteur et l'emprunteur. Leur seule portée est de donner au gouvernement *«l'habilitation nécessaire pour pouvoir emprunter valablement. Elles sont impuissantes à donner vie à l'emprunt lui-même qui ne naît que par le consentement des prêteurs ; l'acte législatif précède le contrat sans l'absorber»*[302]. Cette règle est pertinente dans le système législatif camerounais. Dans bien de cas, le Gouvernement soumet à l'Assemblée nationale des projets de lois, habilitant ou ratifiant des emprunts autorisés par le Président de la République.

Cette démonstration a permis de conforter l'idée de Politis qui reconnaît dès 1925 que, *«on ne peut plus nier l'existence d'une règle de droit d'après laquelle l'acquittement des dettes publiques est une obligation juridique dont l'inexécution engage la responsabilité internationale de l'État débiteur».*

b) Les emprunts internationaux de l'État du Cameroun

L'analyse de quelques conventions de prêts négociées et signées par l'État du Cameroun au titre de la dette publique laisse penser que l'on est en présence d'un emprunt international.

Relativement aux personnes signataires, la Convention de crédit passée le 22 août 1987 entre la République du Cameroun, représentée par le Ministère du Plan et de l'Aménagement du Territoire (emprunteur), et diverses banques étrangères au rang desquelles une banque-chef de file, des banques-chefs de file associées, des banques participantes et des banques mandataires, ci-après désignés *«les prêteurs»*, désigne un emprunteur face à plusieurs prêteurs. À la lecture de la Convention de prêt, on ne se doute point qu'il s'agit d'un emprunt obligataire. L'article 6.1.2 dispose que : *«la monnaie de paiement est le» franc français» et le taux d'intérêt est celui en vigueur sur le marché monétaire de Paris le jour du paiement».*

La caractéristique des emprunts sur les marchés boursiers se remarque à leur référence au taux du marché boursier en vigueur. Dans ce contrat, le taux est retenu sur la base de *«la veille du premier jour de chaque période d'intérêts ; à onze heures du matin heure de Paris, chaque Banque de référence communiquera au mandataire son taux du marché monétaire. Le mandataire fera la moyenne, arrondie au 1/8 % (un huitième de un pour cent) supérieur du taux du Marché monétaire qui lui aura été ainsi communiqué».*

---

[302] Paul Laband, Das Staatsrecht des Deutschen reiches IV, «Der Weg des Gesetzes führt niemals bis zur Aufnahme einer Anleihe, weil er nicht zu den Geldgebern gelangt, sondern ein Stück vorher aufhört. Das Gesetz ist stets die blosse, und zwar staatsrechtliche Voraussetzung der Anleihensaufname" (p. 369).

Le premier constat qui s'impose est que l'État du Cameroun emprunte sur des marchés financiers. Cette pratique justifie la pluralité de prêteurs qu'on recense dans les autres conventions de crédit ; situation qui illustre le recours aux emprunts obligataires, c'est-à-dire ceux opérés sur une place financière internationale. On peut citer à ce propos le Contrat d'emprunt de janvier 1988 entre *«La République du Cameroun en qualité d'Emprunteur et une banque étrangère en qualité d'Agent, ainsi que d'autres banques»*.

Au rang de ces autres banques, on retrouve des banques italiennes, arabes et françaises et dont le taux d'intérêt de remboursement retenu est basé sur :

- *«les banques de référence offertes par les banques de premier ordre du marché interbancaire de Londres, aux environs de 11heures du matin (heure de Londres)»*[303].

Dans le même sens, le Protocole passé entre la République du Cameroun représenté par le ministre des Finances, la Société Camerounaise de Banque et une banque étrangère, indique dans le Préambule l'octroi par cette banque à la Scb d'un prêt d'une durée de 10 ans, au taux du marché monétaire français à 10 ans, remboursable en 5 annuités après un différé d'amortissement de 5 ans.

Les mêmes termes commandent l'Accord de prêt conclu le 10 janvier 2004, entre le gouvernement de la République du Cameroun et une banque arabe. Le prêt est alloué en Dinars islamiques, qui est libellé en *«droits de tirages spéciaux du Fonds Monétaire International»*. En outre, les remboursements s'opèrent dans des comptes en devises, *«dollars des États-Unis»*, *«livres sterling»* ou «Euros»[304].

À côté des emprunts obligataires, l'Etat du Cameroun a également recours à des emprunts directs, qui obéissent certainement aux relations bilatérales qu'il entretient avec certains gouvernements amis ou les institutions financières de ces pays.

Le contrat de prêt conclu en avril 1994 entre une banque allemande et la République du Cameroun, avec pour objet le financement de la réalisation de certains projets d'adductions d'eau, participe de ce genre de prêts.

Il s'agit d'un prêt conclu entre le Gouvernement allemand et le Gouvernement de la République du Cameroun portant sur la coopération financière *«Accords intergouvernementaux»*.

L'article 3 de la convention de prêt indique que l'emprunteur paiera pour le prêt des intérêts au taux de.... Les intérêts seront calculés à partir du jour

---

303 Loan agreement du 14 janvier 1988, entre The Republic of Cameroon as borrower and Midland Bank plc, Paris as Agent and others. Parmi ces autres, vous comptez la Banca Commerciale Italiano, la Banco Di Roma international S.A., le Credito Italiano International Ltd, l'union De Banques Arabes et Françaises, la Banca Nazionale Del Lavoro International S.A. ; Whereas vii (5) ; p. 7.

304 L'Accord de prêt conclu le 10 janvier 2004, entre le gouvernement de la République du Cameroun et la Banque Islamique de Développement ; *Op. Cit.*, Section 4.03 b)-a, b, c.

du début des versements effectués jusqu'à la date de l'inscription des remboursements au crédit du compte de ladite banque indiqué à l'article 3.0. Il n'est pas fait ici référence à un taux d'intérêt en vigueur sur une place boursière ou financière d'Allemagne.

L'hypothèse d'un taux d'intérêt extracontractuel n'est envisagée qu'au titre d'une sanction pour retard dans le remboursement du prêt ; ce taux est celui de la Deutsche Bundesbank, et non celui d'un marché financier quelconque.

Le caractère commercial des engagements de l'État ou de ses démembrements ne fait généralement pas de doute.

Dans la convention de crédit d'août 1987[305], il est expressément fait référence à l'article xix.3 qui dispose que, l'emprunteur certifie et s'engage par les présentes dans un acte de commerce et, en conséquence, il ne pourra se prévaloir d'une quelconque immunité de juridiction ou d'exécution dont il pourrait bénéficier[306].

B- Les marchés publics internationaux de l'État du Cameroun

L'ouverture des marchés à la concurrence internationale résulte d'une impulsion actuelle du droit international, dont les États eux-mêmes ; bien que ces derniers et leurs administrations soient parfois réticents à l'égard des principes posés.

Au regard de cette préoccupation, *«la qualification de marché public»* doit être entendue de manière large. Il ne s'agit pas d'une variété *«d'un contrat administratif de nature internationale»*, mais de marchés dont la réalisation requiert *«un financement d'origine internationale»*[307].

Cette préoccupation est largement partagée dans la pratique de certaines organisations financières internationales. En ce sens, l'on peut citer :

- l'Accord sur les marchés publics de l'OMC sur les marchés de fournitures et de services ;
- les Directives de la Banque Mondiale et de l'A.I.D. pour les marchés de fournitures et de travaux financés par les prêts de la B.I.R.D. et les crédits de l'I.D.A. ;
- la Convention de Lomé IV du 15 décembre 1989 révisée en 1995 pour les marchés de travaux, de fournitures et de services financés sur les ressources du Fonds européen de développement (F.E.D.).

Cette préoccupation est largement partagée par les pouvoirs publics camerounais qui ont, sans meilleure fortune, confié la gestion des marchés publics à une structure centrale. Cette compétence fut d'abord confiée à la

[305] Convention de crédit passée le 22 août 1987, entre la République du Cameroun, représentée par le Ministère du Plan et de l'Aménagement du Territoire (emprunteur), et certaines banques françaises et africaine; *Op. Cit.* p. 42.

[306] Les développements, dans la Section 2 du présent chapitre, consacré à l'examen des clauses contractuelles ; infra.

[307] Lesguillons (H.), Lamy, Les contrats internationaux; Introduction, *Op. Cit.*p.1.

Commission Nationale des Marchés ; remplacée par le Ministère de l'Informatique et des marchés publics[308]. La Direction Générale des Grands Travaux (D.G.T.C.) a succédé au Ministère de l'Informatique, qui a cédé sa place à l'Agence de Régulation des Marchés Publics (A.R.M.P.).

L'A.R.M.P. est un établissement public administratif, doté de la personnalité juridique et de l'autonomie financière[309].

Cet organisme a pour mission d'assurer la régulation, le suivi et l'évaluation du système des marchés publics. À ce titre, l'Agence contribue *«à la promotion d'un environnement transparent favorable au jeu de la concurrence et au développement d'entreprises et compétences nationales stables et performantes»*.

L'ARMP a été réformée par un Décret n° 2012/076 du 8 mars 2012. Désormais, l'Agence est chargée d'assurer la régulation du système de passation des marchés publics. L'organisation et le bon fonctionnement des marchés publics sont assurés par le Ministère des marchés publics, par Décret n° 2012/0745 du 12 mars 2012.

Désormais, le Ministère des marchés publics procède au lancement des appels d'offres des marchés publics, à la passation, au contrôle de l'exécution sur le terrain en liaison avec les départements ministériels et les administrations concernées. Le cas échéant, il participe au montage financier desdits marchés.

De manière générale, la réglementation des marchés publics a toujours été révisée, en raison de la sensibilité que ce secteur d'activités représente dans le développement de notre pays. Un Code des marchés publics a été publié par Décret N° 2004/275 du 24 septembre 2004. L'article 2 du code dispose que les règles fixées par le présent code reposent sur les principes de liberté d'accès à la commande publique, d'égalité de traitement des candidats et de transparence des procédures.

Par ailleurs, le code s'applique à tout marché public financé ou cofinancé par le budget de l'État, sur fonds d'aide extérieure, bilatérale ou multilatérale, sur emprunt avalisé par l'État, par le budget d'un établissement public ou d'une entreprise du secteur public ou parapublic, ou d'une collectivité décentralisée[310].

Dans la pratique camerounaise des contrats internationaux, les emprunts que le Cameroun consent sont destinés à la réalisation de grands projets d'investissement ; du genre la construction d'une route, l'aménagement d'une adduction d'eau, la construction d'un barrage hydro-électrique, ou

---

[308]En août 1987, le Ministère de l'Informatique et des Marchés Publics était encore opérationnel. En ce sens, référence est faite au Contrat de crédit du 24 août 1987, entre la République du Cameroun et le Groupement RAZEL, en vue de la construction de la boucle routière de Sangmélima.

[309]Article 2 du Décret n°2001/048 du 23 février 2001 portant création, organisation et fonctionnement de l'Agence de Régulation des Marchés Publics.

[310] Article 3 du Code des marchés publics.

l'aménagement portuaire. À cet effet, les contrats de financement sont étroitement liés à l'exécution d'un marché. En ce sens, le contrat de prêt et de financement conclu en avril 1994 entre une banque allemande[311] et la République du Cameroun était exclusivement destiné à la réalisation de l'adduction d'eau de Bafoussam, la réhabilitation et l'extension du système d'adduction d'eau existant de Bafoussam et de Bandjoun, y compris la localité de Baham.

Dans une correspondance d'octobre 1994, intitulée Coopération financière germano-camerounaise. Prêt de DM… Et Apport financier de DM… pour adduction d'eau de Bafoussam, le, bailleur de fonds allemand, du projet rappelle que :

«Conformément au Contrat de Prêt et de Financement, sont à déterminer par Convention séparée :

Selon l'article 1.2 : les détails du Projet, ainsi que les fournitures et services à financer par le Prêt et l'apport financier ;

Selon l'article 2.1 : les modalités de versement et, notamment, les preuves relatives à l'utilisation aux fins convenues des montants appelés du Prêt et de l'Apport financier».

Ces montants appelés *«prêt et apport financier»*, ont fait l'objet d'un marché passé après appel d'offres international restreint, avec une société allemande, pour la réalisation des travaux d'aménagement et d'optimisation des systèmes d'adduction et de distribution d'eau potable pour les villes de Bafoussam, Bandjoun, Baham, Bameka et Bamendjou[312].

Un autre exemple est donné par la Convention de crédit passée en janvier 1989 entre la République du Cameroun et un consortium de banques[313]. Cet emprunt avait servi à financer *«le Contrat Camerounais»* signé ce même jour de janvier 1989, entre la République du Cameroun et une Société téléphonique, dénommée le *«Fournisseur Camerounais»*, destiné à l'installation et la mise en service des équipements nécessaires à l'extension et la remise en état de quatre centraux téléphoniques[314].

La Convention de crédit passée le 24 août 1987 entre la République du Cameroun, et un autre consortium de banques avait pour objet le financement du *«Fournisseur»*, en vue de la réalisation de la boucle routière de Sangmélima.

Il en est de même du prêt consenti à la République du Cameroun par un consortium bancaire étranger le 22 octobre 1987, qui avait pour objet le

---

311 La Kfw.

312 Ce marché a donné lieu à un important contentieux, par devant la Cour Internationale d'Arbitrage, à la demande de la société allemande. Infra, développement dans le chapitre consacré au contentieux de l'exécution des contrats internationaux du Cameroun…

313 *Op. Cit.*

314 Contrat de crédit de janvier 1989, entre la République du Cameroun et des banques étrangères; *Op. Cit.*, Préambule- p. 2.

financement du marché d'installations d'adduction d'eau potable dans les villes d'Olack-Okou, de Bokito et de Nwa-M'ben.

La pratique camerounaise reste constante lorsque le 14 janvier 1988, le Cameroun emprunte auprès d'un autre groupe bancaire des sommes destinées au financement de la route Dschang-Bamoungoum.

À présent, il conviendrait d'examiner les différentes clauses contenues dans les contrats que le Cameroun passe avec les partenaires étrangers.

Section 2 : Le contenu des clauses contractuelles dans les contrats internationaux du Cameroun

Cette section est consacrée à une étude des contenus des contrats internationaux que le Cameroun passe avec des cocontractants étrangers.

La forme précédant le fond, il est d'abord question de la présentation physique de ces contrats avec un constant recours à l'écrit. Par ailleurs, le contrat est souvent précédé d'un préambule dont il faut ressortir la portée juridique (Paragraphe 1). L'étude proprement dite des clauses contractuelles avec un accent sur le droit applicable fait l'objet du Paragraphe 2.

Paragraphe 1 : la forme des contrats

Il est préférable d'employer le mot forme des contrats plutôt que celui de clauses de style. Le fait pour le contrat d'être écrit ne constitue pas nécessairement une entente des parties ; c'est une pratique bien camerounaise (A).

Par ailleurs, la nature juridique du préambule est variable selon que les parties veulent y faire figurer des éléments qui ont un lien étroit avec le fond du contrat ; ou selon qu'elles veulent simplement y donner des indications de portée générale.

En général, le préambule a une portée déclaratoire ; exceptionnellement, il engage les parties au contrat. L'on ne saurait toutefois reconnaître au préambule le caractère d'une clause. À cet effet, il convient d'en étudier le contenu (B).

Ensuite l'entrée en vigueur des contrats devrait retenir l'attention dans cette étude ; en d'autres termes il est important de savoir à quel moment le contrat peut-il commencer à produire ses effets (C).

A. Le caractère écrit des contrats internationaux du Cameroun

L'Article 1.2 des Principes d'Unidroit 2004, relatifs aux contrats du commerce international, *«n'impose pas que le contrat, la déclaration ou tout autre acte soit conclu ou constaté sous une forme particulière. Il peut être prouvé par tous moyens, y compris par témoins»*. Cette disposition est reprise à l'article 1.3 du Projet d'Acte Uniforme Ohada sur le droit des contrats, à l'exception des *«questions de preuve qui sont régies par les dispositions qui les concernent»*.

En d'autres termes, l'écrit n'est pas obligatoire en matière de contrats internationaux. En effet, le principe de liberté de la forme que peut prendre un contrat semble particulièrement approprié dans le contexte des relations commerciales internationales où, grâce aux moyens modernes de communication, de nombreuses opérations sont conclues très rapidement et par un mélange de conversations, télécopies, contrats sur support papier, communications par courrier électronique et Internet[315].

Toutefois, et nonobstant la consécration de cette liberté, la pratique contractuelle au Cameroun dans le domaine est essentiellement écrite. En effet, tous les contrats évoqués dans cette étude sont matériellement vérifiables, au moyen des écrits.

La Convention de crédit du 10 janvier 1989, passée entre un groupe de banques étrangères et la République du Cameroun[316], réaffirme de manière assez marquée l'exigence d'un écrit.

L'article 18 de cette convention dispose que :

1. Annulation des précédents écrits :

La Convention, à compter de sa signature, représente la totalité de l'accord des parties et par conséquent annule tous documents antérieurs relatifs à celle-ci.

2. Modifications des dispositions de la Convention

Aucune modification d'une quelconque disposition de la Convention ne sera effective à moins d'être faite *«par écrit»*.

Par ailleurs, lorsqu'à l'article 18.9 il est indiqué que *«la convention entre en vigueur au jour de sa signature»*, il se présume qu'on ne la signera qu'à partir d'un écrit.

La Convention de crédit d'accompagnement destinée à la construction des adductions d'eau à Bokito, Elak-Okou et Nwa-M'ben, mentionne à son article 15.1 qu'aucune *«modification d'une quelconque disposition de la Convention ne sera effective à moins d'être faite par écrit et avec l'accord des parties de la Convention»*.

En définitive, les parties aux différents contrats décident de faire foi à la convention écrite ; laquelle devrait et sert généralement de preuve en cas de difficultés révélées dans l'exécution d'un contrat.

B. La pratique du préambule

La théorie classique du contrat ignore tout préambule ; et ce malgré le fait que la présence d'un préambule se constate dans une proportion considérable

---

[315] Fontaine (M.), Dely (F.), Droit des contrats internationaux. Analyse et rédaction de clauses. *Op. Cit.*, p. p. 71-72

[316] Convention BNP/République du Cameroun, *Op. Cit.*, supra.

de contrats[317]. La pratique contractuelle camerounaise n'est pas éloignée de ce constat. Dans la plupart des contrats étudiés, les rédacteurs commencent toujours par la rédaction d'un préambule.

Sur la forme, il s'agit d'un texte qui commence par la désignation des parties au contrat, suivi d'un certain nombre de déclarations sous la forme *«d'attendu»* ou de *«considérant que»*.

1. Le contenu du préambule

Les préambules sont rédigés dans des termes solennels. Ces textes désignent la qualité des parties contractantes, les objectifs du contrat, les circonstances précédant et entourant le contrat, les liens avec d'autres contrats, le rappel des étapes de la négociation ou l'existence de véritables obligations[318].

a) La désignation de la qualité des parties

Le contrat de restructuration de la Scb révèle dans son Préambule la qualité des parties[319].

Cette technique revient dans tous les autres contrats. Cependant, certains contrats prennent la peine de dénommer le contrat. Ainsi peut-on lire :

-le Marché... passé après appel d'offres international restreint avec l'entreprise W.T. pour la réalisation des travaux d'aménagement et d'optimisation des systèmes d'adduction et de distribution d'eau potable pour les villes de Bafoussam, Baham, Bameka et Bamendjou» ;

- ou «*Convention de concession de téléphonie cellulaire*» ;
- ou «*Contrat de cession et d'acquisition d'actions*» ;
- ou «*Contrat de prêt et de financement*» ;
- ou «*Convention de crédit d'accompagnement*» ;
- ou «*Contrat de commissariat entre..., et Cameroon Airlines...*» ;
- ou enfin «*Contrat d'entraîneur national sélectionneur de football*».

b) Les objectifs du contrat

Les préambules servent généralement aux parties de cadre pour assigner des objectifs généraux au contrat en cours de négociation. À titre d'exemples, il est indiqué dans le contrat qui suit que :

---

[317]Fontaine (M.), Dely (F.), Droit des contrats internationaux. Analyse te rédaction de clauses. *Op. Cit.*, pp. 71-72.

[318] Fontaine (M), Dely (F.), *Op. Cit.*,p p.78-87.

[319] Entre les soussignés

La République du Cameroun représentée par le Ministre des Finances et par délégation le Secrétaire d'Etat aux Finances R. T., ci-après dénommée «La République du Cameroun»,

Et La SCB, société anonyme au capital de (...) dont le siège social est à Yaoundé (...). République du Cameroun, représentée par le Président du Conseil d'Administration, Monsieur A. H., Ci-après dénommée «*La «SCB», d'une part, une banque étrangère*», d'autre part.

- «Il a été préalablement exposé que :

-Le Gouvernement a décidé de s'engager dans un programme de règlement de la dette commerciale extérieure du Cameroun (le «programme»).

- Les parties sont convenues que, afin de faciliter la mise en œuvre du Programme, la Banque exécuterait, en complément de sa mission au titre du contrat principal, un certain nombre de prestations spécifiques»[320].

Dans les contrats des privatisations par exemple, l'État du Cameroun prend la peine de rappeler dans le Préambule le contexte qui a entouré l'adjudication du partenaire choisi[321].

c) Les circonstances entourant la signature du contrat

Dans le Protocole d'adjudication provisoire avec une société indonésienne[322], au profit des actions détenues par l'État du Cameroun dans le capital de la société d'hévéa, il est rappelé dans le préambule de cette société que les circonstances de la négociation sont rappelées dans le présent contrat, *à l'issue d'un appel d'offres public national et international*. Et *que l'offre du repreneur a été retenue sur la base des informations et engagements donnés par ce dernier*. Et que le Gouvernement l'a invitée en vue d'entamer des négociations afin de concrétiser la cession définitive desdites actions. Et que les discussions ont été franches et cordiales.

Le contrat de reprise de la Scb par une banque étrangère est révélateur de la description type de l'environnement qui précède un contrat[323].

À la fin de ce préambule, l'État et la banque étrangère[324] prendront de véritables engagements juridiques.

d) L'existence de véritables engagements

Le contenu de certains préambules révèle la prise de véritables engagements contractuels. Dans le cas du contrat Scb, un Groupe de travail avait préconisé un certain nombre de mesures visant la relance de cette banque[325].

---

320 Contrat de service financier passé le 05 janvier 2001 entre le Gouvernement de la République du Cameroun, et une société britannique de conseils ; *Op. Cit.*, p. 2.

321 Convention Hevecam, AES-Sonel, CTE/CDC, Camrail, *Op. Cit.*

322 La société Gmg.

323 Le Protocole ci-dessus rapporte dans son préambule qu'après une période de forte expansion de ses activités, qui s'est traduite par un accroissement considérable de sa clientèle, la constitution d'un important réseau et une forte augmentation de ses effectifs, la SCB s'est trouvée confrontée à de sérieuses difficultés résultant d'une inadaptation de ses structures et de son organisation, de la prise d'engagements qui se sont révélés douteux et qui ont entraîné une détérioration marquée de son fonds de commerce et une contraction importante et rapide de ses dépôts.

324 Le CL.

325 Au rang de celles-ci, il y a :

En clair, ces visas constituent de véritables obligations pour les parties signataires du contrat. De tels engagements sont de nature à lever tout doute sur la portée juridique du préambule contenu dans un contrat international.

2. La portée juridique du préambule

Il ne fait point de doute que le préambule, bien qu'intégré dans le document contractuel, est *«formellement séparé du corps du contrat par une présentation caractéristique»*[326]. En d'autres termes, si le Préambule ne fait pas partie du contrat, il ne saurait avoir la même force que le contrat. Pareille attitude mérite d'être nuancée. Diverses raisons militent en ce sens.

En effet, certaines conventions, certains textes ou contrats indiquent de manière expresse la valeur juridique du préambule. La Convention de Vienne de 1969 sur le droit des traités dispose à son article 31(1) qu'un traité doit être interprété de bonne foi suivant le sens ordinaire à attribuer aux termes du traité dans leur contexte et à la lumière de l'objet et du but du traité. L'alinéa (2) précise à son tour qu'aux fins de l'interprétation d'un traité, le contexte comprend, outre le texte, le préambule et l'annexe. En clair, *«que le préambule fasse partie du traité aux fins d'interprétation, il n'y a aucun doute et tout commentaire est superflu»*[327]. Le préambule revêt par conséquent une valeur aux fins d'interprétation.

Le Professeur Charles Dupuis dit à ce sujet qu'il a peine à comprendre qu'il puisse s'élever le moindre doute sur la validité du préambule dans l'interprétation du traité. Le préambule fait partie du traité ; et constitue un élément essentiel du traité. S'il contient, en outre, un exposé des motifs ou

---

- l'octroi à la République du Cameroun à la SCB d'un prêt de nature à permettre à cette dernière de renforcer sa situation financière;

-la cession par la banque étrangère à la République du Cameroun de n.. actions sur les actions que ce dernier détenait dans le capital de la SCB ;

- l'octroi par ladite banque à la SCB d'un prêt de FRF (...) d'une durée de 10 ans, au taux du marché monétaire français à 10 ans, remboursable en 5 annuités après un différé d'amortissement de 5 ans ;

- la délivrance par la République du Cameroun au partenaire étranger, d'une garantie à première demande destinée à garantir à celui-ci, à concurrence de 75% du principal, des intérêts, frais et accessoires, les sommes qui seraient dues par la SCB au titre du prêt visé à l'alinéa précédent». Le préambule s'achève en ces termes: *«les autorités camerounaises, soucieuses de parvenir au redressement du système bancaire camerounais, et le partenaire désireux de maintenir les liens anciens de coopération qui l'unissent à la République du Cameroun, ont adopté les propositions du Comité de Travail»*.

[326] La distinction formelle entre le préambule (recitals) et le corps du contrat (operative provisions) ainsi que son importance en pratique sont aussi soulignées par Anderson (Drafting and negotiationg commercial contracts, Londres, Butterworths, 1997, p. 28), cité par M. Fontaine, F. Dely. Droit des contrats internationaux. Analyse te rédaction de clauses. *Op. Cit.*, p. 97.

[327] Conférence des Nations Unies sur le droit des traités. Première et deuxième sessions Vienne, 26 mars – 24 mai 1968 et 9 avril-22 mai 1969. Documents officiels. Documents de la Conférence. Projets d'articles de la Commission du droit international, p. 44-13, Nations Unies- New York, 1971.

de quelques motifs du traité, pour quelques raisons ces énonciations seraient dépourvues de valeur et pourvues d'une moindre valeur ? Il n'en peut apercevoir aucune, tandis que l'utilité de ces énonciations peut être très grande pour révéler les intentions des parties, les idées directrices de leur convention et éclairer par là la pénombre des clauses ambiguës. Si la stipulation particulière d'un article était ambiguë, douteuse, les énonciations du préambule devraient l'emporter en levant le doute[328].

À la suite du Professeur Charles Dupuis, Paul You[329] va citer Frangilis qui disait que, *«toute indication susceptible d'aider à l'interprétation et tirée du préambule d'un traité se voit attribuer une grande importance»*[330].

Dans ce contexte, le préambule contenu dans l'Accord du 8 février 1996 entre le Gouvernement de la République du Tchad et le Gouvernement de la République du Cameroun relatif à la construction et à l'exploitation d'un système de transport des hydrocarbures par pipeline, indique que ledit préambule a la même portée que l'Accord international qu'il introduit.

La rédaction d'un certain nombre de contrats internationaux camerounais commence par un préambule. Toutefois le contrat de concession de l'activité ferroviaire au Cameroun, ainsi que le contrat-cadre de concession et de licence État et une société américaine,[331] relatif à l'exploitation de plusieurs parties du secteur de l'électricité sur le territoire de la République du Cameroun, bien qu'ayant rédigé des préambules, n'en ont pas prévu la portée. Pourtant ces actes juridiques majeurs ont pris la peine d'énumérer ceux des actes qui faisaient partie des *«relations contractuelles des parties»*[332] *ou régissaient «l'objet tel que défini à l'article 1»* de la convention de concession de l'activité ferroviaire au Cameroun.

L'article 57 de cette convention précise à cet effet que, les dispositions de la présente Convention se substituent à tous accords antérieurs entre l'État et le concessionnaire se rapportant à son objet, tel que défini à l'article 1 ci-dessus. Elles sont exclusives de toutes autres dispositions contractuelles entre les parties, qui se rapporteraient à l'objet défini à l'article 1 ci-dessus.

Par ailleurs, certains contrats affirment dans le Préambule que la présente Convention de concession devra être approuvée par décret du Président de la République du Cameroun»[333]. Il s'agit d'un préambule exprimant *«de véritables stipulations contractuelles»*[334].

---

328 Charles Dupuis: Règles générales du Droit de la Paix. Académie de Droit international, Recueil des cours, 1930, II, p. 79, cité par Paul You. Le préambule des traités internationaux. Fribourg, Librairie de l'université, 1941.

329 Paul You. Le préambule des traités internationaux; *Op. Cit.*p.14.

330 A. F. Frangilis: *Théorie et pratique des traités internationaux*. Paris, 1934, p. 109.

331 AES–Corp.

332 Cf. article 22 Du Contrat cadre de concession et de licence Etat du Cameroun/ Aes-Corp.; *Op. Cit.*

333 Contrats de concession de la République du Cameroun avec la société Scm et Mtn; *Op. Cit.*

334 Fontaine (M.) et F. *Dely, Analyse et rédactions de clauses* ; *Op. Cit.*, p. 99.

Pour toutes ces raisons, la pratique fait observer que la portée juridique que peut revêtir le contenu d'un préambule ne doit pas être sous-estimée. La rédaction d'un préambule mérite donc de retenir une attention toute particulière[335]. De même que le manque de préambule dans un traité prive celui-ci d'une grande source d'éléments qui pourraient jeter de la lumière sur les clauses peu claires[336].

C. L'entrée en vigueur des contrats internationaux du Cameroun

L'entrée en vigueur de certaines conventions de concession signées par le Cameroun, n'intervient *«qu'après la réalisation d'un certain nombre de conditions»*. Il en est ainsi de la Convention de concession de l'activité ferroviaire au Cameroun signée le 19 janvier 1999 à Yaoundé, entre la République du Cameroun et la société camerounaise du rail, qui indique en son Article 54 que la présente Convention de Concession, après signature entre les parties, entrera en vigueur à la réalisation de certaines conditions préalables[337].

De la lecture de ces dispositions, il se dégage que la mise en œuvre de certains contrats internationaux exige la réalisation préalable de certaines obligations contractuelles (1), auxquelles s'ajoute un certain nombre de formalités administratives (2). Les conditions exigées sont cumulatives.

---

[335] *Idem*. p. 111.

[336] Paul You. Le préambule des traités internationaux ; p. 15. *Op. Cit.*,

[337] *«- La publication au Journal Officiel de la République du Cameroun du décret présidentiel approuvant la Convention de Concession.*

- La publication au Journal Officiel de la République du Cameroun du décret présidentiel portant mise en liquidation de la Regifercam[337].

- L'Etat et le Concessionnaire ont pris ou fait prendre toutes les mesures nécessaires pour permettre au Concessionnaire d'assurer la reprise effective de l'activité ferroviaire, à savoir :

- La Sccf.

[337] *Actionnaire de référence, s'est engagée à l'égard de l'Etat à détenir au minimum 51% du capital pendant une durée d'au moins sept ans à compter de la date de signature de la Convention de Concession et la Secaf[337] s'est engagée à l'égard de l'Etat à conserver, pendant la même période, le contrôle de la Sccf.*

- Le Concessionnaire a souscrit les polices d'assurance mentionnées à l'article 7 de la Convention de Concession.

- Le Concessionnaire a conclu les accords de vente et de location-vente de matériel roulant mentionnées à l'article 33 de la Convention de Concession.

- Le Concessionnaire a repris les travailleurs de la Regifercam selon la liste mentionnée à l'article 37-1 de la Convention de Concession.

- Le Concessionnaire a obtenu des assurances, satisfaisantes pour l'Etat, des Prêteurs pour le financement du programme d'investissements mentionné à l'article 56 de la Convention de Concession.

- L'Etat a remis au Concessionnaire les listes des contrats et contentieux visées à l'article 4-bis.

- L'Etat et le Concessionnaire ont signé les conventions pour l'exploitation des dessertes voyageurs à titre d'Obligations Non Commerciales que l'Etat souhaite voir exploiter à partir de l'entrée en vigueur de la Convention de Concession».

1. Les obligations contractuelles : l'approbation par décret du Président de la République

Par le Décret n° 99/057 du 19 mars 1999, le Président de la République a dissout la Régie Nationale des Chemins de Fer du Cameroun ; pour donner effet à la Convention de Concession de l'activité ferroviaire au Cameroun, signée le 19 janvier 1999.

Par un autre Décret n° 99/058 signé le même jour, le Président de la République approuve la Convention de Concession de l'activité ferroviaire au Cameroun, au profit de la société camerounaise du rail. Cette approbation participe de la mise en place *«d'un environnement juridique favorable à la création et à l'accomplissement de l'investissement souhaité»*[338].

L'exigence de l'approbation par décret du Président de la République se retrouve de ce fait dans un nombre important de contrats internationaux passés par l'État du Cameroun. Le décret pris par le Président de la République pour approuver ce type d'opérations constitue une sécurité juridique prise par la plus haute autorité de l'État, dans le seul but de rassurer les investisseurs étrangers.

En ce sens, l'Article 4.1 de la Convention de Concession de téléphonie cellulaire passée entre la République du Cameroun et la société camerounaise du mobile, soumet l'entrée en vigueur de la Convention *«à compter de sa signature par les représentants dûment habilités par chacune des parties»*[339]. À cette condition, cumulative de la seconde, l'alinéa 2 de l'Article 4.1 de la Convention de Concession de téléphonie cellulaire entre la République du Cameroun et la société camerounaise du mobile rajoute que la convention de concession fera l'objet d'une approbation par décret du Président de la République du Cameroun conformément aux dispositions de l'article 9.4 de la Loi ; ce décret devant intervenir au plus tard le 30 juin 2000. L'exigence de l'approbation par décret du Président de la République figure également parmi les conditions d'entrée en vigueur contenues à l'Article 4.1 de la Convention de concession de téléphonie cellulaire concernée. Cet article dispose sur l'entrée en vigueur que la présente convention de concession entrera en vigueur une fois que l'ensemble des conditions suivantes remplies :

- 4.1.1 La convention de concession doit avoir été signée par chacune des parties à celle-ci ;
- 4.1.2 la convention de concession signée doit avoir été approuvée par décret du Président de la République du Cameroun.

Enfin, le Contrat de cession et d'acquisition d'actions passé en février 2000, entre la République du Cameroun et une société mobile internationale

---

[338] Leboulanger (P.), Les contrats entre Etats et entreprises étrangères; Préface de Berthold Goldman ; p. 63.

[339] Convention de Concession de téléphonie cellulaire entre la République du Cameroun et la Société Cameroon Telecommunications Mobile, Article 4.1

de droit mauricien reprend dans le cadre des Garanties relatives à la Convention de concession et à l'activité passée de la société camerounaise du mobile, l'exigence pour la Convention de concession du 15 février 2000, d'être *«dûment approuvée par décret»*[340]. Cette formalité constitue la garantie que, la plus haute autorité de l'État du Cameroun a cautionné la transaction.

2. Des obligations administratives

Pour les opérations courantes générales telles que la livraison de petit matériel ou de fournitures simples, le contrat entre en vigueur en principe dès sa conclusion. Par contre, dans les opérations complexes telles que la réalisation d'installations industrielles, la vente d'équipements lourds ou sophistiqués, la date de mise en vigueur du contrat est différée[341]. L'entrée en vigueur de certains contrats internationaux du Cameroun est assujettie à leur publication dans le Journal Officiel de la République du Cameroun.

Cette formalité est assimilée à l'exigence de publication dans un *«journal d'annonces légales»*. La publication dans un organe type revêt le caractère de publicité et a pour effet de rendre opposable à tous la convention ou l'accord signé entre les parties cocontractantes.

À cet effet la Convention de concession de l'activité ferroviaire au Cameroun signée en janvier 1999 à Yaoundé entre la République du Cameroun et la Société camerounaise du rail indique en son Article 54 (1-d) que la présente Convention de Concession, après signature entre les parties, entrera en vigueur à la réalisation de certaines conditions préalables, notamment la publication au Journal Officiel de la République du Cameroun du décret présidentiel approuvant la Convention de Concession.

Dans l'accord de prêt passé entre le Gouvernement de la République du Cameroun et une banque arabe[342], en faveur d'un projet de micro finance dans le Nord du Cameroun[343], l'article VIII-Section 8.01 (a-2) et (b) dispose que le présent accord ne peut entrer en vigueur que lorsque l'Emprunteur aura fourni à la banque une consultation juridique émise par une autorité juridique officielle acceptée par la banque et attestant que l'accord de prêt a été légalement conclu par l'Emprunteur, valablement ratifié et signé à bon droit par délégation de l'Emprunteur et que l'accord, conformément à ses dispositions, engage l'Emprunteur.

Comme formalité administrative supplémentaire, l'al 2 exige que lorsque le Ministère des Finances ou toute autorité gouvernementale dûment autorisée par l'Emprunteur aura adressé à la Caisse Autonome

---

[340] Article 6.2.2 du Contrat de cession et d'acquisitions d'actions passé entre la République du Cameroun et une société sud africaine de téléphonie mobile.
[341] Vincent Heuzé, Dictionnaire Joly -Livre XXI. Pratique des contrats internationaux. 10. GLN Editions. 1990.
[342] La Banque Islamique de Développement.
[343] *Op. Cit.*

d'Amortissement (Caa) à l'institution qui tient lieu de, et place une lettre d'autorisation comportant des instructions dudit ministère à la banque centrale que les paiements du montant du prêt ainsi que les charges administratives dans le cadre du présent accord de prêt devraient être effectués par la Caa à l'échéance. Une copie de cette lettre d'autorisation de même qu'un accusé de réception de la Caa de l'Emprunteur permettant de constater que ces instructions ont été reçues et notées devront être adressées à la banque. La même préoccupation devrait animer les rédacteurs des clauses contractuelles de fond.

Paragraphe 2 : les clauses de fond

La pratique générale en la matière, et la pratique camerounaise en particulier ont recours à la négociation d'un certain nombre de clauses pour encadrer les relations d'affaires, qui peuvent s'étendre dans le temps. L'étude des contrats internationaux qui suit est menée autour des clauses générales contenues dans les contrats d'une part (A), et celle des clauses spécifiques, parmi lesquelles celles relatives au droit applicable d'autre part (B).

A. Les clauses générales

Il y a des clauses qui reviennent de manière systématique dans les contrats internationaux. Notamment la définition de certains termes, l'objet du contrat, les clauses financières et les clauses de garanties. À côté de ces clauses subsistent des clauses d'exonération de responsabilités.

1. les définitions

Dans la plupart des contrats étudiés, les termes utilisés dans le corpus du contrat sont définis. Cette pratique est justifiée dans la mesure où dans les contrats importants, il est opportun d'inclure la définition précise de certains termes considérés comme *«clés du contrat»*[344]. Les contrats étudiés portent sur des objets complexes, sur des intérêts importants[345] et des sommes colossales[346]. Ainsi, dans la technique rédactionnelle consacrée, la première lettre de chaque terme défini est en majuscule, *«de manière à éviter toute confusion avec le terme courant»*[347].

---

[344] Heuzé (V.), Dictionnaire Joly -Livre XXI. Pratique des contrats internationaux; *Op. Cit.*, p. 8, GLN Editions. 1990.

[345] La gestion de l'eau et des usines de traitement des eaux, de l'électricité et des barrages hydroélectriques, la location des avions, la concession de la téléphonie mobile, la culture et l'exploitation des cultures à l'exportation, la construction et l'exploitation d'usines clés en mains,

[346] Les sommes en cause portent sur des milliards de FCFA: un euro équivaut à 655, 999fcfa.

[347] Vincent (V.); *Dictionnaire Joly -Livre XXI. Pratique des contrats internationaux*; *Op. Cit.*, p. 8. GLN Editions. 1990.

Il y a certainement un intérêt à définir les termes. En effet, la définition peut favoriser une meilleure compréhension du contrat. Le même mot est compris de la même façon par toutes les parties au contrat.

Toutefois, il n'existe pas encore au Cameroun une réglementation des termes techniques et même des opérations d'ordre juridique, comme c'est le cas dans certains pays développés[348].

Par exemple, l'article 1 de la Convention de crédit du 10 janvier 1989 portant sur l'emprunt contracté par la République du Cameroun, auprès de certaines banques étrangères dispose que pour l'interprétation et l'application de la présente Convention de Crédit ci-après la (Convention), les mots et expressions suivants auront la signification ci-dessous définie :

- crédit : Montant total que les Banques s'engagent, en vertu de la Convention, à tenir à disposition de l'Emprunteur pour paiement aux Fournisseurs.

- date limite de remboursement : dernier jour du120ème mois à compter de la date de la signature de la Convention, soit le 10-01-99.

- dette externe : Toute dette contractée ou garantie par l'Emprunteur, présente ou future, ou libellée ou éventuellement remboursable en une devise autre que la monnaie du pays de l'Emprunteur, ou due à tout créancier résident ou ayant son siège social en dehors du pays de l'Emprunteur.

- Fournisseur Français :........

- Fournisseur Camerounais :.........

- FRF : Francs Français.

Ces définitions se justifient pour les besoins d'interprétation et d'application de la Convention[349].

Dans le contrat d'emprunt du 14 Janvier 1988 entre la République du Cameroun certaines banques étrangères, l'Article 1er qui a pour titre «la Convention de crédit du 14 janvier 1988 entre la République du Cameroun en qualité d'Emprunteur et la banque Y", en qualité d'Agent, ainsi que d'autres banques» définit un certain nombre de termes[350].

---

[348]*« En France, la définition des termes techniques et même des opérations d'ordre juridique, est réglementée par les Arrêtés n° 73-21 du 12 janvier 1973 (JO France, 18 janvier 1973ì relatif à l'enrichissement du vocabulaire dans les domaines suivants: audiovisuel, bâtiment, travaux publics et urbanisme, nucléaire, pétrolier, techniques spatiales, transport»* d'autre part, on pourra également se référer à l'arrêté n° 74-7 du 29 novembre 1973 (JO, *3 janvier 19749, sur la terminologie économique et financière ainsi qu'à la circulaire n° 77-194 du 15 septembre 1977 (JONC, 24 septembre 1977) relative au vocabulaire judiciaire.* ». in Vincent (V.); Dictionnaire Joly -*Livre XXI. Pratique des contrats internationaux* ; *Op. Cit*., p. 8. GLN Editions. 1990. Bref, il y a un champ de recherche important à développer ; cette dernière pourrait courir à partir d'un lexique des termes déjà définis.

[349] L'Accord du pipeline Tchad Cameroun, *Op. Cit*., n'indique pas de manière expresse que ces définitions aident à la compréhension et à l'interprétation du Traité.

[350] « (A) Dans la présente Convention :

La même technique est utilisée dans le contrat d'Accord de prêt passé entre le Gouvernement de la République du Cameroun et une banque arabe, destiné au développement de la micro-finance dans le Nord du Cameroun, et des Contrats de cession et d'acquisition d'actions passés entre la République du Cameroun et divers opérateurs mobiles.

Dans ce dernier cas, l'utilisation de la majuscule est quelques fois sacrifiée. Contrairement à l'usage qui voudrait que les définitions soient en majuscules ; c'est le cas des mots tels que *«canaux radio, cahier des charges, concession, concessionnaire, etc.»*. Ces termes en majuscules renvoient automatiquement à une expression clé du contrat. À l'opposé les définitions dans les contrats de concession de la société Camrail et la Sonel obéissent aux exigences de la pratique.

Par ailleurs, l'objet du contrat doit être aussi précis que possible. Par précaution, il est généralement conseillé de ne pas y faire figurer *«des obligations qui seront retrouvées dans le corps du contrat»*[351]. La plupart des contrats étudiés règlent de manière similaire la clause portant sur l'objet.

L'article 2 du Contrat cadre de concession et de la licence État et un opérateur d'électricité étranger dispose par exemple que le présent Contrat a pour objet de définir les conditions et les modalités générales par lesquelles l'État confie à sa société nationale d'électricité, sous les régimes de concession et de licence prévus par la loi, la charge de l'exploitation d'une partie des activités de production, transport, gestion du réseau de transport, distribution et vente d'électricité.

Toutefois, bien que l'objet du contrat soit devenu une préoccupation presque *«banale»*, l'on relève à l'analyse que les parties, surtout l'investisseur ou le prêteur exigent souvent d'énormes garanties avant de risquer ses capitaux. D'où l'accent qui est mis sur les clauses financières et juridiques.

2. Les clauses juridico-financières

a) Les clauses juridiques

En général, les partenaires au développement ou tout autre investisseur étranger exigent un certain nombre de garanties juridiques avant de signer toute convention.

- *« Avances» signifie, sous réserve des dispositions ci-après, le montant principal d'une avance (tel que réduit de temps en temps par le remboursement) effectuée ou devant être effectué par les banques ci-après ;*
- *«Crédit d'engagement disponible» en contexte bancaire, signifie, sous réserve des dispositions ci-après, la responsabilité globale maximale de cette banque vis à vis de l'emprunteur, soit le montant perçu au nom de cette banque dans la première annexe, moins le montant global ci-dessous avancé».*

[351] Heuzé (V.), Dictionnaire Joly -Livre XXI. Pratique des contrats internationaux ; *Op. Cit.*, p. 8, GLN, 1990.

L'illustration en est faite dans le contrat d'emprunt réalisé par la République du Cameroun auprès d'un consortium bancaire en vue de la réalisation de la boucle routière de Sangmélima.

Dans le cadre de ce contrat, les prêteurs avaient sollicité un avis juridique et d'autres documents à caractère juridique de la part de l'État du Cameroun.

Dans la pratique, l'avis juridique ci-dessus est donné par les services compétents de la République du Cameroun qui garantissent que, la Convention en cause constitue un engagement légal et valide pour l'emprunteur ; qu'elle est exécutoire au nom de la République du Cameroun ; que la République du Cameroun a l'obligation de se conformer à toutes les dispositions de ladite convention. En outre, la copie du décret autorisant la signature de la convention doit être jointe au contrat. Enfin, les pouvoirs donnés aux plénipotentiaires de l'État du Cameroun doivent être présentés.

Il est également demandé à l'État d'assurer la stabilité juridique du Contrat. À cet effet, et sous aucun prétexte, ni du fait d'un traité international, d'une loi, d'un décret, d'un règlement, d'une circulaire, note ou mesure, ou de tout changement d'interprétation ou d'application de l'un des textes précités, l'État n'appliquera pas au prêteur des obligations :

«Susceptibles d'empêcher le prêteur d'exécuter l'une des obligations qui lui incombent au titre de la Convention de crédit, ou qui affecte directement les modalités de refinancement sur le Marché Monétaire de Paris (...) ou entraîne l'assujettissement du prêteur au paiement d'un impôt quelconque, une augmentation du coût de financement de tout prêteur de la convention de crédit».

En pratique, les investisseurs redoutent les lois de nationalisations[352] ou la mise en œuvre d'une fiscalité nouvelle qui était inexistante au moment de la signature du contrat.

Dans ce dernier cas, les clauses portant sur la stabilité juridique des lois présentent malgré tout des limites objectives. Un exemple concret de ces limites est donné avec l'adoption d'une série de textes qui régissent les relations d'affaires dans l'espace Ohada. En effet, depuis le Traité instituant l'Organisation pour l'Harmonisation en Afrique du Droit des Affaires (Ohada), la réglementation des affaires a beaucoup changé, avec l'adoption d'Actes uniformes régissant certains secteurs d'activités[353].

---

[352]*«Il serait facile de définir la nationalisation au plan purement technique, c'est un acte par lequel un Etat souverain dé privatiser un droit subjectif portant sur un bien»*; J.C. Njem ; Le régime juridique et la nationalisation de concessions pétrolières et autres concessions d'immeubles; *Op. Cit.*, p. 194.

[353] L'Acte Uniforme portant organisation des procédures collectives d'apurement du passif, adopté à Libreville le 10 avril 1998.

- L'Acte uniforme relatif au droit de l'arbitrage adopté le 11 mars 1999 ;
- Le Règlement d'arbitrage de la Ccja adopté le 11 mars 1999 ;
- l'Acte uniforme relatif au droit des sociétés commerciales et du groupement d'intérêt économique adopté à Cotonou le 17 avril 1997 ;

Par ailleurs, au Cameroun, plusieurs Codes des Investissements[354] ont été adoptés depuis l'indépendance[355]. Il est envisageable que les contrats dont l'exécution s'étale sur le temps puissent s'adapter à cet environnement juridique évolutif[356].

Les parties insistent également sur les modalités financières du contrat, étant entendu que les partenaires et les investisseurs étrangers viennent pour réaliser des bénéfices, à tout le moins au sens que la loi donne en définissant le commerçant.

b) Les clauses financières des contrats

Les clauses financières du contrat se déclinent en diverses rubriques. Tantôt, il s'agit de la clause de répartition du capital, du montant de la transaction, au moment de la signature du contrat, avec ses effets dans le temps[357]. Les clauses financières concernent tout aussi bien les aspects fiscaux, la répartition des intérêts, honoraires et autres commissions déterminées dans le contrat.

Toutefois, les contrats des privatisations ont pour objet majeur la cession des actions détenues en majorité par l'État dans le capital de certaines entreprises publiques ou parapubliques. Au rang de ces contrats, on peut citer les contrats de privatisation d'un certain nombre de sociétés d'État[358].

La recherche de l'équilibre permanent du contrat constitue le souci majeur que les parties tentent de régler dans le contrat.

- L'Acte uniforme portant sur le droit commercial général, adopté à Cotonou le 17 avril 1997 ;
- Le Règlement de procédure de la Cour Commune de justice et d'arbitrage, adopté à Ndjamena le 18 avril 1996 ;
- L'Acte uniforme portant organisation des procédures simplifiées de recouvrement et des voies d'exécution, adopté à Libreville le 10 avril 1998 ;
- L'Acte uniforme portant organisation des sûretés, adopté le 17 avril 1997.

Les Actes Uniformes remplacent les réglementations obsolètes du Cameroun en matière commercial. Dès lors, une convention signée avant l'adoption de nouveaux actes uniformes viendrait en contradiction avec les dispositions à jour sur différentes questions juridiques. La loi sur les sociétés commerciales et l'obligation d'adopter un statut conforme aux prescriptions de l'Acte Uniforme Ohada sur les sociétés.

[354]Depuis 1960, l'Etat du Cameroun a progressivement modifié son Code des investissements. Par Ordonnance n°90/007 du 08 novembre 1990, un nouveau Code des Investissements a été adopté, révisant la Loi n°84/03 du 4 juillet 1984 portant Code des investissements. Le Décret n°91/215 du 02 mai 1991 fixe les modalités d'application du Code des Investissements du Cameroun. Successivement, l'Ordonnance n°94/03 du 24 janvier 1994 modifie certaines dispositions du Code des investissements. Depuis 2000, une Charte des investissements est venue modifier le Code des investissements au Cameroun.

[355] *Op. Cit.*, 1960.

[356] La situation de la Convention Alucam, sera réétudiée dans le Chapitre consacré à l'exécution des contrats, supra.

[357] La clause de révision du prix, encore appelée la théorie de l'imprévision, supra.

[358] *Infra.*

i) La clause de l'imprévision

Le montant du prix est encore appelé «clause de prix». Pour Patrick de Fontbressin[359], «entreprendre une réflexion sur les clauses de prix, c'est aborder le substratum économique du contrat»[360].

D'après cet auteur, *«il ne saurait avoir de vie économique ni de contrat hors la notion du prix (...), aptes à générer la confiance ou détruire la stabilité. Les clauses de prix sont ainsi garantes du respect de l'équilibre tant à la formation du contrat, qu'au cours de son exécution»*. C'est ce dernier aspect qui va le plus retenir l'attention ; étant entendu que lors de la formation de la plupart des contrats internationaux camerounais, les parties s'investissent longuement à la détermination du prix à payer.

A cet effet, la sécurité juridique étant certainement, comme le disait Roubier cité par P. De Fontbressin, *«la plus impérieuse des valeurs sociales, les parties souhaiteront ardemment son maintien dans l'exécution du contrat. Pour ce faire, elles s'efforceront de maintenir l'équilibre du contrat «sous la pression du temps»* [361]

faute de prendre de telles précautions, la pression du temps risquera bien souvent de détruire l'équilibre primitivement souhaité dans le contrat, de telle sorte que le prix, sous l'influence du temps, sera ressenti comme *«injuste»* et que les contractants recourront alors à des clauses d'indexation ou des clauses monétaires.

Dans les contrats internes, à titre de droit comparé J.P. Poucet a procédé à un classement des différents types de clauses d'indexation qui se trouvent autorisées, aux termes des Ordonnances du 30 décembre 1958 et 4 février 1959 en France. Il s'agit des clauses d'indexation :

- sur les bénéfices ;
- sur le chiffre d'affaires ;
- sur la productivité ;
- et en rapport direct avec l'objet de la convention ou avec l'activité d'une des parties.

Ces préoccupations sont prises en compte dans la Convention de crédit passée le 10 janvier 1989 entre la République du Cameroun et un groupe de banques[362]. L'article 9 – circonstances nouvelles de cette convention de crédit, indique que les dispositions de la Convention ont été fixées en fonction des conditions économiques et financières, nationales et

---

[359] Avocat à la Cour, Maître de Conférences à l'Université de Paris XI.

[360] P. de Fontbressin; *Les clauses de prix, Les principales clauses des contrats conclu entre professionnels : Colloque de l'Institut de Droit des Affaires d'Aix-en-Provence (17-18 mai 1990)*, p. 19.

[361] P. de Fontbressin; *Les clauses de prix, Les principales clauses des contrats conclu entre professionnels : Colloque de l'institut de Droit des Affaires d'Aix-en-Provence* (17- !8 mai 1990), *Op. Cit.*, p. 27 et ss.

[362] *Op. Cit.*

internationales et des données juridiques, fiscales, monétaires et professionnelles en vigueur au moment de la signature de la Convention dans les pays des Banques et de l'Emprunteur.

En cas de modification de ces conditions ou données, ou de leur interprétation par toute autorité compétente, ou pour toute autre raison, entraînant notamment :

- l'impossibilité de déterminer le taux d'intérêt conformément aux dispositions de l'Article «intérêts et Intérêts de retard ; ou
- l'illégalité de tout ou partie des dispositions de la Convention ; ou
- plus généralement, des charges nouvelles ou des coûts additionnels en relation avec le Crédit ou le financement du prêt, aucune utilisation ne pourra être effectuée et les dispositions suivantes s'appliqueront :

1. la ou les Banques concernées aviseront immédiatement par écrit le Mandataire qui en informera à son tour dans les meilleurs délais l'Emprunteur. Le cas échéant, cette notification contiendra le montant estimatif de l'augmentation du coût et de l'indemnisation nécessaires ;
2. l'Emprunteur, le Mandataire et les banques se concerteront en vue de parvenir à une solution amiable permettant de poursuivre l'exécution de la Convention, notamment, et selon le cas,
   - en s'efforçant de transférer la part des banques concernées à d'autres banques non affectées par les mesures ci-dessus mentionnées ;
   - en déterminant un taux d'intérêt de substitution ;
3. Si aucune solution ne peut être trouvée dans un délai de trente (30) jours suivant la réception par l'Emprunteur de la notification susmentionnée, celui-ci devra :
   - soit demander aux banques concernées de maintenir leurs parts, sauf le cas (b) ci-dessus, en acceptant expressément de supporter la totalité des éventuels coûts additionnels ;
   - soit rembourser immédiatement la part des banques affectées, en principal, intérêts, frais et accessoires, ainsi que tous les éventuels coûts additionnels qui, jusqu'à la date de remboursement, pourraient résulter, pour celles-ci, des circonstances nouvelles.

La notification des banques spécifiant ces coûts sera définitive et obligatoire sauf erreur prouvée par l'Emprunteur.

Un autre exemple est donné dans le contrat passé entre la Cameroon Airlines et une société des services à bord des avions qui contient une clause d'imprévision. L'article 13 intitulé Imprévision dispose que les parties conviennent que le présent contrat est équilibré et équitable à la date de son entrée en vigueur.

Si par suite de circonstances indépendantes de la volonté des parties survenant après la signature du présent contrat, l'économie des rapports contractuels venait à se trouver modifiée au point de rendre préjudiciable pour l'une des parties l'exécution de ses obligations, la partie ainsi affectée devra aussitôt le notifier par lettre recommandée avec accusé de réception pour se réunir afin de déterminer en commun les moyens de remédier à cette situation préjudiciable et le cas échéant, pour apporter au contrat les amendements nécessaires. Si les parties ne parviennent pas à un accord dans les trente (30) jours à compter de la notification, chacune des parties aura le droit de résilier le présent contrat par préavis adressé à l'autre partie, par courrier recommandé avec accusé de réception, posté dans les quinze (15) jours suivant l'expiration de la période susmentionnée de trente (30) jours ; dans un tel cas, la résiliation prendra effet quatre-vingt-dix (90) jours après la date de réception du préavis de résiliation par l'autre partie. Pendant la période de négociation de trente (30) jours, la fourniture des services se poursuivra sans modification des conditions contractuelles.

En conclusion, il est objectif de constater que la pratique juridique contractuelle camerounaise tient compte de l'imprévision.

ii) L'admission à un régime fiscal préférentiel

L'article 2 (18) de la loi portant Charte des investissements[363] prévoit *«la mise en place d'une fiscalité incitative et attractive pour les investisseurs et qui prendraient en compte, d'une part, la spécificité de l'imposition des équipements de production et, d'autre part, les exigences de la compétitivité à l'exportation»*. Même dans les précédents Codes des investissements[364], le législateur camerounais a toujours œuvré en faveur d'une stimulation des investissements. Les mesures fiscales accompagnent les partenaires aux investissements. Point n'est besoin de rentrer dans les détails de la fiscalité accordée à l'opérateur économique. Toutefois, ces facilités se manifestent par la conclusion des clauses portant sur les facilités fiscales, à défaut d'être une convention spécifique consacrée à l'examen de ces questions.

En guise d'illustration, la Convention du 24 novembre 1962 aménageant les conditions générales de fonctionnement de la société Alucam, porte-adoption des conditions générales, juridiques, économiques et financières indispensables pour assurer le fonctionnement normal de la société Alucam, ainsi que celles des sociétés fondatrices.

L'article 1er de la convention susvisée *«admet la Compagnie ALUCAM au bénéfice du régime c du code des Investissements pour une durée de 20 ans»*. En d'autres termes, cette société est admise au bénéfice des régimes fiscaux de longue durée, qui *«sont incorporées à la présente convention dont elles font partie intégrante et telles que ces dispositions résultent des arrêtés 4746 du 8 septembre 1954, 6070 du 15 novembre 1954 et 2558 du 13 avril 1955»*.

---

[363] Loi n°2002/004 du 19 avril 2002 portant Charte des Investissements ; *Op. Cit.*

[364] Loi n° 60-64 du 27 juin 1960 portant Code des Investissements au Cameroun ;
Loi n° 84/03 du 4 juillet 1984 portant Code des Investissements ;
Ordonnance n° 90/007 du 08 novembre 1990 portant Code des investissements du Cameroun.
Ordonnance n° 94-003 du 24 janvier 1994 modifiant certaines dispositions du Code des Investissements.

D'autres clauses ayant un caractère financier existent par ailleurs. Elles portent tantôt sur la reprise des actifs, du passif, sur la monnaie de paiement, qui parfois se décline en devises étrangères remboursables au cours légal en vigueur sur le Marché financier sur lequel le prêt a été octroyé.

3. Les clauses de garanties

La pratique contractuelle camerounaise en matière de garantie suscite des interrogations de nature à entretenir une certaine confusion. Dans les développements qui précèdent, on constate l'existence de clauses juridiques et financières dans les contrats qui ont la caractéristique d'appels en garanties exigées par le cocontractant de l'État du Cameroun. En même temps, ces conditions apparaissent comme étant des garanties, tantôt juridique, tantôt financière.

L'exemple est donné par la Convention passée entre le Gouvernement de la République Fédérale du Cameroun et la Compagnie Camerounaise de l'Aluminium Pechiney-Ugine-Alucam. Ce contrat contient un titre sur les garanties accordées par le Gouvernement Fédéral. Au rang de ces garanties figurent des garanties générales, des garanties juridiques, des garanties foncières, des garanties financières, des garanties économiques, et des garanties fiscales. Dans un certain sens, les clauses de garanties peuvent être analysées sous l'angle des *«sûretés négatives»*[365].

D'après Yves Chaput, la gestion des risques par le contrat[366], peut comporter des tentatives de stabilisation provisoire du patrimoine du débiteur, qu'il s'agisse de son actif, mais aussi de son passif. À cet effet, *«le créancier, souvent un banquier cherchera à préserver l'efficacité de son droit de gage général par ce que la pratique appelle des [sûretés négatives], stipulations par lesquelles il interdira à son débiteur de disposer de certains biens ou encore de constituer des sûretés nouvelles concurrentes de ses droits».* Doit-on y voir de véritables sûretés ?

L'on admettra à tout le moins qu'elles offrent des garanties au créancier. En l'absence de dispositions spécifiques se pose la question classique de savoir si la liberté contractuelle des parties ne va pas se heurter à des règles d'ordre public.

En effet poursuit Chaput, la volonté d'instituer un véritable droit réel, si elle ne saurait être indiscutablement condamnée, laissera au praticien l'inquiétude de violer le principe traditionnel, quoique controversé : « *pas de droit réel sans texte».* Aussi ne sera-t-on pas étonné de constater que les professionnels préfèrent s'en tenir à de simples droits personnels : obligations de ne pas faire[367], pesant sur le débiteur tel que ne pas vendre, ne

---

[365] Chaput (Y.) ; *Les clauses de garantie (Sûretés négatives), in Les principales clauses des contrats conclu entre professionnels*, *Op. Cit.*, p : p. 119 et ss.

[366] La gestion des risques par le contrat, Mousseron, Rev. Trim. Dr. Civ. 1988, p.481.

[367] Supra ; les clauses juridico-financières.

pas hypothéquer faisant réapparaître le conflit classique entre la liberté du commerce et de l'industrie et la liberté contractuelle qu'a évoqué le Professeur Vidal à propos des clauses de non concurrence.

À côté de ces *«obligations de ne pas faire»*, la pratique contractuelle camerounaise s'illustre par la constitution des sûretés en faveur de divers créanciers. L'exécution des Conventions de Concession[368] passées entre la République du Cameroun et une société de holding a donné lieu à la conclusion d'une convention de prêt en décembre 2003, avec des banques étrangères pour financer en partie la construction et l'exploitation d'une centrale électrique à Limbe au Cameroun. Or, la société repreneur de la Sonel en sa qualité de partie concédante est potentiellement créancier de la République du Cameroun, au titre d'un certain nombre d'indemnités, paiements ou toutes autres sommes, en relation avec les concessions objets des Conventions de Concession, dont notamment, mais sans limitation :

- les indemnités payables en cours de concession et les indemnités dues pendant la période d'exploitation, et ce, même si ces indemnités ne sont payées qu'après, la fin normale ou anticipée, d'une concession ;
- les indemnités au titre de la résiliation ou de l'annulation d'une ou plusieurs conventions de concession, de la constatation de la nullité ou du prononcé de la nullité ou plusieurs conventions de concession par le concédant et, généralement, toute indemnité due au constituant par le concédant au titre de la perte d'une ou plusieurs Concessions ou de leur invalidité, pour quelque raison que ce soit, y compris en cas de déchéance du Constituant ou d'expropriation.

À cet effet, pour sûreté et garantie du paiement complet des obligations garanties par le repreneur de la Sonel à ses créanciers, la République du Cameroun a accepté de consentir en leur faveur un gage sur les créances selon les termes et conditions du présent Contrat. Il s'agit d'un gage réalisé en exécution des dispositions des articles 50 et suivants de l'Acte Uniforme Ohada du 17 avril 1997 portant organisation des sûretés qui encadrent les modalités particulières du gage. Plus qu'une garantie, la détermination du droit applicable apparaît comme une préoccupation majeure des parties ; car faute de le faire, le contrat sera soumis aux techniques de désignation de la loi applicable.

[368] En rappel, la République du Cameroun et Aes-sonel ont signé les Conventions de concession suivantes :
- Contrat cadre de concession et de licence relatif à l'exploitation de plusieurs parties du secteur de l'électricité sur le territoire de la République du Cameroun,
- Contrat de concession de distribution et vente d'électricité basse tension ;
- Contrat de concession de transport et de gestion du réseau de transport électrique ;
- Contrat de licence de vente d'électricité, etc.
- Contrat de concession de production.

B. Les clauses spécifiques au contrat

Elles se déclinent autour de diverses préoccupations au rang desquelles la détermination par les parties du droit applicable, la conclusion des clauses de confidentialité, la renonciation à certaines immunités, ou les clauses d'irresponsabilité du fait de la survenance d'un cas de force majeure.

1. La détermination du droit applicable

Le contrat international, comme tout contrat, doit être conclu et exécuté sous l'égide des règles de droit précises. Si selon Mousseron, le problème de la désignation du corps national de règles applicables à un contrat ne se pose pas pour les contrats dits internes lorsque toute l'opération (partenaires, lieux de conclusion, expression et exécution du contrat) s'établit à l'intérieur d'un seul système juridique, le droit national de l'État dont les sujets et le territoire sont concernés a, seul, vocation à s'appliquer[369]. La question demeure tout entière lorsqu'il s'agit d'un contrat international ; dans la mesure où *« les contrats internationaux couvrent une relation caractérisée par la présence d'éléments d'extranéité suscitant la compétition de plusieurs lois nationales »*[370].

À ce sujet, le Professeur Jean-Michel Jacquet reprend la définition du contrat international telle que la doctrine la propose, à savoir *que, «est international le contrat qui présente des liens avec plus d'un système juridique»*[371]. Il convient cependant de relever ce retour à la définition du contrat international pour justifier l'approche propre au Pr. Jean Michel Jacquet, pour qui le caractère international d'un contrat est intimement lié à la présence de plusieurs systèmes juridiques. La définition et la compréhension du contrat international n'en sont pas pour autant facilitées.

En effet, les tribunaux sont partagés entre le critère économique de la *«mise en jeu des intérêts du commerce international»* découlant de la doctrine du *«flux et du reflux des valeurs de part et d'autre d'une frontière»*[372] et le critère juridique de la *«pluralité des points de rattachement du contrat»* et *«dont tous les points de rattachement ne se situent pas dans le même système juridique»*[373], l'insuffisance de chacun de ces critères isolément considérés a conduit à souhaiter un certain *«syncrétisme»*[374], et la Cour de Toulouse a décidé, le 26 octobre 1982 que, *«l'application de ces*

---

[369] Mousseron (J. M.), *Technique contractuelle, Francis Lefebvre*, *Op. Cit.*p.139.

[370] *Ibid.* p. 140.

[371] Jacquet (J.M.), *Le contrat international*, Dalloz, p. 5.

[372] Avocat général. Matter, concl. sous Civ.17 Mai 1927, Pélissier du Besset, DP 1928.I.25, note H. Capitant.

[373]Loussouarn (Y). et Bredin (J.D.), *Droit du commerce international, Libr. Sirey, n°511.*

[374] Le mot est de Lesguillons (H.).

normes juridiques différentes avait pour objet de mettre en jeu les intérêts du commerce international»[375].

Au-delà de ces critères qui permettent d'identifier ce qu'est un contrat international, il demeure que du fait de tous ces éléments, il faudra bien que le juge saisi ou les parties qui veulent régler une situation portant sur un contrat international, sachent identifier la règle juridique applicable. Sur ce sujet, la pratique contractuelle camerounaise semble avisée dans la détermination du droit applicable dans les contrats internationaux, malgré le foisonnement de lois en présence.

a) La loi du lieu d'exécution du contrat

L'article 10.1 du protocole portant reprise de la Société camerounaise de banque (Scb) par une banque étrangère, énonce que le *«présent protocole sera régi par le droit camerounais»*. La question de fond qu'on est en droit de se poser est la suivante : le droit camerounais portant sur quelle matière ? La loi régissant l'activité bancaire probablement. Mais le renvoi à une clause d'arbitrage fait présumer que d'autres lois peuvent rentrer en compte dans cette opération. Notamment s'il s'agit d'un emprunt fait à la Société camerounaise de banque, quelle est la loi qui régira l'emprunt ?

Cette question trouve une réponse dans le Préambule de ce Protocole. La reprise de la Scb est soumise à diverses conditions au rang desquelles l'octroi à la Scb par d'un prêt de Frf.... D'une durée de 10 ans, remboursable en 5 annuités après un différé d'amortissement de 5 ans. En cas de différend sur ce prêt, ce seront les lois régissant l'activité sur le marché monétaire français qui s'appliqueront et non le droit camerounais qui est étranger à ce marché. Par ailleurs, le Traité d'Apport annexé au protocole du 4 août 1989 fait référence à la clause de règlement des différends contenue dans le protocole. Il en est de même de l'Avenant n° 2 du 8 juin 1990[376]. À l'époque de cette convention, l'on pouvait regretter les lacunes de la législation camerounaise en matière de marchés financiers[377].

---

[375]*«Attendu que si chacun de ces caractères a pu être considéré comme suffisant en lui-même pour établir le caractère international d'une convention, ces deux caractères paraissent difficilement détachables l'un de l'autre et c'est leur conjonction qui caractérise le mieux l'extranéité. En la cause, il est constant que le lieu de conclusion du contrat, Ravenna en Italie, la nationalité différente des parties et l'objet même du contrat qui était de permettre à un ressortissant italien de donner pouvoir à un ressortissant français d'accomplir en France un certain nombre d'actes juridiques émanant des deux Etats. L'application de ces normes juridiques différentes avait bien, d'autre part, pour objet de mettre en jeu les intérêts du commerce international de sorte que les deux critères se retrouvent l'un dans l'autre imbriqués* »; Clunet 1984.603, note H. Synvet; Jean Marc Mousseron, *Technique contractuelle, Francis Lefebvre*, *Op. Cit.*p.140.

[376] Sur ce Protocole, son Avenant n°2, et son Traité d'apport, *Op. Cit.*

[377] Le décret n° 2001/213 du 31 juillet 2001 précise l'organisation et le fonctionnement de la Commission des marchés financiers au Cameroun.

La Convention de concession de l'activité ferroviaire au Cameroun[378] a également prévu en son article 48 que le droit applicable est, *«le droit camerounais, à l'exclusion de toute modification éventuelle de ce droit ayant pour effet de remettre en cause le droit et la validité de la présente convention ou les droits qui en découlent pour le concessionnaire. Subsidiairement, les principes juridiques commerciaux internationaux s'appliquent»*. Cette convention va au-delà du droit camerounais régissant le droit des concessions ; elle admet également l'application des principes juridiques commerciaux internationaux. L'impact d'un tel choix est vérifiable, dans la mesure où le juge ou l'arbitre saisi, n'hésiteront pas à qualifier une telle convention comme relevant des activités *«du commerce international»*.

Le contrat cadre de concession et de licence État et le repreneur de la Sonel sont moins explicites dans le choix du droit applicable. L'article 23(1) dispose simplement que *«le présent Contrat, les Contrats dérivés et leurs annexes respectives sont interprétés et régis en toutes leurs dispositions par les lois de la République du Cameroun»*. Se référant au contrat de prêt et de financement conclu en avril 1994, avec une banque allemande de développement, l'article 8.2 du contrat prévoit que, «*le présent contrat de prêt et de financement est soumis au droit en vigueur en République fédérale d'Allemagne. Le lieu d'exécution est Frankfurt am Main. En cas de doute, le texte allemand fait foi pour l'interprétation du présent contrat*». Le juge saisi d'une difficulté d'exécution de ce Contrat sera aidé par la clause de désignation du droit applicable qui fait du «*lieu d'exécution* « du contrat, le rattachement juridique.

Par ailleurs, la convention de crédit d'accompagnement passée entre la République du Cameroun et une banque belge[379] prévoit également que, *«la Convention est soumise au droit belge et c'est conformément à ce droit que seront tranchés tous les différends qui pourraient éventuellement s'élever sur la validité de l'interprétation ou l'exécution de la présente Convention et de ses suites»*. Le choix du droit applicable au Contrat d'emprunt de janvier 1988[380] paraît «*pluriel*». En effet, cette convention contient des dispositions particulières dans sa «*quatrième annexe*»[381].

---

[378] *Op. Cit.*

[379] *Op. Cit.*

[380] *Op. Cit.*

[381] (ii) «*La Convention constitue une obligation légale, valide et exécutoire qui s'impose à l'emprunteur conformément aux dispositions et obligations de l'emprunteur prises en application de la loi, et les obligations de l'emprunteur ci-dessous sont directes, les obligations générales et inconditionnelles de l'emprunteur étant de rang au moins égal à toutes les autres responsabilités directes et éventuelles, présentes ou futures de ce dernier ; (iii) toutes les choses, tous les actes et conditions devant être exécutés et ayant été exécutés dans le cadre de toutes obligations de l'emprunteur en vertu de la Convention et conformément aux modalités valides et contraignantes de l'entente conclue dans le strict respect de la Constitution et de toutes les lois et règlements en vigueur au Cameroun ; ... (x)*

b) La loi du lieu de situation de l'immeuble

Dans le contrat de prêt relatif à l'exécution du marché ci-dessus, le droit applicable au prêt est allemand. À l'opposé et relativement à ce prêt, le Marché conclu entre la République du Cameroun et la société allemande a retenu dans son article 65 que l'entrepreneur s'engage à observer les lois, règlements et ordonnances en vigueur en République du Cameroun, et ce aussi bien dans sa propre organisation que dans la réalisation du présent marché. Si au Cameroun ces règlements, lois, dispositions administratives et fiscales en vigueur à la date de signature du présent marché venaient à être modifiées ou impliquent une incidence financière, les coûts qui en découleraient directement seraient pris en compte sans gains ni perte pour chaque partie. En application de la règle du lieu de situation de l'immeuble, il est justifié que le droit applicable dans le cas d'espèce, soit le droit camerounais.

Les conventions de concession dans leur majorité disposent que, *«le contrat de concession sera régi et interprété en toutes ses dispositions conformément à la loi camerounaise»*[382], ou encore *«la validité, l'interprétation et l'exécution de la présente convention de concession sont régies par le droit camerounais»*.

Contrairement aux précédentes conventions, la convention passée entre la République Fédérale du Cameroun et la société Alucam, n'a prévu aucune disposition sur le droit applicable. Toutefois, l'application du droit camerounais est présumée à partir des différentes dispositions contractuelles de la Convention qui font obligation à l'État du Cameroun de ne pas modifier telles dispositions légales accordées à Alucam au moment de la signature du Contrat[383].

Il en est de même de la Convention de concession passée entre la République du Cameroun et sa société nationale de téléphonie mobile Camtel Mobile. Les parties n'ont pas désigné le droit applicable, à moins de le présumer, puisqu'il s'agit d'une *«concession de droit public»*.

---

dans toute procédure légale initiée au Cameroun dans le cadre de l'exécution de la Convention, le choix du droit anglais comme droit applicable à la Convention est reconnu et respecté comme tel (...). Cette détermination du droit applicable conduit à faire la nuance entre le droit applicable au contrat et le droit applicable au règlement d'un contentieux sur le contrat ».

382 Convention République du Cameroun -MTN ; *Op. Cit.*

383 Article 5 de la Convention du 24 novembre 1962 entre le Gouvernement de la République Fédérale du Cameroun et la Compagnie camerounaise de l'Aluminium Pechiney-Ugine-Alucam :

«*Au cas où des modifications d'ordre législatif ou réglementaire interviendraient concernant les principes énumérés à l'article 4 ci-dessus, y compris les droits des actionnaires résultant de leur participation au capital social ou de leurs créances à l'encontre de la société, la République Fédérale du Cameroun s'engage à maintenir au profit d'Alucam le bénéfice des dispositions antérieures, sauf si Alucam demandait à se prévaloir des nouvelles dispositions*».

Il en est de même dans l'Accord de prêt passé entre le Gouvernement de la République du Cameroun et une banque arabe ; le contrat est muet sur la désignation du droit applicable au contrat. En cas de difficulté d'exécution, l'on aura recours à la technique de conflit des lois, ce d'autant plus qu'aucune juridiction n'a été désignée pour connaître d'éventuels différends.

2. Les autres clauses du contrat international

Certaines des clauses du contrat trouvent leur application dans la phase de l'exécution du contrat. Ainsi en est-il du jeu des clauses de confidentialité[384], des immunités de juridiction et d'exécution (a) ou de la prise en compte de la force majeure (b).

a) Les clauses d'immunité de juridiction et d'exécution

Les États reconnaissent *«se devoir l'un l'autre une courtoisie réciproque»*[385] dans leurs relations. Cette courtoisie est rendue possible grâce au jeu des immunités de juridiction et d'exécution dont jouissent leurs États. Si à l'origine cela était vrai, cette conception absolue de l'immunité ne pouvait plus être admise sans nuance lorsque les échanges commerciaux et la coopération économique devinrent la part la plus importante des relations internationales. En effet, *«l'immunité absolue, se justifiait-elle encore lorsque, soit directement, soit par l'un de ses organes, un État intervient dans l'économie d'un autre Etat, comme c'est le cas dans les contrats d'investissement ? La seule courtoisie ne pouvait plus être admise dans la mesure où elle laissait l'Etat étranger totalement libre de se soustraire à la juridiction des tribunaux en excipant de son immunité»*[386].

C'est sur ce motif que la Cour de Cassation française avait refusé l'immunité de juridiction à la Représentation commerciale des Soviets, au motif que les actes de cet organisme *«ne peuvent apparaître que comme des actes de commerce auxquels le principe de la souveraineté des États demeure complètement étranger»*[387].

Au premier abord, ce motif explique le contenu des clauses sur les immunités dans certains contrats internationaux. Dans le contrat de prêt passé entre La République du Cameroun en qualité d'emprunteur et une banque étrangère, l'article 23 (k) indique que, par cette clause, l'État du Cameroun renonce à son immunité de juridiction et d'exécution. Pour exploiter cette renonciation, la banque avait saisi les juridictions britanniques, obtenu la condamnation de l'État du Cameroun par défaut ; et l'exequatur de leurs jugements[388].

---

384 Sur la clause de confidentialité; supra.

385 Batiffol (V.), n° 610; Lerebours-Pigeonnière et Loussouarn, n°406.

386 Leboulanger (P.), *Les contrats entre Etats et entreprises étrangères*; p. 275.

387 *Idem.*

388 *Infra*, Affaire Winslow; le contentieux des contrats internationaux du Cameroun.

C'est l'occasion de relever de manière évidente, les carences de la représentation diplomatique du Cameroun dans le pays d'accueil, dans le suivi du contentieux des contrats internationaux du Cameroun. Comment imaginer la conduite d'un procès public à l'encontre d'un État souverain, qui aboutit à une condamnation définitive par défaut, sans que cet État se soit donné les moyens de comparaître pour défendre ses intérêts.

À ce stade, l'on peut s'interroger sur le rôle des missions diplomatiques à l'étranger qui devraient revisiter les procédures de signification de divers actes judiciaires dans les missions diplomatiques et consulaires, ainsi que leur acheminement au niveau central ou gouvernemental à Yaoundé.

En effet, pour les adversaires de l'État du Cameroun, la signification d'un acte de procédure au sein d'une mission diplomatique ou consulaire fait courir les délais de recours qui sont directement opposables à l'État au mépris des délais raisonnables de distance qui devraient être pris en compte pour permettre la gestion de l'acte judiciaire de son point de cheminement, vers l'organe gouvernemental compétent. Dans l'examen des autres contrats internationaux passés par le Cameroun, ce contrat reste unique avec cette clause de renonciation aux immunités. L'État du Cameroun préfère désormais offrir des gages[389] et d'autres garanties[390].

b) Les clauses de force majeure

Selon Marcel Fontaine et Filip De Ly, des obstacles peuvent se dresser sur le chemin de l'exécution d'un contrat international, indépendamment de la volonté des parties. La marchandise à livrer est détruite dans un incendie. Le navire fait naufrage. Un conflit éclate, empêchant la poursuite de la construction. La licence d'exportation est retirée par une mesure administrative. En pareilles circonstances, le débiteur est-il responsable, ou bénéficie-t-il d'une cause d'exonération ? Quel est le sort de sa prestation ? Est-elle éteinte, ou simplement suspendue ? Quel est le sort de la prestation corrélative de son partenaire ? Qu'advient-il du contrat dans son ensemble ?

Chaque système juridique prend position sur ces différentes questions, et les réponses ne sont pas identiques. Mais les praticiens du commerce international préfèrent en général régler eux-mêmes les conséquences de tels événements, par des stipulations fréquemment appelées *«clauses de force majeure»*[391]. Dans la théorie classique du droit, les critères traditionnels de la force majeure sont l'imprévisibilité, l'inévitabilité et l'extériorité par rapport à la volonté des parties et l'effet sur l'obligation, de rendre l'exécution de celle-ci impossible. La plupart des contrats internationaux du Cameroun

---

[389] Le contrat de gage avec un groupe de banques étrangères et Aes- Sonel ; supra.

[390] Les garanties juridiques, financières et fiscales ; supra.

[391] Fontaine (M.) – Filip De Ly ; *Droit des contrats internationaux. Analyse et rédaction des clauses* ; *Op. Cit.*p.435.

prennent la précaution de prévenir les parties contre la survenance brusque de tels événements ; bien mieux, ils envisagent des solutions au cas posé.

Dans le contrat de commissariat passé entre la Cameroon Airlines et une société des services à bord des avions, l'article 12 réglemente la force majeure en des termes précis[392]. Cette clause est négociée dans le cadre de l'exécution d'une prestation dans le domaine du transport aérien international. Elle prend en compte l'environnement socioprofessionnel des pays du nord ; celui-ci étant caractérisé par l'exercice des interruptions de travail pour motif de grèves et autres dysfonctionnements.

Dans le contrat de gage de créance des indemnités dues au titre des concessions entre le repreneur de la Sonel (le constituant) et des banques bénéficiaires et agent de sûretés[393], l'article 19.20 Force majeure, règle la question[394]. Cette clause organise et gère la force majeure qui surviendrait pendant l'exécution du contrat de gage. À cet effet, l'article 19.20 indique que si le cas venait à se réaliser, *«ledit événement ou cas donne le droit à une partie de résilier ou d'annuler les conventions de concession. Étant précisé qu'un tel événement ou cas ne constituera pas un cas d'exigibilité anticipée»*. Par ailleurs, cette clause laisse la possibilité aux parties de

---

392 *«Est considéré comme cas de force majeure, tout événement rassemblant les conditions cumulatives suivantes : imprévisibilité, irrésistibilité, extériorité, et venant affecter les obligations de l'une ou l'autre des parties. Seront assimilés à des événements de force majeure, même s'ils ne présentent pas les caractères d'imprévisibilité, d'irrésistibilité et d'extériorité, les conflits sociaux, grèves, lock-out, la fermeture totale ou partielle de l'établissement pour quelque cause que ce soit, le retrait des autorisations d'exploitation et/ou d'occupation par l'Administration.*
Si, pendant la durée du contrat, un cas de force majeure venait à se produire qui affecte les obligations de l'une des parties, la partie ainsi affectée devra aussitôt le notifier par lettre recommandée avec accusé de réception à l'autre partie pour l'informer des circonstances constituant le cas de force majeure ainsi que les obligations dont l'exécution se trouve suspendue. Les parties se consulteront pour décider si la poursuite de tous ou certains services pourra continuer conformément au contrat ou bien cesser ou être suspendue ou autrement modifiée d'une façon qui soit raisonnable selon les circonstances du moment».

393 *Op. Cit.*

394 *«Il se produit, relativement aux conventions de concession (ou de l'une quelconque d'entre elles) ou au contrat ... tout événement ou cas de force majeure, quelle que soit la façon dont la force majeure est décrite ou envisagée dans les conventions de concession (ou de l'une quelconque d'entre elles) ou dans le contrat... (selon les circonstances) et ledit événement ou cas donne le droit à une partie (autre que l'Emprunteur) aux conventions de concession ou au contrat ... de résilier ou d'annuler les conventions de concession (ou de l'une quelconque d'entre elles) ou le contrat ... (selon les circonstances), étant précisé qu'un tel événement ou cas ne constituera pas un cas d'exigibilité anticipé en vertu de la présente clause 19.20 si, suite à ladite résiliation d'une convention de concession, la convention de concession résiliée est remplacée par un contrat dont les termes ne sont pas moins favorables dans les 180 jours avec une contrepartie ou des contreparties qui sont raisonnablement acceptables pour le prêteur, et ladite/lesdites contrepartie(s) s'est/se sont engagée(s) à garantir inconditionnellement (dans le cas de plusieurs contreparties, sur une base solidaire) toutes les obligations de paiement de l'emprunteur aux termes des documents de financement»*.

remplacer la convention de concession résiliée par un autre contrat *«dont les termes ne sont pas moins favorables dans les 180 jours avec une contrepartie ou des contreparties acceptables».*

La clause de force majeure contenue dans un marché passé entre la République du Cameroun et une société allemande en novembre 1995,[395] ajoute un élément d'appréciation complémentaire de la force majeure. En plus des critères classiques connus, l'article 61 indique que, *«la force majeure s'entend tout événement imprévisible et insurmontable empêchant l'une des parties d'exercer ses obligations contractuelles. Elle s'étend également aux effets de forces naturelles que l'Entrepreneur ne pourrait prévoir ni éviter»*[396].

Dans ce contrat, les parties soumettent l'acceptation d'un cas de force majeure à sa déclaration dans les vingt jours de sa survenance. C'est à cette seule condition que des délais complémentaires pourront être accordés à l'entrepreneur.

À l'analyse, les solutions dégagées dans les contrats étudiés se rapprochent de celles retenues dans la pratique contractuelle internationale. D'après le Professeur Fontaine lorsque l'hypothèse de force majeure est réalisée, la clause décrit le régime qui lui est applicable. Il s'agit d'abord de notifier au cocontractant la survenance de l'hypothèse, et de lui en fournir les justifications. La clause précise ensuite les effets sur les obligations des parties : l'exonération de toute responsabilité, la suspension de l'exécution de nouvelles obligations, les dispositions mises en œuvre pour lever au plus tôt l'impossibilité d'exécution, et la notification de la fin de la force majeure. Si la situation se prolonge au-delà d'un certain délai, il peut être stipulé que *«le contrat sera renégocié ou résilié»*[397].

À côté de ces conventions qui ont prévu des clauses pour gérer les cas de force majeure[398], il y a d'autres contrats internationaux qui ne prennent pas en compte cet aléa dans la vie du contrat. Il en est ainsi de tous les contrats qui recrutent des entraîneurs de football au Cameroun[399].

---

[395] *Op. Cit.*

[396] *Toutefois, en cas de force majeure provoquée par les forces naturelles et certaines circonstances de nature à dégager la responsabilité de l'Entrepreneur, celui-ci ne verra sa responsabilité dégagée que s'il avertit par écrit l'Administration de son intention d'invoquer cette force majeure, et ce avant la fin du vingtième (20ème) jour qui a succédé à l'événement. Passé ce délai de vingt (20) jours aucune réclamation ne sera admise. Il pourra être accordé à l'Entrepreneur une prolongation de délai correspondant à la durée de la force majeure. En tout état de cause, il appartient à l'administration d'apprécier tout cas de force majeure».* .

[397] *Op. Cit.*, Fontaine (M.) - De Ly (F.); *Droit des contrats internationaux, Analyse et rédaction des clauses* ; p. 452.

[398] *Supra.*

[399] *Supra.*

Il en est de même pour la plupart des contrats de privatisation portant sur l'octroi des concessions dans l'exploitation de la téléphonie mobile[400], ou la cession d'actions dans une société d'hévéa[401], dont l'exécution est toutefois assurée au sein d'organismes bien identifiés. La suite des développements va s'intéresser à l'exécution des contrats internationaux du Cameroun.

[400] *Supra*: les contrats de certains opérateurs de téléphonie mobile au Cameroun.
[401] *Supra*.

DEUXIÈME PARTIE :

L'exécution des contrats internationaux du Cameroun

L'exécution des contrats internationaux notamment ceux relatifs aux investissements, suppose une *«collaboration étroite et continue des parties pendant une longue période, qui peut varier de deux à trois ans, pour des contrats de livraison d'usines clés en main, à quinze ou vingt ans pour les contrats de recherche et d'exploitation de ressources naturelles»*[402].

Dans certains cas, les circonstances dans lesquelles le contrat a été conclu risquent d'être modifiées pour une raison quelconque au cours de l'exécution, remettant en cause l'équilibre et les termes de l'accord. Les parties cherchent souvent, dans cette perspective, à se prémunir contre de tels changements qui ont généralement pour effet de *«rendre impossible, au moins momentanément, l'exécution du contrat, en insérant des clauses de force majeure»*[403] par exemple.

Au-delà de la pratique des *«garanties d'exécution»*[404] instaurée dans la plupart des contrats internationaux, il arrive que celles-ci opèrent ; et le contrat est sûr d'être exécuté de manière normale, c'est-à-dire non contentieuse ; avec une différence notoire selon qu'il s'agit d'un certain type de contrats à distinguer des contrats d'emprunts (Chapitre premier).

Parfois, et ce de manière assez récurrente, l'exécution des contrats internationaux du Cameroun a dû emprunter la voie du contentieux judiciaire ou arbitral. Toutefois, il convient de relever que dans la plupart des contrats internationaux signés par le Cameroun, le principe d'une tentative de règlement à l'amiable constitue un préalable au règlement contentieux des différends. C'est ainsi que la voie du règlement non judiciaire, si elle n'a pas toujours conduit à une solution définitive, à tout le moins, les parties l'ont souvent essayée avant de saisir les juridictions arbitrales ou judiciaires compétentes (Chapitre deuxième).

---

402 Leboulanger (P.), *Les contrats entre Etats et entreprises étrangères ; préface de Berthold Goldman ; Collection Droit des Affaires et de l'Entreprise dirigée par Yves Guyon, Série : Etudes et Recherches* ; p. 139.

403 Sur la clause de force majeure: infra, p. 104…

404 Leboulanger, *Op. Cit.*, p. 111.

CHAPITRE I

L'exécution normale des contrats internationaux du Cameroun

Le contrat est créateur d'un certain nombre de droits et d'obligations, à la charge des deux parties, qui instaurent ainsi une coopération de longue durée en vue de réaliser un objet déterminé.

D'une façon générale cependant, la réalisation technique de cet objet dans le contexte des relations économiques entre le Nord développé, et le Sud dépendant économiquement et technologiquement, est le fait de l'entreprise étrangère qui par ses capacités financières et technologiques est à même d'en poursuivre l'achèvement.

Il en résulte que sauf cas particulier, la responsabilité de l'investissement repose pour la plus grande part sur l'entreprise étrangère ; l'État s'obligeant essentiellement «*à créer un environnement juridique favorable à la création et à la réalisation de l'investissement souhaité*»[405].

Bien que l'entreprise étrangère soit au cœur de la réalisation du contrat, il se dégage néanmoins des «*groupes de droits et d'obligations*»[406] qui sans être nécessairement communs à tous les accords, se retrouvent généralement dans l'un ou l'autre type d'accord. À l'analyse, il apparaît qu'au moment de l'exécution du contrat ces droits et obligations pèsent autant sur l'entreprise étrangère que sur le cocontractant camerounais.

Toutefois, au moment de l'exécution une différence notable existe selon le type de contrat en cause. En effet, les contrats de concession et autres contrats d'investissements (Section 1) posent des problèmes différents de ceux qu'on rencontre dans les contrats d'emprunts (Section2).

Section 1 : l'exécution des contrats internationaux au moyen des clauses convenues

Le suivi de l'exécution de certaines concessions d'Etat s'opère au sein de certains organismes qui en ont la responsabilité d'une part (Paragraphe 1er). Celle-ci passe également par le respect des engagements pris par les parties d'autre part (Paragraphe 2).

---

405 Leboulanger (P.), Les contrats entre Etat ... ıtreprises étrangères. Préface de Berthold Goldman, *Op. Cit.*, p. 63.

406 *Ibid.* p. 64.

Paragraphe 1 : l'exécution des contrats de concession et des marchés publics

A. L'exécution des contrats internationaux de concession

L'exécution des contrats internationaux accordant des concessions à des entreprises étrangères est assurée par des organismes prédéterminés qui opèrent sur la base de mécanismes arrêtés à l'avance (1). La bonne exécution du contrat international passe également par la remise du prix (2).

1. Le suivi de l'exécution des contrats de concession

Dans la majorité des concessions étudiées, beaucoup se rapportent à la privatisation des entreprises publiques dissoutes, liquidées ou restructurées[407]. Cette réalité d'aujourd'hui, ne devrait pas faire ignorer les contrats d'investissements qui avaient précédé la mise en privatisation des entreprises publiques dont la plupart étaient conclus sous l'égide du Ministère des marchés publics et de l'informatique, ou de la Direction Générale des Grands Travaux (DGTC), ou de la Société Nationale des Investissements (Sni).

Cette étude n'a pas pour but d'évaluer la réussite du programme des privatisations envisagées, mais davantage de déterminer les modalités liées au suivi des entreprises privatisées. Ces modalités passent par la mise en place d'un Comité de suivi.

Le décret N°90/1257 du 30 août 1990 portant application de l'Ordonnance n° 90/004 du 22 juin 1990 relative à la privatisation des entreprises publiques et parapubliques[408], dispose en son article 8 (9) que le comité interministériel chargé de la privatisation veille au respect des clauses contractuelles de la privatisation ; il assure le suivi et traite les problèmes qui se posent dans le cadre des privatisations et des liquidations.

Spécifiquement, l'article 9 de ce Décret précise que pour l'exécution des tâches énumérées à l'article 8 (9) susvisé, le Comité interministériel de la Mission de Réhabilitation des entreprises du secteur public et parapublic sera assisté d'une sous-commission de la privatisation, chargée de *«suivre et traiter les problèmes relatifs à la privatisation»*[409].

Ces missions sont reprises dans le Décret N° 97/003 du 3 janvier 1997 portant organisation et fonctionnement de la Commission Technique de Privatisation et des liquidations des entreprises du secteur public et parapublic, qui est l'ancienne Sous- Commission de privatisation et de liquidation, sous l'égide de la Mission de réhabilitation des entreprises du secteur public et parapublic.

---

[407] Le décret N° 90/1423 du 03 octobre 1990 porte privatisation de certaines entreprises du secteur public et parapublic.

[408] *Op. Cit.*

[409] Décret N° 90/1257 du 30 août 1990 portant application de l'Ordonnance N° 90/004 du 22 juin 1990 relative à la privatisation des entreprises publiques et parapubliques Article 10(9).

La Sous-commission est érigée en Commission par le Décret N° 96/023 du 7 février 1996 modifiant certaines dispositions du Décret n° 95/056 du 29 mars 1995, réorganisant la Mission de Réhabilitation des entreprises du secteur public et parapublic, lui-même modifié par un autre Décret N° 97/001 du 3 janvier 1997. L'article 2(11) de ce décret indique de manière explicite que la Commission de Privatisation et des liquidations a pour mission *«d'établir, négocier et suivre les actes juridiques nécessaires à la prise à effet des privatisations»*.

Que comprendre par *«prise à effet»* d'un contrat international, si ce n'est son exécution, une fois que l'acte juridique liant les parties est signé.

Dans la pratique, la Commission Technique de Privatisation et des Liquidations joue ce rôle de manière bien plus active que l'opinion ne peut l'appréhender. Elle explore suffisamment la *«technique contractuelle»* pour assurer la bonne exécution du contrat passé pendant la privatisation d'une entreprise publique ou parapublique. En effet, dans divers contrats de privatisations une clause de suivi et d'exécution du contrat est insérée.

L'Article 11.1 de la Convention de cession de 90 % des actions détenues par l'État dans le capital de la société camerounaise d'hévéa du 9 décembre 1995, a mis en place un *«Comité d'évaluation et de suivi des engagements»*.

Cette clause contractuelle indique que l'évaluation et le suivi de l'exécution de la présente convention sont assurés par un Comité de suivi de cinq personnes au maximum, nommées par le ministre des Finances et comprenant au moins un représentant du Repreneur proposé par celui-ci. L'alinéa 2.11 prévoit que le Comité se réunit en séance ordinaire une fois par semestre les deux premières années et, en tout état de cause, en séance extraordinaire chaque fois que la situation l'exige, à l'effet d'examiner toute question relative à l'exécution de la présente convention. Il rend compte au ministre des Finances.

Il ressort de ces dispositions que le Comité a pour rôle exclusif, l'exécution de la convention de cession. Cette analyse corrobore les dispositions pertinentes de l'article 50(5) de la Convention de concession de l'activité ferroviaire au Cameroun, qui rappelle le rôle du Comité en ces termes, *«le Comité s'interdit toute ingérence de quelque nature que ce soit dans la gestion interne du Concessionnaire»*.

Le suivi de l'exécution de la convention est repris à l'article 50 du Titre 11 de la Convention de concession de l'activité ferroviaire au Cameroun du 19 janvier 1999[410]qui relève que *le suivi d'exécution* de la présente Convention de concession est assuré par un Comité de suivi dont l'organisation et les modalités de fonctionnement sont précisées en annexe 10 à la présente convention. À cet effet, le Comité examine toute question relative à l'exécution de la Convention de concession qui nécessite une

---

[410] *Op. Cit.*

concertation entre les parties. En outre le Comité s'interdit toute ingérence de quelque nature que ce soit dans la gestion interne du Concessionnaire.

Sans que cette modalité ne puisse apparaître comme étant la plus grande exigence en matière d'exécution du contrat, il se trouve néanmoins que le paiement constitue le point de départ en matière d'exécution du contrat international.

2. La remise du prix convenu

Dans la pratique, la contrepartie de l'exécution de ses obligations contractuelles par l'entreprise étrangère réside essentiellement *«dans le paiement de certaines sommes d'argent»*[411].

En vertu de ce principe, l'État qui a cédé les actions d'une de ses entreprises à un partenaire privé est en droit d'en attendre le paiement du prix.

Le paiement est souvent matérialisé par la remise du chèque correspondant au montant convenu avec la Commission Technique de privatisation et des liquidations. Cette dernière reçoit la preuve du paiement pour le compte de la privatisation. Le paiement peut être en une fois ou échelonné, suivant les stipulations contractuelles retenues.

L'Annexe portant sur les modalités d'exécution des articles 4 et 6.5 de la Convention de cession définitive entre la République du Cameroun et une société étrangère dispose à cet effet que les parties ont déterminé le prix de cession à ladite société des actions appartenant à l'État du Cameroun dans le capital de la Société d'hévéa aux articles 4 et 6.5 de la Convention de cession définitive consacrant le principe de ladite cession. Par ailleurs, les parties confirment et précisent que les prix de cession seront réglés selon les modalités le jour de la signature de la Convention de cession définitive.

Dans un autre contrat international passé dans le cadre de la privatisation du secteur de la téléphonie mobile, le contrat de cession et d'acquisition d'actions passé entre la République du Cameroun et une société internationale de mobile, en février 2000 dispose à son article 3.2 que le paiement du prix intervient concomitamment à la signature du Contrat de cession par remise à l'État d'un chèque de banque d'un montant de.... CFA, tiré sur une banque camerounaise agréée par le Gouvernement et établi à l'ordre d'État/privatisation. La remise du chèque ne valant paiement que sous réserve d'encaissement. L'exécution de ce contrat de cession d'actions devient effective avec la remise de ce paiement.

En effet, l'article 2.2 du Contrat susvisé précise que, *«le transfert des actions intervient à la date des présentes, immédiatement suivant la remise du prix»*. L'obligation de l'Acquéreur se réalisant par la remise du prix, celle de l'État se matérialise ainsi que prévu par ce même article 2.2, par la remise à l'Acquéreur des *«bordereaux de transfert des Actions dûment signés et le*

---

[411] Leboulanger (P.), Les contrats entre Etats et entreprises étrangères, *Op. Cit.*, p. 101

registre des actions de la société sur lequel il est fait mention de la présente cession».

En cas de paiement unique, celui-ci correspond généralement au paiement du prix d'acquisition de la concession, ou droit à la cession d'actions sur les avoirs de la République du Cameroun dans le portefeuille d'une de ses entreprises.

Le paiement échelonné quant à lui obéit à l'exécution d'obligations successives ou continues du contrat international en cause.

Un exemple est fourni dans le contrat de privatisation de la Société d'hévéa. La suite de l'Annexe portant sur les modalités d'exécution des articles 4 et 6.5 de la Convention de cession définitive entre la République du Cameroun et ladite société[412] rajoute que pour ce qui concerne les deux annuités restantes dues, le payement sera effectué par règlements aux échéances fixées.

Le règlement de ces deux dernières annuités dont l'exécution ne pourra être exigée qu'en cas de suppression effective de la taxe à l'exportation sur le caoutchouc par l'État du Cameroun, demeurera à la charge finale de la société d'hévéa, et les parties conviennent expressément que cette circonstance n'affectera en rien la pleine et entière propriété du repreneur étranger sur l'intégralité des actions qui lui ont été cédées par l'État.

Des termes similaires sont retenus par la Convention de concession de l'activité ferroviaire au Cameroun[413]. Le Titre 7 sur la redevance due au titre de la concession organise les modalités de cette redevance. L'article 39 consacre le principe d'une redevance due à l'Etat, dite *«redevance de concession», «en contrepartie de la mise à disposition du domaine ferroviaire concédé en début de concession et du droit d'exploiter les services ferroviaires accordés au concessionnaire».*
Cette redevance est composée d'un terme fixe *«fn»*[414], et d'un terme variable *«cn»*[415], exprimé en pourcentage. L'article 43 quant à lui dispose que *«la redevance de concession est payée par tranches trimestrielles».*

B. L'exécution des contrats d'investissement

Avant tout développement, il conviendrait de relever que le contrat d'investissement n'est pas forcément opposé au contrat de concession. Puisque dans le contrat de concession, subsiste la problématique de l'investissement.

---

412 La Convention de cession définitive entre la République du Cameroun et une Société indonésienne, *Op. Cit.*

413 *Op. Cit.*, Convention du 19 janvier 1999.

414 Le montant du terme fixe fn est défini à l'article 41 de la Convention de concession de l'activité ferroviaire au Cameroun du 19 janvier 1999.

415 Le terme variable cn est déterminé à l'article 42 de la Convention de concession de l'activité ferroviaire au Cameroun du 19 janvier 1999.

Pour preuve, l'article 7.5 de la Convention de cession de 90 % des actions détenues par l'État dans le capital de la Société camerounaise d'hévéa consacre des obligations relatives au programme d'investissement à la charge du Repreneur[416].

C'est dire que la différenciation procède surtout de la technique contractuelle retenue, pour distinguer la concession de tout autre contrat d'investissement.

En complément à la présentation ci-dessus, certains contrats internationaux du Cameroun ont spécifiquement pour objet, la réalisation ou la construction d'un ouvrage par le biais d'un marché public international.

Le Décret N° 2004/275 du 24 septembre 2004 portant Code des marchés publics définit le marché public comme étant, *«un contrat écrit, passé conformément aux dispositions du présent Code, par lequel un entrepreneur, un fournisseur, ou un prestataire de service s'engage envers l'État, une collectivité territoriale décentralisée, un établissement public ou une entreprise du secteur public ou parapublic, soit à réaliser des travaux, soit à fournir des biens ou des services moyennant un prix»*[417]. Le marché se matérialise dans un *«document unique rédigé recto verso»*[418].

En guise d'illustration, un marché avait été signé en novembre 1995, passé après appel d'offres international restreint avec une société allemande sur prêt d'un organisme bancaire allemand ; avec pour objet, la réalisation des travaux d'aménagement et d'optimisation des systèmes d'adduction et de distribution d'eau potable[419].

Le contrat objet dudit marché, organise les modalités de son exécution, les organes qui en ont la charge, et détermine le droit applicable à ce marché.

1. Les organes chargés de l'exécution

L'exécution d'un marché de construction d'ouvrage est généralement assurée par un Maître d'ouvrage, un Chef de service et un Ingénieur.

Le Maître d'ouvrage, le Chef de Service, l'Ingénieur :

Le Décret N° 2004/275 du 24 septembre 2004 portant Code des Marchés Publics donne une définition de ces notions.

L'Article 5(1) du décret dispose que pour l'application du présent Code, les définitions ci-après sont admises :

---

[416] Le repreneur s'était engagé à réaliser son Programme d'investissement étalé sur une période de quinze (15) ans, à mettre tout en œuvre pour augmenter la production à travers une extension des surfaces cultivées jusqu'à plus de vingt mille (20.000) hectares, à compter de sa prise de possession de l'entreprise.

[417] Article 5(1)-a du Décret N° 2004/275 du 24 septembre 2004 portant Code des marchés publics.

[418] *Idem.*

[419] Dans les villes de Bafoussam, Bandjoun, Baham, Bameka et Bamendjou.

- **Maître d'Ouvrage** : chef de département ministériel ou assimilé, chef de l'exécutif d'une collectivité territoriale décentralisée, directeur général et directeur d'un établissement public et d'une entreprise du secteur public et parapublic, représentant l'administration bénéficiaire des prestations prévues par le marché.

- **Chef de service du marché** : personne physique accréditée par le Maître d'Ouvrage ou le Maître d'ouvrage délégué par une assistance générale à caractère administratif aux stades de la définition, de l'élaboration, de l'exécution des prestations objet du marché.

- *Par* ***Ingénieur du marché,*** il faut entendre au sens de l'al (i) de l'Article 5(1) du décret ci-dessus, une personne physique ou morale de droit public accréditée par le Maître d'ouvrage ou le Maître d'ouvrage délégué, pour le suivi de l'exécution du marché.

Ledit marché, reprenant certaines de ces notions, dispose que pour l'application des dispositions du présent marché et des textes généraux auxquels il se réfère, il est précisé que :

- les attributions du Maître de l'Ouvrage sont dévolues au Ministère des Mines, de l'Eau et de l'Énergie (MINMEE), ci-après dénommé «Maître de l'Ouvrage ;

- les attributions du Chef de Service sont exercées par le Directeur de l'Eau et de l'Assainissement Urbains en liaison avec le Directeur des Bâtiments et des Équipements Collectifs de la Direction Générale des Grands Travaux du Cameroun (DGTC)[420] ;

- les attributions de l'Ingénieur sont exercées par le Sous-directeur des Adductions d'Eau Urbaines en liaison avec le Directeur Général de la Société Nationale des eaux du Cameroun (SNEC) et le Directeur des Bâtiments et des Équipements Collectifs de la (DGTC) ;

- le Chef de Service et l'Ingénieur seront éventuellement assistés par un Bureau d'ingénieurs-conseils à qui ils délèguent une partie de leurs pouvoirs pour les représenter.

- l'Ingénieur a pour fonction de s'assurer que les travaux sont exécutés conformément aux conditions du Marché. Il désignera son représentant, et précisera ses fonctions à l'Entrepreneur et au Maître de l'ouvrage, par écrit. À cet effet, il exerce les fonctions suivantes :

- le contrôle de l'activité de l'Entrepreneur sur le chantier en vue de s'assurer de l'avancement normal et rationnel des travaux conformément au programme d'exécution contractuel ;

- la vérification et l'approbation des plans d'exécution, des dessins et des notes de calcul,

[420] La Direction Générale des Grands Travaux du Cameroun (DGTC), société d'Etat dissoute en 1995.

- la vérification contradictoire et l'approbation de l'implantation des travaux, chaque implantation devant faire l'objet d'un procès-verbal d'approbation, signé par l'Ingénieur de contrôle et l'Entrepreneur,

- la vérification et l'approbation des origines, de la provenance et de la conformité aux normes techniques du marché des matériaux de construction,

- la surveillance technique détaillée de la mise en œuvre des matériaux, de la qualité de l'exécution des travaux et de leur conformité au Cahier des Conditions Techniques du présent marché et aux règles de l'art ;

- la prise en attachement des travaux et des approvisionnements présentés par l'Entrepreneur ;

- la vérification des décomptes provisoires des travaux établis par l'Entrepreneur ;

- la tenue des journaux de chantier et des carnets d'attachements ;

- la proposition de solutions ou de précisions sur les travaux en cours de réalisation au Maître de l'Ouvrage sur demande de l'Entrepreneur ;

- les propositions de préparation des réceptions provisoires ou définitives au Maître de l'Ouvrage sur demande de l'Entrepreneur.

Aux côtés de ces organes, la Caisse Autonome d'Amortissement[421] joue un rôle de premier ordre.

2. La Caisse Autonome d'Amortissement

Le Décret N°85/1176 du 28 août 1985 crée et organise la Caisse Autonome d'Amortissement. L'article 3 du Décret susvisé dispose que la Caisse Autonome d'Amortissement est chargée d'effectuer de façon permanente des études prospectives relatives aux engagements de l'État et ses organismes, de rechercher, d'étudier et de négocier les financements extérieurs et intérieurs de l'État, en liaison avec les Départements ministériels intéressés ; d'assurer la gestion de l'ensemble des fonds d'emprunts publics de l'État, des organismes publics, parapublics et de ses correspondants.

C'est au titre de cette dernière attribution que cet organisme intervient dans l'exécution des contrats internationaux du Cameroun.

En guise d'illustration l'article 58 du marché n°1581/AO/95-96[422] dispose qu'en vue de l'application du régime de nantissement institué par le Décret n°95/101 du 9 juin 1995, le Service chargé de la liquidation de l'ordonnancement des paiements est la Direction Générale de la Caisse Autonome d'Amortissement du Cameroun, après visa du Directeur Général des Grands Travaux du Cameroun.

À ce titre la Caisse Autonome d'Amortissement a assuré l'intégralité des paiements opérés dans le cadre de l'exécution du présent marché. Bien que

---

[421] Le Décret N°85/1176 du 28 août 1985, crée et organise la Caisse Autonome d'Amortissement.

[422] *Op. Cit.*

les différents organismes désignés aient joué leur rôle de manière à permettre une bonne exécution du Marché en étude, il convient de relever que ce contrat a donné lieu à un important contentieux par-devant la Cour Internationale d'Arbitrage de la Chambre de Commerce Internationale (Arbitrage n° 11347/KGA...)[423].

Par ailleurs, le rôle de cet organisme, ainsi que nous l'étudierons plus loin, est des plus importants dans le cadre de la gestion de la dette bilatérale et multilatérale de l'État du Cameroun[424].

3. Le droit applicable aux marchés publics

a) Le droit désigné par le marché est le droit camerounais

L'article 56, du *Titre II : De* l'exécution des marchés, en son Chapitre I sur les Dispositions Générales du Décret N° 2004/275 du 24 septembre 2004 portant Code des Marchés publics, énumère les pièces contractuelles que chaque marché doit contenir. Au rang de celles-ci figure à l'Article 56 (g) l'énumération par ordre de priorité, des pièces constitutives d'un marché notamment :

- la soumission ou l'acte d'engagement ;
- le cahier des clauses administratives particulières ;
- le devis ou le détail estimatif, le bordereau des prix unitaires ;
- le sous-détail des prix et le cahier des clauses administratives générales auquel il est spécifiquement assujetti.

À cet effet la référence au Cahier des clauses administratives générales renvoie à la législation camerounaise.

En effet, les marchés publics passés par l'État du Cameroun et ses démembrements sont soumis aux règles prescrites par l'Arrêté n° 3430 du 23 octobre 1959 mettant en vigueur le Cahier des Clauses Administratives Générales (C.C.A.G.), applicables aux marchés de travaux et fournitures passés au nom de l'État et des Établissements Publics Nationaux non soumis aux lois et usages du commerce.

En guise d'illustration, l'Article 4 du marché en cause[425] cite cet Arrêté parmi les textes généraux régissant ledit marché. De manière précise, l'article 65 du Marché susvisé dispose que *«l'Entrepreneur s'engage à observer les lois, règlements et ordonnances en vigueur en République du Cameroun, et ceci aussi bien dans sa propre organisation que dans la réalisation du présent marché»*.

Cette désignation du droit applicable n'est pas systématique, dans la mesure où de multiples exemples du recours aux conflits de lois pourraient

---

423 infra, SECTION II: L'exécution des contrats d'emprunt.

424 infra: Deuxième Partie: Chapitre 1er: Section 2: l'exécution des contrats d'emprunt.

425 *Op. Cit.*

être donnés, qui confirmeraient que *«sur ce terrain là encore, il n'existe guère de différence de régime avec les contrats entre personnes privées»*[426].

En effet, les principes universellement admis en droit international privé ont cours en matière de contrats entre États et entreprises étrangères, en ce qui concerne la détermination du droit applicable. L'Institut de Droit International les a consacrés de la façon suivante dans une Résolution tout en indiquant que les contrats entre un Etat et une personne privée étrangère sont soumis aux règles de droit choisies par les parties ou à défaut d'un tel choix, aux règles de droit avec lesquelles le contrat comporte le rattachement le plus étroit[427].

Cette pratique constitue l'application du principe de l'autonomie de la volonté suivant laquelle, *«les parties peuvent choisir la loi nationale applicable au contrat»*[428]. La possibilité pour les parties de choisir la loi nationale applicable au contrat a été reconnue par la jurisprudence française, avant d'être consacrée par les conventions internationales.

La loi applicable est celle que les parties ont choisie. Ce choix peut être *«exprès ou s'induire des faits et circonstances de la cause, ainsi que des termes du contrat»*[429]. La pratique contractuelle camerounaise est en faveur de la désignation du droit camerounais comme droit applicable. Des exemples abondent pour illustrer cette tendance.

L'Article 14 de la Convention de cession de 90 % des actions détenues par l'Etat dans le capital de la Société camerounaise d'hévéa dispose que *«le droit applicable aux présentes est le droit en vigueur en République du Cameroun»*.

Cette disposition est également reprise à l'article 48 de la Convention de concession de l'activité ferroviaire au Cameroun[430]. En outre, le contrat cadre de concession et de licence passé entre l'Etat du Cameroun et le repreneur de la Sonel prévoit également en son article 23 que *«le présent contrat, les contrats dérivés et leurs annexes respectives sont interprétés et régis en toutes leurs dispositions par les lois de la République du*

---

[426] Leboulanger (P.) ; Les contrats entre Etats et entreprises étrangères. Préface Berthold Goldman ; p. 199.

[427] *«Les contrats entre un Etat et une personne privée étrangère sont soumis aux règles de droit choisies par les parties ou, à défaut d'un tel choix, aux règles de droit avec lesquelles le contrat comporte le rattachement le plus étroit.*
Les parties peuvent notamment choisir comme loi du contrat, soit un ou plusieurs droits internes ou les principes communs à ceux-ci, soit les principes généraux du droit, soit les principes appliqués dans les rapports économiques internationaux, soit le droit international, soit une combinaison de ces sources de droit; Annuaire IDI, Session d'Athènes 1979, p. 192.

[428] Chatillon (S.), Le contrat international, p. 89 ; Ed. Vuibert, 233 p.

[429] Civ., 5 décembre 1910, American Trading c/ Québec Steamship Co.

[430] *«Le droit applicable est le droit camerounais, à l'exclusion de toute modification éventuelle de ce droit ayant pour effet de remettre en cause le droit et la validité de la présente Convention ou les droits qui en découlent pour le Concessionnaire. Subsidiairement, les principes juridiques commerciaux internationaux s'appliquent »*.

Cameroun». La récurrence en faveur du choix du droit applicable camerounais ne constitue que *«l'application normale de la méthode conflictualiste, la loi de l'État étant d'abord celle du lieu d'exécution»*[431].

En effet, la sentence Cci n° 1776/1970 (inédite) rendue par le Tribunal arbitral que présida par M. Batiffol conclut en ces termes[432].

Il convient cependant de limiter la portée de cette règle.

En effet, *«pour les contrats où interviennent les notions de gestion publique ou d'imperium* [écrit Batiffol], *la circonstance qu'une des parties est un État ne devrait constituer qu'un indice de volonté possible, à confirmer par d'autres»*.

À cet effet, les dispositions de l'article 42(1) de la Convention de Washington instituant le Cirdi[433], ne contredisent pas cette position ; puisque le texte ne prévoit *«l'application de la loi de l'État contractant partie au différend, qu'en l'absence de clause de droit applicable»*[434].

La pratique camerounaise est aussi en faveur de la désignation d'un droit étranger comme étant applicable au contrat.

b) Le droit applicable au contrat est un droit étranger

S'il est constant que cette règle est vérifiable en matière de contrats d'emprunts[435] consentis par l'État du Cameroun avec ses partenaires étrangers, elle est courante dans divers autres contrats dont la Convention de mandat pour le Conseiller en Aviation de la Cameroon Airlines en son article 7 relatif à l'arbitrage qui dispose que, *«le contrat est régi par les lois en vigueur en Angleterre»*.

Le droit applicable à ce contrat est le droit anglais, la société co-contractante de la Camair étant une société de droit des Îles Cayman[436].

---

431 Leboulanger (P.), Les contrats entre Etats et entreprises étrangères. Préface Berthold Goldman, p. 204 ; *Op. Cit.*

432 *«Le contrat comporte d'importants liens objectifs avec l'Etat du Koweit. C'est en fait dans cet Etat que la principale obligation contenue dans le contrat devait être remplie, notamment la fabrication du soufre et sa livraison. A présent, le lieu de l'exécution constitue, en l'absence de toute autre indication spécifique sur la position ou l'objet du contrat, qui, d'après l'expression de Savigny, focalise l'attention de toutes les parties (System des heutigen römischen Rechts, VIII, p. 208). D'après Lord Esther (dans l'affaire opposant Chatenay à Brasilian Submarine Telegraph Co. 1981) 1 QB, page 82, cette considération satisfait à « l'impératif opérationnel de tous les opérateurs économiques.C'est ici en fait que l'exécution ou la non exécution peut être constatée, et les mesures de protection peuvent être prises, le cas échéant. La nécessité d'appliquer les lois locales à ces aspects démontre l'avantage qu'il ya à assujettir la totalité du contrat à cette même loi dans la mesure où le contrat est muet en la matière»*.

433 Le Centre International pour le Règlement des Différends en matière d'Investissements a été institué par la Convention de Washington de 1965.

434 Batiffol, *Op. Cit.*

435 Supra ; les contrats d'emprunts ; Première partie : Chapitre premier

436 Les îles Caïman furent une colonie britannique.

Dans le contrat de commissariat passé entre une société française des services à bord des avions et la Cameroon Airlines[437], l'article 18 : loi applicable–juridiction compétente, dispose que, *«les parties conviennent expressément que le présent contrat sera régi par la loi française»*. Ce contrat se rapportant à une fourniture de certains services à bord des avions de la Cameroon Airlines dans les aéroports de Roissy Charles De Gaulle et du Cameroun. Le juge saisi décidera en fonction, des *«circonstances de la cause»,* notamment du lieu de survenance des faits incriminés.

Un autre exemple est tiré du Contrat de promotion passé en octobre 1995 entre un laboratoire pharmaceutique français et un promoteur commercial physique camerounais.

Dans ce contrat, il est confié à Monsieur E. à D. à titre exclusif, la promotion de Produits dans le territoire camerounais, auprès des cibles indiquées à l'article 2 notamment les médecins, pharmaciens, infirmiers et sages-femmes. Monsieur E. a régulièrement exercé son métier jusqu'au 31 décembre 2005 sur le territoire camerounais. Or l'article 9 de ce Contrat, outre le fait qu'il soumet le présent contrat *«au droit français»*, souligne en caractères gras et majuscules que, *«Tout litige qui n'aurait pu être réglé à l'amiable sera de la compétence exclusive du tribunal de commerce de Paris même en cas de référé, pluralité de défendeurs ou appel en garantie»*.

En rappel, les faits : dans une lettre signée en décembre 2003, les laboratoires ont notifié à Monsieur E. le non renouvellement de son contrat, en lui proposant un Protocole d'accord valant, *«bonne séparation»* non prévue dans le contrat. Ce Protocole devait être *«homologué par-devant le Tribunal de première instance de Douala»*. Toutes choses qui n'étaient pas prévues dans le contrat de base. Monsieur E. a rejeté toutes ces propositions, comme *«violant les clauses de compétence et de désignation de la loi applicable»*. Il a porté ce différend devant le Conseil de Prud'hommes de Paris, aux motifs que les juridictions françaises étaient désignées compétentes et le droit français applicable en cas de litiges. Par ailleurs le requérant justifie la saisine du conseil de Prud'hommes, car il demande que son contrat soit requalifié comme étant un contrat de travail, vu les liens de subordination que ce laboratoire avait entretenus avec le requérant, dix années durant[438].

L'explication objective que l'on peut donner à ces différents choix ne résisterait pas à l'analyse.

Pour le premier contrat cité, les prestations attendues concernent la location des avions et l'élaboration d'un plan de gestion fiable pour la compagnie aérienne camerounaise. On se serait attendu à ce que les activités et le siège social de la Camair se trouvant au Cameroun, que les lois camerounaises puissent régir ce contrat.

---

[437] *Op. Cit.*

[438] Affaire Ekité Dieudonné à Don c/ Laboratoire Fournier.

La désignation du droit français applicable au contrat de prestations de services au profit de la Cameroon Airlines, peut se justifier selon que les prestations sont fournies en France, en vol ou au Cameroun.

À l'opposé, comment comprendre la désignation du droit français comme loi applicable lorsque le collaborateur d'un laboratoire a exercé son activité sur place au Cameroun de 1995 à 2003. L'on se serait attendu que la plupart de ces activités se déroulant au Cameroun, que le droit applicable choisi soit camerounais. À propos d'un contrat de travail, il a ainsi été jugé que la loi française devait s'appliquer au profit d'un *«contrat exécuté de façon stable depuis plus de dix ans en France, où le salarié était inscrit au registre du commerce et des sociétés en qualité de représentant de la succursale française de la société étrangère»*[439].

Cette situation peut s'appréhender à travers les limites au libre choix de la loi applicable que les conventions internationales ont pu dégager, notamment la Convention de Rome du 19 juin 1980 sur la loi applicable aux obligations contractuelles. En effet, le droit reconnu aux parties de choisir la loi applicable au contrat n'est pas absolu[440]. Ces limites s'apprécient en diverses situations, notamment :

- lorsque tous les autres éléments de la situation sont localisés au moment de ce choix dans un seul pays, pour porter atteinte aux dispositions impératives de la loi de ce pays, c'est-à-dire celles par lesquelles on ne peut pas déroger par contrat [441] ;

- dans les contrats conclus par les consommateurs, avec pour effet de priver le consommateur de la protection que lui assurent les dispositions impératives de la loi du pays dans lequel, il a sa résidence habituelle [442] ;

- dans le contrat individuel de travail, avec pour résultat de priver le salarié de la protection que lui assurent les dispositions impératives de la loi qui serait normalement applicable[443] ; c'est-à-dire la loi du pays où le salarié, en exécution du contrat, accomplit habituellement son travail, même s'il est détaché à titre temporaire dans un autre pays ou, si le salarié n'accomplit pas habituellement son travail dans le même pays, la loi du pays ou se trouve l'établissement qui l'a engagé[444].

Il y a également des cas où la clause désignant le droit applicable est inexistante.

---

[439] Soc., 10 décembre 1996, Sté Trans Mediterranean Airways c/ Raphaël.

[440] Chatillon (S.), *Op. Cit.*, p. 91

[441] Convention de Rome, art.3§3.

[442] Convention de. Rome, art.5§1..

[443] Convention de Rome, art.6§1.

[444] Convention de Rome, art.6§2.

c) Le contrat n'a pas prévu le droit applicable en cas de litiges

Dans un contrat de recrutement d'un entraîneur national sélectionneur de football passé en 2002[445], entre le Ministère de la Jeunesse et des Sports et un entraîneur de nationalité allemande l'article 12 : Règlement des différends dispose que, *«en cas de litiges résultant des clauses et conditions du présent agrément, les parties ont l'obligation d'un règlement à l'amiable, et à défaut, elles saisiront les Tribunaux de Yaoundé et/ou de Ettlingen (Allemagne)»*. Cette omission de la loi applicable est reprise dans le Contrat passé en mai 2001 entre le Ministère de la Jeunesse et des Sports, la Fédération Camerounaise de Football, ayant toute leur résidence à Yaoundé, et un entraîneur de nationalité française[446].

Cette clause indique la procédure à suivre pour régler tout éventuel différend[447], sans pour autant désigner le droit applicable.

S'agissant de ce fait d'un contrat entre l'État du Cameroun, personne morale de droit public, la Fédération Camerounaise de Football, une association nationale de droit privé, et un particulier étranger, la loi applicable sera désignée par le juge saisi qui fera application de *«ses règles de conflits de lois, s'il s'agit d'un juge étatique, ou recherchera la loi la mieux appropriée s'il s'agit d'un arbitre»*[448].

Il est de jurisprudence constante que, *«la loi applicable à un contrat est indépendante de la compétence juridictionnelle. Par conséquent, la détermination de la loi applicable à un contrat n'est pas liée à celle de la juridiction compétente»*[449].

Par ailleurs, il y a renvoi, *«quand la loi étrangère reconnue compétente par la loi du juge saisi (lex fori) décline cette compétence et désigne comme loi compétente la loi du juge saisi (renvoi au premier degré) ou celle d'un pays tiers (renvoi au second degré)»*[450].

---

[445] *Op. Cit.*

[446] L'article 22: Compétence et arbitrage de ce contrat, dispose que: *«tout différend relatif au présent contrat ou à un accord annexe, notamment quant à son existence, sa validité, son interprétation, son exécution ou inexécution, survenu avant, pendant ou après l'expiration du pacte, et ce avant toute procédure devant les tribunaux compétents, tant de Yaoundé que de Paris, sera soumis à arbitrage.*
Chacune des parties désignera un arbitre au maximum dans les 30 jours de la naissance du différend. Ces deux arbitres en désigneront un troisième dans un délai de trente jours à compter de leur désignation.
Si l'une des parties ne procédait pas à cette désignation dans le délai susvisé, après mise en demeure par lettre recommandée avec accusé de réception, l'arbitrage serait confié à la Fédération Internationale de Football».

[447] Sur la procédure à suivre pour régler d'éventuels différends, infra, Chapitre 2:Le contentieuse des contrats internationaux du Cameroun.

[448] Chatillon (S.), *Op. Cit.*, p. 92.

[449] Pour un contrat de travail:Soc., 20 juin 1979, Castelain c/ Sté des mines de fer de Mauritanie.

[450] *Idem.*

Le principe du renvoi a été consacré pour la première fois à propos d'une succession au sujet de laquelle il a été jugé que, *«une succession mobilière est régie par la loi française lorsque les dispositions de droit international privé de la loi étrangère désignée par la règle de conflit français déclinent l'offre de compétence qui leur est faite et renvoient au droit interne français»*[451].

Plus tard, il s'agira du *«renvoi fait par le droit international privé étranger à la loi d'un autre État revêt un caractère en principe obligatoire»*[452]. Toutefois, de nombreuses conventions internationales excluent le renvoi. Elles disposent à cet effet que, *«lorsque la (...) convention prescrit l'application de la loi d'un pays, elle entend les règles de droit en vigueur dans un État à l'exclusion des règles de conflit de lois»*[453].

Paragraphe 2 : le respect des engagements pris par les parties

Le droit international des contrats comporte d'innombrables aspects. De tous les problèmes soulevés, le plus important est cependant celui de savoir *«si et dans quelle mesure l'État qui a passé un contrat avec un étranger peut, par son action unilatérale toucher aux droits et obligations de son contractant tels que ceux définis dans le contrat»*[454].

Les controverses doctrinales sont les plus vives; c'est là-dessus que portent la plupart des litiges soumis à un règlement judiciaire ou arbitral[455]. Plusieurs hypothèses se dégagent cependant.

Dans certains cas, *«l'État se comporte comme le ferait un contractant ordinaire, son attitude n'impliquant aucun recours aux prérogatives de puissance publique»*[456]. En l'occurrence, le recours à une modification unilatérale de certaines clauses du contrat international; ou la résiliation de ce dernier avant le terme prévu[457]. La question qui se dégage est la suivante : l'État possède-t-il, au regard du droit international, la faculté d'utiliser ses prérogatives d'État pour modifier les droits et obligations des parties tels qu'ils sont définis par leur contrat? La revue de certains contrats

---

[451] Civ., 24 juin 1878 et Req., 22 février 1882, Forgo.

[452] Civ., 7 mars 1938, De Marci della Costa c/ de Bagneux.

[453] Convention de La Haye, art. 15.

[454] Weil (P.), Problèmes relatifs aux contrats passés entre un Etat et un particulier ; *Op. Cit.*, p. 205.

[455] *Idem.*

[456] *Ibid.* p. 206.

[457] *« (...) Des mesures indirectes sont également concevables, tels un refus discriminatoire de licence d'importation, un refus déraisonnable de permis de travail pour des techniciens étrangers, une fixation abusive du prix de vente ou des marges bénéficiaires, la suppression des avantages fiscaux, etc. lorsque ces mesures revêtent une particulière gravité, elles équivalent en fait à une expropriation larvée (creeping expropriation) »*, Weil (P.), Problèmes relatifs aux contrats passés entre un Etat et un particulier, *Op. Cit.*, p. 206-207.

internationaux du Cameroun[458], ainsi que l'examen des différends nés de leur exécution[459], met hors de champ les questionnements ci-dessus soulevés.

Toutefois, cet examen laisse entrevoir que la préoccupation majeure des cocontractants de l'État du Cameroun, de ses démembrements, est en faveur du respect de l'équilibre et de la stabilité des conventions passées par les parties (B). En faveur également de la bonne exécution des contrats internationaux du Cameroun, il convient d'intégrer à côté des facteurs extra économiques, les facteurs hautement politiques (A).

À cet effet, il a pu être constaté que la bonne exécution de certains contrats internationaux du Cameroun, a pu s'opérer au moyen d'«*une continuité contractuellement aménagée*»[460].

A. La présence des facteurs politiques et économiques

La référence et la base en matière d'exécution des contrats internationaux du Cameroun, passent et demeurent le contrat d'implantation de l'usine Alucam au Cameroun, sous le prisme duquel l'analyse de l'exécution des contrats internationaux du Cameroun sera faite. Historiquement, *«l'industrialisation du Cameroun a commencé après la seconde guerre mondiale de 1939-1945»* [461] ; avec l'implantation de cette usine de traitement de l'alumine extraite à Fria en Guinée Conakry et de production de l'alumine à Edéa au Cameroun[462].

En effet, la pérennité de la présence de Pechiney s'explique davantage par *«des motifs juridiques tenant aux conditions d'établissement et de fourniture d'énergie qui lui ont été consenties»* par l'Etat du Cameroun.

Elle *«est certainement la contractualisation, dès l'origine, de l'établissement d'Alucam»*[463]. Bien qu'à cette bonne exécution, il faille inclure *«les explications d'ordre politique ou économique»*, comme faisant partie intégrante des conditions d'une bonne exécution des contrats internationaux. L'industrialisation du Cameroun s'est faite autour de deux périodes historiques du Cameroun. À sa genèse correspondait la tutelle française pour ce qui est du Cameroun Oriental, et anglaise pour ce qui est du Cameroun Occidental d'obédience anglophone.

En effet la société Pechiney avait dès 1954, dans le Cameroun oriental, alors Territoire sous tutelle des Nations Unies confiées à la France, mis la formule au banc d'essais par la conclusion d'un contrat direct, dénommé alors, simplement, «*Convention*», entre sa filiale Alucam et le Haut

---

[458] Supra.
[459] Infra.
[460] Ganem (P.H), Sécurisation contractuelle des investissements internationaux.Grands projets Mines/Energie/Métallurgie/ Infrastructures. *Op. ct.*, p. 560.
[461] Criaud (J.), *L'histoire du Cameroun* ; édition St Paul.
[462] La Convention de 1954, portant établissement d'Alucam au Cameroun ; *Op. Cit.*
[463] Ganem (P.H.), Sécurisation contractuelle des investissements internationaux. Grands projets Mines/Energie/Métallurgie/Infrastructures ; *Op. Cit.*, p. 588.

Commissaire de la République française au Cameroun agissant en tant que Chef de l'exécutif territorial après autorisation de ratification expresse de l'assemblée territoriale. La passation de ce contrat, pas encore d'» État», avait été présentée d'autant plus fermement par Pechiney comme sine qua non à son investissement au Cameroun que, contrairement aux T.O.M[464], dont on ne savait pas à l'époque s'ils évolueraient vis-à-vis de la France dans un cadre d'indépendance ou seulement d'autonomie interne, l'accession à terme du Cameroun à la pleine souveraineté internationale était certaine puisque le mandat confié à la France par les Nations Unies devait nécessairement y conduire[465].

Or, après les indépendances les contrastes vont se poursuivre. Au Cameroun, le pouvoir politique est occupé par les Présidents Ahmadou Ahidjo[466] puis Biya Paul[467], *«tous deux accueillants à l'investissement étranger»*[468]. À ce propos, le Haut Commissaire de la République française en Territoire du Cameroun[469], réaffirme cette position dans un entretien avec M. M.[470] Matter, Jouven et Ribadeau Dumas[471].

Cette position en faveur de la confirmation de l'ensemble des conventions existant entre le Cameroun et Alucam se justifie par le fait que l'un des éléments déterminants dans cette décision fut sans doute que les trois firmes avaient constaté qu'il y avait une continuité politique au niveau des deux chefs d'État du Cameroun. À cet effet, le propos ci-après est assez illustratif pour justifier l'approche ci-avant[472].

---

464 T.O.M.: Territoires Outre Mer.

465Ganem (P.H) ; *Sécurisation contractuelle des investissements internationaux* ; *Op.cit.*, p. 23.

466 Monsieur Ahmadou Ahidjo fut le premier Président de la République du Cameroun, du 1er janvier 1960 au 06 novembre 1982.

467 Monsieur Biya Paul est le deuxième Président en exercice de la République du Cameroun. Il succédera le 06 novembre 1982 au Président Ahmadou Ahidjo, suite à la démission de ce dernier.

468 Ganem (P.H) ; *Sécurisation contractuelle des investissements internationaux* ; Op.cit.,p. 25.

469 M. Torre.

470 M.M.: Messieurs.

471 *«En bon connaisseur du Cameroun et de la psychologie du haut personnel politique camerounais, consulté sur le point de savoir s'il y avait lieu» (...) de faire confirmer, et au besoin d'étendre «les engagements pris en 1954, à l'époque par l'administration française avec l'Agrément de l'Assemblée Territoriale, avait répondu favorablement mais conseillé aux firmes de n'engager aucune procédure de révision de la Convention car il importait à son avis» (...) de ne pas avoir l'air de mettre en doute que le Cameroun nouveau entérine automatiquement les engagements pris par le Cameroun ancien. Archives Pechiney,* Entretien de M.M. Matter, Jouven et Ribadeau Dumas avec M.Le Gouverneur Torre, 13 octobre 1958, note Ribadeau-Dumas, Référence JRD/FL en date du 15 octobre 1958.

472 «L'accession du Cameroun oriental à l'autonomie interne ne représentait pas pour elles un saut dans l'inconnu puisqu'elles connaissaient, au sein de son Premier Gouvernement, le Premier Ministre, M. Mbida, le Vice-Premier Ministre, M. Ahidjo et plusieurs titulaires de portefeuille, parmi lesquels le Ministre des Finances, M. Arouna Njoya. Les uns et les autres,

Sur le plan contemporain, l'engagement des leaders politiques en faveur des investissements internationaux participe de cette volonté politique qui a toujours caractérisé l'environnement socio-économique camerounais.

En ce sens, la mise en concession des Chemins de fer du Cameroun s'inscrit dans la politique de privatisation des entreprises publiques et parapubliques décidée par l'Ordonnance n° 90/004 du 22 juin 1990 relative à la privatisation des entreprises publiques et parapubliques ; elle résulte du décret présidentiel n°90/1257 du 30 août 1990 portant application de ladite ordonnance, et plus particulièrement du décret présidentiel n° 94/125 du 14 juillet 1994 qui soumet à la procédure de privatisation la Régie Nationale des Chemins de fer du Cameroun[473].

En effet, les appels à l'investissement constituent un engagement politique et économique des pouvoirs publics camerounais qui se justifient par l'assainissement des finances publiques, la stimulation des initiatives privées et la promotion des investissements, la restauration des mécanismes du marché, la mobilisation et l'orientation de l'épargne nationale vers les investissements productifs[474]. Cet engagement est réaffirmé dans la déclaration de politique générale relative aux entreprises du secteur public et parapublic du mois de mai 1994 ; par laquelle le Gouvernement de la République du Cameroun a décidé d'accélérer son programme de réforme des entreprises du secteur public et parapublic, à travers la poursuite de la politique de désengagement de l'État des secteurs productifs de l'économie[475].

C'est en ces termes que la Convention de cession de 90 % des actions détenues par l'État dans le capital de la Société camerounaise d'hévéa traduit la volonté de l'État du Cameroun d'accroître ses investissements au moyen de la privatisation de certaines entreprises contenues dans son portefeuille. Autant dire que cette volonté politique a toujours été réaffirmée par des actes juridiques, au rang desquels l'adoption d'un Code des investissements.

---

interlocuteurs de Pechiney-Ugine en octobre 1954 à l'Assemblée Territoriale au cours des débats relatifs à la création d'Alucam, s'étaient déclarés résolument en faveur de l'opération et n'avaient apparemment pas varié dans leur orientation.
En décembre 1958, au cours d'un voyage à Paris de M. Ahidjo, Vice-Premier Ministre, Pechiney-Ugine avaient fait part à celui-ci de leur décision, en insistant sur le fait qu'à leur avis « l'incertitude institutionnelle «qui régnait à cette époque au Cameroun risquait « certainement d'être un facteur de ralentissement dans les investissements nouveaux.
*L'accueil de M. Ahidjo fut qualifié d' «excellent» par ses interlocuteurs. Il accepta leur proposition de consacrer» ...dans le courant de l'année 1959, un certain nombre de jours à des entretiens (...) sur l'ensemble des problèmes d'Alucam, y inclus naturellement le principe de l'installation d'une usine de laminage».*Ganem (P.H); Sécurisation contractuelle des investissements internationaux; *Op. Cit.*, p. 25.

[473] Convention de concession de l'activité ferroviaire au Cameroun du 19 janvier 1999, p. 8 ; *Op. Cit.*

[474] *Idem*.p. 8.

[475] Convention de cession de 90 des actions détenues par l'Etat dans le capital de la Société Hévéa-Cameroun (Hevecam) , *Op. Cit*.p.2

B. Le respect de l'équilibre et de la stabilité des conventions passées par les parties

«Le besoin de stabilité du cocontractant»[476] a toujours fait l'objet d'une préoccupation majeure de la doctrine et de la jurisprudence[477]. C'est ainsi que de nombreux contrats comportent une clause expresse de stabilisation ou d'intangibilité, destinée à donner au cocontractant l'assurance que *«l'Etat ne modifiera et ne résiliera pas son contrat par des mesures individuelles ou générales postérieures à la conclusion de l'accord. Les patriciens conseillent l'insertion de stipulations en ce sens»*[478].

Si de telles clauses ont pu être insérées dans certains contrats internationaux du Cameroun[479], tels que présentés dans les développements ci-dessus, il se trouve que le législateur camerounais a eu recours à la réglementation, pour favoriser les investissements internationaux en Territoire camerounais[480], et en République du Cameroun[481].

La Loi n° 60/64 du 27 juin 1960 portant Code des Investissements du Cameroun oriental avait favorisé la pérennisation des engagements contractuels pris avant les indépendances.

En effet ce code, considéré comme libéral et qui devait donner de bons résultats[482], plaçait de facto la condition de l'investisseur au Cameroun sous le signe de la continuité avec l'article 32 de la loi française du 31 décembre 1953 ; cet article qui réaffirme le principe du régime fiscal stabilisé pendant quinze ans[483] dans les territoires d'outre-mer, présente plus que des similitudes avec les décrets adoptés en France le 13 novembre 1956, qui allongeaient la durée possible des régimes fiscaux stabilisés et mettaient en place le système des conventions d'établissement. Le Professeur Ngwasiri estime pour sa part que, *«les incitations qu'il contenait ont rencontré un écho favorable auprès de nombreuses sociétés et induit une augmentation*

---

476 Weil (P.),*Problèmes relatifs aux contrats passés entre un Etat et un particulier*,Op.cit., p. 230.

477 Jurisprudence judiciaire et arbitrale.

478 Weil (P.), *idem.*

479 Supra.

480 Le Cameroun fut un territoire sous tutelle de la France et de la Grande Bretagne, sous mandat de la Société des Nations (SDN) depuis 1919, et de l'Organisation des nations Unies (ONU) de 1945 à 1960.

481 Le Cameroun a accédé à la souveraineté internationale le 1er janvier 1960. Il est devenu la République du Cameroun. Le 1er octobre 1961 le Cameroun est devenu une République Fédérale. Le 20 mai 1972, cet Etat est devenu une République Unie. Par une réforme constitutionnelle intervenue en 1984, le Cameroun s'appelle désormais la République du Cameroun.

482 Ngwasiri (C.N.), «The effect of Legislation on Foreign Investment : The case of Cameroon", Journal of World Trade Law, Vol.23, N° 1, février 1989, pp. 111 et s.

483 Ce délai a été porté à vint cinq ans pour la stabilisation fiscale assortie de délais d'installation de cinq ans ; voir supra ; Décret n°56-1133 du 13 novembre 1956 relatif aux conventions de longue durée pouvant être passées avec certaines catégories d'entreprises outre-mer.

très importante du volume d'investissement dans l'économie camerounaise. Ce qui a probablement conforté le pays dans son orientation résolument libérale lorsqu'on a adopté ce code le 8 juillet 1984».

Cet auteur, reprenant le Rapport annuel du Conseil national du Crédit du Cameroun 1964-1966, chiffre l'impact du Code au cours des cinq premières années à 8.000 emplois nouveaux créés par 38 sociétés représentant un investissement total de 10 milliards de francs. Ce chiffre quadrupla pratiquement au cours des cinq années suivantes, atteignant 38 milliards de francs par 133 firmes, générant un nombre record de 32 757 nouveaux emplois. À l'année 1975, le Code avait attiré les investissements de 218 firmes, pour un total de 84 millions de francs[484].

Les dispositions du Code de 1960 qui ont favorisé cet essor économique sont contenues à l'article 26 qui dispose que les régimes fiscaux particuliers accordés antérieurement à la promulgation de la loi n°60/64 du 27 juin 1960 à des entreprises exerçant déjà leur activité au Cameroun, soit en vertu du système de l'usine exercée, soit en vertu des contrats spéciaux demeurent expressément en vigueur. En outre, primo : ils demeurent applicables durant une période de 20 années, éventuellement augmentées de délais légaux d'installation, à compter du point de départ prévu par le texte les instituant sauf en ce qui concerne les régimes spéciaux prévus par des conventions particulières, qui viendront à expiration à la date prévue initialement par ces conventions. Toutefois, les entreprises soumises à ces régimes spéciaux pourront solliciter leur agrément au régime C prévu à la Section III, du Titre II, soit à la date d'expiration de la convention les liant à l'État camerounais, soit dès l'entrée en vigueur du présent texte.

Secundo : les entreprises bénéficiaires de ces régimes sont soumises à demander leur agrément dans l'un des régimes visés aux sections I et II du titre II. Dans ce cas, l'admission est accordée dans les conditions prévues à l'article 4 du titre I.

Tertio : si le régime particulier antérieur comporte la stabilisation de la fiscalité, l'entreprise bénéficiaire sera agréée au régime C prévu à la section III du titre II et il sera procédé à l'établissement d'une convention telle que prévue à ladite section. L'article 14 de ce Code continue en précisant que «*la Convention d'établissement est passée pour une durée déterminée qui ne peut être supérieure à 25 ans*». La signature d'une telle convention étant cependant soumise à la procédure préalable de l'autorisation du Gouvernement par une loi expresse[485]. *L'exemple typique de l'expérimentation de ce cadre juridique et fiscal favorable nous est fourni par l'entreprise Alucam, qui réussira à signer le 24 novembre 1962 avec la République du Cameroun une nouvelle convention qui s'échelonnait*

---

[484] Ganem (P.J.) ; Sécurisation contractuelle des investissements internationaux ; *Op. Cit.*, p.561 ; note de bas de page n°577.

[485] Code des Investissements du 27 juin 1960, article 14 (2).

sur vingt ans ; à savoir «du 24 novembre 1962 au 23 novembre 1982»[486]. *Cette convention consacre* «les garanties octroyées à la Compagnie Alucam et aux Sociétés Pechiney et Ugine, dans le cadre du régime fiscal de longue durée»[487]. *Ces garanties font l'objet de trois articles.*

Les dispositions des régimes fiscaux stabilisés sont d'abord, explicitement, intégrées à la Convention de 1962[488]. L'article 9 de la Convention précise qu'elles en *«font partie intégrante»*. De plus, elles sont prolongées. Ainsi le régime fiscal de longue durée accordé en 1955, du 1er janvier 1955 au 31 décembre 1979 sur la base de l'article 32 de la loi des finances françaises pour 1954, est prorogé jusqu'au 31 décembre 1979. Soit 25 ans au total, conformément à l'article 26 du Code camerounais d'investissement de 1960 qui disposait que, *«les régimes fiscaux particuliers accordés antérieurement à la promulgation du Code»*, demeurent applicables ; éventuellement augmentés de délais légaux d'installation[489].

L'article 10 quant à lui réaffirme que, *«en cas de modification du régime fiscal de droit commun, Alucam, Pechiney et Ugine pourraient en obtenir le bénéfice»*. Lesdites modifications devenant alors *«partie intégrante de leurs régimes fiscaux stabilisés»*[490]. Il est enfin explicitement précisé qu'*» à titre probablement d'incitation»*[491]*, les régimes fiscaux de longue durée seront, après accord du Gouvernement camerounais, applicables aux extensions d'installation d'Alucam, mais qu'ils ne porteraient que sur la durée restant à courir de ces régimes»*. Tous ces aménagements ont permis à ce contrat international de connaître une exécution effective de référence[492]. Au-delà du régime fiscal de longue durée qui a été négocié, la bonne exécution de certains contrats internationaux du Cameroun est rendue possible grâce à la mise en œuvre de garanties contractuelles qui ont trait à une exécution équitable et rentable des relations contractuelles.

L'adoption du Code des Investissements du 27 juin 1960 avait fourni un cadre légal, dans lequel les trois firmes Ugine-Pechiney-Alucam pouvaient s'inscrire et dont le contenu : régime fiscal stabilisé sur vint cinq ans éventuellement augmentés de délais d'installation et négociation obligatoire d'une nouvelle convention, répondait à presque toutes leurs attentes. Il revenait donc à M. Matter[493] de demander officiellement aux autorités camerounaises l'application du Code à cette firme et à ses deux actionnaires,

---

486 Convention de 1962 entre Alucam et l'Etat du Cameroun ; *Op. Cit.*
487 *Idem.* deuxième Considérant.
488 *Op. Cit.*
489 Article 21 du Code des Investissements du 27 juin 1960 ; *Op. Cit.*
490Ganem (P.H.),Sécurisation contractuelle des investissements internationaux,Op.cit.,p.578.
491 *Idem.*
492 Le contrat de convention Alucam est cité en exemple comme constituant une réussite dans les montages de projets au plan international.
493 M. Jean Matter, Président de la société Alucam.

Pechiney-Ugine. Cette demande est contenue dans une lettre du 21 juillet 1960 dont les termes sont repris ci-après[494].

Le régime fiscal de longue durée sollicité par les Sociétés Alucam, Pechiney et Ugine tire son fondement légal du principe posé par l'article 32 de la loi n° 53-1336 du 31 décembre 1953 sur les comptes spéciaux du Trésor pour l'année 1954.

Cet article dispose que les grands conseils et les assemblées locales des territoires d'outre-mer pourront faire bénéficier d'un régime de longue durée, leur garantissant la stabilité de tout ou partie des charges fiscales qu'elles auront à supporter, des catégories d'entreprises de production dont la création, l'équipement ou l'extension aurait une importance particulière pour la mise en œuvre du plan de modernisation des territoires où elles exercent leur activité.

En outre, les délibérations concernant ce régime exceptionnel ne seront applicables qu'après avoir été expressément approuvées par décret pris en Conseil d'État sur le rapport du ministre de la France d'outre-mer et du ministre des Finances.

---

[494] Lettre du 21 juillet 1960 du Président du Conseil d'Administration, Jean Matter, cf. archives Pechiney, référence JRD/FL.
« Monsieur le Ministre,
Notre compagnie a pris connaissance avec le plus vif intérêt des dispositions de la loi 60-64 du 27 juin 1960, portant Code des Investissements au Cameroun. Nous vous rappelons que notre Compagnie et les Sociétés qui l'ont fondée, à savoir Pechiney (...) et Ugine (...) sont bénéficiaires du régime fiscal de longue durée créée au Cameroun par la délibération 143/54 du 14 juin 1954 (Journal Officiel du Cameroun du 1er octobre 1954), modifié par la délibération 248/54 du 19 octobre 1954 (Journal Officiel du Cameroun du 22 novembre 1954). L'application de ce régime à Alucam, à Pechiney et à Ugine résulte des textes que nous énumérons ci-après : arrêté ministériel français du 23 juillet 1954 portant agrément d'Alucam, à Pechiney et à UGINE au bénéfice des régimes fiscaux de longue durée (Journal Officiel du Cameroun du 1er août 1954) ; délibérations du 19 octobre 1954 (Journal Officiel du Cameroun du 22 décembre 1954) fixant au 1er janvier 1955 le point de départ des régimes fiscaux de longue durée accordés à Pechiney (délibération 249/54), à Ugine (délibération 250/54) ; arrêté 258 du 13 avril 1955 instituant un régime fiscal de longue durée en faveur d'Alucam, de Pechiney et d' Ugine (Journal Officiel du Cameroun du 20 avril 1955).Conformément à l'article 28 de la loi 60-64 précitée, notre compagnie, ainsi que Pechiney et Ugine bénéficient du droit d'être agréées au régime C prévu par la section B de ladite loi, tandis que leurs régimes fiscaux de longue durée demeurent applicables à compter du 1er janvier 1955 pour une période de 20 années, augmentée de la durée des travaux d'installation de notre usine à Edéa. En vertu du même article 28, les dispositions des régimes fiscaux de longue durée applicables à Alucam, à Pechiney et à Ugine seront incorporés dans la convention prévue par le régime C, dont ils feront partie intégrante.Dores et déjà, notre compagnie, tant pour son compte qu'au nom de Pechiney et d'Ugine, sollicite l'application des dispositions de la loi susvisée qui concernent l'agrément des trois sociétés au régime C. Nous nous permettons d'autre part de vous proposer qu'après intervention des décrets d'agrément prévus à l'article 4 de la loi 60-64, notre compagnie prenne contact avec les départements ministériels intéressés, à l'effet de préparer les conclusions de la convention d'établissement prévue par la section 3 de ladite loi. En vous remerciant à l'avance de bien vouloir nous donner votre accord sur cette procédure, nous vous prions d'agréer, Monsieur le Ministre, les assurances de notre haute considération».

Et pour bénéficier de ce régime, les entreprises devront être agréées par arrêté du ministre de la France d'outre-mer et du ministre des Finances.

Par ailleurs, l'application d'un régime fiscal exceptionnel de longue durée aux entreprises agréées sera limitée à une période maximum de quinze ans y compris les délais d'installation.

Enfin et ultime disposition, un règlement d'administration publique pris sur le rapport du ministre des Finances de la France d'outre-mer et du ministre des Finances fixera les conditions d'application des dispositions du présent article.[495] Pour rendre applicable ce principe, le Décret n°54-573 du 4 juin 1954 portant règlement d'administration publique pour l'application de l'article 32 de la loi du 31 décembre 1953 relatif à l'institution de régimes fiscaux de longue durée dans les territoires d'outre-mer[496], sera pris à Paris par Monsieur Joseph Laniel, Président du Conseil des ministres, Louis Jacquinot, le ministre de la France d'outre-mer et Monsieur Edgar Faure, le ministre des Finances et des Affaires économiques.

Plus tard, la durée fixée à quinze ans sera portée à vint cinq ans, augmentée d'un délai possible d'installation de cinq ans maximum, par le Décret n° 56-1132 du 13 novembre 1956 portant modification de l'article 32 de la loi du 3 décembre 1953 précitée.

La justification donnée pour aboutir à cette modification est contenue dans le Rapport [497]qui précède les visas du Décret n° 56-1132 du 13 novembre 1956[498].

Ce texte indique à ce propos que, la loi n° 53-1336 du 31 décembre 1953 relative aux comptes spéciaux du Trésor pour l'année 1954 prévue en son article 32 que les Grands Conseils et les assemblées locales des territoires d'outre-mer, pourront faire bénéficier d'un régime de longue durée leur garantissant la stabilité de tout ou partie des charges fiscales qu'elles auront à supporter les entreprises de production dont la création, l'équipement ou l'extension aurait une importance particulière pour la mise en œuvre du plan de modernisation. La durée maximum de ce régime a été fixée à quinze ans, y compris les délais d'installation.

Cependant, à l'occasion des études en cours sur la mise en valeur des ressources énergétiques et minières des territoires d'outre-mer, il apparaît

---

495 Loi n°53-1336 du 31 décembre 1953 sur les comptes spéciaux du Trésor pour 1954 ; JORF du 5 janvier 1954, p. 241.

496 Décret n°54-573 du 4 juin 1954 portant règlement d'administration publique pour l'application de l'article 32 de la loi du 31 décembre 1953 relatif à l'institution de régimes fiscaux de longue durée dans les territoires d'outre-mer ; JORF 5 juin 1954, p. 5265.

497 Décret n°56-1132 du 13 novembre 1956 portant modification de l'article 32 ; Rapport ; p.1. Il s'agit en réalité d'un rapport émis à l'issue d'une étude sur les délais de durée du régime fiscal à accorder aux sociétés qui s'implantent dans les territoires d'outre-mer. Au regard de la place occupée par ce Rapport dans ce Décret, la rédaction aurait bien pu retenir la notion de préambule. Mais le contenu justifie bien le terme Rapport qui avait été retenu.

498 Décret n°56-1132 du 13 novembre 1956 portant modification de l'article 32 ; JORF 14 novembre 1956, pp.10 914-10 915.

que, d'une part, la période d'installation des sociétés d'exploitation pourra être assez longue et que, d'autre part, la nature et l'ampleur des installations projetées exigeront de longs délais d'amortissement.

Dans ces conditions, il est souhaitable que la durée maxima de la période d'application du régime fiscal de longue durée soit portée à vingt-cinq ans en faveur de cette catégorie d'entreprises et que cette période puisse en outre être augmentée éventuellement des délais normaux d'installation.

Toutefois, pour conférer à cet allongement un caractère vraiment exceptionnel, il est prévu que la durée de la période d'installation ne pourra en aucun cas excéder cinq années et qu'elle fera l'objet d'une délibération des assemblées locales approuvée par décret en conseil d'État.

À la lecture des dispositions qui précèdent, il est aisé de relever que le gouvernement français n'avait pas ménagé ses efforts pour sécuriser et encourager les investissements projetés en légiférant[499]. Ce processus connaît son couronnement avec le Décret n° 56-1133 du 13 novembre 1956 relatif aux conventions de longue durée pouvant être passées avec certaines catégories d'entreprises outre-mer.

La préoccupation de ce texte après les précédents qui avaient *«octroyé à certaines catégories d'entreprises un régime de longue durée leur garantissant la stabilité de tout ou partie des charges fiscales auxquelles elles sont soumises»*[500], tendait à donner aux autorités locales la faculté de passer avec ces mêmes entreprises, dans le cadre de leur compétence et sans engager la responsabilité de l'État, des conventions de longue durée leur garantissant la stabilité des conditions générales juridiques, économiques et financières propres à assurer leur efficacité.

En tout état de cause, les aspects les plus importants de l'activité normale des entreprises sont la liberté de leurs échanges commerciaux, la facilité de recrutement de leur personnel et la faculté de se procurer dans les meilleures conditions les matières premières dont elles ont besoin, ainsi que le respect de l'égalité entre les entreprises et entre les partenaires des entreprises.

C'est pourquoi les conventions pourront prévoir que, *«le territoire ne pourra opposer en ce qui le concerne d'obstacle à la passation et à l'exécution des contrats relatifs à la vente et à l'expédition des produits de*

---

[499] Loi n°53-1336 du 31 décembre 1953 sur les comptes spéciaux du Trésor pour 1954 ; JORF du 5 janvier 1954, p. 241.
Décret n°54-573 du 4 juin 1954 portant règlement d'administration publique pour l'application de l'article 32 de la loi du 31 décembre 1953 relatif à l'institution de régimes fiscaux de longue durée dans les territoires d'outre-mer ; JORF 5 juin 1954, p. 5265.
Décret n°56-1132 du 13 novembre 1956 portant modification de l'article 32 ; JORF 14 novembre 1956, pp.10 914-10 915.
Décret n°56-1133 du 13 novembre 1956 relatif aux conventions de longue durée pouvant être passées avec certaines catégories d'entreprises outre-mer.

[500] Décret n°56-1133 du 13 novembre 1956 relatif aux conventions de longue durée pouvant être passées avec certaines catégories d'entreprises outre-mer ; Rapport, 5ème paragraphe.

l'entreprise, et qu'il facilitera pour sa part les importations de matières premières et d'équipement nécessaire à leur fonctionnement»[501].

Comme on peut l'appréhender dans la démarche ci-avant, le législateur français avait pris toutes les dispositions légales pour qu'il y ait une continuité après l'indépendance du Cameroun. Cette continuité se décline autour de l'adoption de la politique des Codes des investissements, et la possibilité des révisions des contrats internationaux du Cameroun. Il convient à présent d'examiner le sort des contrats d'emprunt.

Section 2 : L'exécution des contrats internationaux d'emprunts du Cameroun

Entre 1971 et 1991, l'Etat du Cameroun a modérément eu recours aux emprunts extérieurs pour financer son développement[502].

Avant de se trouver limité, l'État du Cameroun s'est toujours essayé à s'acquitter de ses obligations contractuelles d'emprunt. Des organismes publics tels que la CAA[503] (Caisse Autonome d'Amortissement), la Société Nationale des Investissements (SNI) ou la Société Nationale des Hydrocarbures (SNH) en ont la charge.

Aussi, pour cette section conviendrait-il d'étudier dans un premier paragraphe, les modes dans lesquels l'exécution des contrats internationaux d'emprunts est envisagée (Paragraphe 1) ; afin d'exposer les moyens mis en jeu par la communauté internationale pour régler le problème global de la dette des États africains dans leur ensemble, lorsqu'ils ne peuvent plus faire face à leurs obligations de remboursement (Paragraphe 2).

Paragraphe 1 : l'exécution effective des contrats internationaux d'emprunts

Les contrats d'emprunts sont exécutés sur la base de clauses de remboursement bien précises (A). Par ailleurs, la Caisse Autonome d'Amortissement permet de retrouver la traçabilité des paiements opérés dans le cadre de l'exécution d'un contrat d'emprunt, sans mettre de côté les grands axes de règlement des emprunts extérieurs (B).

---

501 *Op. Cit.*, Rapport, 6ème paragraphe et s.

502 En effet, reconnaît M. Fambon, *« au milieu des mêmes années, la situation de la dette s'est profondément modifiée, en raison des difficultés de trésorerie face aux besoins grandissants, qui ont astreint l'Etat à recourir aux sources de financement extérieur, en l'occurrence aux crédits des banques commerciales, consentis généralement aux conditions du marché »*, Fambon (S.), Endettement du Cameroun. Problèmes et solutions. United Nations University, Discussion Paper N° 2002/49, p. 2.

503 Caisse Autonome d'Amortissement, *Op. Cit.*

A. Les clauses des remboursements d'emprunts

La Convention de crédit du 24 août 1987, passée entre la République du Cameroun et un consortium de banques européennes, ayant pour objet la réalisation de la boucle routière de Sangmélima[504], par un Groupement d'Entreprises étrangères et nationales, prévoit en son Article V, une clause de remboursement.

L'article 5.1 dispose que l'emprunteur s'engage à rembourser le prêt en francs français en 14 (quatorze) semestrialités égales et consécutives calculées par le mandataire et notifiées par celui-ci à l'Emprunteur après la date limite de tirage, la première semestrialité venant à échéance à la fin du 42ème (quarante-deuxième) mois suivant la date de signature de la Convention de crédit. Chaque date de remboursement du Prêt devra être une Date d'échéance d'Intérêts.

L'Article 5.2 quant à lui précise que, *«le prêt devra être intégralement remboursé au plus tard à la Date Limite de Remboursement»*.

Ces dispositions sont reprises pour indiquer que ce n'est pas faute de détermination de délais que le prêt ne sera pas remboursé. Le non remboursement pourrait trouver sa justification ailleurs que dans la détermination d'un échéancier.

Il en est de même du paiement des intérêts liés au prêt. L'article VI – Intérêts précise à l'alinéa (1) que, *«à chaque date d'échéance d'Intérêts, l'Emprunteur paiera au Mandataire les intérêts dus sur le montant de prêt pour la période d'intérêts correspondante»*.

Même la monnaie de paiement est indiquée. L'alinéa (2) de cet article 6 n'indique-t-il pas que *«les intérêts seront payés en francs français»*.

Ici se pose le problème de la valeur d'une clause de remboursement en monnaie étrangère, car généralement les contractants peuvent échapper au danger de dépréciation d'une monnaie qui leur paraît menacée *«en exprimant la dette dans une autre monnaie dont le sort inspire plus de confiance»*. Dès lors, la stipulation du paiement en monnaie étrangère peut jouer le rôle d'une clause de garantie[505].

À la vérité, la définition de la clause de monnaie étrangère n'est pas aisée. A cet effet, rappelle un auteur par rapport à quoi peut-on dire qu'une monnaie est étrangère ? On peut songer à la localisation du contrat, au lieu de paiement ou au lieu où siège le tribunal appelé à trancher le litige. Cette dernière définition peut être acceptée provisoirement. Par monnaie étrangère on entendra *«toute monnaie qui n'est pas établie par le système monétaire*

---

[504] La ville de Sangmélima est le chef-lieu du Département du Dja et Lobo, circonscription administrative de la Province du Sud Cameroun.

[505] Loquin (E.) et Kessedjian (C.), La mondialisation du droit, *Op. Cit.*p.165.

du forum»[506]. La monnaie du lieu de paiement est cependant le critère choisi par la loi uniforme sur la lettre de change (article 46)[507]

La compréhension de cette clause de monnaie étrangère pourrait être aidée par l'application de la prise en compte du lieu de paiement. En effet l'Article X(1) de cette convention de prêt indique que tous les paiements en faveur des prêteurs de la convention de crédit en principal, intérêts, commissions, frais ou autres sommes dues au titre du crédit devront être effectués en *francs français*, à bonne date, au Mandataire, pour le compte des prêteurs de la Convention de crédit, à son siège central de Paris, sous la référence *«Convention de Crédit.... République du Cameroun»*.

Le créancier qui sollicite le remboursement de sa dette en monnaie étrangère peut le faire *«pour redouter une dévaluation future de la monnaie locale»*. C'est à tout le moins le sort qui a été réservé à la clause de remboursement ci-dessus conclue en 1987 ; et contre laquelle une dévaluation du FCFA était intervenue en janvier 1994.

Par ailleurs, l'emprunt a eu lieu sur un marché financier, avec la prise en compte du taux du Marché monétaire qui désigne *«le taux auquel des prêts en francs français sont offerts à chaque banque de référence sur le marché interbancaire de Paris pour 6 (six) mois»*[508].

À l'analyse, il apparaît cependant plus pertinent de s'intéresser à la validité d'une telle clause.

À ce propos, il convient de relever que la validité de la clause de paiement effectif en monnaie étrangère est consacrée par la loi uniforme sur la lettre de change en son article 36. À cet effet, le constat qui se dégage à ce niveau de l'analyse est que cette question relève de la politique des changes inhérente à chaque État. En effet, *«chaque État définit les instruments de paiement qui devront être admis sur son territoire et en fixe la valeur libératoire. La monnaie est donc, au sens juridique du mot, un moyen d'échange établi par un législateur qui en fixe la valeur»*[509].

L'Instruction Générale N°03/009/CF/MINFI/DCE/D relative à l'application du Règlement N°02/00/CEMAC/UMAC/CM du 29 avril 2002 portant harmonisation de la Réglementation des Changes dans les États membres de la Cemac[510] réglemente le change dans les États membres de la Cemac.

L'Art. 3 de cette Instruction dispose que la monnaie émise dans l'UMAC[511]et qui a cours légal au Cameroun, en Centrafrique, au Congo, au Gabon, en Guinée Equatoriale et au Tchad, est le franc CFA. Il est rattaché à

---

506 *Idem*

507 cf. Mann, p. 141 ; Guisan, p. 72 ; et Bequignon, La dette de monnaie étrangère, p. 5.

508 Convention de crédit du 24 août 1987, *Op. Cit.*, Article I Définitions.

509 Loquin (E.) et Kessedjian (C.) ; La mondialisation du droit ,*Op. Cit.*p.139.

510 CEMAC: Communauté Economique et Monétaire de l'Afrique Centrale.

511 UMAC: Union Monétaire de l'Afrique Centrale.

l'euro, unité monétaire d'intervention, au taux de *0, 001524 euro pour 1 franc CFA*.

À propos de la validité de la clause de monnaie étrangère, l'Art. 5 de l'Instruction Générale du 29 avril 2002 ci-dessus indique que, *«Les paiements relatifs aux transactions internationales courantes, tels que définis par les Statuts du Fonds Monétaire International, sont libres» ; à l'exception de certains mouvements de capitaux qui obéissent au régime d'un «contrôle administratif»*.

Au sens de l'Annexe I de l'Instruction Générale du 29 avril 2002 portant sur les Définitions, les paiements relatifs aux transactions courantes, s'entendent des paiements qui n'ont pas pour objet le transfert de capitaux et qui sont définis à l'article XXX paragraphe d) des Statuts du Fonds Monétaire International. Ces paiements comprennent, notamment, ceux dus au titre du commerce extérieur et des autres opérations courantes y compris les services ainsi que les facilités normales à court terme de banque et de crédit ; les paiements dus au titre d'intérêts sur des prêts ou des revenus nets des autres investissements ; les paiements d'un montant modéré pour amortissement d'emprunts ou d'investissements directs et des envois de fonds d'un montant modéré pour charges familiales.

Toutefois, il reste important de relever que la notion de transactions courantes s'oppose à celle des opérations en capital qui portent sur les prêts, emprunts, investissements, placements, épargnes et autres règlements sans contrepartie économique précise.

À ce propos, l'Instruction Générale du 29 avril 2002 relève que les mouvements de capitaux entre la Cemac et l'étranger sont libres sous réserve qu'ils n'enfreignent pas les textes réprimant les financements liés à la drogue, au proxénétisme ou tout autre trafic contraire aux lois en vigueur dans la Cemac[512].

Toutefois les emprunts et les prêts à l'étranger, les investissements directs en provenance de l'étranger ou effectués à l'étranger, ainsi que l'émission, la publicité ou la mise en vente de valeurs mobilières étrangères dans la Cemac peuvent être assujettis à des mesures de contrôle spéciales[513].

En définitive, outre le fait que la clause de monnaie étrangère est admise, en vertu de la parité *fcfa-euro*, le principe de la liberté de transfert est également consacré par l'Art. 73 de l'Instruction Générale du 29 avril 2002.

Il est par conséquent normal de conclure qu'une telle clause est valable au regard de la loi qui régit cette question.

Pour mieux illustrer cette idée selon laquelle les termes du remboursement sont explicités, l'on peut invoquer la Convention de crédit du 10 janvier 1989 passée entre la République du Cameroun et diverses banques étrangères, ayant pour objet l'installation et la mise en service des

---

[512] Art. 71.
[513] Art. 72.

équipements nécessaires à l'extension et à la remise en état de quatre centraux téléphoniques au Cameroun.

Cette Convention, en son Annexe C et D, élabore de véritables modalités de remboursement du prêt consenti.

Dans une lettre contenant mandat d'intérêt commun à adresser par le ministre des Finances pour compte de l'emprunteur à la banque mandataire, le Ministère des Finances de la République du Cameroun s'engage conformément aux dispositions de l'Article 14 de la Convention de prêt à jeu de 13 billets à ordre de principal marqués p. 1 à 13 souscrits à l'ordre du mandataire ; un jeu de 13 billets à ordre d'intérêts marqués I 1 à I. 13 souscrit à l'ordre de la banque partenaire. Ces modèles sont conformes à l'Annexe D de la Convention.

Le Ministère camerounais des Finances va plus loin en donnant le mandat suivant :

Pour le billet principal, le montant utilisé du crédit n'étant pas encore connu et les billets à ordre ne portant donc pas d'indication de montant, ni d'échéance, lors de la dernière utilisation du crédit mis à disposition de l'Emprunteur, et au plus tard à la fin de la période d'utilisation :

- On inscrira les dates d'échéance des billets, de telle manière que le premier billet de principal soit échéancé le dernier jour du 48ème (quarante-huitième) mois compté à partir de la date de signature de la Convention, les échéances des billets suivants se succédant de 6 mois en 6 mois.
- On inscrira les montants sur les billets, de telle manière que chaque montant soit le 1/13ème du montant Prêt ;
- On remettra les billets aux Banques.

Pour les billets d'intérêts, ces billets ne portant pas d'indication de montant ni d'échéance, dans les mêmes conditions que celles des billets de principal :

- On inscrira sur les billets les dates d'échéance reprises sur les billets de principal ;
- On inscrira sur le premier billet d'intérêt un montant égal aux intérêts dus au titre de la première semestrialité ;
- On remettra ce billet aux Banques.

En outre, au début de chacune des semestrialités d'intérêts suivantes :

- On complétera le billet concerné d'un montant calculé en fonction du Prêt correspondant et du taux d'intérêt applicable à la semestrialité en cause ;
- On remettra ce billet aux Banques.

Ce mandat qui est donné *«dans l'intérêt commun»,* est *«irrévocable»,* précise cette Annexe.

L'engagement juridique du Ministère camerounais des Finances va beaucoup plus loin ; lorsqu'il est laissé le soin à la banque mandataire, chef de file des créanciers, le soin de *«l'informer de l'accomplissement du présent mandat»*.

En d'autres termes, la charge du paiement pèse sur le créancier qui devrait à échéance compléter et présenter le billet à ordre qui lui est remis au moment de la signature du contrat de prêt. Le modèle de Billet à ordre est dûment signé par le Donneur d'ordre et l'Emprunteur[514].

Une autre illustration de ce type d'engagements est contenue dans un Accord de prêt passé entre le Gouvernement de la République du Cameroun et une banque arabe, relatif au Projet de micro finance dans le Nord du Cameroun[515].

L'Article IV – Remboursement, dans sa Section 4.01 Remboursement du montant principal du Prêt indique que l'Emprunteur s'engage à rembourser le montant principal du prêt en vingt-cinq ans, y compris un différé d'amortissement de sept ans qui commence à courir à compter de la date de signature du présent Accord au moyen de trente-six versements semestriels, égaux et consécutifs tel que cela figure en Annexe I A du présent Accord.

Même le lieu et la monnaie de paiement sont indiqués. La Section 4.03 – Lieux de paiement de la convention précise que tous les paiements, y compris les remboursements du montant principal sont considérés comme ayant été dûment effectués lorsque les sommes représentant de tels paiements sont versées dans un compte spécifié à cet effet à la Banque. En outre, sans préjudice des dispositions de la section 3.03 ci-dessus, tous les paiements sont considérés comme ayant été dûment effectués à la Banque lorsque l'une des banques citées ci-dessous aura confirmé à la Banque qu'elle a reçu ce paiement à l'un des comptes de la banque créancière ci-après :

- si le paiement est à effectuer en Dollar des États-Unis ; ce sera à la.... à Londres ;

- Si le paiement est à effecteur en Livres Sterling ; ce sera à la.... à Londres ;

- Si le paiement est à effectuer en Euros ; ce sera à... à Paris.

Au sujet de ce prêt, il convient cependant de relever qu'en application de La Section 2.01 Montant de cet Accord, le prêt est consenti en dinars islamiques, dont la valeur est égale à *«une unité de Droits de Tirages Spéciaux»* du Fonds Monétaire International[516].

Par ailleurs, il peut être noté que non seulement la monnaie du prêt est une monnaie étrangère[517], mais encore la monnaie de remboursement est différente de la monnaie d'emprunt. Dans le cas d'espèce, la monnaie de compte est celle dans laquelle la dette est exprimée, elle est l'instrument de mesure de l'obligation du débiteur.

---

514 Annexe D, convention de crédit du 10 janvier 1989.

515 Accord de prêt signé le 18/11/1424H, correspondant au 10/01/2004 G ; *Op. Cit.*

516 Cf. Article 4(1)(A) de l'Accord portant création de la Banque Islamique de Développement.

517 Cf. développements sur la clause de monnaie étrangère ; supra.

La monnaie de paiement est celle dans laquelle le paiement doit avoir lieu, elle constitue le mode d'exécution de l'obligation. Généralement, la monnaie de compte et la monnaie de paiement coïncident, le débiteur devant exécuter son obligation dans la monnaie qui sert à l'exprimer. Mais une séparation peut être prévue. Ainsi dans la clause du type «*10.000 francs suisses payables en dollars USA*», le franc suisse est la monnaie de compte tandis que le dollar américain est la monnaie de paiement.

Dans ce type de clauses, la monnaie de paiement n'est qu'un instrument d'exécution. Le taux de conversion existant entre ces deux monnaies permettra de calculer la quantité d'unités de la monnaie de paiement dues par le débiteur[518].

Dans le cadre de cet Accord de prêt, le dinar islamique a une équivalence en Droits de Tirages Spéciaux du Fonds Monétaire International.

L'ambiguïté subsiste dans la mesure où la monnaie de remboursement n'est pas expressément déterminée ; elle est laissée au soin du type de monnaie utilisée au moment du remboursement[519].

La doctrine relève qu'il est préférable d'éviter *«l'emploi de clauses présentant une telle ambiguïté»*[520].

En tout état de cause il n'existe aucune obligation légale de conclure toutes les transactions en monnaie nationale. De ce fait, la validité des clauses de monnaie étrangère a été consacrée par la jurisprudence dans tous les pays où elle a été admise en discussion sous l'influence des idées françaises[521].

En effet, dans de nombreux pays, la validité des clauses de monnaie étrangère ne fait même pas l'objet de discussions[522]. En droit français la clause or et la clause de la monnaie étrangère sont nulles comme portant atteinte à l'autorité du législateur monétaire. Mais cette nullité n'existe qu'à l'égard des contrats internes ; car *«l'autorité du législateur monétaire français ne s'étend pas aux relations internationales»*.

Par conséquent, les clauses de garantie portant sur la clause de monnaie restent valables dans les contrats internationaux[523].La jurisprudence camerounaise est muette sur cette question. Probablement le juge national saisit à l'occasion, se référera à la position du juge français.

Au-delà de toutes ces clauses, il existe des organismes d'État qui ont la charge de rembourser les emprunts contractés par l'État du Cameroun ou certains de ses démembrements.

---

518 Van Hecke (G.); *Problèmes juridiques des emprunts internationaux; lvgdvni batavormvm apvd e. J. Brill, 1964* ; Deuxième Edition ; p. 167 ; *Op. Cit.*

519 La Livre Sterling, le Dollar américain ou l'Euro.

520 Van Hecke (G.), Problèmes juridiques des emprunts internationaux ; LVGDVNI BATAVORMVM APVD E. J. Brill, 1964 ; Deuxième Edition , *Op. Cit.*p.166.

521 Neumeyer III-2, p. 181, spécialement pour la jurisprudence belge v. PIRET, p. 242-243.

522 Ainsi notamment en Angleterre ; v. Mann, p. 155.

523 V. Nussbaum, Money, *op.cit.*p.269.

B. Les organismes d'État chargés de la gestion des emprunts

1. La Caisse Autonome d'Amortissement

Le Décret N°85/1176 du 28 août 1985, qui crée et organise la Caisse Autonome d'Amortissement, dispose en son article 3, que la Caisse Autonome d'Amortissement est chargée de rechercher, d'étudier et de négocier les financements extérieurs et intérieurs de l'Etat, en liaison avec les Départements ministériels intéressés ; d'assurer la gestion de l'ensemble des fonds d'emprunt publics de l'Etat, des organismes publics, parapublics et de ses correspondants ; d'évaluer et d'assurer le service de la dette.

Dans la pratique camerounaise, et ce depuis 1985, date de sa création à tout le moins, la gestion et le remboursement des emprunts sont assurés par la Caa.

À cet organisme, il conviendrait d'ajouter d'autres organismes à l'instar de la SNH[524], la Sni[525] dont les prérogatives et attributions sont tributaires des emprunts internationaux qu'ils contractent, au profit du développement de leurs missions. Toutefois, ainsi que relevé dans cette étude, le caractère très confidentiel des opérations effectuées au sein de ces différents organismes n'a pas toujours permis d'accéder aux informations qui puissent étayer leurs activités. Par exemple, les paiements dus à l'occasion de l'exécution du marché passé entre l'État du Cameroun et une société allemande ont été effectués à la diligence exclusive de la Caa.

2. La Société Nationale d'Investissement

La Sni est au centre de l'investissement économique de l'État du Cameroun. En effet, M. Paul John Marc Tedga relève à ce propos que, lorsqu'on parle de l'État camerounais investisseur *«c'est surtout au regard de la place prépondérante que la Société Nationale d'Investissement (Sni) occupe dans l'économie de ce pays»*[526].

C'est une société *«holding»* parce qu'elle prend des participations dans les entreprises de son portefeuille ; elle est aussi un établissement financier parce qu'elle finance des opérations dans les entreprises.

D'après le Décret N°85/1177 du 28 août 1985 réorganisant la Société Nationale d'Investissement en son article 4, la Sni a pour objet, la mobilisation et l'orientation de l'épargne nationale et de tout autre moyen financier en vue de favoriser les opérations d'investissement d'intérêt économique et social dans les secteurs industriel, agricole, commercial et financier, ainsi que dans les secteurs des services et de l'hôtellerie.

---

[524] Société Nationale des Hydrocarbures.

[525] Société Nationale des Investissements.

[526] Tedga (J.M.), Entreprises publiques, Etat et crise au Cameroun. Faillite d'un système. Préface de Michel Derupty ; *Op. Cit.*, p. 59.

Créée en 1963, la Sni réalise ces objectifs notamment par la création des projets, la réalisation pour son compte de toutes études et de toutes opérations financières susceptibles de promouvoir le développement économique et social du pays, la prise ou le rachat de participations au capital des entreprises, la négociation des obligations et autres titres et effets commerciaux, l'octroi des prêts ou avals des sociétés au capital desquelles elle participe, dans les conditions définies par son règlement intérieur, la réalisation des études, l'évaluation des projets et la gestion d'opérations d'investissements pour le compte de l'État, des collectivités et établissements publics, la promotion des investissements privés au moyen des conseils par l'élaboration et la diffusion des listes de projets, l'assistance technique aux tiers en matière de négociation des projets d'investissements moyennant rémunération.

L'alinéa 2 de l'Article 6 réorganisant la Sni dispose que le financement de ces opérations peut éventuellement bénéficier de *«l'aval de l'État»*. Cette possibilité existe dès lors que cet organisme a la capacité de négocier des obligations et autres titres et effets commerciaux.

L'article 10 du même Décret précise que les ressources de la Société Nationale d'Investissement sont constituées notamment par son capital social, le produit de l'émission des bons d'équipement ou de toutes autres émissions publiques concourant aux buts visés, le produit de ses opérations ou de ses émissions propres, les emprunts contractés auprès des institutions ou des organismes financiers, le produit des opérations sur les marchés financiers et monétaires, les intérêts des prêts.

En clair, la Sni emprunte et prête de l'argent, qu'il faudra bien rembourser ou recouvrer.

Cette mission échoit organiquement à la Direction Générale de la Sni qui, au regard de l'Article 20 du Décret réorganisant cet organisme, assure *«la gestion administrative, technique et financière de la société»*.

À cet effet, le Directeur Général [527]représente la société dans tous les actes de la vie civile et en justice ; il contracte tous engagements et obligations et consent toutes délégations, autorise toutes signatures d'actes engageant la société.

Il donne et reçoit toutes quittances et décharges ; il autorise tous retraits, transferts, transports et aliénations de fonds, rentes, créances, biens et valeurs quelconques appartenant à la société ; il autorise la perception des sommes dues à la société dans toutes banques locales ou étrangères, dans tous organismes, à l'administration des postes et au trésor public, ainsi que toutes autres opérations s'y rapportant ; il autorise le tirage, l'endossement,

---

[527] La Sni n'est pas seulement dirigée par des Directeurs Généraux hommes. Ces dix dernières années, cet organisme a été successivement dirigé par deux Dames, Madame Dang Belibi Esther et Madame Yaou Aïssatou qui assume actuellement les fonctions de Directeur Générale de la Sni.

l'acceptation, l'aval de toutes traites ou effets de commerce, la signature et l'endossement de tous chèques, la signature de tout récépissé. Il demande, accepte, rétrocède, modifie et résilie toutes concessions, prend part à toutes adjudications, fournit tous cautionnements ou en opère le retrait ; il procède à tous emprunts au taux, charges et conditions qu'il juge convenables, avec ou sans hypothèques ou autres garanties ; les émissions de bons ou d'obligations doivent toutefois être autorisées par la loi.

En outre, lorsque le Directeur Général le juge utile, il donne l'aval, la caution de la Sni pour assurer le paiement des dettes contractées par des tiers ou garantit l'exécution de toutes conventions passées avec ceux-ci, ainsi que tous engagements contractés par ces tiers dans les conditions prévues à l'article 8.

Au regard de toutes ces missions, il se déduit de manière objective que la Sni se situe au cœur du dispositif de la politique des investissements de l'État au Cameroun.

À ce titre, la Sni participe à l'exécution de divers contrats d'investissements[528], y compris des contrats d'emprunts, au moyen des divers remboursements, tant au profit des sociétés d'État de son portefeuille, que celui des «*tiers*»[529].

Comme on peut le constater, les moyens économiques et financiers de la Sni sont importants.

Ses ressources sont composées de ses réserves ; mais surtout de bons d'équipement. Il s'agit d'une sorte d'emprunt forcé auquel toutes les institutions financières sont obligées de souscrire périodiquement pour financer des investissements dans l'industrie et l'agro-alimentaire. La Sni les rembourse à un taux d'intérêt fixé par le gouvernement.

Malgré ces dispositions qui ont été prises pour faciliter et assurer le remboursement des emprunts extérieurs, il est parfois arrivé que l'Etat du Cameroun ne puisse pas rembourser ses dettes. Cette situation s'apparente plus à une *«insolvabilité de fait»* [530] ; c'est-à-dire que le débiteur *«ne conteste pas l'insuffisance de sa prestation, mais prétend qu'il est dans*

---

[528] Les contrats de joint venture, les contrats de construction d'usines, les contrats de financement des activités avec des partenaires financiers étrangers.

[529] *«Au 30 juin 1988, la Sni avait réalisé près de 756 milliards de FCFA d'investissements bruts cumulés contre 690 milliards de FCFA au 30 juin 1985. Les entreprises où elle détenait des participations totalisaient 512 milliards de FCFA contre 556 milliards de FCFA trois années plus tôt. Son portefeuille représentait 42 910 emplois (44.000 personnes en 1985) et 8, 4 milliards de FCFA de dividendes versés pour 59 sociétés»*,Tedga (J.M.), Entreprises publiques, Etat et crise au Cameroun. Faillite d'un système. Préface de Michel Derupty, *Op. Cit.*, p. 59.

[530] Van Hecke (G.), Problèmes juridiques des emprunts internationaux, LVGDVNI BATAVORMVM APVD E. J. Brill, 1964 ; Deuxième Edition ,*Op. Cit.*p.254.

l'impossibilité de faire plus»[531], sans qu'il ne soit envisagé une *«banqueroute d'Etat»*[532].

Dans une assertion beaucoup plus large, *«l'inexécution d'un emprunt d'État est traditionnellement appelée «banqueroute d'État».*

Si tel n'est pas le cas pour l'Etat du Cameroun, il se trouve néanmoins que ne pouvant plus honorer ses engagements internationaux, la gestion de ses emprunts vient se fondre sur une question plus globale ; à savoir celle de la négociation et du remboursement de la dette.

Paragraphe 2 : la problématique de la dette de l'État du Cameroun

En bien de circonstances, l'État du Cameroun s'est trouvé dans l'impossibilité de rembourser les emprunts consentis par des Gouvernements amis étrangers[533], ou des banques créancières étrangères[534].

Les raisons de ce manquement seront exposées dans la suite de cette partie. Toutes ces raisons prises en compte, l'inexécution des contrats d'emprunts internationaux se présente sous des formes diverses qu'il importe de distinguer.

On trouve en premier lieu l'inexécution ordinaire telle qu'on la rencontre dans les contrats nationaux entre particuliers.

Cette inexécution ordinaire peut être due soit à une contestation de nature juridique entre parties, lorsque le débiteur et le créancier sont en conflit sur la validité de l'exécution offerte, soit une insolvabilité de fait, lorsque le débiteur ne conteste pas l'insuffisance de sa prestation, mais il prétend qu'il est dans l'impossibilité de faire plus[535]. Cette dernière hypothèse se vérifie davantage dans le cas de l'État du Cameroun.

Aussi conviendrait-il dans une première approche de déterminer les causes de cette insolvabilité (A) ; aux fins d'exposer comment la question de cette insolvabilité est appréciée et traitée par la communauté financière internationale : c'est le problème global du traitement de la dette des pays en développement (B).

A. Les causes de l'insolvabilité de l'État du Cameroun

Au début des années quatre-vingt (80), les pays en développement en général, le Cameroun en particulier, ont été affectés par une série de chocs extérieurs défavorables, à savoir :

- la hausse des taux d'intérêt ;
- la baisse des prix à l'importation ;

---

[531] *Idem* .
[532] *Idem* .
[533] La République Française, le Canada, les Etats-Unis d'Amérique, la République Fédérale d'Allemagne, la République Populaire de Chine.
[534] La Banque Nationale de Paris (BNP), le Crédit Lyonnais, la KFW, etc… *Op. Cit.*
[535] Van Hecke (G.) ; Problèmes juridiques des emprunts internationaux; *Lvgdvni Batavormvm Apvd E.* J. Brill, 1964 ; Deuxième Edition , *Op. Cit.*p.159.

- le resserrement du crédit extérieur ;
- la dépréciation du dollar américain.

Autant d'événements qui ont contribué à l'émergence de leur crise d'endettement. Comme conséquence, bon nombre de ces pays sont aujourd'hui confrontés à des difficultés sérieuses dues à une forte absorption de leurs devises étrangères et de leur épargne interne par le service de la dette extérieure. Ils ne disposent plus de ressources nécessaires au financement des efforts d'ajustement en cours et des investissements nécessaires à leur croissance économique et la réduction de la pauvreté, *«mettant du coup en péril leur capacité à long terme à rembourser ces dettes»*[536]. Avant de procéder à une étude plus spécifique des causes de l'insolvabilité de l'État du Cameroun, il convient de relever que ce pays ne constitue pas une exception.

En effet depuis 1982, l'endettement des pays en développement est devenu un véritable problème pour les bailleurs de fonds internationaux et les organismes de développement. *Une étude de la Banque Mondiale démontre que l'encours de la dette de ces pays a dépassé le cap de 1300 milliards de dollars, et constitue une grave menace pour l'équilibre du système financier international et un risque de récession généralisée.*

Par ailleurs en se focalisant sur la dette extérieure du Cameroun, on constate qu'elle a connu une progression constante au fil des années. En effet, son encours total est passé de 260, 3 millions de dollars en 1971 à 2 674 millions de dollars en 1981, représentant ainsi environ 10 fois le volume des dettes de l'année 1971. Cette accélération modérée comparativement aux autres pays de même niveau de développement, traduisait *«la prudence de la politique économique du Cameroun à faire de l'endettement extérieur, un élément déterminant du financement de son développement»*[537].

Toutefois, force est de reconnaître qu'au milieu des années quatre-vingt (80), la situation de la dette s'est profondément modifiée, *«en raison des difficultés de trésorerie face aux besoins grandissants, qui ont astreint l'Etat à recourir aux sources de financement extérieur, en l'occurrence aux crédits des banques commerciales*[538]*, consentis généralement aux conditions du marché»*[539].

---

[536] Fambon (S.) ; Endettement du Cameroun : problèmes et solutions ; Discussion Paper N° 2002/49, United Nations University, World Institute for Development Economics Research (WIDER) ; p. 1.

[537] *Ibid.* p. 2.

[538] *Op. Cit.* : nos développements antérieurs sur le recours de l'Etat du Cameroun aux emprunts des banques commerciales européennes, et sur des marchés boursiers.

[539] Fambon (S.) ; Endettement du Cameroun : problèmes et solutions ; Discussion Paper N° 2002/49, United Nations University, World Institute for Development Economics Research (WIDER) ,*Op. Cit.*p.2.

Par ailleurs, cette croissance a été très significative à partir de 1994, suite à la dévaluation du franc CFA par rapport au franc français, la quasi-totalité des prêts étant libellés en devises[540].

L'accroissement de l'encours de la dette s'explique également par les effets conjugués des nouveaux engagements de l'État et des retards de paiement envers certains créanciers, notamment les pays non participants au Club de Paris et ceux du Club de Londres[541].

Toutes ces raisons exposées, il se dégage qu'à certains moments de la vie de certains de ses contrats internationaux d'emprunts, l'Etat du Cameroun n'a plus été capable d'honorer ses engagements contractuels qui doivent être exécutés en devises, à cause des difficultés de trésorerie auxquels il devait faire face.

À cet effet, *«le caractère diversifié des sources de financement extérieur du Cameroun peut être mis en évidence en examinant son portefeuille d'endettement extérieur»*. Il est essentiellement constitué *«des prêts libellés dans 22 devises et de quelques prêts en francs CFA»*[542].

Il convient cependant de relever que depuis l'adoption d'une monnaie unique en Europe, exception faite de la Grande-Bretagne qui utilise toujours la livre, les nouveaux emprunts, aussi bien que les remboursements, ont pour référence l'Euro.

Lorsqu'un créancier ne peut plus rembourser ses emprunts, il existe au niveau international, des mécanismes qui lui permettent de régler le problème autrement.

B. La gestion du remboursement des emprunts internationaux du Cameroun

Lorsqu'un État n'est plus capable de respecter ses *«engagements financiers internationaux»*, la communauté financière internationale procède par des repères.

En effet, pour apprécier la charge de la dette d'un pays, on utilise généralement un certain nombre de ratios, dont le ratio service de la dette/recettes d'exportations. Ce ratio permet de déterminer l'importance des recettes d'exportation nécessaires pour assurer le remboursement tant du principal que des intérêts. Le principal intérêt de cet indicateur est qu'il

---

540 *Idem.*

541 *Idem.*

542 Au 30 juin 1999, la structure de l'encours de la dette extérieure faisait ressortir que, *«30 % de la dette extérieure ont été négociés en francs français contre 17, 2 % en deutsche marks. Les prêts en dollars représentent 13, 2 %. Les prêts libellés en d'autres devises que le franc français, le dollar, le shilling, le mark et le DTS représentent 21 % de l'encours. il s'agit d'un ensemble de 17 devises dont les plus importantes en termes de proportion de l'encours sont l'unité de compte européen (4, 1 %), l'unité de compte BAD (3, 9%), le franc belge (3, 2 %) et la livre sterling (2, 4 %) » ; Idem.*

constitue un indice de rigidité de la balance des paiements d'un pays en une courte période ; en effet, *«plus ce ratio est élevé, plus l'ajustement est nécessaire pour compenser l'évolution défavorable. Le seuil de 20 % est considéré comme fatidique et traduit une situation potentiellement dangereuse».* À ces ratios, s'ajoutent d'autres, à savoir :

- le ratio service de la dette/recettes publiques, qui mesure la capacité du gouvernement à financer le service de la dette au moyen de ses ressources propres ;

- le ratio encours de la dette extérieure/exportations, qui traduit le nombre d'années de recettes d'exportations nécessaires pour rembourser le stock de la dette ;

- le ratio encours de la dette extérieure/PIB, qui mesure le niveau d'endettement extérieur à l'échelle de l'activité économique nationale, etc.[543].

Les données statistiques du Tableau ci-après, permettent d'observer de façon générale que *«les indicateurs de la dette atteignent des seuils intolérables à partir de 1990».*

Le ratio service effectif de la dette extérieure/exportations est passé de 9,4 % en 1990 à 28,2 % en 1996 ; 34,6 % en 1998, avant de retomber à 27,6 % en 1999. Cette augmentation du ratio de la dette a amené le Cameroun à avoir recours au programme d'ajustement structurel du FMI et de la Banque Mondiale.

Il convient cependant de relever que dès la survenance de la crise économique en 1987 les mesures conservatoires adoptées au Cameroun dès le début de la crise ont été de deux sortes : les rééchelonnements des dettes dont le service excédait les possibilités de remboursement du pays et la mise en place des politiques d'austérité destinées à arrêter l'hémorragie des déficits extérieurs.

En outre, dès que la crise de l'économie camerounaise était devenue patente en juin 1987 avec le discours du Président de la République devant l'Assemblée Nationale, la démarche du pays pour la résoudre s'est d'abord déployée sous la forme d'une brève phase d'ajustement autonome par la réduction du train de vie de l'État.

Par ailleurs, de 1988 à 2001 le Cameroun a mis successivement en place avec l'appui des organisations financières internationales et des bailleurs de fonds bilatéraux, six programmes d'ajustement[544].

---

543 *Ibid.* p. 7.

544 Biao, Fambon et Kengne (1999), in Fambon (S.) ; Endettement du Cameroun : problèmes et solutions ; Discussion Paper N° 2002/49, United Nations University, World Institute for Development Economics Research (WIDER) ; p. 17.

Tableau N° 1 : Les indicateurs d'endettement (en %)

Années	Service effectif de la dette extérieure :		Encours dette extérieure :	
	Exportations	Recettes publiques	Exportations	PIB
1981	9, 5	11, 7	71, 9	14, 9
1984	10, 7	7, 6	217, 9	21, 3
1987	29, 2	11, 90	232, 6	33, 0
1990	9, 4	10, 9	232, 6	45, 4
1991	10, 6	11, 4	275, 8	44, 4
1992	12, 0	12, 4	320, 4	83, 0
1993	14, 7	13, 8	473, 5	84, 9
1994	20, 2	31, 6	676, 6	115, 7
1995	20, 2	30, 5	535, 5	137, 2
1996	28, 2	32, 5	575, 8	101, 2
1997	23, 6	29, 8	459, 4	96, 2
1998	34, 6	42, 2	393, 8	99, 0
1999	27, 6			

Source : Caisse Autonome d'Amortissement du Cameroun

De manière générale, «*les traitements de la dette sont des traitements au cas par cas, essentiellement fondés sur la renégociation ou le rééchelonnement des dettes*».

Le rééchelonnement est le réaménagement du calendrier initial de remboursement pour l'adapter à la capacité de remboursement de l'emprunteur. Il peut couvrir seulement le principal. Les réaménagements peuvent avoir encore pour objectif un plus grand étalement des remboursements dans le temps ou un prolongement du calendrier initial de remboursement et un différé d'amortissement. Ces réaménagements se sont pour la plupart de temps déroulés, dans le cas du Cameroun, dans le cadre des clubs des créanciers, le Club de Paris et le Club de Londres[545].

Le Club de Paris est devenu un moyen de fournir une aide temporaire aux pays qui se heurtent à des difficultés de balance des paiements. L'une de ses règles est que le pays débiteur négocie un accord de prêt ou de confirmation avec le FMI. Les accords conclus avec le Club de Paris définissent généralement le cadre dans lequel seront rééchelonnés les paiements exigibles au titre des dettes contractées ou garanties par l'État pendant une période de consolidation limitée, ainsi que, dans certains cas, les arriérés y afférents, et fixent les délais de remboursement, qui sont relativement courts. Des accords bilatéraux sont ensuite négociés sur cette base pour permettre aux rééchelonnements de prendre effet.

---

545 Fambon (S.) ; Endettement du Cameroun : problèmes et solutions ; Discussion Paper N° 2002/49, United Nations University, World Institute for Development Economics Research (WIDER) , *Op. Cit.*p.17.

Lorsqu'un État ne parvient plus à assurer le remboursement de ses dettes, la Communauté financière internationale s'en mêle au moyen de négociations multilatérales. Celles-ci se tiennent généralement pour le cas des dettes de l'État du Cameroun, sous les auspices du Fonds Monétaire International et de la Banque Mondiale, devant le Club de Paris et le Club de Londres. L'exposé ci-après sur le Club de Paris retrace le cheminement du traitement de la dette par les créanciers du Club.

1. Les négociations devant le club de Paris

Le Club de Paris s'était réuni pour la première fois en 1956. Il s'agit d'un groupe informel de gouvernements créanciers des pays industrialisés. Il se réunit mensuellement à Paris avec des pays débiteurs afin de convenir avec eux d'une restructuration de leur dette[546].

Au cours de sa réunion du 24 janvier 2001 tenue à Paris, le Club de Paris a décidé de consolider la dette de la République du Cameroun.

Cet accord a permis de consolider environ *«1, 3 milliards de dollars»* dont*» 0, 2 milliards de dollars d'arriérés au 31 décembre 2000 et en 1,1 milliards de dollars d'échéances en principal et en intérêts dus entre le 1er janvier 2001 et le 31 décembre 2003 (dont environ 17 % au titre des prêts d'APD)»*[547].

Ce traitement intérimaire a également conduit à *«l'annulation immédiate par les créanciers du Club de Paris d'environ 0, 9 milliard de dollars sur la dette extérieure du Cameroun, comme prévu dans le cadre de l'initiative PPTE renforcée»*[548].

Ce dernier reste cependant, assorti d'une condition que le Cameroun doit observer, à savoir *«rechercher un traitement comparable de la part de ses créanciers non membres du Club de Paris et de ses créanciers commerciaux, représentés par le Club de Londres»*[549].

Il s'agit de l'application de la règle de la non discrimination, ou de l'égalité dans le traitement des créanciers. En cas de manquement à cette règle, les autres créanciers sont portés à revendiquer le paiement intégral de leur créance initiale.

---

[546] Club de Paris - Communiqué de presse du 24 janvier 2001 ; p. 2 ; inédit.
[547] *Ibid*. p. 1 .
[548] *Idem.*
[549] Le Club de Londres quant à lui réunit les créanciers commerciaux.*«C'est un forum au sein duquel les crédits accordés par les créanciers privés, généralement les banques commerciales mais aussi les créanciers non bancaires sont renégociés, pourvu que ces crédits n'aient pas fait l'objet de garanties de la* part du gouvernement du pays auquel appartient le créancier.
A la différence du Club de Paris qui dispose d'un lieu de réunion unique et d'un secrétariat à Paris, les réunions du Club de Londres peuvent se tenir dans d'autres villes qu'à Londres. Le tout premier Club de Londres s'est réuni en 1976 pour restructurer la dette du Zaïre (actuelle République Démocratique du Congo)» ; in Communication sur : Club de Londres/Club de Paris, CAA/2003.

Dans le Procès-verbal agréé dressé ce même jour, il est indiqué dans le Préambule[550] que l'accord pour trois ans qui a été approuvé par le Conseil d'administration du Fonds le 21 décembre 2000 comporte des engagements précis dans le domaine économique et dans le domaine financier.

Par ailleurs, les représentants des Gouvernements des pays créanciers participants ont pris note que la République du Cameroun a été déclarée avoir atteint le point de décision de l'initiative renforcée sur la dette des pays pauvres très endettés par les Conseils d'administration de l'Association Internationale de Développement et du Fonds Monétaire International respectivement les 10 et 11 octobre 2000.

En outre, les représentants des Gouvernements des pays créanciers ont pris note des mesures importantes de réduction de la pauvreté et de redressement incluses dans le programme politique, économique et financier entrepris par le Gouvernement de la République du Cameroun et ont souligné l'importance qu'ils attachent à sa réalisation totale et régulière.

Ils ont également pris note des graves problèmes de la balance des paiements et de l'endettement très important que connaît la République du Cameroun, conjugués avec un très faible niveau de revenu par habitant. Ils ont également pris note de l'engagement du Gouvernement de la République du Cameroun d'affecter les ressources libérées par le présent traitement exceptionnel de la dette aux secteurs prioritaires identifiés dans la stratégie de réduction de la pauvreté de ce pays.

À cette fin, le Gouvernement de la République du Cameroun est d'accord pour que le Fonds Monétaire International et l'Association Internationale pour le Développement informent le Président du Club de Paris de l'utilisation de ces ressources.

Il est toutefois rappelé que, conformément aux principes retenus pour l'initiative renforcée sur la dette des Pays Pauvres Très Endettés, l'allégement intérimaire consenti par les pays créanciers sera pris en compte pour l'effort total à réaliser au point d'achèvement.

Toutes ces données prises ensemble, amènent au constat selon lequel les conditions d'emprunts consenties dans la cadre de certains *«contrats bilatéraux»*[551] d'endettement, viennent désormais se fondre dans un *«contrat multilatéral«*[552] constitué d'un ensemble de» *pays créanciers».*

De ce contrat multilatéral, il se dégage des conditions plus globalisantes du genre, *«l'atteinte du point de décision de l'initiative renforcée sur la dette*

550 Procès verbal agréé relatif à la consolidation de la dette de la République du Cameroun, dressé à Paris, le 24 janvier 2001, par devant le Club de Paris.

551 A la base, il existe des contrats d'endettement, ainsi que présentés dans nos développements dans la Première Partie, entre la République du Cameroun et certaines banques domiciliées soit en France, en Belgique, en Allemagne ; etc.

552 La terminologie Procès Verbal agréé, est assez évocatrice de la nature juridique et de la portée de cet acte, qui doit être assimilé à un véritable contrat international multilatéral, c'est-à-dire qui implique plusieurs parties.

des pays pauvres très endettés [...] les 10 et 11 octobre 2000, l'engagement du Gouvernement de la République du Cameroun d'affecter les ressources libérées par le présent traitement exceptionnel de la dette aux secteurs prioritaires identifiés dans la stratégie de réduction de la pauvreté de ce pays».

Toutefois, cet *«allégement intérimaire»* consenti par les créanciers, sera pris en compte pour *«l'effort total à réaliser* [en vue de l'atteinte du] *point d'achèvement»*[553], qui a constitué une conditionnalité majeure en vue du bénéfice d'un allégement total de la dette concernée par ce Procès-Verbal agréé du 24 janvier 2001.

Aux termes dudit Procès-Verbal, en son Point II – Recommandations relatives aux termes du réaménagement, les représentants des pays créanciers participants ont convenu de recommander à leurs Gouvernements ou organismes appropriés de procéder à un allégement des échéances de la dette, dans les termes suivants ou conformément à l'accord des pays créanciers du Club de Paris au sujet du traitement de la dette des pays pauvres très endettés, qui s'appliquera selon les termes décrits au paragraphe 2.

Les dettes auxquelles ce réaménagement s'applique sont variées. Il s'agit :

- des crédits commerciaux, comportant initialement une durée de crédit supérieure à un an, garantis ou assurés par les Gouvernements ou les organismes appropriés des pays créanciers participants, ayant fait l'objet d'un contrat ou de toute autre forme d'arrangement financier conclu avant le 31 décembre 1988[554], accordés au Gouvernement de la République du Cameroun ou bénéficiant de sa garantie, y compris les paiements dus au titre de consolidations bilatérales antérieures ;
- des prêts gouvernementaux ou des organismes appropriés des pays créanciers participants, comportant initialement une durée de crédit supérieure à un an, conclus avant le 31 décembre 1988, accordés au Gouvernement de la République du Cameroun ou bénéficiant de sa garantie, y compris les paiements dus au titre de consolidations bilatérales antérieures ;

---

553 L'Etat du Cameroun a atteint le point d'achèvement au cours du Conseil d'Administration du Fonds Monétaire International, réuni en sa session du 24 avril 2006.

554 *«La date butoir (31 décembre 1988 pour le Cameroun) est utilisée par les créanciers du Club de Paris pour les besoins internes des accords en Club de Paris. Lorsqu'un pays débiteur rencontre pour le première fois les créanciers du Club de Paris, une « date butoir «est définie et elle n'est pas modifiée lors des traitements ultérieurs en Club de Paris et les crédits accordés après cette date butoir ne peuvent pas faire l'objet d'un rééchelonnement. Ainsi, la date butoir permet de restaurer l'accès au crédit de ces pays débiteurs»*. Club de Paris - Communique de Presse du 24 janvier 2001 ; p. 2.

- des remboursements en principal et intérêts résultant des accords de consolidation conclus en application du Procès-verbal agréé du 23 janvier 1992 ;

- des remboursements en principal et en intérêts résultant des accords de consolidation conclus en application du Procès-verbal agréé du 25 mars 1994 entre le Gouvernement de la République du Cameroun et les Gouvernements de l'Autriche, du Canada, du Danemark, de la France, de l'Italie, de la Suède, de la Suisse, à l'exclusion des montants visés à l'article II paragraphe 2.E/ ;

- des remboursements en principal et en intérêts résultant des accords de consolidation conclus en application du Procès-verbal agréé du 25 mars 1994 entre le Gouvernement de la République du Cameroun et les Gouvernements de l'Allemagne, de la Belgique, des États-Unis d'Amérique, des Pays-Bas et du Royaume-Uni, à l'exclusion des montants visés à l'article II paragraphe 2.E/ ;

- des remboursements en principal et en intérêts résultant des accords de consolidation conclus en application de l'article II paragraphe 2.E/, du Procès-verbal agréé du 25 mars 1994.

Par ailleurs, dans le Procès-verbal agréé il est envisagé la possibilité d'une conversion de dette. En effet sur une base volontaire et bilatérale, le Gouvernement ou les organismes appropriés de chaque pays créancier peut vendre ou échanger, dans le cadre de conversions de dettes en projets pour la protection de l'environnement, en projets d'aide, ou en investissements ou d'autres conversions de dette en monnaie locale, tous les prêts d'aide au développement (APD), les montants d'encours au titre des autres crédit[555]s.

Cette ouverture à la vente ou la cession des dettes du Cameroun est source de plusieurs problèmes pour ce pays, qui se retrouve en face de nouveaux créanciers. De manière générale, le Cameroun n'a pas souvent consenti à la cession ni au rachat de ses créances. Pire, ces créanciers refusent d'être remboursés aux conditions du Club de Paris, ou du Club de Londres. Ils vont même jusqu'à procéder à des exécutions forcées sur les avoirs de la République du Cameroun à l'étranger[556]. Les dettes concernées ne sont pas présentées de manière exhaustive, mais à titre indicatif, dans la mesure où cet exercice ne vise pas un exposé sur le traitement au fond de la dette extérieure camerounaise, mais davantage une présentation des techniques contractuelles utilisées pour appliquer les termes d'un contrat bilatéral de départ.

---

555 Point 3-Conversion de dette ; Procès-verbal agréé du 24 janvier 2001 , *Op. Cit.*p.7.

556 En ce sens, les affaires Winslow Bank c/ République du Cameroun ; Del Favero c/ République du Cameroun ; SCONSET Ltd c/ République du Cameroun ; voir Chapitre 2 – Deuxième Partie sur le contentieux de l'exécution des contrats internationaux du Cameroun ; infra.

À cet effet, le Procès-verbal agréé indique que les modalités du rééchelonnement ou du refinancement seront fixées dans des accords bilatéraux à conclure par le Gouvernement ou les organismes appropriés de chacun des pays créanciers participants avec le Gouvernement de la République du Cameroun[557].

Toutefois, il convient de relever avec pertinence que le renvoi aux accords bilatéraux indique de manière détaillée, les conditions que ces accords doivent respecter à savoir que le Gouvernement ou les institutions appropriés de chaque pays créancier participant, soit refinancera les dettes, par mise à la disposition du Gouvernement de la République du Cameroun de nouveaux financements, conformément aux échéanciers de paiement existant, soit rééchelonnera les échéances correspondantes. Il est par ailleurs inclus à ces conditions, des modalités d'annulation du rééchelonnement des dettes. En définitive, il s'agit d'un agenda minutieusement élaboré.

2. Le rééchelonnement de la dette bilatérale

Une illustration des accords bilatéraux nous est donnée par un Accord SEE N° 890-CAM-CAMPC6 du 31 octobre 2001, passé entre la République du Cameroun et une société d'exportation étrangère. A titre d'exemple, l'article 2. Montants remboursables dispose que sous réserve de l'article IV paragraphe 3 et 4 du Procès Verbal Agréé, l'Obligée [la République du Cameroun] et la SEE[558] conviennent relativement aux conventions de prêt et aux Conventions de rééchelonnement d'un certain nombre d'obligations[559].

---

[557] Point IV-Mise en œuvre du Procès-verbal agréé du 24 janvier 2001 ,*Op. Cit.*p.9.

[558] SEE : la Société canadienne pour l'Expansion des Exportations.

[559] «- 67 % des montants en principal et intérêts (à l'exclusion des intérêts de retards) dus et demeurant impayés en date du 30 septembre 2000, soit la somme de [........$US], tel que précisé à l'annexe «B », n'auront pas à être remboursés par l'Obligée :
- 90 % des montants en principal et intérêts (à l'exclusion des intérêts de retard) dus à compter du 1er octobre 2000 jusqu'au 31 décembre 2003, et demeurant impayés, soit la somme de [....$US], tel que précisé à l'annexe «C », n'auront pas à être remboursés par l'Obligée;
- 34 % des montants en principal et intérêts (à l'exclusion des intérêts de retard) dus à compter du 1er octobre 2000 jusqu'au 31 décembre 2003, et demeurant impayés, soit la somme de [... $US], tel que précisé à l'annexe «D », n'auront pas à être remboursés par l'Obligé;
- 80 % des montants en principal et intérêts (à l'exclusion des intérêts de retard) dus à compter du 1er octobre 2000 jusqu'au 31 décembre 2003 et demeurant impayés, soit la somme de [... $ US], tel que précisé à l'annexe «E », n'auront pas à être remboursés par l'Obligée.
A l'article 3. Paiement des montants rééchelonnés, il est indiqué que sous réserve de l'article IV paragraphes 3 et 4 du Procès Verbal Agréé, l'Obligée s'engage à payer au titre des Conventions de prêts et des Conventions de rééchelonnement :
-33% des montants en principal et intérêts (à l'exclusion des intérêts de retard) dus et demeurant impayés en date du 30 septembre 2000, soit la somme de [... $US], tel que précisé à l'annexe «B », en 34 versements semestriels consécutifs dont le premier sera effectué le 31 décembre 2008 et le dernier le 30 juin 2025, comme indiqué à la Table A1 annexée au Procès-verbal agréé;
-10% des montants en principal et intérêts (à l'exclusion des intérêts de retard) dus à compter du 1er octobre 2000 jusqu'au 31 décembre 2003 et demeurant impayés, soit la somme de

En bref, en revisitant l'ensemble de cet Accord, l'on se trouve bien en face d'un *«contrat international initial renégocié»*[560].

En effet, la structure du nouvel accord est à l'identique, tant sur les modalités que les conditionnalités, avec les contrats d'emprunts de départ. L'on pourrait envisager l'examen des points ci-après :

- ***la renonciation à toute immunité présente ou future*** dont l'Obligée ou ses biens peuvent faire l'objet relativement à ses obligations en vertu des présentes, ainsi qu'à *«toute immunité de juridiction, de poursuite, de jugement, de compensation, d'exécution de jugement ou de procédure légale»* [561] ;

- ***la détermination du droit applicable***. En l'espèce, la Convention sera *«interprétée et régie par les lois de la Province d'Ontario et les lois du Canada qui y sont applicables»*[562]. Cette loi serait déterminée sur la base du lieu d'exécution des paiements qui n'est autre que la Banque de Montréal qui a sa principale place d'affaires à Toronto, au Canada.[563]

- ***les modalités de règlement des différends*** ont également été prises en compte. En effet, l'article 15 (c)de cet Accord dispose que l'Obligée convient que toute action ou procédure judiciaire relativement à la présente Convention ou pour faire valoir tout jugement obtenu contre l'Obligée ou ses biens relativement à la présente Convention (une copie certifiée ou authentique du jugement constituera une preuve péremptoire de l'existence et du montant la dette de l'Obligée envers la SEE), peut être intentée par la SEE devant *«les tribunaux de la province d'Ontario, Canada, devant les tribunaux du Cameroun ou devant tout autre tribunal ayant juridiction en la circonstance»*[564].

Une conditionnalité mérite cependant d'être mise en évidence, à savoir l'obligation faite à la République du Cameroun d'être *«un membre en règle avec le Fonds Monétaire International»*[565].

[....$US], tel que précisé à l'annexe «C », en 34 versements semestriels consécutifs dont le premier sera effectué le 31 décembre 2006 et le dernier le 30 juin 2025, comme indiqué à la Table A1 annexée au Procès-verbal Agréé».

560 Sans vouloir identifier un contrat international particulier, cette expression voudrait exprimer l'idée selon laquelle, l'on aurait bien pu envisager une renégociation du contrat de départ, sans passer par le Club de Paris. Au regard du contenu du contrat dont toutes les conditions sont réaménagées, l'on est en droit de conclure à l'existence d'un contrat initial renégocié.

561 Article 15 (b) de l'Accord.

562 Article 15 (a) de l'Accord.

563 Article 7(a) de l'Accord.

564 L'on pourrait relever qu'un créancier étranger renonce au recours à l'arbitrage commercial international, pour soumettre l'examen d'un éventuel différend devant les juridictions nationales des deux Etats. Toutefois, cette clause de règlement des différends demeure équivoque, dans la mesure où le moment venu, sa mise en application peut s'avérer difficultueuse ; le juge saisi étant d'abord amené à se prononcer sur la compétence des tribunaux de son pays d'origine.

565 Article 6 de l'Accord du 31 octobre 2001.

De cette conditionnalité, l'on peut comprendre que l'exécution de cet Accord échappe désormais au seul contrôle du Canada et du Cameroun, qui sera également suivi par le Fonds Monétaire International, «*tutelle*» de ces renégociations. La présence du Fonds Monétaire International est incontestable à ce stade du règlement de la dette extérieure du Cameroun.

Avec l'atteinte du point d'achèvement à l'initiative PPTE, les dettes objet de l'accord de rééchelonnement du 24 janvier 2001 ont fait l'objet d'une annulation pure et simple. Par conséquent, certaines modalités contenues dans des conventions bilatérales se trouvent dépouillées de leurs effets. L'on peut citer çà et là l'annulation d'environ 250 milliards de FCFA par le Canada, de 450 milliards de FCFA par la France. Pour ce dernier cas, un nouveau contrat bilatéral appelé C2D[566] a été mis en place pour gérer les fonds générés par l'annulation des dettes dues à la France par l'État du Cameroun.

Sur le plan historique, c'est sur proposition de la France qu'une initiative pour les pays pauvres très endettés (initiative PPTE) avait été lancée au sommet du G7 de Lyon, en 1996.

L'objectif de cette initiative était de rétablir, par des mesures exceptionnelles, la solvabilité des pays bénéficiaires, en annulant toute la part de leur dette publique extérieure dépassant un niveau considéré comme soutenable, si l'application des traitements traditionnels s'avérait insuffisante pour y parvenir. Cette initiative a été renforcée à l'occasion du sommet du G7 de Cologne en juin 1999[567].

En contrepartie, la communauté internationale a souhaité lier l'effort de traitement de la dette consentie par les pays créanciers à l'effort de lutte contre la pauvreté demandé aux pays bénéficiaires. Cet effort doit se traduire par l'élaboration et la mise en œuvre d'un programme stratégique de lutte contre la pauvreté (DSRP), ainsi que par le maintien d'un cadre macro-économique stable[568].

C'est l'atteinte du point d'achèvement le 28 avril 2006[569], prononcée par les institutions financières internationales qui a déclenché la mise en place du mécanisme français de traitement de la dette[570] au moyen de la signature d'un C2D.

Ce contrat dispose en outre dans son préambule qu'en complément des mesures d'annulation de la dette publique extérieure du Cameroun décidée par l'ensemble des bailleurs de fonds, la France procède à un effort supplémentaire consistant notamment en la prise en considération dans un

---

566 C2D : Contrat de Désendettement et de Développement passé entre le Gouvernement de la République Française et le Gouvernement de la République du Cameroun le 22 juin 2006.

567 Initiative PPTE renforcée

568 C2D, p. 3.

569 *Op. Cit.*, En rappel, le Cameroun a atteint le point de décision de l'initiative renforcée de réduction de la dette le 11 octobre 2000.

570 C2D , *Op. Cit.*p.3.

cadre bilatéral, de la totalité des créances liées à l'aide publique au développement. Cet effort s'ajoute à sa décision d'annuler dès le point de décision des créances commerciales éligibles en Club de Paris à l'égard des pays pauvres très endettés[571].

Le mécanisme mis en place dans le C2D porte sur la définition des principes et modalités d'application de l'effort bilatéral additionnel de la France dans le cadre de l'initiative PPTE au Cameroun.

En termes de modalités, le Cameroun va continuer à assurer le service de sa dette vis-à-vis de la France, qui lui retournera *«dans un délai de 15 (quinze) jours ouvrables, une subvention d'un même montant»* suivant des échéances déterminées en Annexe 2 du C2D intitulé : Échéancier du C2D (Euros).

En termes de contenu, le C2D reprend de manière exhaustive la liste des Conventions de l'Agence Française de Développement passées avec le Cameroun, du 11 juillet 1988 au 9 octobre 2002, pour la somme de... Euros, soit… francs FCFA.

À ces conventions, il faudrait ajouter la liste des Conventions de la Banque de France (BDF)[572] (Euros) qui courent du 30 mars 1992 au 9 décembre 2002, soit… FCFA.

Les sommes empruntées sur la base des conventions avaient déjà servi à la réalisation d'un certain nombre de projets de développement[573]. Dans le cadre du présent C2D, les affectations de la subvention s'inscrivent dans les priorités du DSRP et du Document Cadre de Partenariat [574] ; elles seront concentrées dans les domaines ci-après :

- éducation de base ;
- santé et lutte contre le sida ;
- agriculture et sécurité alimentaire ;
- environnement et biodiversité (PSFE[575]) ;
- infrastructures (routes et développement urbain).

En définitive, le montant global de la dette du Cameroun vis-à-vis de la France, prise en compte dans le cadre de l'exécution du C2D, est suffisamment important.

En conclusion et bien mieux que des chiffres, ce qui intéresse le droit international c'est le sort que connaît à terme un contrat international.

Au départ, le contrat international avait la nature juridique d'un accord liant deux parties.

À la phase de son exécution, l'on se rend compte qu'il y a eu l'introduction de nouveaux acteurs internationaux[576], et que les termes de départ ne

---

571 Préambule du CCC ,*Op. Cit.*p.3

572BDF : Banque de France.

573 Constructions des routes, adductions d'eau, assainissement du secteur bancaire camerounais ; etc.

574 Article 4 : secteurs d'affectation du Contrat C2D.

575 PSFE: Programme de Sécurisation Forestière et Environnementale.

reçoivent plus l'application escomptée. Tout au moins, pour ce qui concerne l'exécution de certains contrats d'emprunt, ils débouchent plutôt sur un traitement concerté de leur exécution. Toutefois, il convient de relever que certains créanciers ou cocontractants n'ont pas toujours accepté de se soumettre à ces négociations amiables, bilatérales ou multilatérales, selon les cas. Ils ont préféré à ces voies la logique du contentieux, en soumettant leur demande soit au juge étatique, soit au juge arbitral. C'est l'objet du chapitre suivant.

---

[576] Le Fonds Monétaire International, la Banque Mondiale, le Club de Paris, le Club de Londres, la CNUCCED.

CHAPITRE II

Le contentieux des contrats internationaux du Cameroun

La présence du Cameroun devant les instances juridictionnelles internationales n'est pas récente[577]. Membre de l'Organisation des Nations Unies (ONU) depuis qu'il a accédé à la souveraineté internationale le 1er janvier 1960, l'État du Cameroun a eu à se soumettre au règlement juridique des différends[578] qui l'ont opposé, soit à un État étranger[579], soit à un partenaire étranger[580].

Tout récemment encore, le Cameroun a saisi avec succès, la Cour Internationale de Justice de La Haye dans le cadre de l'Affaire de la Frontière terrestre et maritime entre le Cameroun et le Nigeria (Cameroun c. Nigeria ; Guinée Equatoriale (Intervenant). La haute juridiction a rendu son arrêt le 10 octobre 2002[581].

S'il en a été ainsi des différends portant sur la délimitation de ses frontières nationales, les relations économiques internationales du Cameroun n'échappent pas à la survenance de différends. À cet effet, le contentieux des contrats internationaux du Cameroun est riche et abondant.

Généralement, les litiges portant sur la mise en œuvre des contrats internationaux trouvent des solutions dans *«des procédures devant les tribunaux étatiques, des arbitrages internes et internationaux, des procédures de conciliation«*[582].

---

[577] Affaire du Cameroun Septentrional devant la Cour Internationale de Justice de la Haye ; Arrêt du 2 décembre 1963 sur les exceptions préliminaires. Le camerounais Beb à Don Philémon, fut nommé juge ad hoc.

[578] *«Un différend est un désaccord sur un point de droit ou de fait, une contradiction, une opposition de thèses juridiques ou d'intérêts entre deux personnes»;* Cour Permanente de Justice Internationale, 30 avril 1924, Affaire des Concessions Mavromatis en Palestine, Série A, n° 2, p. 11. Il convient de préciser que cette définition entendait circonscrire la notion de différend juridique par opposition aux différends d'ordre politique : les premiers étant réglés par voie juridictionnelle, les seconds par des moyens non juridictionnels, Berlin (D.) Les procédures de règlement des différends dans les contrats Nord-Sud , *Op. Cit.*p.67.

[579] La République Fédérale du Nigeria est un pays de l'Afrique de l'Ouest qui partage une frontière terrestre et maritime commune avec le Cameroun, longue sur environ 1200 km.

[580] Affaire Klöckner c/ Socame et Etat du Cameroun devant le Cirdi. Affaire Wiemer & Trachte devant la Cour Internationale d'Arbitrage de la Cci.

[581] L'Arrêt de la CIJ du 10 octobre 2002, reçoit une exécution progressive notoire avec le retrait des troupes nigérianes sur la presqu'île de Bakassi.

[582] Berlin (D.), Les procédures de règlement des différends dans les contrats Nord-Sud ; Contrats internationaux et pays en développement (Hervé Convention) ; *Op. Cit.*, p. 65.

Ce contentieux est ainsi à la fois juridictionnel et arbitral (Section 2). Toutefois, comme on pourra le constater dans divers instruments juridiques liant le Cameroun à d'autres États, ou dans divers contrats internationaux, la clause de règlement amiable offre l'occasion aux parties de rechercher une solution amiable précontentieuse, avant de soumettre leurs différends devant une juridiction (Section 1).

Section 1 : Le contentieux extra judiciaire des contrats internationaux du Cameroun

Le contentieux extra judiciaire des contrats internationaux peut se régler par la voie amiable ; c'est le procédé consacré dans divers instruments conventionnels ou contractuels. L'étude de ce contentieux passe d'abord par une identification des sources qui favorisent ce type de règlement (Paragraphe 1). C'est ensuite qu'il sera procédé à l'examen des règlements ou tentatives de règlements amiables connus dans la pratique contractuelle camerounaise (Paragraphe 2).

Paragraphe 1 : les sources d'un règlement amiable des différends

La doctrine rappelle à ce propos que, *«l'une des caractéristiques des contrats Nord-Sud*[583] *réside dans la présence des clauses de règlement amiable des différends... Elles expriment le souhait des cocontractants de trouver en premier lieu une solution pour achever l'exécution du contrat, plutôt que le désir de chacun de se retrancher derrière le premier problème pour faire jouer une procédure juridictionnelle et se retirer de l'opération contractuelle»*[584].

Le règlement amiable tire ses sources dans les conventions bilatérales ou multilatérales ; ainsi que dans les contrats internationaux (A). Il convient d'étudier également le régime juridique de ces modes non juridictionnels de règlement des différends dans les contrats internationaux (B).

A. Les sources du règlement amiable des différends

L'article 45 du Code des Investissements de la République du Cameroun, objet de l'Ordonnance n° 90/007 du 8 novembre 1990 dispose au titre de la loi applicable que, les entreprises agréées ont le droit de demander à ce que leurs différends qui n'auraient pas pu être résolus à l'amiable avec l'État relatifs à la validité et à l'interprétation de l'acte d'agrément, soient définitivement réglés conformément à une procédure d'arbitrage ou de conciliation. Le principe du recours au règlement amiable des litiges dans les contrats internationaux du Cameroun est contenu dans certaines conventions

---

[583] Cf. la publication du Cirdi « Règlements «partie D, p. 75 -128.

[584] Berlin (D.), Les procédures de règlement des différends dans les contrats Nord-Sud ; in Contrats internationaux et pays en développement (Hervé Convention) ; *Op. Cit.*, p. 77-78.

bilatérales liant le Cameroun à des pays partenaires (1). On trouve également cette possibilité dans les contrats étudiés (2). La loi camerounaise n'exclut pas le règlement amiable des différends.

1. Les conventions bilatérales et multilatérales

L'Accord entre le Gouvernement de la Roumanie et le Gouvernement du Cameroun concernant la promotion et la protection réciproque des investissements prévoit en son article 8:*Conflits entre une Partie contractante et un investisseur de l'autre partie contractante,* le recours à un règlement amiable des différends. Cet article dispose que, *(1) «Les différends relatifs aux investissements entre une partie contractante et un investisseur de l'autre Partie contractante seront réglés, autant que possible, à l'amiable par le biais des consultations entre les parties intéressées».* Plus loin, et notamment à l'alinéa 2, l'Accord ci-avant prévoit la possibilité de recourir à défaut de ce règlement amiable, à la procédure de *«conciliation».*

La conciliation est un mode alternatif de règlement non juridictionnel des différends commerciaux internationaux à l'amiable, qui met directement en relation les parties, ou qui fait intervenir un tiers conciliateur dont les parties s'engagent sur la base de leur volonté, à respecter les termes de la conciliation.

À cet effet, la Résolution 35/52 adoptée par l'Assemblée Générale des Nations Unies le 4 décembre 1980 a pour objet le Règlement de conciliation de la Commission des Nations Unies pour le droit commercial international. Dans son Préambule, l'Assemblée Générale reconnaît *«la valeur de la conciliation comme méthode de règlement amiable des litiges nés dans le contexte des relations commerciales internationales»*[585].

Par ailleurs, la Convention pour le règlement des différends relatifs aux investissements entre États et ressortissants d'autres États[586] prévoit en son article 28 la possibilité d'un recours à la conciliation. Cette disposition indique notamment que, *«un État ou le ressortissant d'un État contractant qui désire entamer une procédure de conciliation doit adresser par écrit une requête à cet effet au Secrétaire Général».*

À quelques dispositions près, l'Article 7(1) : Règlement des différends entre les investisseurs et les Parties contractantes de l'Accord entre le Gouvernement de la République italienne et le Gouvernement de la République du Cameroun pour la promotion et la protection des investissements dispose que, *«tout différend relatif aux investissements entre l'une des Parties contractantes et un investisseur de l'autre Partie contractante est autant que possible réglé à l'amiable entre les parties au*

---

[585] Préambule, Règlement de conciliation de la Commission des Nations Unies pour le droit commercial international.

[586] La Convention pour le règlement des différends relatifs aux investissements entre Etats et ressortissants d'autres Etats fut adoptée le 18 mars 1965. Cette convention est également connue sous la dénomination de la Convention de Washington instituant le Cirdi.

litige». Cette disposition est systématisée dans les Accords bilatéraux que le Gouvernement de la République du Cameroun passe avec les États amis[587] ; pour reprendre Monsieur Meka Gaston, *«ces accords sont de véritables traités internationaux régis par les règles de droit international public. Ils sont désignés par la BIRD (Banque Mondiale) sous le terme générique de «Bilateral Investments Treaties» (BIT)*[588].

À ce titre, ils constituent une source fondamentale du recours à l'arbitrage avec la possibilité d'un règlement amiable comme mode de règlement des litiges commerciaux internationaux dans les contrats internationaux du Cameroun. Monsieur Meka Gaston dans son étude révèle que des accords similaires existent également entre le Cameroun et :

- la France ;
- le Luxembourg ;
- les Pays Bas ;
- le Royaume Uni ;
- les États-Unis d'Amérique[589].

Il convient cependant de relever que, que ce soient les accords bilatéraux ou les contrats internationaux, le recours à un règlement amiable des litiges n'est pas exclusif du recours à l'arbitrage ou à toute autre forme de règlement judiciaire. Toutefois, il est important de constater que tandis que les BIT posent le principe du recours à l'arbitrage avec possibilité d'un règlement amiable pour régler les litiges, certains contrats internationaux du Cameroun quant à eux organisent également le recours à l'arbitrage avec la possibilité d'un arrangement amiable.

---

[587] L'Accord passé le 10 mai 1997 entre le Gouvernement de la République du Cameroun et le Gouvernement de la République Populaire de Chine pour la promotion réciproque des investissements dispose en son article 9: Règlement des différends relatifs aux investissements que:

1. Tout différend relatif aux investissements entre une Partie Contractante et un investisseur de l'autre Partie Contractante sera réglé, autant que possible, à l'amiable, par consultations et négociations entre les parties au différend.

2. A défaut d'un règlement amiable par arrangement direct entre les parties au différend dans un délai de 6 mois, à compter de la date de sa notification écrite, le différend est soumis, au choix de l'investisseur:

a) soit au tribunal compétent de la Partie Contractante sur le territoire de laquelle l'investissement est effectué ;

b) soit pour arbitrage au Centre International pour le Règlement des Différends Relatifs aux Investissements (C.I.R.D.I) créé par *la «Convention pour le règlement des différends relatifs aux investissements entre Etats et ressortissants d'autres Etat»*, ouvert à la signature à Washington, le 18 mars 1965.

[588] Meka (G.), L'arbitrage commercial international au Cameroun: état du droit et de la pratique. Mémoire de DESS en relations internationales; option contentieux international. IRIC; juillet 2002; p. 40, inédit.

[589] *Idem.*

2. Les contrats internationaux du Cameroun

Le protocole d'accord signé entre la société allemande Klöckner et l'État du Cameroun le 4 novembre 1971 contient en son article 22, une clause compromissoire désignant l'arbitrage du Cirdi[590] se référant à la Convention du Cirdi de 1965, toute tentative de règlement amiable était envisageable dans ce cas.

L'article 64 d'un marché passé entre une société et la République du Cameroun[591]indique clairement que, *«tout litige survenant entre les parties contractantes dans le cadre du présent marché doit faire l'objet d'une tentative de conciliation par entente directe.*

À défaut de règlement amiable, tout différend découlant du présent marché sera tranché définitivement suivant le règlement de conciliation et d'arbitrage de la Chambre de Commerce Internationale par un ou plusieurs arbitres nommés conformément audit règlement».

L'on peut également citer l'article 13 de la Convention de cession de la filière thé de la société camerounaise dévelopement[592], au profit de la société camerounaise de thé conclue en 2002. Cet article dispose en effet que, *«tout différend entre les parties, non résolu à l'amiable, relatif à la validité, à l'interprétation, le sens, l'exécution ou les effets de la présente Convention ou de ses suites ou relatifs aux droits et obligations des parties (...) tribunal arbitral selon les règles de la Chambre du Commerce International [Cci]».* Comme on peut le noter, le règlement amiable des différends devrait obéir à un régime juridique préalable.

B. Le régime juridique du règlement amiable dans les contrats internationaux du Cameroun

Dans la plupart des contentieux qui ont eu lieu entre le Cameroun et ses partenaires, c'est par déduction que les parties ou le tribunal relèvent au passage l'échec d'une ou de plusieurs tentatives de règlement amiable. De manière explicite il est rarement apparu dans les jugements et sentences étudiés, qu'à un moment déterminé, les parties aient décidé expressément de recourir à un règlement amiable de leur différend, soit au moyen d'une entente directe, soit à celle d'une transaction, médiation ou conciliation.

Or de plus en plus, en matière de politique internationale contemporaine, *«l'autre option consiste à déléguer, au cas par cas, la résolution des problèmes émergents à des acteurs neutres, spécialisés, mis en principe à*

---

[590] L'exécution de ce protocole d'accord a donné lieu à un arbitrage devant le Cirdi; infra.

[591] Op.cit., L'exécution de ce contrat a donné lieu à un arbitrage international devant la Cci; infra.

[592] Cameroon Development Corporation (CDC).

l'abri des pressions politiques ou financières»[593]. Il s'agit de quelques experts et autres hommes de science, qui *«apportent aux décideurs politiques une connaissance réputée neutre et efficace»*. Il s'agit spécifiquement des médiateurs, arbitres et autres juges non étatiques. Certains cas d'arrangement amiable seront examinés (1), avant l'étude proprement dite du régime juridique annoncé (2).

1. Quelques tentatives d'arrangement amiable

a) L'Affaire Klöckner c/ Socame

L'affaire Klöckner avait donné lieu à un important arbitrage par-devant le Cirdi[594]. Il est signalé quelque part dans la sentence que des discussions avaient eu lieu au niveau diplomatique pour tenter de faire redémarrer l'usine Socame en 1980. En effet, lors d'une réunion à Yaoundé le 1er décembre 1980, à laquelle Klöckner s'était fait accompagner par les ambassadeurs d'Allemagne, de Belgique, et des Pays-Bas, les autorités camerounaises avaient déclaré que le Cameroun ne refusait pas de respecter son obligation de régler les traites, mais que Klöckner, ayant joué de multiples rôles dans le projet, devait reconnaître une responsabilité au moins partielle dans l'échec de l'usine. À cette préoccupation de la République du Cameroun, la société Klöckner avait répondu que le problème de la Socame avait été le prix des engrais sur le marché local.

Pour leur part, les ambassadeurs avaient averti le Gouvernement camerounais qu'un défaut de paiement aurait de très graves conséquences sur la coopération de la part des pays intéressés au Cameroun[595].

Au sens de la Convention du Cirdi, l'article 27(1) dispose qu'aucun État contractant n'accorde la protection diplomatique ou ne formule de revendication internationale au sujet d'un différend que l'un de ses ressortissants et un autre État contractant ont consenti à soumettre ou ont soumis à l'arbitrage dans le cadre de la présente Convention, sauf si l'autre État contractant ne se conforme pas à la sentence rendue à l'occasion du différend.

Or, comme il peut être noté au regard de l'article 27(1) ci-dessus cité, la protection diplomatique pourrait intervenir en vue de l'application de la sentence intervenue.

Dans l'affaire Klöckner, aucune sentence n'était encore intervenue dès lors que le Cirdi n'était pas saisi du différend. Cette démarche des ambassadeurs d'Allemagne, de Belgique et des Pays-Bas peut être assimilée

---

[593] Sgard (J.), Réguler l'économie mondiale: le juge plutôt que le diplomate ? La Lettre du CEPII, n°244, avril 2005, p.4.

[594] Infra, le contentieux arbitral.

[595] Procès verbal cité à la page 135 de la sentence arbitrale rendue par le Cirdi.

à de *«simples démarches diplomatiques tendant uniquement à faciliter le règlement du différend»*[596].

b) L'affaire N°11347/KGA/EC

Dans cette affaire qui a fait l'objet d'un arbitrage devant la Cour Internationale d'Arbitrage de la Chambre de Commerce Internationale[597], l'un des motifs invoqués par la société porte sur le rejet du décompte final des travaux, qui a été suivi par des échanges écrits. L'État du Cameroun et ladite société n'avaient pas pu s'entendre sur le décompte définitif des travaux au sujet duquel la société demanderesse formule des réclamations en douze points. Le détail de ces points transmis à la République du Cameroun le 2 juin 1999, laisse apparaître que la demanderesse réclamait dans l'ensemble des frais supplémentaires dus à des prestations complémentaires[598]/[599].En outre une discussion avait surgi entre les parties à propos du décompte n° 12 à l'initiative de la République du Cameroun.

En rappel, par courrier du 12 juillet 1999, la société demanderesse avait accusé réception de ce décompte comme *«valant décompte mensuel provisoire aux termes de l'article 49.3 du marché»*, et demandé à la République du Cameroun de l'informer de la date à laquelle elle pourrait obtenir le décompte général et définitif prévu à l'article 49.7 du marché[600].

Par lettre du 23 juillet 1999, la République du Cameroun demanda à la demanderesse de lui communiquer un dossier justificatif et circonstancié de

---

596 Article 27(2) de la Convention de Washington.

597 Infra, le contentieux arbitral devant la Cour Internationale d'Arbitrage de la Cci.

598Notamment, la prolongation du délai d'exécution; la rémunération des travaux supplémentaires, ainsi que la prolongation du délai d'exécution résultant de la conception technique incorrecte des robinets à flotteurs, auxquels s'ajoutent des frais généraux; des frais dus à la modification du volume des travaux de rénovation au captage et à la station de traitement à Bameka; auxquels s'ajoutent des frais généraux. La fourniture de pièces de raccords supplémentaires. Les frais de surprofondeur et de remblai des tranchées à terre sableuse; les frais dus à la traversée de la rivière Bamoungoum; le paiement des regards en béton armé des réducteurs de pression; paiement des prestations supplémentaires à l'usine d'eau de Métchié; auxquels s'ajoutent des frais généraux; les frais supplémentaires dus au régime fiscal et douanier ainsi qu'au paiement des coûts supplémentaires résultant du report de la réception provisoire des travaux de restauration.

599 Dossier de réclamations présentées à la République du Cameroun le 2 juin 1999, par les soins de la société WT.

600 Dans ce même courrier, ladite entreprise avait pris le soin de relever que, *«afin de nous permettre de terminer ce projet, nous vous prions de bien vouloir nous informer de la date à laquelle nous pourrons obtenir le décompte général et définitif selon l'article 49.7 du marché. Nous confirmons à nouveau que notre dossier de réclamations qui vous a été transmis le 02.06.1999 doit être considéré comme partie intégrante de ce décompte définitif.*
Nous vous signalons déjà que le décompte n° 12, tel qu'il a été établi par l'ingénieur conseil, contient aussi des erreurs de métrés tant pour des quantités importantes que des erreurs mathématiques; en plus, les métrés pour certains travaux n'ont pas été effectués correctement et d'autres travaux exécutés par nous selon le marché n'ont pas du tout été considérés».

ses réclamations. À propos du décompte n° 12, la République précisa que ce décompte n'était pas un décompte *«définitif»* au sens contractuel du terme. Et que par ailleurs, les décomptes provisoires étant établis par l'entreprise, si le décompte n° 12 comportait des erreurs, elles étaient nécessairement dues à l'Entrepreneur et non à la République du Cameroun.

Le 26 octobre 1999, la République du Cameroun avait de nouveau demandé à l'entreprise, *«de bien vouloir établir et [lui] faire parvenir dans les meilleurs délais pour approbation, après visa de l'Ingénieur-conseil... représentant de l'administration, le décompte général et définitif prévu à l'article 49.7 du marché»*.

Réagissant à cette correspondance par une lettre du 23 novembre 1999, la société demanderesse avait fait savoir à la République du Cameroun que, *«l'établissement du décompte global et définitif ne lui incombait pas»*. Nonobstant cette objection l'entreprise soumettra à la République du Cameroun un *«décompte général et définitif [qui fait] apparaître que la République du Cameroun serait débitrice des montants* [incluant le décompte des 12 premiers points] auxquels s'ajoutent des demandes complémentaires[601].

Par quatre télécopies adressées à l'entreprise le 20 janvier 2000, la République du Cameroun lui avait fait des propositions en vue d'un arrangement de ce différend[602].

Le 11 janvier 2000, la société demanderesse n'était pas toujours créditée, *«et le délai contractuel pour contester les revendications était largement expiré»*[603].

Fort de ces revendications, la société demanderesse mettra la République du Cameroun, *«en demeure de lui payer»* les sommes revendiquées, avant le 15 février 2000, en précisant que, *«si cette somme n'est pas payée d'ici à cette date, nous considérons que vous n'êtes pas intéressés par un règlement à l'amiable. Nous examinerons alors si nous pouvons faire valoir nos revendications d'après l'application de l'article 64*».

À l'analyse, il ne s'agit pas d'un règlement amiable d'un différend, au sens de la procédure prévue et organisée par le règlement de médiation et de conciliation de la Cci.

---

[601] Le dossier justificatif, lettre (…) du 06 août 1999; le dossier de réclamations, lettre (…) du 02.06.1999; les intérêts de retard.

[602] Que la partie camerounaise lui accorderait DM… sur le total de(…) réclamés pour les 12 points qui constituaient sa réclamation du 2 juin 1999 ; qu'elle lui accordait de même un montant de DM (…) représentant le coût des prestations supplémentaires de l'ingénieur-conseil… par déduction dudit montant sur celui des pénalités de retard qui s'élèvent à (…) DM ; que d'autre part, un montant de (…) DM correspondant à la TCA qui aurait indûment été perçue, sera remboursé par l'administration à l'entrepreneur sur justificatifs ; qu'enfin, le décompte général en cours d'élaboration sera présenté à l'entrepreneur conformément à l'article 49.7 du marché.

[603] Projet d'acte de mission du 09 octobre 2001 ; point 12, p. 8.

c) L'affaire N°13337/EC

Ce différend porte sur la privatisation de la filière thé de la société camerounaise de développement[604]. À l'époque des faits Monsieur X avait signé une convention de joint-venture avec la société sud-africaine Y. Avec la société MX, les Sud-Africains et lui se sont portés acquéreurs de ladite filière. Monsieur X au moment de la signature de la convention de cession était déjà nommé Directeur Général de la société MX. Des différends surviennent quelques mois après cette acquisition, Monsieur X est licencié de la société. Commence alors une croisière judiciaire et administrative.

Monsieur X tentera en vain par la voie judiciaire d'être réadmis aux fonctions de directeur général de la structure. Face à cet échec, il saisit le Gouvernement camerounais d'une demande pour revendiquer le payement de la somme de… de FCFA au titre des dommages-intérêts, aux motifs que le Gouvernement avait signé une convention *«secrète»* d'actionnariat avec les Sud-Africains. Face à l'échec d'une telle demande, l'intéressé se résoudra à soumettre son différend devant la Cour Internationale d'Arbitrage, en application de la clause compromissoire contenue dans la Convention de cession.

Comme on peut le noter dans les trois précédents cas, à aucun moment, les parties n'ont déclaré expressément recourir à une tentative de règlement amiable de différend. En réalité, les contrats en cause n'ont pas organisé cette procédure ; elles auraient pu recourir aux procédures de l'arrangement amiable prévues par le Règlement de conciliation et de médiation de la Cci. Cette lacune pourrait justifier en partie l'échec de telles négociations, même s'il existe des cas où cet arrangement a porté des résultats.

2. Le régime juridique d'un règlement amiable négocie

Le régime juridique ci-après est élaboré sur la base des contenus des conventions bilatérales d'investissements, ainsi que les règlements de conciliation de certains centres d'arbitrage (a). Ces derniers sont du reste désignés comme tels dans la plupart des contrats internationaux du Cameroun étudiés (b). Mais la question fondamentale qui subsiste porte sur le caractère préalable ou non du règlement amiable par rapport à l'exercice des recours judiciaire ou arbitral (c).

a) Le régime juridique préconisé dans les conventions bilatérales :

La Convention bilatérale qui lie le Cameroun à la Roumanie dispose par exemple en son article 8 (2) que si ces consultations n'apportent pas de solution *«dans un délai de six mois»*, à compter de la date de la demande de règlement, l'investisseur pourra soumettre le différend, à son choix, pour règlement, au tribunal compétent de la Partie contractante sur le territoire de

---

[604] CDC.

laquelle l'investissement a été effectué ; ou au Cirdi prévu par la Convention pour le règlement des différends relatifs aux investissements entre États et ressortissants d'autres États, signée à Washington, le 18 mars 1965 ; ou à un tribunal arbitral ad hoc qui, à défaut d'autre arrangement entre les parties au différend, sera constitué conformément aux règles d'arbitrage de la Commission des Nations Unies pour le Droit Commercial International (CNUDCI).

En application de ce cet accord, chaque partie contractante consent ainsi à soumettre tout différend relatif aux investissements à la conciliation ou à l'arbitrage international. En clair, l'article 8 de cette convention précise les délais et la forme de l'arrangement à l'amiable. La consultation doit faire l'objet d'une demande expresse ; et le délai est de six mois pour trouver une solution à compter de cette demande. Après les six mois, chaque partie contractante retrouve la liberté de porter le différend devant l'instance désignée à cet effet ; le Cirdi, les tribunaux de l'ordre judiciaire ou tout tribunal arbitral ad hoc constitué conformément aux règles d'arbitrage de la CNUDCI.

Ce régime est à quelque chose prêt de celui prévu dans la Convention liant l'Italie au Cameroun. En effet l'article 7 (2) de cette dernière Convention indique que si un tel différend n'a pu être réglé dans un délai de six mois à partir du moment où il a été soulevé par l'une ou l'autre des parties au différend, il pourra être réglé au choix de l'investisseur par l'une des procédures prévues par la convention. Soit par une requête de l'investisseur auprès des autorités administratives compétentes de la Partie contractante sur le territoire de laquelle l'investissement est réalisé ; soit par une action en justice de l'investisseur auprès des tribunaux compétents de la Partie contractante sur le territoire de laquelle l'investissement est réalisé ; soit encore au moyen d'un recours à un tribunal ad hoc, conformément au règlement arbitral de la Commission des Nations Unies sur le droit commercial international (CNUDCI).

En conséquence de la voie choisie, la partie contractante s'engage à accepter le renvoi de cet arbitrage au Centre International pour le Règlement des différends relatifs aux investissements, pour l'application au cas des procédures d'arbitrage visées dans la Convention de Washington du 18 mars 1965 sur le règlement des différends relatifs aux investissements entre les États et les ressortissants d'autres États, ou dès que les Parties contractantes y ont adhéré.

La Convention Italie Cameroun parle de six mois à compter de la date où le différend a été soulevé par l'une des parties. Rien ne permet véritablement de déterminer cette date ; alors que lorsqu'une demande de règlement amiable est formellement rédigée, les parties savent qu'elles engagent un processus de règlement amiable.

Ce processus est beaucoup mieux codifié dans certains Règlements de conciliation.

b) Le régime juridique préconisé dans certains Règlements de conciliation

i) Le Règlement de conciliation de la CNUDCI

L'article premier du Règlement de conciliation de la CNUDCI dispose en son alinéa 1 que le présent Règlement s'applique à la conciliation, *«dans les litiges découlant d'un rapport juridique, contractuel ou autre, ou liés à un tel rapport, lorsque les parties, afin de rechercher une solution amiable de leur litige, sont convenues d'appliquer le Règlement de conciliation de la CNUDCI»*. Il ressort de cette disposition que le règlement amiable d'un différend s'opère au moyen d'une conciliation. Toutefois et contrairement à ce qui a été observé jusqu'ici dans la pratique camerounaise de règlement amiable des différends économiques, la conciliation doit être organisée de manière technique.

L'article 2 du Règlement de conciliation de la CNUDCI relève à cet effet que, *«la partie qui prend l'initiative de la conciliation communique par écrit à l'autre partie une invitation à la conciliation.. , en décrivant brièvement l'objet du litige»*.

La procédure de conciliation débute quand l'autre partie accepte l'invitation à la conciliation. L'alinéa 2 de cet article 2 précise en outre que, *«si l'acceptation est donnée oralement, il est souhaitable qu'elle soit confirmée par écrit»*.

Il s'agit dans un sens, des moyens qui permettent de prouver l'existence d'un règlement amiable du différend, ce d'autant que ce règlement pourrait constituer une étape obligatoire avant tout recours juridictionnel ou arbitral. Selon une certaine doctrine, *«il ne faudrait pas croire que ces procédures précontentieuses soient exclusives des voies juridictionnelles. Bien au contraire, elles en sont souvent le préalable souhaitable, mais aussi obligé*[605]*. La contrepartie de cette obligation réside dans le droit de chacune des parties de s'opposer à la mise en œuvre de la clause d'arbitrage avant que n'aient été utilisées les voies ouvertes par les clauses précontentieuses»*.

L'offre de conciliation peut rester sans réponse. Dans ces conditions, la partie qui a pris l'initiative et qui n'a pas reçu de réponse dans les trente jours à compter de la date d'envoi de l'invitation, ou après l'expiration de

---

605 Cf. par exemple l'article 21 du contrat de concession pétrolière du 21 juillet 1958 entre Y.P.E. (Argentine) et Pan American Oil Company (texte in I.L.M. 1964 p. 359 ; l'article 63 du contrat de concession du 4 avril 1965 entre l'Arabie saoudite et Auxirap, l'article 38 du joint structure agreement entre la NIOC, Agip. Sp. A. Phillips Petroleum Company et l'Oil National Gas Commission (India) du 17 janvier 1965 pour la constitution d'IMINOCO et la section XII.A de l'accord du 13 octobre 1974 entre la National Oil Corporation (Lybia) et le Groupe Elf Aquitaine cité par Ali Mebroukine, Op.cit.

tout autre délai spécifié dans ce document, peut choisir de considérer le *«défaut de réponse comme un rejet de l'invitation à la conciliation»*[606].

Lorsque les parties acceptent d'aller en conciliation, elles désignent un ou plusieurs conciliateurs, qui formulent *«les termes d'une transaction éventuelle et les soumettent aux parties»*[607]. Si d'aventure, elles parviennent à un *«accord au sujet du règlement du litige, les parties rédigent et signent un accord écrit de transaction»*[608] qui met un terme au litige[609].

Durant la procédure de conciliation, les parties s'engagent à n'entamer aucune procédure arbitrale ou judiciaire relative à la procédure de conciliation, à moins que celle-ci ne soit nécessaire pour préserver leurs droits[610]. Il convient à présent d'examiner le régime juridique envisagé par la Convention du Cirdi.

ii) Le régime juridique préconisé par la Convention du Cirdi

S'agissant d'une conciliation institutionnelle, la procédure de conciliation est plus formelle. En effet, l'article 28 (1) de la Convention de Washington relève que, *«un État contractant ou le ressortissant d'un État contractant qui désire entamer une procédure de conciliation doit adresser par écrit une requête à cet effet au Secrétariat Général»*, qui notifie l'enregistrement à l'autre partie. Si le Secrétariat estime au vu des éléments en sa possession que *«le différend excède manifestement la compétence du Centre»*[611], il doit notifier le refus d'enregistrement.

La Commission de conciliation doit être constituée dans les quatre-vingt-dix (90) jours suivant la notification de l'enregistrement aux parties. Elle peut être composée d'un conciliateur unique ou d'un nombre impair de conciliateurs nommés conformément à l'accord des parties.

La Commission a pour fonction *«d'éclaircir les points en litige entre les parties et doit s'efforcer de les amener à une solution mutuellement acceptable»*[612]. Si les parties se mettent d'accord, la commission rédige un procès-verbal faisant l'inventaire des points en litige et prenant acte de l'accord des parties. Toutefois, si à une phase quelconque de la procédure, la commission estime qu'il n'y a aucune possibilité d'accord entre les parties, «elle *clôt la procédure et dresse un procès-verbal constatant que le différend a été soumis à la conciliation et que les parties n'ont pas abouti à un accord»*[613].

---

[606] Article 2(4) du Règlement de conciliation de la CNUDCI.
[607] Article 13(1),*idem* .
[608] Article 13 (2) ,*idem.*
[609] Article 13(3) ,*idem.*
[610] Article 16 ,*idem.*
[611] Article 28(3) de la Convention du Cirdi.
[612] Article 34(1) ,*idem.*
[613] Article 34(2) ,*idem.*

On se serait attendu que cette conciliation puisse être invoquée devant le juge judiciaire ou devant le tribunal arbitral comme preuve de l'existence d'une tentative de conciliation, mais au contraire, l'article 35 de la Convention du Cirdi l'interdit, sauf accord contraire des parties. Cette interdiction revient de manière claire dans le règlement amiable préconisé par la Chambre de Commerce international de 2001.

iii) Le régime juridique du Règlement Adr de la Chambre de commerce international

Le préambule du Règlement Adr de la Chambre de commerce international en vigueur depuis le 1er juillet 2001 dispose que, *«le règlement amiable est une solution souhaitable pour les différends et désaccords d'ordre commercial entre entreprises»*. Ce règlement peut intervenir avant ou pendant une procédure étatique ou arbitrale et peut souvent être facilité par l'intervention d'un tiers convenu.

Le Règlement Adr de la Cci ; il peut s'agir d'une entente directe, d'une conciliation, d'une transaction ou d'une médiation.

Toutefois, le préambule dans son alinéa (2) précise cependant que, même si le Règlement Adr de la Cci permet aux parties de *«choisir la formule qu'elles considèrent comme étant la plus appropriée pour les aider à résoudre leur différend. À défaut d'accord des parties sur le choix d'une formule de règlement des différends, la médiation sera celle retenue dans l'application du Règlement»*. La médiation apparaît comme le mode retenu par ce Règlement. Le recours à ce Règlement peut se faire en cas d'accord préalable[614] ou en l'absence de tout accord[615]. Dans tous les cas de figure, toute partie souhaitant engager une procédure Adr doit s'adresser à la Cci par une demande écrite d'Adr. La Cci doit informer l'autre partie dans les 15 jours suivant la réception de la demande d'Adr, de leur accord ou de leur refus de participer à la procédure Adr[616]. En cas d'accord, les parties ou la Cci, pourront désigner le Tiers. Les frais d'enregistrement de la demande s'élèvent à 1500 $US ; les frais administratifs ne peuvent pas excéder 10.000 $US.

Au regard des coûts induits dans la cadre d'une procédure d'arbitrage (les frais d'arbitrage, les honoraires des avocats, l'organisation de la défense des intérêts de l'État ou des parties, les frais de voyages des avocats et des représentants de l'État, les charges des communications ; une première conclusion à tout le moins économique permet de recommander le recours systématique à une tentative de règlement amiable des litiges.

Le tiers et les parties doivent promptement discuter et rechercher un accord mettant fin au différend ; à défaut d'un règlement définitif, les parties

---

614 Article 2(A) du Règlement Adr de la Cci.
615 Article 2(B) ,*idem.*
616 Article 2(2),*idem.*

en seront notifiées. C'est ici que le sort de la médiation Cci rejoint celui du Cirdi. En effet, *«à défaut d'accord contraire des parties, et sauf interdiction résultant du droit applicable, la procédure Adr, y compris son résultat, est privée et confidentielle»*[617].

Même l'accord mettant fin au différend est confidentiel. Toutefois, le règlement amiable est-il obligatoire dans les contrats internationaux du Cameroun ?

c) La nature juridique du règlement amiable dans les contrats internationaux du Cameroun

Le règlement amiable des litiges dans les contrats internationaux peut-il être considéré comme un préalable au recours aux voies juridictionnelles ou arbitrales contenues dans les contrats internationaux du Cameroun ?

Pour répondre valablement à cette question, il faut interroger les clauses de règlement des litiges contenues dans les conventions bilatérales ou les contrats internationaux étudiés[618]. Ces conventions et ces contrats se limitent à poser le principe d'une tentative de règlement amiable, sans dire s'il est préalable à toute voie d'action judiciaire ou arbitrale. À la limite, certaines conventions impartissent audit règlement un délai de six mois. L'article 8 (2) de l'accord entre le Gouvernement de la Roumanie et le Gouvernement du Cameroun indique que, *«si ces consultations n'apportent pas de solution dans un délai de six mois, à compter de la date de demande de règlement, l'investisseur pourra soumettre le différend à une juridiction de son choix»*.

Le délai de six mois revient dans la plupart des conventions bilatérales. À l'opposé, les contrats ne prescrivent aucun délai dans lequel l'arrangement amiable pourrait intervenir. En ce sens, l'article 64 du marché objet d'un arbitrage devant la Cci entre une société allemande et le gouvernement camerounais dispose que, *«à défaut de règlement à l'amiable, tout différend découlant du présent marché sera tranché définitivement suivant le règlement de conciliation et d'arbitrage de la Cci»*.

Une tentative de réponse est cependant fournie par l'article 91 du décret n° 2004/275 du 24 septembre 2004 portant Code des marchés publics. L'alinéa 1er de ce texte prévoit que, *«les litiges résultant des marchés publics peuvent, en tant que de besoin, faire l'objet d'une tentative de règlement à l'amiable»*.

Bien que ce principe du règlement amiable ne soit assorti d'aucun délai dans lequel cet arrangement doit intervenir, c'est l'alinéa 2 de l'article 91 qui précise à ce propos que, *«la tentative de règlement à l'amiable prévue à l'alinéa (1) ci-dessus reste sans incidence sur la procédure de règlement de droit commun, sauf dérogation découlant des accords ou conventions de prêts ou d'autres conventions internationales»*.

---

[617] Article 7(1) du Règlement Adr de la Cci.

[618] Supra.

En référence à ce texte, on peut valablement conclure que la tentative de règlement amiable des litiges ne constitue pas un préalable, à peine d'irrecevabilité de la requête du demandeur, comme c'est le cas dans le cadre du contentieux des contrats internationaux du Cameroun. Cette disposition légale a ceci de bien qu'elle évite de bloquer le processus judiciaire ou arbitral d'un litige dans lequel les parties avaient négligé le règlement amiable.

Dans un autre sens, dans l'affaire N°11347/KGA, le tribunal arbitral de la Cci a dû recourir à plusieurs expertises juridiques pour départager les parties relativement au droit applicable à ce marché.

En effet, le droit applicable camerounais retenu soumet l'examen de cet arbitrage au respect de la procédure en vigueur en matière de contentieux des marchés publics qui est de la compétence des tribunaux administratifs. Cette procédure oblige les parties à soumettre leur litige dans un délai de six mois ; au-delà de cette période, toute réclamation doit être déclarée irrecevable[619]. Nonobstant cette absence de procédure dans les règlements amiables prescrits dans les contrats internationaux du Cameroun, quelques cas ont abouti à des transactions définitives.

Paragraphe 2 : l'arrangement amiable de l'affaire H. c/ État du Cameroun

Les cas de règlement à l'amiable des différends portant sur l'exécution des contrats internationaux du Cameroun ne sont pas légion. Il nous est cependant donné d'examiner l'affaire H., bien que présentée comme ne faisant pas partie de cette étude en raison du caractère spécial de ce type de marchés[620], l'affaire H. est examinée dans son volet règlement amiable. Au moyen du marché spécial passé de gré à gré passé en 1985, la société H.[621], avait été retenue pour fournir du matériel[622] à l'État du Cameroun pour un montant total de.... F.B[623], dont une avance de 30 % perçue. Par un autre marché, la même société était chargée de fournir du matériel à l'État du Cameroun pour un montant total de.... F.B. dont une infime part perçue au titre de l'avance de 30 %.

Des mois plus tard, la société H. continuait à revendiquer... Euros à l'Etat du Cameroun, soit N euros en principal de la créance et L euros au titre des intérêts de retard. Avant le Protocole d'accord signé plus tard, les parties avaient entamé des échanges de correspondances depuis octobre 1990.

Les termes de la correspondance ci-avant sont empreints de la volonté de régler ce différend à l'amiable. Le délégué de la société belge avait sollicité

---

619 Infra, affaire WT devant la Cour internationale d'arbitrage.

620 Supra, Introduction générale ; les marchés spéciaux portant sur l'achat des armes.

621 La société H. est une société étrangère.

622 Matériel divers

623 F.B : francs belges.

de l'Etat du Cameroun le paiement de leur créance, *«étant donné les excellentes relations de compréhension et d'estime mutuelle qui existent depuis de nombreuses années»*. Aux termes de ce protocole, la République du Cameroun représentée par le ministre de l'Économie et des Finances, s'était engagée à régler la créance en cause. À l'article 3 du Protocole, la société belge représentée par un avocat français déclare, *«n'avoir introduit aucune action ni instance, judiciaire ou autre, de quelque nature que ce soit et à quelque titre que ce soit, à l'encontre de la République du Cameroun pour le recouvrement de sa créance»*.

Cette créance a été intégralement payée par la Caisse Autonome d'Amortissement, prise en l'article X(1) du Protocole qui précise que, *«le Protocole d'Accord intervenu sera exécuté, à la diligence... du Ministère de l'Économie et des Finances, de la Caisse Autonome d'Amortissement à Yaoundé, chacun en ce qui le concerne»*. S'agissant d'un règlement à l'amiable, l'article VIII (1) rappelle à cet effet que, *«le présent accord intervenu librement entre les parties, vaut transaction au sens des articles 2044 et suivants du Code Civil»*. De manière générale, qu'il s'agisse d'une conciliation ou de toute autre forme d'arrangement à l'amiable, les parties se retrouvent toujours à faire des concessions par rapport à la demande initiale. À cet effet, cette affaire s'est achevée par une transaction, étant entendu que la société créancière réclamait des sommes d'argent nettement supérieures à celles effectivement convenues et payées.

Afin d'éviter toute remise en cause de cette entente, l'alinéa 2 de l'article VIII rappelle que, *«aux termes de l'article 2052 du Code Civil, les transactions ont l'autorité de la chose jugée en dernier ressort, et ne peuvent être remises en cause ni pour erreur de droit ni pour dol. Par conséquent, ce protocole est exécutoire de plein droit»*.

Cette transaction qui a reçu l'apposition de la formule exécutoire du tribunal de grande instance de Yaoundé est désormais exécutoire et opposable à toutes les parties.

Section 2 : Le contentieux judiciaire et arbitral

De manière dominante, les conflits commerciaux internationaux du Cameroun ont été soumis devant des instances arbitrales (Paragraphe 1). Pour des raisons de logique juridique, nous examinerons le contentieux judiciaire dans un Paragraphe 2, en raison de ce que les juridictions étatiques sont généralement sollicitées dans la phase de l'exécution des sentences ou des décisions de justice étrangères ; sans ignorer que les tribunaux connaissent également à titre principal, de certains contentieux[624].

---

[624] Le contrat d'emprunt passé entre la Midland Bank et la République du Cameroun, avait donné lieu à un procès devant la High Court britannique. Les décisions rendues devant cette

Paragraphe 1 : le contentieux arbitral

Il sera tout d'abord examiné les différends qui ont opposé le Cameroun à ses partenaires devant le Cirdi (A). Ensuite il va falloir étudier les procédures devant les autres instances arbitrales, à savoir la Cour Internationale d'Arbitrage, la Cour Commune de Justice et d'Arbitrage de l'Ohada (B).

A. Le contentieux arbitral devant le Cirdi

L'exécution du protocole d'accord signé entre la société Klöckner et l'État du Cameroun le 4 novembre 1971, en vue de la construction d'une usine clé en main de production et de commercialisation des engrais, a débouché sur deux procès devant le Cirdi. Fait remarquable, la sentence rendue le 21 octobre 1983, a été annulée par une Décision d'un Comité ad hoc le 3 mai 1985. Ces deux affaires ont interpellé la doctrine au plus haut point[625], faisant dire à Jan Paulson que, *«les faits de l'espèce constituent un cas d'école des échecs industriels que peut connaître le processus de développement économique »*[626].Le Centre International pour le Règlement des Différends en matière d'Investissements (Cirdi) fut institué par la Banque Mondiale[627], dans le cadre de la Convention signée le 18 mars 1965 à Washington, intitulée Convention pour le règlement des différends relatifs aux investissements entre États et ressortissants d'autres États[628].

---

juridiction ont servi de titre exécutoire à la Société Winslow qui a saisi par plusieurs procédures le juge français ; infra.

625 Schatz Sylvia, The effect of the annulment decisions in Amco v. Indonesia and Klöckner v. Cameroon on the future of the International Centre for the Settlement of Investment Disputes ; in The American University journal of International law and policy ; vol 3, afl. 2, pp. 481 –515/ 1988.

- Richiesta di annulamento dell sentenza arbitrale resa nell'affare Klöckner c. Cameroun: in Rivista di dritto internazionale; vol. 70, pp. 748 –810/1987.
- Klöckner v. Cameroon: decision of the Ad Hoc Committee; in ICsid review; vol. 1, pag. 89-144/1986.
- Rambaud, Patrick; L'annulation des sentences Klöckner et Amco; in Annuaire Français de droit international; vol. 32, pp. 162-184/1986.
- Klöckner v. Cameroon: annulment decision of 3 may 1985 ; in Yearbook commercial arbitration; vol. 10, pag. 71-78/1985.

-Paulson (J.); Les obligations des partenaires dans un accord de développement économique : la sentence arbitrale Cameroun c/ Klöckner; in Revue de l'Arbitrage; 1984; p. 19-63/.

-Paulson, Jan; The ICsid Klöckner v. Cameroon award: the duties of partners in North-South economic development agreements; in Journal of international arbitration; vol. 1/1984. -Niggemann, Friedriech; The ICsid Klöckner v. Cameroon award: the dissenting opinion; in Journal of international arbitration; vol. 1 pp. 331-348/1984.

626 Paulson (J.); Les obligations des partenaires dans un accord de développement économique: la sentence arbitrale Cameroun c/ Klöckner; in Revue de l'Arbitrage; 1984, *Op. Cit*.pp.19-63.

627 La Banque Mondiale est l'un des organes spécialisés de l'Organisation des Nations Unies (ONU).

628 Plus connue sous l'appellation de la Convention de Washington de 1965.

La raison de cette création tient au fait que, *«les investisseurs sont généralement préoccupés par le caractère versatile du contexte sociopolitique et économique des États qui accueillent leurs investissements*[629]*. Ceci se vérifie aisément dans les rapports entre les investisseurs occidentaux et les pays en développement»*[630]. Cette Convention institue l'arbitrage comme mode de règlement des litiges portant sur les investissements ; ce qui fait dire à Monsieur Meka Gaston que, *«même si l'arbitrage n'apparaît pas dans son intitulé, la Convention pour le règlement des différends relatifs aux investissements entre États et ressortissants d'autres États (...) crée en fait un centre d'arbitrage et institue un règlement d'arbitrage»*[631]. L'étude va d'abord porter sur l'affaire Klöckner devant le tribunal arbitral (A), ensuite sera examinée la décision d'annulation prononcée par le Comité Ad Hoc constitué par le Cirdi (B).

1. L'affaire Klöckner c/la République du Cameroun

La société Klöckner, une entreprise allemande, avait conclu avec le Cameroun en 1971 un accord-cadre pour la construction et l'exploitation d'une usine d'engrais à Douala[632] au Cameroun. De cet accord-cadre qui contenait une clause d'arbitrage Cirdi, étaient nés plusieurs contrats liés à la mise en ouvre de ce projet. Au rang de ces contrats figure le contrat de livraison de l'usine, en date du 4 mars 1972 entre Klöckner et le gouvernement camerounais. En vertu d'une disposition de ce contrat, le Cameroun céda ses droits contractuels à une société d'économie mixte de droit camerounais la Socame, constituée pour l'occasion et détenue à 51 % par Klöckner[633]. Le Gouvernement de la République du Cameroun quant à lui s'était engagé à fournir *«un site aménagé pour l'usine ainsi qu'à garantir le crédit-fournisseur mis en place par la société allemande»*[634].

---

[629] Les turbulences politiques graves qui ont déstabilisé la Somalie depuis 1991 avec la chute du Président de la République de Somalie, Siad Barre, la guerre civile au Congo Brazzaville de 1997 à 2OO2, la guerre du Zaïre qui a abouti à la disparition de ce dernier pour devenir la République Démocratique du Congo, la guerre du Soudan et spécifiquement la crise du Darfour, la guerre d'Angola, la guerre du Liberia, plus récemment l'entrée dans ce cercle infernal de la République de Côte d'Ivoire, constituent autant d'exemples de crises dans les pays en développement qui font hésiter les investisseurs.

[630] Meka (G.), L'arbitrage commercial international au Cameroun: état du droit et de la pratique. Mémoire de DESS en relations internationales; option contentieux international. IRIC; juillet 2002, *Op. Cit.*p.20.

[631] *Ibid.* p. 21.

[632] La ville de Douala est la capitale économique du Cameroun ; elle abrite le plus important port du pays et même de la Sous-région Afrique Centrale. Le projet en cause était exploité dans la zone portuaire de Bonabéri plus exactement.

[633] Berlin (D.), Les procédures de règlement des différends dans les contrats Nord-Sud ; in Les contrats internationaux et pays en développement ; *Op. Cit.* p. 87.

[634] Paulson (J.), Les obligations des partenaires dans un accord de développement économique : la sentence arbitrale Cameroun c/ Klöckner ; in Revue de l'Arbitrage ; 1984 ; p. 19-63/1984 ; *Op. Cit.* p. 48.

Par ailleurs, la Socame conclura le 23 juin 1973 avec le Cameroun une convention d'établissement. Il est important de souligner que ces deux contrats contenaient également des clauses Cirdi.

Le 7 avril 1977, la Socame et la société Klöckner vont passer un accord de management qui précise les obligations de la société allemande au titre de l'article 9 de l'accord de 1971, mettant à la charge de cette dernière *«la responsabilité de la gestion technique et commerciale de l'usine d'engrais»*. Cependant et à la différence des trois premiers accords, cet accord de management comportait, *«une clause d'arbitrage certes, mais une clause Cci. À première vue donc, le contenu de l'accord de management échappait à la juridiction du tribunal arbitral constitué dans le cadre du Cirdi. D'abord parce qu'une clause attribuait compétence à une autre juridiction, ensuite parce qu'un contrat de management pouvait difficilement être qualifié de contrat d'investissement, notion qui, comme on le sait, définit la compétence du Centre»*[635].

Après dix-huit mois d'exploitation à perte sous la direction de Klöckner, l'usine sera arrêtée en 1978 ; une tentative du Cameroun de la remettre en route en 1980 avec un autre partenaire technique s'est avérée infructueuse.

En conséquence de l'échec de ce projet, *«la position adoptée par le Gouvernement camerounais a été de suspendre le règlement des traites (...), opposant ainsi à Klöckner l'inexécution de ses propres responsabilités contractuelles»*[636].

Face à ce refus du Cameroun, la société Klöckner par le biais des trois filiales du groupe Klöckner[637] déposera une requête d'arbitrage devant le Cirdi le 18 avril 1981. Pour rendre sa sentence, le tribunal arbitral saisi a été amené à régler diverses questions liées à sa compétence ainsi qu'aux problèmes de fond soulevés. L'une des questions que le Tribunal arbitral avait à résoudre était liée aux rapports entre les contrats litigieux et les clauses d'attribution de juridiction.

a) Les questions de compétence

i) La compétence rationae personae

Une première question fut soulevée in limine litis par le fait que Klöckner avait formulé sa demande à l'encontre non seulement du Gouvernement camerounais, mais aussi de la Socame.

Or, en vertu de l'article 25(1) de la Convention pour le règlement des différends relatifs aux investissements entre États et ressortissants d'autres

---

635 Berlin (D.), Les procédures de règlement des différends dans les contrats Nord-Sud; in Les contrats internationaux et pays en développement, *Op. Cit.*p.87.

636 Paulson (J.; Les obligations des partenaires dans un accord de développement économique: la sentence arbitrale Cameroun c/ Klöckner; in Revue de l'Arbitrage; 1984; p. 19-63/1984; *Op. Cit.*, p. 48.

637 Des filiales allemande, belge et néerlandaise.

États, l'investisseur étranger peut mettre en œuvre le mécanisme du Cirdi dans ses rapports avec une personne morale autre que l'État, à la seule condition que celui-ci désigne ladite personne morale concernée, comme étant un organisme dépendant de lui. Le Cameroun n'avait pas effectué cette désignation au moment de la signature des accords litigieux.

C'est par une lettre du 7 décembre 1981, juste avant le dépôt de son mémoire que l'État du Cameroun désignait la Socame[638] comme un organisme dépendant de lui au sens de l'Article 25(1) de la Convention du Cirdi[639], et approuvait sa participation à l'arbitrage. La question de la compétence rationae personae étant réglée, il fallait régler celle de la compétence matérielle du tribunal arbitral.

ii) La compétence rationae materiae

Klöckner dans sa demande d'arbitrage avait invoqué le règlement des litiges liés au seul contrat de livraison de l'usine signé le 4 mars 1972 pour fonder sa requête. Dans son mémoire en réponse, le Gouvernement a cherché à élargir le cadre contractuel de l'arbitrage *«afin de prendre en compte l'ensemble des obligations des parties dans le projet de l'usine d'engrais considéré comme un tout»*[640]. Cet argument a soulevé *«une controverse juridique de caractère technique»*[641], et a conduit le tribunal arbitral à examiner un certain nombre de questions, à savoir :

- le problème de la coexistence du protocole d'accord du 4 novembre 1971 avec le contrat de management du 7 avril 1977 (i) ;
- la question de l'enchevêtrement des rapports contractuels (ii) ;
- le droit applicable (iii) ;
- et bien d'autres questions de fond (iii) ;

b) Le problème de la coexistence du protocole d'accord du 4 novembre 1971 avec le contrat de management du 7 avril 1977.

Il s'est posé en premier lieu au tribunal arbitral, le problème de la coexistence du protocole d'accord du 4 novembre 1971, avec son article 9642 concernant la gestion de la Socame et du contrat de management signé cinq ans plus tard le 7 avril 1977. Comme ce dernier contenait une clause d'arbitrage visant la Cci, dans quelle mesure le tribunal arbitral constitué sous l'égide du Cirdi pouvait-il porter un jugement sur la

---

638 (Klöckner ayant cédé la majorité des 51% en 1977.

639 Paulson (J.), Les obligations des partenaires dans un accord de développement économique: la sentence arbitrale Cameroun c/ Klöckner; in Revue de l'Arbitrage; 1984; p. 19-63/1984; *Op. Cit.* p. 23.

640 *Idem.* p. 23.

641 *Idem.*

642 «*Klöckner aura la responsabilité de la question technique et commerciale de la Société assurée par un contrat de management pendant cinq ans au moins à partir du démarrage avec une option de sa prolongation*»; Article 9 du Protocole d'accord du 4 novembre 1971.

qualité de la gestion effectuée par Klöckner ?643 Cette question est traitée par les arbitres dans les pages 21-24 et 29 de la sentence644, en ces termes :

«Il est important de signaler que le demandeur a dit dans son mémoire en réponse qu'il admet que [le Cirdi est compétent en ce qui concerne le protocole d'accord] (p. 11). Le demandeur accepte donc que la clause Cirdi, contenue dans le protocole d'accord s'applique à tous les engagements des deux parties établis dans ce protocole, y compris par le demandeur à l'article 9, selon lequel Klöckner aura la responsabilité de la gestion technique et commerciale de la Société assurée par un Contrat de management ».

En effet, on a soutenu au sein du tribunal arbitral que la clause Cci contenue dans l'article 8 du contrat de management, aurait eu l'effet de *«soustraire de la compétence de ce tribunal les différends résultant de l'engagement de l'article 9, pour les placer sous la compétence d'un tribunal arbitral à organiser éventuellement par la Chambre de commerce international et soumis au droit suisse»*[645].

Le tribunal arbitral n'a pas pu partager ce point de vue d'après lequel une compétence du Cirdi aurait existé depuis la date du protocole le 4 décembre 1971, *«mais aurait disparu par une sorte de dérogation implicite le 7 avril 1977, date de la signature du contrat de management»*.

En effet, l'article 8 du contrat de management établit la compétence de la Cci, seulement pour *«tous différends découlant du présent contrat»*. Mais les différends émanant de l'exécution, la non exécution ou l'exécution défaillante de la gestion technique et commerciale de la Socame par Klöckner ont été soumis, depuis le démarrage de l'usine, à la clause du Cirdi, et restent soumis à cette clause, en vertu du jeu combiné des articles 9 et 22 du protocole d'accord, qui établit la compétence du Cirdi pour le *«règlement des litiges relatifs à la validité, à l'interprétation ou l'application des clauses du présent protocole»*.

En substance, l'engagement de Klöckner d'assurer la gestion technique et commerciale de l'usine a été la condition essentielle de l'investissement, reconnue dans le préambule du protocole ainsi que les *«discussions qui ont*

---

643 Ibid. p. 23.

644 *«Il est important de signaler que le demandeur a dit dans son mémoire en réponse qu'il admet que « le Cirdi est compétent en ce qui concerne le protocole d'accord (p. 11). Le demandeur accepte donc que la clause Cirdi, contenue dans le protocole d'accord s'applique à tous les engagements des deux parties établis dans ce protocole, y compris par le demandeur à l'article 9, selon lequel Klöckner «aura la responsabilité de la gestion technique et commerciale de la Société assurée par un Contrat de management».*

645 *«Le recours exercé contre la sentence Klöckner ne constituait sans doute pas une surprise dans la mesure où celle-ci n'avait été rendue qu'à la majorité des voix et dans des conditions qui avaient provoqué une profonde divergence de vues entre les membres du tribunal arbitral».* Il s'agit en fait de l'opinion dissidente de Me Dominique Schmidt, Avocat et arbitre désigné par Klöckner, in Rambaud (P.), L'annulation des sentences Klöckner et Amco; Annuaire Français de droit international, XXXII – 1986 ; p. 260.

précédé la rédaction de ce protocole» auxquelles se réfère l'article 4. Cette gestion technique et commerciale a été assurée de fait par Klöckner qui a dirigé à lui tout seul la société Socame, aussi bien avant qu'après la signature du contrat de management. Une preuve de fait résulte de la décision prise en décembre 1977, après la signature du contrat de management, d'arrêter l'exploitation de l'usine. Cette décision avait été adoptée par la Direction, composée (avec une seule exception) d'expatriés proposés par Klöckner, sans que le dossier indique une autorisation préalable du, ou même une consultation avec, le Conseil d'administration de la société[646].

En définitive, la compétence du tribunal arbitral ne devait faire l'objet d'aucun doute dès qu'on prend en compte *«le consentement exprimé à ce sujet par le demandeur dans son mémoire en réponse (p. 11)»*.

Dans ce document, le demandeur soutient que le contrat de management en lui-même échappe à la compétence du tribunal en ce qui concerne le protocole d'accord *«sans faire exception de son article 9»*.

Curieusement, c'est seulement au sein du tribunal arbitral qu'on a soulevé l'objection selon laquelle, *«le contrat de management aurait eu aussi l'effet d'exclure l'article 9 du protocole d'accord de l'application de la clause Cirdi»*[647]. Mais tout au contraire, la juridiction d'un tribunal arbitral Cirdi d'après la Convention Cirdi repose sur le consentement des parties, *«pierre angulaire de la compétence du Centre»*[648].

c) La question de l'enchevêtrement des rapports contractuels

Le second problème de compétence né de *«l'enchevêtrement des rapports contractuels»*, a eu comme source, l'invocation par le Cameroun de la Convention d'établissement signée entre le Gouvernement et la Socame le 23 juin 1973. En fait, la société Klöckner avait tenté de refuser la compétence du tribunal arbitral pour connaître de la Convention d'établissement du 23 juin 1973 ; convention par laquelle les intérêts de Klöckner devaient être gérés par la société Socame. Klöckner tira argument de ce que l'Article 46 (1) exige, le *«consentement des parties»* à l'arbitrage du Cirdi. Ce défaut se remarque également à la lumière de l'article 46(2), dans la mesure où la Socame n'est pas un *«ressortissant d'un État contractant, mais une société de droit camerounais enregistrée au Registre du commerce de Douala»*[649].

---

646 Paulson (J.), Les obligations des partenaires dans un accord de développement économique: la sentence arbitrale Cameroun c/ Klöckner; in Revue de l'Arbitrage; 1984; p. 19-63/1984; *Op. Cit.*, p. 24 .

647 *I*bid p. 25.

648 *Idem.*

649 Cité dans la sentence arbitrale, p.24, Paulson (J.), Les obligations des partenaires dans un accord de développement économique: la sentence arbitrale Cameroun c/ Klöckner; in Revue de l'Arbitrage; 1984; p. 19-63/198 ; *Op. Cit.*, p. 26 .

Le tribunal trancha cette contestation en retenant que[650] si la compétence du Centre ne peut s'étendre, en principe, à une personne morale qui possède la nationalité de l'État contractant[651], ce principe reçoit une importante exception dans le cas d'une personne morale constituée dans le pays hôte de l'investissement; si *«les parties sont convenues, aux fins de la présente Convention, de considérer comme ressortissant d'un autre Etat contractant, en raison du contrôle exercé sur elle par des intérêts étrangers»*[652].

En conséquence, comme l'explique clairement le Rapport des administrateurs sur la Convention Cirdi, une personne morale ayant la nationalité de l'Etat partie au différend peut être partie aux procédures établies sous les auspices du Centre, si l'Etat en question accepte de la considérer comme ressortissante d'un autre État contractant en raison du contrôle exercé sur elle par des intérêts étrangers[653]. Cette acceptation confère à la personne morale *«une sorte de nationalité subsidiaire, fonctionnelle, aux seules fins juridictionnelles devant le Centre»*[654].

En effet, la raison d'être de cette expression a été expliquée»[655] au moment où le 23 juin 1973 les parties à la convention d'établissement ont consenti à soumettre leurs différends à l'arbitrage Cirdi, la Socame était une société de droit camerounais, soumise au *«contrôle majoritaire des intérêts étrangers»*. Ceci résulte clairement de l'article 2 du protocole d'accord du 4 décembre 1971 dans lequel il est stipulé que, *«Klöckner et ses partenaires européens»* devront souscrire 51 % du capital de la Socame. La Convention Cirdi ne spécifie pas la manière par laquelle on peut exprimer l'accord des parties quant à l'existence des conditions donnant lieu à l'exception prévue à l'article 25(2) (b) in fine.

Dans la pratique, cet accord peut se manifester par la reconnaissance explicite du contrôle étranger résultant de l'article 2 du protocole, conjointement avec la simple insertion de la clause Cirdi tel qu'on l'a fait à l'article 21 de la convention d'établissement. À cet effet il a été signalé en commentant la Convention que, *«une clause de consentement peut*

---

[650] Sentence, pp. 24-28.

[651] Article 25, par. 2, litt. B de la Convention du Cirdi.

[652] *Art. 25, par. 2, litt. B. in fine.*

[653] Sentence p. 30.

[654] Amadio (M.); Le contentieux international de l'investissement privé et la Convention de la Banque Mondiale du 18 mars 1965; p. 115.

[655] Pour M. Broches, *«...il est très fréquent que l'Etat hôte exige des investisseurs étrangers, qu'ils exercent leurs activités dans le pays hôte sous le couvert d'une société régie par les lois du territoire d'accueil. En admettant que par ce fait..., la société revêt techniquement la nationalité de l'Etat hôte, il devient éminemment clair qu'il y a nécessité d'une exception... au cas où aucune exception n'a été prévue pour les sociétés étrangères incorporées dans les sociétés du territoire concerné, un vaste et important secteur de l'investissement étranger s'en trouverait exclu du champ d'application de la convention»;* Broches (A.), «The Convention on the settlement of investment disputes between States and nationals of other states», 136, in Recueil des Cours de l'Académie de droit international, p. 358 et s..

simplement s'en tenir à couvrir juste l'acceptation de soumettre certains différends à la conciliation et/ou à l'arbitrage, sous les auspices du Centre».[656]. L'insertion de la clause arbitrale Cirdi dans la convention d'établissement par elle-même suppose et implique que les parties sont convenues de considérer la Socame à l'époque, comme une société soumise au contrôle étranger et donc autorisée à mettre en marche l'arbitrage Cirdi. C'est une admission qui exclut complètement une interprétation différente de la volonté des parties. L'insertion de cette clause dans la convention d'établissement n'a de sens que si les parties sont convenues qu'en raison du contrôle exercé à l'époque par des intérêts étrangers sur la Socame, cette convention pouvait être soumise à la juridiction du Cirdi.

Il est vrai qu'en 1978 un changement s'est produit quand les intermédiaires étrangers ont perdu le contrôle majoritaire de la société, en refusant de participer à l'augmentation du capital décidée à l'époque.

Les auteurs spécialisés sont divisés quant aux effets sur la clause de juridiction Cirdi, d'un changement postérieur de nationalité ou du contrôle. D'un côté, M. Amerasinghe a soutenu que ce changement n'affecte pas la validité ni l'effet de la clause juridictionnelle»[657].De l'autre côté, M. Delaume semble être d'un avis contraire. En effet, en examinant l'hypothèse d'un transfert du contrat d'investissement au cours de son exécution en faveur d'un tiers, il soutient que si le concessionnaire est le *«ressortissant de l'Etat partie à l'accord ou d'un État non contractant»*[658], alors la juridiction du Centre disparaît. Le tribunal arbitral saisi de cette question avait pour sa part estimé que même si on accepte cette seconde opinion, il faut remarquer que la question qui se pose dans cette affaire n'est pas celle de savoir si le Tribunal a ou non juridiction rationae personae vis-à-vis de la Socame. Cette question, qui était celle de l'affaire Holiday Inn c/ Maroc où elle a été décidée négativement, est ici résolue dans un sens affirmatif, vu la lettre du défendeur du 7 décembre1981 adressée au Tribunal arbitral.

À cet effet, avait-il estimé, la question devant leur tribunal était différente. Il s'agissait de savoir s'il est compétent rationae materiae pour se prononcer sur l'application et l'interprétation de la convention

---

[656] Szasz, «A practical Guide to the Convention on settlement of investment disputes», 1, Cornell International Law Journal, p. 23.

[657] De l'avis de l'auteur, *«la Convention Cirdi établit que le moment pertinent pour se conformer aux prescriptions en matière de nationalité court à compter de la date de l'effectivité du consentement des parties sur la compétence de juridiction. Ceci implique par conséquent que tout changement touchant à la nationalité de la personne morale après cette date est sans pertinence aux fins de l'application du règlement du Cirdi»,* Amerasinghe (C. F.), «The International Center for the Settlement of Investment Disputes and Development through the Multinational Corporation », 1976, 9, Vanderbilt Journal of Transnational Law, pp. 809-810.

[658] Delaume (G.), «Le Centre International pour le règlement des différends relatifs aux investissements (Cirdi)», Journal du Droit International, 109, 1982, n° 4, p. 797.

d'établissement. Cette convention, qui bien que formellement signée par le Gouvernement camerounais et la Socame, a été réellement négociée entre le Gouvernement et Klöckner, ainsi qu'il résulte de l'annexe 40A à la réplique. En plus, il est indéniable qu'elle a été manifestement établie dans l'intérêt de Klöckner, à l'époque où cette compagnie était l'actionnaire majoritaire de la Socame. La convention d'établissement reflétait le rapport contractuel entre investisseurs étrangers, agissant par le biais d'une société locale, et le pays d'accueil de cet investissement étranger.

Dans ces conditions, avait estimé le tribunal arbitral, il serait inéquitable d'admettre que Klöckner, ayant bénéficié de 1973 à 1978 de l'existence de la clause arbitrale Cirdi à l'appui des avantages et garanties juridiques, économiques, financières et fiscales octroyées par la convention d'établissement, puisse être admis aujourd'hui à nier la compétence du Cirdi pour prendre en considération l'application de cette même convention, au moins pendant la période 1973-1978, quand elle est invoquée par le Gouvernement qui a consenti la clause arbitrale.

Sur la base de ces considérations, le tribunal fut amené à conclure qu'il était compétent pour se prononcer autant sur la demande principale que sur la demande reconventionnelle, en prenant également en considération cette convention d'établissement qui constitue un tout inséparable avec le protocole d'accord et le contrat de livraison.

d) Le problème du droit applicable

La question du droit applicable au contrat a toujours constitué une préoccupation pour les juridictions arbitrales saisies pour trancher un différend. Il en est ainsi de l'affaire Klöckner pour laquelle, aucun document contractuel ne faisait référence à une loi applicable. De ce fait, l'application de l'article 42 de cette convention aurait pu paraître chose aisée ; puisque cet article prévoit que : *«le Tribunal statue sur le différend conformément aux règles de droit adoptées par les parties. Faute d'accord entre les parties, le Tribunal arbitral applique le droit de l'État contractant partie au différend – y compris les règles relatives aux conflits de lois-, ainsi que les principes de droit international en la matière»*[659]. Il ne fut donc nullement contesté que *«la loi sur les contrats régissant ces trois instruments»*, comme la sentence le dit[660], devait *«naturellement»* être *«le droit civil et commercial applicable au Cameroun»*[661].

À cet effet, le Tribunal arbitral dût se référer au droit français, *«la République Unie du Cameroun présentant la particularité d'avoir hérité de*

[659] Paulson (J.), Les obligations des partenaires dans un accord de développement économique: la sentence arbitrale Cameroun c/ Klöckner ; in Revue de l'Arbitrage ; 1984 ; p. 19-63/1984 ; *Op. Cit.*, p. 28.
[660] Sentence p. 104.
[661] *Op. Cit.* p. 29.

son époque coloniale[662] *deux systèmes juridiques distincts, son territoire national ayant été administré pour partie par la France et pour partie par la Grande-Bretagne».* Le tribunal arbitral poursuit qu'en ce sens, il faut reconnaître le bien-fondé de la position du demandeur lorsqu'il dit que *«le projet, l'usine, la Socame étant établi dans la partie orientale du pays, c'est donc le droit camerounais basé sur le droit français qui trouve seul, application dans le litige»*[663]. Le défendeur, en l'occurrence, la République Unie du Cameroun invoqua le *«défaut de consentement, le dol, les vices cachés»*[664]. En plus des questions de compétence, diverses autres questions ont été abordées par le tribunal arbitral.

e) Les autres questions de fond

Pour une partie de la doctrine, les deux fondements qui semblent applicables sont le fait pour Klöckner *«de ne pas s'être comporté envers son partenaire camerounais avec la franchise et la loyauté requises dans les rapports contractuels internationaux aussi complexes et l'application de la règle exceptio non adimpleti contractus»*[665].

Toutefois, le Tribunal arbitral pour parvenir à la solution dégagée dans sa sentence avait dû aborder diverses autres questions, notamment l'évaluation de la prestation contractuelle fournie par Klöckner. À cet effet, le Tribunal retient que bien que Klöckner se soit engagé à livrer une usine *«prête à fonctionner»*, la réception de l'usine n'a pas eu lieu en conformité avec les accords, et l'usine n'a jamais fonctionné comme Klöckner avait dit qu'elle le ferait, et comme les accords le prévoyaient, pendant toute la durée de l'accord d'association entre Klöckner et la Socame[666].Cette démarche s'est faite autour d'une définition préalable des engagements pris par le partenaire allemand, notamment l'engagement de Klöckner d'assurer la gestion technique et commerciale de l'usine, a été la condition essentielle de l'investissement[667].

Par ailleurs, il résulte clairement du protocole que, le Gouvernement n'était pas satisfait par la simple livraison d'une usine d'engrais. D'après le protocole on attendait et on exigeait beaucoup plus du fournisseur de

---

662 A toutes fins utiles, le Cameroun n'a jamais été une colonie française ; mais un Territoire sous la Tutelle de la France et de la Grande Bretagne, sous l'égide de la Société des nations (SDN).

663 L'application du droit applicable va constituer l'un des reproches fait à cette sentence qui va être annulée en 1985 par une Décision du Comité Ad Hoc ; infra.

664 Paulson (J.), Les obligations des partenaires dans un accord de développement économique : la sentence arbitrale Cameroun c/ Klöckner ; in Revue de l'Arbitrage; 1984 ; p. 19-63/1984 ; *Op. Cit.*, p. 28 .

665 *Ibid.* p. 29.

666 Sentence Klöckner, p. 44.

667 *Ibid.*23.

l'usine.[668] En effet, l'article premier du contrat de livraison contient une définition très précise de ce que l'instrument même appelle, *«l'objet du contrat»*[669].

L'objet de ce contrat de livraison précise que le Gouvernement a décidé de conclure un contrat pour la réalisation d'une usine d'engrais, en vue de la production de 50 000 t/an de sulfate d'ammonium, 20 000 t/an de superphosphate simple, 27.000 t/an d'engrais complexes, 60 000 t/an d'acide sulfurique. Le Gouvernement a en outre accepté la spécification de Klöckner pour l'étude, la livraison, le montage et la mise en service de ladite usine.[670]

f) L'obligation de tout révéler à un partenaire

Lorsqu'un professionnel réalise un investissement, il a l'obligation de le réaliser de bonne foi. Cette bonne foi a pour corollaire l'obligation de tout révéler à son partenaire.

À cet effet, les arbitres ont déclaré avoir établi qu'au cours de la période critique avant et pendant la construction de l'usine, que Klöckner a failli à son obligation de traiter franchement avec son partenaire camerounais. Pour avoir failli à ses obligations, le tribunal ne décide pas que ce défaut était dû à une intention frauduleuse. Mais plutôt que Klöckner *«a fait montre, envers son partenaire, d'une franchise, d'une candeur, moins que totales, que ce qu'il n'a pas révélé à son partenaire peut avoir décidé le Gouvernement à aller de l'avant avec le projet»*. Le tribunal en conclut que Klöckner n'a pas rempli ses obligations de confiance et de loyauté envers son partenaire dans cette opération conjointe.[671] La décision des arbitres s'est aussi fondée sur une règle bien connue du droit ; l'exception d'inexécution pour justifier le droit de la République du Cameroun de ne pas honorer la suite de ses traites.

g) L'application de la règle exceptio non adimpleti contractus

Le tribunal arbitral a fait face à une *«difficulté liminaire... »* du fait que la dette camerounaise avait été formalisée par une série de traites signées en 1976 par le ministre des Finances. Avant le dépôt de la requête d'arbitrage, et notamment dans le courant de l'année 1980 après non-paiement des premières échéances, les traites[672] avaient fait l'objet de vives discussions entre Klöckner et le Gouvernement camerounais. Celui-ci n'avait pas contesté que sa créance s'élève au montant des traites, mais insistait sur la nécessité d'ouvrir des négociations pour déterminer dans quelle mesure la responsabilité de Klöckner était engagée du fait de l'échec de l'usine

[668] Sentence Klöckner, p. 30.
[669] *Idem.*
[670] *Ibid.*p. 37.
[671] *Ibid.*p. 44.
[672] Dont les échéances s'étalaient jusqu'en 1984.

Socame[673]. En définitive, le Gouvernement camerounais avait décidé de *«suspendre le règlement des traites, en attendant l'issue de l'arbitrage ; opposant ainsi à Klöckner l'inexécution de ses propres responsabilités contractuelles»*[674].

Prenant fait et cause pour le Cameroun, le Tribunal prendra cette explication comme point de départ, en énonçant les principes généraux du *«droit français»*, *«anglais et international»* «[675]suivant lesquels, *«l'invocation de l'exceptio non adimpleti contractus»* peut être faite à tout moment ; même dans l'instance judiciaire ou arbitrale, sans qu'il soit nécessaire de demander auparavant la mise en demeure du contractant défaillant[676].

Si selon Esmein, *«l'exception d'inexécution n'a besoin pour être opposée ni de l'autorisation du juge ni d'une mise en demeure préalable»* ; A. Weil, s'appuyant sur la jurisprudence, ajoute que l'exceptio non adimpleti contractus n'est subordonnée ni à une demande en justice, ni même à une mise en demeure. Il suffit que l'excipiens oppose l'exception à son protagoniste lorsque celui-ci réclame l'exécution de sa créance[677].

Il est vrai que, comme dit Cassin dans un ouvrage devenu classique «De l'exception tirée de l'inexécution dans les rapports synallagmatiques», le Code civil français nulle part (ne) *«mentionne l'exceptio non adimpleti contractus parmi les moyens de protection offerts à celui envers qui les*

---

673 Paulson (J.), Les obligations des partenaires dans un accord de développement économique: la sentence arbitrale Cameroun c/ Klöckner ; in Revue de l'Arbitrage ; 1984 ; p. 19-63/1984 ; *Op. Cit.*, p. 48.

674 Aux termes de la sentence (pages 109 -110), le Cameroun dans son contre mémoire a donné les explications suivantes :

«En tant que caution, le Gouvernement camerounais s'est engagé à se substituer à la SOCAME pour le remboursement du crédit et le paiement des intérêts. Son engagement n'est cependant pas illimité. Comme toute obligation, selon les principes généraux du droit des contrats, son exécution peut être suspendue par le jeu de l'exceptio non adimpleti contractus, c'est-à-dire dans l'hypothèse où Klöckner aurait lui-même failli à remplir ses propres engagements. Les fautes commises par Klöckner dans l'exécution de ses obligations contractuelles ont ainsi pour effet de libérer le Gouvernement camerounais de son engagement financie « .

(...)

« Il est important de noter que, même dans l'hypothèse où le tribunal estimerait que la partie camerounaise est tenue de payer le prix de l'usine, le non-paiement de l'intégralité de celui-ci serait justifié, compte tenu de la créance camerounaise née de l'inexécution par Klöckner de ses obligations de promoteur, de gestionnaire et/ou d'actionnaire, et sur les bases de l'exceptio non adimpleti contractus et de la compensation judiciaire, les deux communément acceptées en matière d'arbitrage international».

675 Sentence, pp. 110-112.

676 Esmein (V.), dans Planiol et Ripert, Traité pratique de droit civil français, vol. VI, éd. 1930, n° 455, p. 626 ; Cassin, De l'exception tirée de l'inexécution dans les rapports synallagmatiques, *Op. Cit.*, pp. 583-584.

677 Weil (A.), Droit civil, les obligations, 3e éd, n° 475,p.547.

engagements pris ne sont pas respectés»[678]. Mais la jurisprudence, la pratique et la doctrine françaises se *«refusent de croire que par son seul silence le Code civil ait écarté une règle d'équité élémentaire»*[679]. A contrario, la jurisprudence et la doctrine ont édifié *«une construction définissant clairement les différentes règles qui permettent de faire jouer cette exception»*[680].

En vue des divergences des parties quant au droit applicable suivant l'article 42 de la Convention Cirdi, il convient de remarquer que le droit anglais et le droit international arrivent à des solutions similaires.

En droit anglais, tel que l'a énoncé Lord Devlin, *«il est de l'essence de tout contrat qu'il y ait réciprocité. En effet, un contrat est un échange d'une promesse contre une autre... Un contrat peut consister en un échange de promesses sur un sujet, ex : paiement contre livraison ; et dès lors, si le vendeur ne procède pas à la livraison à la date prévue, l'acquéreur peut se libérer de son obligation de paiement».*[681].

Quant aux principes de droit international, auxquels se réfère l'article 42 de la Convention du Cirdi, l'exceptio non adimpleti contractus est aussi applicable. Il n'y a aucun doute que *«le principe qui est à la base de cette conclusion (Nederland non est adimplendum) soit si juste, si équitable, si universellement reconnu qu'il doive être appliqué aussi dans les rapports internationaux»*[682].

Il s'agit en tout cas, d'un de ces *«principes généraux de droit reconnus par les nations civilisées»*, que la Cour applique en vertu de l'article 38 de son Statut[683].

Le tribunal pour retenir l'application de la règle *exceptio non adimpleti contractus*, a examiné le problème plus spécifique de *«l'exécution partielle ou imparfaite»*[684]. Et tenant compte des principes juridiques ci-dessus, les arbitres ont évalué l'importance de l'inexécution à la lumière des faits établis

---

[678] *Op. Cit.* III.

[679] *Op. Cit.* p. IV.

[680] Voulet (J.), note dans J. C.P. II, 17707.

[681] Référence aux paragraphes 98 et 125 d'une sentence de la Chambre de commerce internationale (Cci) rendue sous la présidence de Lord n'indique dans l'affaire Fertilizer Corporation of India.

[682] Sentence Klöckner, p. 112.

[683] Opinion du Juge Anzilotti, Affaire des prises d'eau à la Meuse, Cour permanente de Justice Internationale, 28 juin 1937, Série A/B, n° 70, p. 50.

[684] Sentence, pp. 112-114) : *«L'opinion de la doctrine et la jurisprudence françaises est que l'inexécution qui peut donner lieu à l'exception peut être totale ou partielle»* .(V. Cassin, *Op. Cit.*, p. 514 et suiv., Capitant, De la cause des obligations, n° 131 ; Saleilles, Théorie générale de l'obligation d'après le projet de Code civil allemand, 3è éd., 1914, n° 12 ; et Mazeaud, Leçons de droit civil, T. II, n° 1129). Comme dit Cassin, *«l'exécution est parfaite ou elle ne l'est pas, et si elle ne l'est pas le créancier conserve le droit de la réclamer par voie de l'action ou d'exception»* , *Op. Cit.*p.525.

en l'espèce, à savoir que les défaillances de Klöckner dans l'exécution de ses engagements sont très loin d'être minimes.

En outre par le contrat de livraison, Klöckner avait assumé une obligation fondamentale de fournir une usine pouvant produire des engrais répondant à une description spécifique et en quantités garanties.

En effet, l'article 2 du contrat de livraison prévoit que le Cameroun devait payer à Klöckner le prix convenu pour une usine *«prête à fonctionner, construite au Cameroun, et conforme à la description qui en est faite en annexes»* ; par conséquent, une usine capable de fabriquer des produits finis, dans les volumes et quantités spécifiés. En procédant ainsi, le tribunal a conclu que l'usine n'a pas fonctionné au niveau de production prévue dans les accords ; et qu'en conséquence. Klöckner n'a pas livré ce qu'il avait promis de livrer au Cameroun.

Par ailleurs, par ledit protocole d'accord, Klöckner avait assumé une autre obligation aussi fondamentale que la première à savoir, assurer *«la responsabilité de la gestion technique et commerciale»* de la Socame, *«à partir du démarrage de l'usine»*[685].

Ensuite, pour exécuter correctement les contrats dont il s'agit il ne suffisait pas de livrer une usine d'engrais ; mais il fallait aussi que cette usine possédât la capacité requise et fût gérée de la façon nécessaire, pour atteindre les buts qu'on se proposait d'obtenir. En refusant la demande de Klöckner d'obtenir le paiement du solde du prix de l'usine, il ne s'agissait que d'assurer le maintien d'un équilibre créé par les intéressés eux-mêmes, dans leurs rapports contractuels.

Tenant compte de l'unité du rapport synallagmatique établi par les trois instruments, on peut affirmer que la livraison, la gestion de l'usine et le paiement total du prix convenu sont des dettes dont chacune est la cause juridique de l'autre. Comme dit Saleilles, *«le rapport synallagmatique forme un tout qu'aucune des parties ne peut scinder arbitrairement»*.

Fort de ce qui précède, le Tribunal arbitral a été amené à décider qu'en tenant compte, d'une part, des paiements importants effectués par le défendeur et, d'autre part, de l'importance des manquements contractuels du demandeur, que *«le montant payé correspond équitablement au montant représentant la valeur de l'exécution défectueuse de la part de Klöckner»*.

Poursuivant dans cette logique, le tribunal a relevé qu'il y'avait un certain équilibre, un certain rapport entre ce qui a été payé, et la valeur approximative des éléments livrés par Klöckner entre 1974 et 1976 ; et utilisés par le défendeur dans l'usine dans sa conception nouvelle, telle qu'elle a fonctionné avec succès en 1980. Et que les deux méthodes d'analyse menaient à des résultats à peu près équivalents, et qu'en conséquence il fallait décider que *«Klöckner a droit à ce qu'il a déjà reçu,*

---

[685] Sentence Klöckner, pp. 114-118.

mais à rien de plus»[686]. Il convient cependant de relever que le Tribunal arbitral n'avait pas rendu sa sentence à l'unanimité des membres. Un des arbitres avait émis une opinion dissidente, dont les arguments sont repris, pour ne pas dire qu'ils ont pesé d'un poids certain dans l'annulation de la sentence du 21 octobre 1983.

2. Le recours contre la sentence Klöckner

Le recours exercé contre la sentence Klöckner a été mis en œuvre[687], sur la base de la procédure d'annulation prévue par l'article 52[688] de la Convention de Washington du 18 mars 1965[689]. Selon cet article, la sentence contestée est examinée par un *Comité ad hoc* de trois membres[690], désignés par le président du conseil administratif du Cirdi. Ces membres doivent être choisis sur la liste des arbitres tenue par le Centre, en tenant compte des divers cas d'incompatibilité fixés par le paragraphe 3 de l'article 52. Le Comité ad hoc a une mission destinée à censurer les sentences gravement irrégulières.

La procédure de l'article 52 n'est pas, à l'évidence, une procédure d'appel. Elle n'a pas pour objet d'instituer une juridiction de second degré qui réexaminerait l'affaire et substituerait son appréciation à celle du tribunal arbitral au cas où elle estimerait mal fondée sa décision.

Les deux Comités[691] en sont bien conscients qui ont pris soin de préciser que tel n'était pas leur rôle. Ils rejetteront en conséquence un certain nombre de moyens invoqués par les demandeurs ; qui leur paraissaient excéder ceux qu'ils sont en droit de retenir à la lumière de l'article 52. Ainsi que l'observera le Comité Klöckner, le rôle des Comités ad hoc est, au fond des

---

[686] Sentence Klöckner, pp. 112-114.

[687] *«Le recours exercé contre la sentence Klöckner ne constituait sans doute pas une surprise dans la mesure où celle-ci n'avait été rendue qu'à la majorité des voix et dans des conditions qui avaient provoqué une profonde divergence de vue entre les membres du tribunal. Il était en fait déjà en filigrane dans l'opinion dissidente très tranchée de l'arbitre minoritaire (choisi par Klöckner) dont il allait reprendre les principaux arguments»*, Rambaud, Patrick ; L'annulation des sentences Klöckner et Amco ; Annuaire français de droit international, XXXII – 1986- publié par le CNRS; p. 26O.

[688] Article 52 (1) Cirdi: *«Chacune des parties peut demander l'annulation par une demande écrite adressée au Secrétariat Général sur un ou plusieurs motifs suivants : que le tribunal n,a pas été constitué ; que le tribunal a manifestement outrepassé ses pouvoirs ; qu'il y avait de la corruption de la part d'un membre du tribunal ; qu'il y a eu une dérogation grave à une régle fondamentale de procédure ; que la sentence a omis d'indiquer les motifs sur lesquels elle se fonde «*

[689] La sentence rendue le 24 novembre 1984, dans l'Affaire Amco et al. c. Indonésie, a été également annulée par une Décision du 16 mai 1986.

[690] Il s'agit du Suisse Pierre Lalive, président ; du juriste autrichien M. Seidl-Hohenveldern et de l'Egyptien, M. El-Kosheri.

[691] Les deux Comités ad hoc chargés de réexaminer respectivement, les affaires Klöckner et Amco.

choses, «de *veiller à la demande des intéressés, au respect des dispositions essentielles de la Convention concernant l'arbitrage»*[692].

L'article 52 de la Convention du Cirdi énumère cinq cas d'annulation dont trois seulement seront invoqués en l'espèce, notamment :

- l'excès de pouvoir manifeste ;
- l'inobservation grave d'une règle fondamentale de procédure ;
- le défaut de motifs.

Les deux autres motifs étant :

- le vice dans la constitution du tribunal ;
- et la corruption d'un membre du tribunal[693].

Ce recours a été sanctionné par une annulation de la sentence intervenue le 21 octobre 1983 entre la société allemande Klöckner c. la République du Cameroun et la société Socame, aux motifs qu'il y a eu excès de pouvoir manifeste (1) et défaut de motifs (2). Outre le défaut de motifs et l'inobservation grave d'une règle fondamentale de procédure, le Comité Klöckner distingue l'excès de pouvoir pour incompétence du tribunal et l'excès de pouvoir pour violation du droit applicable au différend[694].

a) L'excès de pouvoir manifeste

La société Klöckner contestait la décision du Tribunal arbitral, de s'estimer compétent pour apprécier ses obligations de gestionnaire de la société qui avait été créée dans le cadre de ses relations contractuelles avec le Gouvernement camerounais. Le groupe allemand le justifiait par le fait que *«ces obligations relevaient d'un contrat de management qui échappait à la juridiction du Cirdi en vertu d'une clause compromissoire expresse Cci»*.

Sur ce point, il ressort de la sentence que le tribunal ne nie pas son incompétence à l'égard dudit contrat. Toutefois, il estime que la stipulation insérée dans un autre contrat, notamment le protocole d'accord qui définissait les responsabilités respectives des parties, constituait à ce titre l'accord de base de leurs relations contractuelles, et que cette convention représente une base juridique suffisante pour justifier, à ses yeux, l'extension de son examen à cet aspect des obligations de Klöckner. En effet, ce protocole contient un article 9 aux termes duquel Klöckner devait assumer *«la responsabilité de la gestion commerciale et technique de l'usine d'engrais»*, qui était l'objet de son association avec le Cameroun.

Cependant, la question qui avait été débattue au sein du tribunal, et sur laquelle l'unanimité n'avait pas su se faire, était de savoir si cet article 9 avait bien par lui-même une valeur *«self executing»*. En d'autres termes cet article définissait-il avec une précision suffisante les obligations alléguées,

---

692 Rambaud, Patrick ; L'annulation des sentences Klöckner et Amco; Annuaire français de droit international, XXXII – 1986- publié par le CNRS, ; p. 261 .

693 *Idem.*

694 L'excès de pouvoir pour incompétence du tribunal, ne sera pas retenu pour justifier l'annulation de la sentence ; mais plutôt l'excès de pouvoir pour violation du droit applicable.

ou si au contraire il n'avait que la valeur d'une déclaration d'intention ; sa signification juridique se limitant à prévoir la conclusion du contrat de management auquel il est fait référence dans les stipulations.

Au terme d'une longue analyse sur ces divers aspects, le Comité Klöckner avait fini par retenir l'absence d'excès de pouvoir ; mais dans des termes si nuancés qu'il est permis de voir dans sa décision, *«le simple reflet de ses pouvoirs limités qu'il tient de l'article 52»*[695]. Malgré cela, le Comité va annuler la sentence Klöckner pour excès de pouvoirs ; sur le motif de :

- *la violation du droit applicable ;*
- *et d'avoir statué* ex aequo et bono.

En effet, le Comité reproche au tribunal arbitral d'avoir analysé comme étant fautifs, certains comportements de la société Klöckner, notamment *:*

- la violation par cette dernière, d'une obligation de loyauté et d'information que le tribunal jugeait fondamentale en l'espèce.
- le fait de n'avoir pas fait preuve vis-à-vis de son partenaire, de la franchise nécessaire ; en ne l'informant pas d'un changement des données économiques sur lesquelles s'appuyait le projet, changement qui remettait en fait en cause la rentabilité de ce dernier.

De l'avis du Comité, le tribunal en statuant ainsi, s'est écarté du *«droit interne*[696] *(le droit camerounais, c'est-à-dire le droit français»* qu'il avait pour mission d'appliquer et s'est en fait comporté comme un amiable compositeur. Dans la suite logique, le Comité relève que le tribunal arbitral n'a pas prouvé l'existence en droit français, de ces différentes obligations et s'est limité en fait à appliquer *«un vague principe général du droit»,* au sens de l'article 38 de la Cour Internationale de Justice[697].

---

[695] *Ibid.* p. 262.

[696]*«L'analyse donnée par le Comité Klöckner, et partagée par le Comité Amco (c'est la seconde sentence Amco annulée par un Comité ad Hoc), apporte la double précision suivante : la rigoureuse primauté du droit interne sur le droit international, et une non moins rigoureuse définition du contenu du droit interne applicable.*
L'affirmation de la primauté du droit interne sur le droit international est très nette. Elle signifie que les tribunaux ont l'obligation absolue de donner la priorité aux règles du droit interne dans leur examen du droit applicable. Ils ne pourront se tourner vers les « principes du droit international qu'une fois déterminée avec précision les règles pertinentes du droit interne», Rambaud, Patrick ; L'annulation des sentences Klöckner et Amco; Annuaire français de droit international, XXXII – 1986- publié par le CNRS , *Op. Cit.*p.264.

[697] Artcle 38 CIJ : «*La Cour dont la mission est de régler conformément au droit international les différends qui lui sont soumis, applique les conventions internationales soit générales, soit spéciales, établissant les règles expressement reconnues par les Etats en litige; la coutume internationale comme preuve d'une pratique générale acceptée comme étant le droit ; les principes généraux de droit reconnus par les nations civilisées.*
(2) Sous réserve de la disposition de l'article 59, les décisions judiciaires et la doctrine des publicistes les plus qualifiés des différentes nations comme moyen auxilliaire de détermination des régles de droit. La présente disposition ne porte pas atteinte à la faculté pour la cour, si les parties sont d'accord de statuer ex aequo et bono».

De ce fait, le Comité reproche au tribunal arbitral d'avoir méconnu les dispositions de l'article 42 *§* 1[698] qui lui imposaient de ne faire appel à ces principes qu'une fois dégagées les règles applicables du droit de l'État partie.

Le Comité conclut sur ce point en relevant que, *«sous couvert de statuer en droit, le tribunal, ce qu'il n'avait pas le droit de faire, a en fait recouru à l'équité, à des considérations de justice et de loyauté que seul un amiable compositeur pouvait utiliser»*[699].

Cette position du Comité Klöckner n'est pas à l'abri de critiques. La doctrine relève à cet effet que, le Comité reproche à la sentence de ne pas avoir établi l'existence en droit français d'une telle obligation. À ce sujet, le Comité n'officiant pas en qualité de juge d'appel, *«il n'a pas à rechercher lui-même si l'obligation existe ; il n'a pas à dire non plus si la solution adoptée par le tribunal est bonne ou mauvaise»*.

À cet effet, le Comité s'est employé à relever qu'une telle obligation n'existe ni en droit français ni dans les principes du droit international, car il ne s'agit à la réalité que d'un *«principe trop vague pour être appliqué en droit»*[700].

Or poursuit le Pr Rambaud, et ceci contrairement aux affirmations du Comité qui relève qu'une telle obligation n'existe pas en droit interne, c'est plutôt *«parce que le tribunal fait une application erronée du droit français qu'il commet un excès de pouvoirs»*. En fait, au lieu de partir d'une analyse précise de ses règles, il a en fait présupposé l'existence d'une obligation dans ce droit, comme du reste dans tous les autres droits des contrats, en raison du caractère universel qu'il lui prête.

Cet auteur en conclut que, *«qu'elle soit aventureuse ou simplement fausse, l'affirmation est dans les deux cas une erreur de droit»*. Et sur ce, il est fort à propos de s'imaginer que le Comité décide d'annuler la sentence, avec tous les inconvénients pratiques qu'entraîne une telle décision ; *«uniquement pour ne pas avoir apporté la preuve de l'existence d'une règle alors même que cette existence ne serait pas contestée»*[701].

Aux termes de l'analyse du Professeur Rambaud, la violation des termes de l'article 42 § 1 n'est pas si *«manifeste»* qu'elle paraît aux yeux du Comité. À ce propos, l'auteur relève que l'erreur de droit est certes possible ; encore que le droit français n'ignore pas l'obligation d'information du vendeur professionnel à l'égard de l'acheteur profane ; peu importe qu'elle

---

[698] Article 42(1) Cirdi : *«Le tribunal statue sur le différend conformément aux règles de droit qui peuvent etre convenues par les parties. En l'absence d'un tel accord, le tribunal doit appliquer la loi de l'Etat contractant partie au différend (y compris ses règles relatives aux conflits des lois) ; et les règles de droit international qui peuvent être applicables»*.

[699] Rambaud, Patrick, L'annulation des sentences Klöckner et Amco ; Annuaire français de droit international, XXXII – 1986- publié par le CNRS; p. 268.

[700] § 78 Décision du Comité.

[701] *Ibid.*p. 269.

soit applicable ou non en l'espèce. Mais s'interroge-t-il, s'il est si évident que sa gravité la fasse entrer dans la catégorie des *«excès de pouvoir manifestes»*.

Poursuivant son analyse, ce dernier estime que le Comité semble avoir quelque peu perdu de vue la complexité du différend dont était saisi le tribunal. Sans doute, relève-t-il, le Comité est conscient de la difficulté qu'il y a à déterminer avec certitude un cas d'excès de pouvoir parmi les erreurs de droit qui peuvent être commises. Face à cette difficulté, le Comité a choisi à dessein d'annuler sur la base d'un motif consacré par la pratique internationale à savoir, *«l'application de l'équité à la place du droit»*.

Dans l'esprit de cet auteur, ce reproche reste vivace ; dans la mesure où *«la distinction entre l'équité et le droit est en réalité délicate dans ce genre d'affaires. Et censurer le point de vue du tribunal qui affirme bien dans sa sentence son intention de statuer en droit et non en équité n'est pas éloigné de l'attitude d'un juge d'appel corrigeant un jugement qu'il estime erroné»*[702].

Outre l'excès de pouvoir, le Comité Klöckner va relever d'autres griefs à l'égard de la sentence Klöckner, à l'instar de l'absence des motifs.

b) La sentence n'est pas suffisamment motivée

Avant tout examen des autres motifs relevés par le Comité ad hoc, il est à relever que la décision d'annuler la sentence Klöckner était quasiment prise ; lorsqu'étaient examinés les divers arguments relatifs au *«défaut de motifs»*. Toute chose qui a dispensé le Comité de soupeser avec précision, *«les défauts qu'ils relèveront à ce titre»*[703]. En substance, le Comité fonde essentiellement son analyse sur l'article 48 § 3 qui traite de l'absence de réponses à certains chefs de conclusions ; et dont l'examen peut être ramené en trois points.

i) La nature de l'obligation assumée par Klöckner

Le Comité relève sans le dire explicitement que le tribunal a admis que Klöckner avait assumé *«une obligation de résultat et non simplement une obligation de moyen puisqu'il tire directement des conséquences juridiques de ce que les résultats promis n'ont pas été atteints»*[704].

Or, le Comité observe à ce propos que la sentence n'a pas répondu aux objections de Klöckner ; plaidant qu'il n'était lié que *«par une obligation de moyen au titre de sa responsabilité de gestionnaire»*. Et qu'en tout état de cause, sa responsabilité de fournisseur de l'usine devait être appréciée dans le cadre des dispositions légales et conventionnelles applicables en l'espèce, à savoir les dispositions du Code civil relatives à *«la responsabilité du*

---

[702] Rambaud, Patrick , *Op. Cit.*p.270.
[703] *Idem.*
[704]*Ibid.* p. 271.

vendeur pour vices cachés et les clauses contractuelles limitant le champ de sa responsabilité»[705].

En ce sens, le Comité invoque le contrat de livraison de l'usine, dont l'article 10.10 plafonne le montant de la responsabilité du fournisseur à 3 % du prix de l'usine et les articles 9 et 13, l'exonèrent de toute responsabilité à l'égard des dommages directs[706].

Tirant faits et cause de ce que la sentence avait escamoté totalement cette argumentation, le Comité a retenu qu'il y avait *«défaut de motifs au sens de l'article 52§ 1»*[707].

ii) L'analyse incomplète de l'exceptio adimpleti Nederland

L'exception d'illégalité avait été invoquée par la partie camerounaise, *«pour justifier le refus de payer la somme que lui réclamait Klöckner ; et le tribunal avait fait droit à sa thèse en soulignant que c'était un moyen de défense universellement reconnu»*[708].

A cet effet, le Comité, suivant en cela l'argumentation de Klöckner, observe que, *«la sentence ne répond pas aux objections soulevées par ce dernier quant à la portée limitée de l'exception»*[709].

Aux dires du Comité, *«loin d'éteindre les obligations existantes comme semble le penser le tribunal»,* l'exception n'est qu'une *«arme qui paralyse momentanément leur exécution. Mais peu importe la portée exacte de celle-ci, ce qui compte c'est... le silence gardé par la sentence sur la question»*[710].

iii) L'évaluation des préjudices subis par les deux parties

Il est reproché au tribunal arbitral d'avoir rendu un véritable *«jugement de Salomon»* ; en renvoyant les parties *«dos à dos»*[711]. De manière générale, le Comité reprochait à la sentence annulée d'avoir dispensé le Cameroun de payer le complément de prix que lui réclamait Klöckner, en réparation des fautes commises par ce dernier ; tandis que sa demande reconventionnelle en dommages-intérêts pour les pertes subies dans cette entreprise était rejetée[712].

De manière formelle, le tribunal avait estimé que ce qu'avait déjà payé le Cameroun soit environ 20 % du prix de l'usine correspondait à ce que lui avait livré Klöckner, à savoir une usine imparfaite et peu performante. Mais au-delà il n'avait droit à rien ; les pertes subies n'ayant pas à être compensées du fait qu'elles étaient la contre partie d'une expérience de

---

705 *Op. Cit.*, p. 271.
706 *Idem.*
707 *Idem.*
708 *Idem.*
709 *Idem.*
710 *Idem*
711 *Idem.*
712 *Idem.*

coopération industrielle qui avait mal tourné, mais dans laquelle il s'était librement engagé[713]. Ce *«coup d'éponge»* donné par le tribunal arbitral sur les créances présentées de part et d'autre par les deux protagonistes avait paru suspect au Comité ; qui y a vu la marque *«d'une appréciation équitable dépourvue de base juridique, aucune indication chiffrée n'étant fournie par la sentence»*[714].

En définitive, *«l'annulation de la sentence Klöckner est fondée sur un excès de pouvoir manifeste, non sur des défauts de motifs dont le poids exact est indéterminé»*[715]. De manière générale, la sentence Klöckner et la décision du Comité ad hoc ont placé le Cameroun au centre des enjeux de l'arbitrage Cirdi en particulier ; de l'arbitrage commercial international en général.

Et de manière singulière, la décision d'annulation de la sentence *Klöckner* a constitué l'un des deux premiers cas d'annulation[716] des sentences rendues sous l'égide du Cirdi. Ainsi que le rapporte Mark B. Feldman, bien que la Convention du Cirdi soit entrée en vigueur le 14 octobre 1966 : *« l'annulation de la procédure n'avait pas été évoquée depuis près de vingt ans. Le premier recours en annulation d'une sentence Cirdi fut déposé en février 1984 par «Klöckner Industrie-Anlagen Gmbh», partie à l'arbitrage avec la République du Cameroun. Le Comité ad hoc avait rendu sa décision annulant la sentence le 3 mai 1985 »*[717].

Ce constat est rappelé fort opportunément par Monsieur Rambaud qui relève à son tour que, *« conçue bien évidemment comme un remède exceptionnel*[718] *à de graves violations du droit de l'arbitrage, cette procédure était jusqu'à présent demeurée lettre morte ; aussi l'annulation coup sur coup des deux sentences précitées n'en prend elle que plus de relief »*.

En définitive la sentence *Klöckner* et la décision d'annulation du *Comité ad hoc* ont suscité un engouement et un intérêt certains pour la doctrine contemporaine[719]. C'est en ce sens que Patrick Rambaud relève que l'instauration d'un mécanisme d'annulation dans le système d'arbitrage du Cirdi représente l'une des innovations les plus remarquables de cette institution ; en ce qu'il vise à résoudre l'une des difficultés majeures de l'arbitrage international.

En effet, à partir du moment où la nouvelle procédure arbitrale était réellement «*internationalisée*», il n'était plus possible de s'en remettre au

---

713 *Op. Cit.*, p. 271.

714 *Idem.*

715 *Ibid.*p. 272.

716 Le second cas connu étant l'annulation de la sentence Amco ; *Op. Cit.*

717 Feldman, Mark B. ; The annulment proceedings and finality of ICsid Arbitral Awards ; ICsid, Vol. 2, 1987, 85-110.

718 « *Ce caractère exceptionnel est corroboré par la rareté des précédents internationaux et par la rareté encore plus grande des cas d'annulation* ». Rimbaud *op.cit*; p. 260.

719 *Op. Cit.*, note n° 13 affaire Klöckner.

juge national pour contrôler la légalité de la sentence rendue ; et l'on connaît par ailleurs les difficultés que présente en droit international l'aménagement de voies de recours contre les décisions arbitrales entachées, ou tout au moins suspectées, de vices majeurs[720].

Toutefois, cette procédure instaurée par l'article 52 de la Convention de Washington suscite des appréhensions. En effet, bien que destinée à censurer les sentences gravement irrégulières, *«cette procédure n'est pas à l'évidence, une procédure d'appel»*. Elle n'a pas pour objet d'instituer une juridiction de second degré qui réexaminerait l'affaire ; et substituerait son appréciation à celle du tribunal arbitral au cas où elle estimerait mal fondée sa décision. Les deux Comités en sont fort heureusement si bien conscients ; qu'ils ont pris soin de préciser que tel n'était pas leur rôle[721].

En tout état de cause, l'appréhension subsiste dans la mesure où l'annulation de la sentence Klöckner a conduit à s'interroger sur la portée réelle d'un mécanisme ; *«qui risque de glisser vers une sorte d'appel déguisé si les organes chargés de le mettre en œuvre ne font pas preuve d'une extrême rigueur pour éviter sa dénaturation»*. Or il n'est pas évident qu'en l'espèce, [722] une telle rigueur ait été toujours observée[723].

Cette appréhension est bien justifiée au regard du sort qui devrait être réservé aux sentences arbitrales rendues par d'autres tribunaux arbitraux ou centres d'arbitrage qui jouissent fortement du caractère obligatoire qui leur est attaché ; au regard de la Convention de New York de 1958[724], et des voies de recours ouvertes dans les législations nationales ou régionales[725], contre les sentences susceptibles de contestation ou entachées d'irrégularités.

B. Le contentieux arbitral devant la Cour Internationale d'Arbitrage et la Cour Commune de Justice et d'Arbitrage de l'Ohada

Le contentieux arbitral des contrats internationaux du Cameroun est beaucoup plus important et fréquent devant la Cour Internationale

[720] *Op. Cit.*, p. 259.
[721] Décision Klöckner : § 3 ; décision Amco : § 23.
[722] L'examen de la sentence Klöckner en l'occurrence.
[723] *Op. Cit.* p. 259.
[724] Convention de New York du 10 juin 1958 sur la reconnaissance et l'exécution des sentences arbitrales étrangères, ratifiée le 19 février 1988 par le Cameroun.
[725] L'Acte uniforme Ohada, relatif au droit de l'arbitrage, adopté le 11 mars 1999 ; le Règlement d'arbitrage de la Cous Commune de Justice et d'Arbitrage, adopté le 11 mars 1999 ; le Règlement de procédure de la Cour Commune de Justice et d'Arbitrage de l'Ohada ; le Règlement d'arbitrage de la Chambre de Commerce Internationale ; le Règlement d'arbitrage et le règlement intérieur du Groupement Inter patronal du Cameroun (Gicam) adoptés le 5 mars 1999 ; la Loi n° 92/008 du 14 août 1992 fixant certaines dispositions relatives à l'exécution des décisions de justice au Cameroun et ses textes modificatifs subséquents.

d'Arbitrage de la Chambre de Commerce international (1). Il est récent devant la Cour Commune de Justice et d'Arbitrage de l'Ohada (2).

1. Le contentieux arbitral devant la Cour Internationale d'Arbitrage

Compte tenu du caractère confidentiel des procédures pendantes devant ce centre d'arbitrage, il est difficile de déterminer avec exactitude les arbitrages qui concernent le Cameroun devant la Cour Internationale d'Arbitrage. D'autre part, en raison de la méfiance jadis affichée par les États africains vis-à-vis de l'arbitrage, il était difficile de croire que la Cci ait pu servir plusieurs fois de prétoire[726] au Cameroun.

L'idée longtemps partagée, qu'il existe un système de justice internationale, n'est pas acceptée par certains pays ; en particulier d'Afrique, d'Asie et d'Amérique latine *«qui considèrent l'arbitrage comme une institution judiciaire étrangère qui leur est imposée»*[727], est relativisée par la présence africaine devant les instances arbitrales et les juridictions internationales en général[728].

En guise d'illustration, le Cameroun est concerné par de nombreuses procédures devant la Cour Internationale d'Arbitrage.

Cette présence traduit qu'en pratique, le Cameroun encourage les investissements internationaux dans son pays lorsqu'il concède l'insertion des clauses compromissoires dans ses contrats internationaux.

Au rang de ces affaires, on peut citer les affaires opposant l'État du Cameroun, ou certains de ses démembrements[729], à des entreprises nationales ou étrangères. On peut citer diverses sociétés nationales opposées à des entreprises étrangères[730]/[731].

Compte tenu de la diffusion très restreinte de ces procédures, on n'en examinera que quelques-unes d'entre elles.

---

726 Convention la plupart des arbitrages Cci, le Cameroun est attrait en qualité de défendeur ou de codéfendeurs. Il est fait exception dans l'affaire du différend terrestre et maritime qui a opposé le Cameroun et le Nigeria pour laquelle l'Etat du Cameroun est demandeur devant la Cour Internationale de Justice.

727 Keba Mbaye, in 60 ans d'arbitrage Cci. un regard vers le futur, ICC bulletin.

728 La République du Cameroun, le Nigeria, le Burkina Faso, la Guinée Equatoriale, le Tchad, la Libye devant la Cour Internationale de Justice (CIJ), dans le cadre des différends portant sur la délimitation de leurs frontières terrestre et maritime.

729 La CNR (Caisse Nationale d'Assurance et de Réassurance),Intelcam(Télécommunications du Cameroun),Cnic(Chantiers navals du Cameroun).

730 BAREC TP S.A, Caisse Nationale de Réassurance (CNR), Cameroon Food Limited (Camfood Ltd), Chantiers Naval et Industriel du Cameroun (Cnic),Intelcam(Société des Télécommunications Internationales du Cameroun) c/ France Telecom (France), Wiemer & Trachte, Cameroon Tea Estates, Brobon Finex Ltd (République Sud Africaine), Antwerp Investments Limited (British Virgin Islands), Société Udecto (Togo)

731 Source : ICA- Base : base de données du Secrétariat de la Cour Internationale d'Arbitrage.

a) L'affaire N°11347/KGA/EC

i) Les faits

Des faits de cette procédure, il ressort qu'à la suite d'un appel d'offres international restreint, la République du Cameroun avait passé en novembre 1995 avec une société allemande, sur financement d'emprunt d'une banque allemande, un marché ayant pour objet la réalisation des travaux d'aménagement et d'optimisation des systèmes d'adduction et de distribution d'eau potable[732].

Les travaux devaient être exécutés en deux phases à savoir la phase I (délai d'exécution de 24 mois) et la phase II (délai d'exécution de 12 mois) avec 12 mois d'inter phasage si l'ordre de service de démarrage des travaux de la phase II était donné avant l'expiration des 12 premiers mois de la phase I. Le montant total du marché était fixé à.... (...), dont.... (...) pour la phase I, et.... (...) pour la phase II, cette société relève dans sa demande qu'au cours de la réalisation du projet, diverses perturbations ne lui incombant pas ont gêné le bon déroulement des travaux. Toutefois, elle a exécuté intégralement lesdits travaux[733].

À l'opposé, l'État du Cameroun relève que les travaux ont été certes intégralement livrés, mais ils l'ont été avec douze mois de retard.

Ce qui l'a amené avec l'accord de la banque de financement et après avis de l'Ingénieur-conseil allemand représentant l'administration, à appliquer les pénalités contractuelles de retard ; mettant ainsi en œuvre l'article 52 du marché qui prévoit qu'en cas de retard sur le délai imparti pour l'achèvement des travaux, l'Entrepreneur sera passible d'une pénalité d'1/2000ème du montant du marché par jour calendaire de retard jusqu'au trentième jour, d'1/10000ème du montant du marché par jour calendaire de retard au-delà du trentième (30ème) jour. Cet article précise que le montant des pénalités viendra en déduction des décomptes provisoires mensuels.

Quant aux modalités d'application, l'article 52 du marché dispose que *«ces pénalités seront appliquées d'office sans préavis et par la seule échéance du terme sauf en cas de force majeure juridiquement définie»*. En outre ces pénalités seront retenues sur les décomptes restants ou en cas d'impossibilité sur les états des sommes dues à l'entrepreneur. Et si aucune des deux méthodes ne peut être appliquée, les pénalités feront l'objet d'un ordre de recettes émis à l'encontre de l'entrepreneur.

---

[732] pour les villes de Bafoussam, Bandjoun, Baham, Bameka et Bamendjou ; op cit.
[733] Demande d'arbitrage introduite par la société W. T..

ii) La procédure

Comme conséquence à l'échec d'un arrangement à l'amiable de leur différend, en décembre 2000 la société demanderesse avait introduit une requête en arbitrage auprès du Secrétariat de la Cour Internationale d'Arbitrage contre la République du Cameroun, représentée *par* Monsieur le Premier ministre, Chef du Gouvernement, en l'espèce signataire du marché querellé[734].

Par la suite, le Premier ministre, Chef du Gouvernement à qui la demande d'arbitrage sera adressée par le ministre des Mines, de l'Eau et de l'Énergie, en sa qualité de Maître d'ouvrage, va désigner le ministre de l'Économie et des Finances pour assurer le suivi de cette affaire devant la Cour Internationale d'Arbitrage[735]. Le ministre de l'Économie et des Finances va désigner deux avocats[736] pour défendre les intérêts de l'État du Cameroun. Ces avocats étaient assistés par des représentants de l'État[737].

La demande en arbitrage est faite en application de l'article 64 du marché : Règlement des litiges qui dispose que, «*tout litige survenant entre les parties contractantes dans le cadre du présent marché doit faire l'objet d'une tentative de conciliation par entente directe.*

À défaut de règlement à l'amiable, tout différend découlant du présent marché sera tranché définitivement suivant le règlement de conciliation et d'arbitrage de la Chambre de Commerce international par un ou plusieurs arbitres nommés conformément audit règlement».

La société demanderesse justifie sa demande en arbitrage par le fait qu'elle n'avait pas été intégralement payée dans l'ultime délai qu'elle avait imparti à la République du Cameroun pour ce faire, et qu'elle avait également considéré que la tentative de conciliation prévue par la convention a échoué. Le siège de l'arbitrage était fixé à Paris ; la langue de l'arbitrage est le français et la convention des parties prévoyait que le droit camerounais est applicable au fond du litige. A cet effet, l'article 65 : droit applicable retient que, «*l'Entrepreneur s'engage à observer les lois, règlements et*

---

734 La raison en est que, le Premier Ministre, Chef du Gouvernement, était co-signataire du marché dont l'exécution est déférée devant l'instance arbitrale. Au Cameroun, le Premier Ministre, Chef du Gouvernement assure l'Autorité des marchés publics. En fait, le marché avait été signé par délégation par le Directeur de Cabinet du Premier Ministre (pag. 87 du marché).

735 Le Ministère de l'Economie et des Finances, après l'affaire Winslow, reçoit une attribution de fait pour le suivi du contentieux économique international de l'Etat à l'étranger ; certainement en sa qualité de tutelle financiére du portefeuille de l'Etat du Cameroun.

736 Maître E. Y. L. est camerounais, avocat au Barreau du Cameroun. Elle a suivi cette affaire avec Maître G. A., de nationalité française, Avocat au Barreau de Paris (France).

737 Monsieur N., Directeur des Affaires Juridiques, Monsieur Z. A. à N., chargé d'études à la Division des Affaires Juridiques, Monsieur A. P., Chef de la Division des Affaires Juridiques, Madame N. S., Chef de la Cellule du contentieux, Monsieur T. D., Ingénieur des mines, chef de service du projet.

ordonnances en vigueur en République du Cameroun, et ce aussi bien dans sa propre organisation que dans la réalisation du présent marché».

En plus de cet article 65, l'article 4 : Textes généraux régissant le marché quant à lui, précise les textes auxquels sera soumis le marché[738].

Le tribunal arbitral est saisi de ce litige depuis 2001. Il a rendu sa sentence le 17 juin 2007 ; ce qui constitue un délai anormalement long pour la Cci qui a la réputation d'être respectueuse de la rapidité qu'offre l'arbitrage commercial international. Cette attitude suscite beaucoup d'interrogations, au regard à tout le moins du caractère *«rapide»* attaché à l'arbitrage commercial international. Le règlement d'arbitrage et de conciliation de la Cci indique qu'une sentence doit être rendue dans les six mois dès que le tribunal arbitral est constitué. L'explication qui peut être donnée sur ce délai se rapporte aux nombreuses consultations et expertises demandées à la fois par les parties et le tribunal arbitral. Toutefois, les difficultés du tribunal arbitral sont à percevoir ailleurs. En effet, le tribunal arbitral avait plusieurs points litigieux à examiner[739].

Au cours de son audience de septembre 2002[740], la République du Cameroun a relevé devant le tribunal arbitral que non seulement le droit camerounais est applicable à la présente cause ; mais qu'en substance il prescrit des délais d'ordre public pour la saisine des juridictions en matière de contentieux des marchés publics.

À ce sujet l'Arrêté n°3430 du 13 octobre 1959 mettant en vigueur le Cahier des Clauses Administratives Générales (C.C.A.G.) applicables aux marchés de travaux et fournitures passés au nom de l'État et des Établissements publics nationaux non soumis aux lois et usages du

---

[738] Le présent marché sera soumis :
- au décret n° 95/101 du 09 juin 1995 portant réglementation des Marchés publics et au décret n° 95/102 du 09 juin 1995 portant attributions, organisation et fonctionnement des commissions des marchés et au décret n° 95/024/PM du 16 janvier 1995 fixant les modalités d'application du régime fiscal des marchés publics.
- Et en tout ce qui n'est pas contraire aux dispositions du présent marché et aux directives de passation des marchés financés par la ..., l'Entrepreneur sera soumis aux textes généraux ci-après :
- L'Arrêté n° 3430 du 13 octobre 1959 mettant en vigueur le Cahier des Clauses Administratives Générales (C.C.A.G) applicables aux marchés de travaux et fournitures passés au nom de l'Etat et des Etablissements Publics Nationaux non soumis aux lois et usages du commerce.

[739] A savoir : les arbitres sont-ils compétents pour connaître de la demande (article 6.2 du règlement ? La demande de la société allemande de voir condamner la République du Cameroun à lui payer la somme principale de DM... est-elle recevable en tous ses postes ? Si oui, est-elle fondée en tous ses postes ? Si non, pourquoi ne serait-elle pas fondée ? Enfin, conformément à l'article 31.3 du Règlement, les arbitres doivent également, dans leur sentence définitive, liquider les frais d'arbitrage ; Chapitre IV. Détermination des points litigieux ; point 21 du Projet d'acte de mission. *Op. Cit.*p.7.

[740] Inédite.

commerce, prescrit des délais dans lesquels les contestations relatives à l'exécution d'un marché public doivent être présentées.

Sur cette question du droit applicable, le tribunal arbitral a été amené à solliciter les avis juridiques des experts juridiques camerounais. Par deux demandes distinctes, le ministre camerounais des Finances et du Budget[741] qui représente l'État du Cameroun dans cet arbitrage[742] avait requis les avis de deux Professeurs d'Université ; le premier, celui du Professeur Adolphe Minkoa She[743], et le second, celui du Professeur Binyoum Joseph[744].

L'avis du Professeur Binyoum Joseph colle aux faits. En effet, la démarche de Monsieur Binyoum a été de démontrer fait après fait, dans quel délai tel type de revendication aurait dû être présentée à l'administration, en application des textes en vigueur. Il précise à cet effet que l'entrepreneur devait introduire son dossier de réclamations *«dans les trois mois suivant le rejet des conclusions de la réunion du 09 septembre 1998, c'est-à-dire au plus tard le 14 janvier 1999»*. Or, ne l'ayant fait que le 15 Juin 1999, donc plus de 08 mois après son désaccord, *«il est frappé de forclusion et par conséquent il est irrecevable à saisir le tribunal arbitral de Paris aux fins d'examen d'un recours»*.

Réagissant à l'Avis du Professeur Binyoum Joseph, le tribunal arbitral, par une Ordonnance de procédure estime qu'il n'y a pas trouvé les motifs pour lesquels la future demanderesse en arbitrage aurait été obligée d'introduire un recours gracieux préalable dans un délai déterminé et ce en contradiction avec l'article 64 du contrat.

En complément du premier avis, le Professeur Minkoa She Adolphe s'était attelé à dégager directement la portée de l'article 58 de l'Arrêté n° 3430 du 13 octobre 1959 mettant en vigueur le cahier des clauses administratives générales applicables aux marchés de travaux publics, fournitures et de services passés, au nom de l'État et établissements publics nationaux non soumis aux lois et usages du commerce. L'expert camerounais a d'abord tenu à préciser que l'article 58 de l'arrêté n° 58 de l'Arrêté n° 3430 du 13 octobre 1959 établit une procédure qui s'apparente à celle applicable en matière de juridiction administrative contentieuse ; ou plus exactement encore qui en est une application particulière.

En effet, ce texte, qui a trait à *l'«intervention de l'administration»*, relève la possibilité pour l'entrepreneur qui n'est pas satisfait de la réponse du chef de service relativement au décompte général et définitif, de saisir l'autorité

---

[741] A l'époque de cette procédure, Monsieur M.M.M'E.

[742] *Op. Cit.*

[743] Le Pr Minkoa She Adolphe est Agrégé des Facultés de droit, Professeur à l'Université de Yaoundé II (Soa).

[744] Le Pr Binyoum Joseph est Docteur d'Etat en droit public, enseignant de droit administratif à l'Université de Yaoundé II (Soa).

supérieure du chef de service par un rapport ou un mémoire dans lequel il indique les motifs et le montant de ses réclamations[745].

Et dans le cas où l'entrepreneur n'est pas satisfait de la réponse de l'autorité supérieure, ou si cette autorité n'a pas répondu dans un délai de trois mois à compter de la remise du rapport, l'entrepreneur peut saisir la Juridiction compétente[746]. Enfin et toujours en respect de la procédure en matière de contentieux des marchés publics, la non-saisine de la Juridiction compétente par l'entrepreneur dans un délai de six mois à dater de la notification de la décision administrative intervenue sur les réclamations vaut adhésion à ladite décision.

Au terme de sa démonstration, le Pr Minkoa conclut que, «*l'article 58 de l'arrêté n° 3430 du 13 Octobre 1959 soumet l'exercice des réclamations relatives au décompte général et définitif de l'entreprise, par l'entrepreneur, à une procédure inspirée de la procédure administrative contentieuse*».

En effet, la procédure contentieuse administrative indique que, le rapport ou mémoire adressé à *«l'autorité supérieure»* du Chef de Service joue un rôle central dans ladite procédure. Ce rapport est la condition *«sine qua non»* de la recevabilité des réclamations de l'entrepreneur devant la juridiction compétente ; quelle qu'elle soit, c'est-à-dire, que ce soit une juridiction étatique ou un tribunal arbitral. Et ce rapport doit à peine de forclusion, être adressé au Chef de Service pour transmission dans un délai de trois mois non susceptible de suspension, à partir de la notification de la réponse du Chef de Service.

En conséquence de ce qui précède, lorsque ledit rapport ou mémoire ne peut plus être adressé pour forclusion, on est en présence d'une *«irrecevabilité d'ordre public de toute réclamation de l'entrepreneur devant la juridiction compétente, quelle qu'elle soit. En fait, toute réclamation est éteinte, dans ce cas»*. Réagissant à la consultation du Professeur Minkoa, le tribunal arbitral l'a estimée insuffisamment précise, pour répondre aux questions que pose l'application (ou non) de l'article 58 de l'arrêté n° 3430 du 13 octobre 1959 aux faits de la cause.

Pour mieux comprendre ce conflit de règles applicables contenues dans le droit camerounais des marchés publics, le tribunal aura recours à la consultation du Pr Jean Du Bois De Gaudusson[747]. Dans son avis, Jean Dubois De Gaudusson relève qu'il est constant en droit public, que les marchés publics sont des contrats administratifs et leur contentieux relève de la compétence des juridictions administratives. Cette solution a été

---

[745] L'article 58*(alinéa 1er)* de l'Arrêté n°58 de l'arrêté n°3430 du 13 octobre 1958.

[746] L'article 58*(alinéa 2)* ,*idem*.

[747] Le Pr Jean Du Bois De Gaudusson est professeur de droit public, ancien Président de l'Université de Bordeaux IV et Montesquieu, Président de l'Agence universitaire de la Francophonie. (A.U.F.) ; infra.

explicitement reprise par les décrets du 14 août 1959 qui attribuaient à la Cour Suprême la connaissance des litiges relatifs aux marchés publics.

Poursuivant son raisonnement, l'auteur relève qu'expressément régi par le code des marchés publics et ayant pour objet la réalisation de travaux publics (travaux d'aménagement et d'optimisation), le marché conclu soumis à son expertise est un contrat administratif. Ce qui entraîne comme conséquence que son contentieux est soumis au droit public et relève de la juridiction administrative[748] qui statuera selon les règles de la procédure administrative contentieuse. Et qu'à cet effet, quelles que soient les raisons invoquées pour justifier son adoption puis son maintien, sur le plan juridique, *«le recours gracieux préalable revêt au Cameroun un caractère d'ordre public»[749]. Toutefois, poursuit le Professeur Jean Du Bois De Gaudusson, «*s'il y eût des hésitations par le passé[750], il est vrai rendu sous l'empire d'une législation ancienne, et d'une certaine doctrine[751] {que} la solution est aujourd'hui acquise et la jurisprudence constante. Le juge administratif voit dans ce recours un moyen d'ordre public, en conséquence de quoi, il a le pouvoir et l'obligation de soulever d'office ce moyen d'irrecevabilité même si le défendeur (l'administration) ne le fait pas et serait disposé à plaider au fond». *Il a été à ce propos, amené à citer un exemple par lequel la Chambre administrative de la Cour Suprême avait jugé, après avoir rappelé les termes de l'article 12 de l'ordonnance de 1972 l'Ordonnance de 1959, du fait de sa présence dans le Marché, revêt un caractère contractuel.[752]*.

À ce stade de l'étude de Jean Du Bois De Gaudusson, l'on était bien tenté de croire qu'il parviendrait à la même conclusion que Minkoa She Adolphe et Binyoum Joseph[753], à savoir *«déclarer la procédure d'arbitrage de l'entrepreneur irrecevable, pour défaut de recours gracieux préalable».*

Cependant, relève le critique, *«il n'est pas superflu pour sa compréhension générale, de rapporter que le dispositif du recours gracieux*

---

748 A l'époque des faits, la Chambre administrative de la Cour Suprême, faisait office de tribunal administratif en premier ressort; et l'Assemblée Plénière de la Cour Suprême, compétente pour connaître des recours en appel en dernier ressort.

749 Du Bois De Gaudusson (J.); Consultation sur l'application à un marché litigieux de l'article 58 du Cahier des Clauses Administratives Générales applicables aux marchés de travaux publics, fournitures et de services passés au nom de l'Etat et des Etablissements publics nationaux non soumis aux lois et usages du commerce mis en vigueur par l'arrêté du 13 octobre 1959 ; p. 3. Inédit.

750 CFJ, Tagny Mathieu c/ Etat du Cameroun, 16 mars 1967.

751 JACQUOT (H.), « le contentieux administratif au Cameroun », Rev. Camerounaise de droit (RCD, n°8, 1975.

752« *Qu'il résulte de ce texte que ce recours organisé et prévu par une disposition législative spéciale revêt un caractère obligatoire ; qu'il s'en suit que l'inobservation des dispositions susvisées peut être soulevée d'office par le juge. (CS-CA n°12, 27 avril 1978, Item Dieudonné c/ Etat du Cameroun)* «*Idem* ; *Op. Cit.*, p. 6.

753 *Op. Cit.*

préalable camerounais fait l'objet d'appréciations critiques de la part de la doctrine». Spécifiquement, la doctrine le trouve *«particulièrement sévère pour le demandeur tant en ce qui concerne la régularité de la procédure et la compétence de l'autorité administrative destinataire du recours, que les règles de délai et d'identité d'objet et de moyens entre le recours gracieux et le recours contentieux»*[754].

Par ailleurs, l'éminent jurisconsulte a tenu à relever que la loi qui est incorporée dans le contrat suit le sort de ce contrat.[755]. Prenant ainsi fait et cause en faveur de la nature contractuelle du marché public en cause, Jean Du Bois De Gaudusson conclut au fait que la procédure en vigueur dans le cas d'espèce est celle prévue par l'article 64 du marché.[756] Dans deux consultations complémentaires faites à la demande du tribunal arbitral, les Professeurs Minkoa She Adolphe et Luc Sindjoun[757] ont rejeté la nature contractuelle de la loi en cause. *Aux termes de cette analyse, Minkoa She retient que l'article 58 du CCAG n'a nullement une nature contractuelle*[758].

---

[754] Du Bois De Gaudusson (J.); Consultation sur l'application à un marché litigieux de l'article 58 du Cahier des Clauses Administratives Générales applicables aux marchés de travaux publics, fournitures et de services passés au nom de l'Etat et des Etablissements publics nationaux non soumis aux lois et usages du commerce mis en vigueur par l'arrêté du 13 octobre 1959 ; *Op. Cit.* p. 7.

[755]*«En tant que marché public, il est soumis aux textes relatifs à cette catégorie de contrats dont les cahiers des clauses administratives générales ; c'est ce que précise le décret du 9 juin 1995 portant réglementation des marchés publics et ce que stipule l'article 4 du marché. Elaborés par arrêté du premier ministre, ces documents sont destinés à être incorporés dans les marchés publics et, on le verra, ils suivent le sort des stipulations contractuelles ; (...).*
[A cet effet], il est important de rappeler, tant cet aspect a été longtemps négligé par la doctrine publiciste française dominante, que la nature administrative d'un contrat administratif ne doit pas occulter que celui-ci n'est pas moins (...) contractuel ». Idem.

[756]*« A partir du moment où est signé le marché (qui est un marché public relevant du droit administratif) et que celui-ci se réfère expressément au CCAG (...), l'article 58 s'analyse comme une stipulation contractuelle et, pour reprendre les termes de la demande de consultation, il n'est pas « d'ordre public absolu ». (...) « La procédure de conciliation régulièrement prévue par l'article 64 exclut l'application de l'article 58 ; en toute logique contractuelle, c'est-à-dire conformément à la volonté des parties, l'obligation, expressément prévue par les contractants, de recourir à ce mode de règlement amiable se substitue à la procédure de l'article 58 qui ne trouve pas à s'appliquer pas plus que les règles de délai des recours à l'administration ».*

[757] M Sindjoun. Luc., est Professeur Agrégé de Sciences Politiques.

[758]*« Le marché litigieux dont la procédure arbitrale est en cours est régi par le droit camerounais. Si ce droit s'inspire, à bien des égards du droit français (pour des raisons historiques bien connues), il n'en est pas moins un droit autonome, qui se développe selon une dynamique propre. A cet égard, le régime juridique du recours gracieux dans le contentieux administratif camerounais est particulièrement significatif de la capacité de ce droit camerounais de s'émanciper de ses origines, pour sécréter des solutions susceptibles d'adresser ses préoccupations propres. Il convient donc de convoquer le droit comparé et, en l'occurrence, le droit français, avec prudence, surtout lorsque sont en jeu des notions telles que l'ordre public, qui n'ont pas nécessairement (...), les mêmes contours d'un système juridique à un autre. Et l'on se souvient de ce conseil plein de sagesse, qu'énonce l'article 1159 du code civil :*

En effet, les dispositions de ce texte s'appliquent d'office à tout marché public, en vertu de l'article 2 et du décret de 1995 organisant les marchés publics ; et le non-respect de la procédure qu'il prévoit ouvre un moyen d'irrecevabilité d'ordre public. Par ailleurs il relève avec pertinence le fait que, les dispositions de l'article 64 du contrat ne peuvent pas avoir exclu l'application de l'article 58 du CCAG, en raison des dispositions claires de l'article 98 al. 2 du décret de 1995[759].

La conclusion Sindjoun Luc, parvient aux mêmes constatations que celles ci-dessus. Le raisonnement de l'auteur a pour point de départ l'article 58 du Cahier des clauses administratives générales à l'instar de toutes les dispositions dudit cahier. Il s'agit bien d'un acte administratif unilatéral, créateur des droits et des obligations. Et comme tel, il est obligatoire.

En outre les délais prescrits pour la réclamation de l'entrepreneur auprès de l'administration qui relèvent, sous l'empire du droit camerounais actuel, de la procédure administrative non contentieuse, doivent être compris comme participant du «*recours gracieux préalable et en tant que tel, peuvent être soulevés d'office par le juge conformément à la législation et à la jurisprudence*». L'auteur précise par ailleurs d'une part, qu'il n'est pas de méthode juridique féconde de rendre compte du contrat administratif, en s'en tenant uniquement à la volonté des parties ; comme si la réglementation en matière des marchés publics ne l'encadrait pas et que les actes administratifs unilatéraux, que sont les dispositions du CCAG ne faisaient pas partie du contrat et n'avaient pas un caractère particulier par rapport aux autres stipulations contractuelles. D'autre part, il n'est pas envisageable pour quelques raisons que ce soit, d'avoir une approche civiliste des contrats administratifs alors que ceux-ci sont suivant la législation camerounaise, «*non soumis aux lois et usages du commerce*»[760].

En conséquence de ce qui précède, l'auteur conclut que compte tenu de la primauté des dispositions du CCAG consacrant la supériorité des actes administratifs unilatéraux et des autres arguments exposés ci-dessus, «*les dispositions de l'article 64 du contrat ne peuvent pas être appliquées à la procédure arbitrale en cours tant celle-ci peut être qualifiée d'illégale*»[761].

« *Ce qui est ambigu s'interprète par ce qui est d'usage dans le pays où le contrat est passé*».

759 Minkoa She (A.) ; Consultation complémentaire sur la portée de l'article 58 de l'arrêté n°3430 du 13 octobre 1959, mettant en vigueur le Cahier des Clauses Administratives Générales applicables aux marchés de travaux publics, fournitures et de services passés au nom de l'Etat et des Etablissements publics nationaux non soumis aux lois et usages du commerce ; p. 12 ; inédit.

760 Arrêté n°3430 du 13 octobre 1959, *Op. Cit.*

761 Sindjoun (L.); Consultation complémentaire sur la portée de l'article 58 de l'arrêté n°3430 du 13 octobre 1959, mettant en vigueur le Cahier des Clauses Administratives Générales applicables aux marchés de travaux publics, fournitures et de services passés au nom de l'Etat et des Etablissements publics nationaux non soumis aux lois et usages du commerce ; p. 17 ; inédit.

Le tribunal arbitral a rendu sa sentence en juin 2007, par laquelle il déclare recevable la requête d'arbitrage de l'entrepreneur aux motifs que cette société affirme à plusieurs reprises, que les négociations se sont poursuivies tout l'été en application de la clause d'arbitrage qui prévoit un «*préliminaire de conciliation par entente directe*». Ce préliminaire ayant été respecté, c'est valablement que la Cour internationale d'arbitrage a été saisie, à la suite de l'échec de cette tentative de conciliation[762].

Se référant à cette recevabilité, le tribunal arbitral a également rejeté les exceptions de procédure de l'État du Cameroun, fondées sur le non respect des délais prescrits par le droit camerounais pour saisir valablement une juridiction pour des litiges portant sur l'exécution d'un marché public, fût-elle un tribunal arbitral.

Pour justifier son rejet, le tribunal arbitral fait tout d'abord appel à l'article 10 des directives de passation des marchés financés par la banque de financement qui dispose que, «*hormis une clause précisant le droit applicable au contrat, les Conditions Générales Contractuelles doivent contenir une disposition relative au règlement des litiges». Dans ce contexte, les parties au contrat se mettent généralement d'accord sur ce que, à défaut de règlement amiable, une cour internationale d'arbitrage – par exemple celle de la Cci ou du Cirdi- sera saisie».*

Le tribunal arbitral procède à cet effet à la distinction entre les lois de fond, qui s'appliquent à l'exécution de ce contrat et les lois de procédure dont la détermination est laissée à l'appréciation des arbitres.

Pour régler définitivement cet incident de procédure, le tribunal arbitral a eu recours à la doctrine qui soutient le principe de l'autonomie des arbitres pour retenir la loi applicable[763]. Par ailleurs, la Sentence arbitrale rendue rappelle que la plupart des décisions des arbitres démontrent que la pratique de l'arbitrage échappe au formalisme et à la rigidité du droit national[764].

Cette sentence indique que, «*plusieurs dispositions... de tout code national de procédure civile ont été établies dans le seul but de régir les procédures judiciaires devant les tribunaux étatiques et ne peuvent dès lors*

[762] Sentence du 25 juin 2007, paragr. N°155, p. 86.

[763]«*En pratique, on constate que les parties évitent très largement de stipuler l'application d'une loi nationale. Aussi, en l'absence de volonté exprimée de leur part, les droits et règlements d'arbitrage délèguent-ils à l'arbitre le soin de résoudre les difficultés d'ordre procédural en lui laissant à cet égard la même liberté que celle consentie aux parties* », Hascher (D.), Principes et pratique de procédure dans l'arbitrage commercial international, recueil des Cours, tome 279, Académie de droit international privé de la Haye, Martinus Nijhoff Publishers, 2000, spéc. pp 74 et suiv.

[764] «*Qu'en aucun cas le formalisme et les rigidités du droit national ne doivent avoir cours en arbitrage international. De fait, une conception fondée sur l'autonomie de la procédure arbitrale conduit à de solutions plus adaptées que celles procurées par une réglementation nationale façonnée pour les besoins du procès judiciaire comme l'énonce l'ordonnance rendue en juillet 1987 dans l'affaire Cci 5699* », Sentence arbitrale N11347/KGA/EC, paragr. 148, p. 83.

être transposées dans le domaine différent de l'arbitrage international, qui a un caractère spécifique et des exigences différentes, en ceux compris la flexibilité»[765]. Après avoir déclaré la requête de l'entrepreneur recevable, le tribunal arbitral a condamné l'État du Cameroun à payer le coût des travaux réalisés. Toutefois, la complexité des questions soulevées, non seulement rappelle la complexité attachée à l'affaire Klöckner[766], mais traduit tout l'intérêt de notre ouvrage en particulier, et du Cameroun en général dans la négociation, l'exécution et le règlement des litiges dans les contrats internationaux qu'il conclue. Une autre affaire oppose depuis peu la République du Cameroun, à un de ses nationaux, au sujet de la privatisation de la filière thé de la Cameroon Development Coorporation.

b) L'affaire N°15262/EC/ND

i) Les faits

Par un décret de juillet 1994[767], l'État du Cameroun avait décidé de procéder à la privatisation de la filière thé de la CDC[768], dont l'activité s'étend également aux filières caoutchouc, palmier à huile et banane.

La privatisation de la filière thé a fait l'objet d'un appel d'offres international e, remporté par la société X. afin de répondre à cet appel d'offres, Monsieur C et la société sud africaine WT ont conclu par un acte notarié, un accord de *«joint venture»* organisant leurs relations d'affaires.

Aux termes d'un protocole d'adjudication provisoire, la société X fut déclarée adjudicataire de la filière thé. Entre temps, il fut demandé à cette société d'avoir une existence légale.

En 2002, la société est constituée par devant notaire, et enregistrée au registre du commerce. Seraient actionnaires de cette société, les Sud-Africains et Monsieur C, à hauteur de 5 %[769].

Quelques jours plus tard, une convention de cession de la filière thé, au prix de… est passée entre l'État du Cameroun, la société WT et la société X. Ce même jour, l'État du Cameroun signe une convention d'actionnariat avec la société WT, partenaire stratégique de la liquidation en sa qualité de pourvoyeuse des fonds.

La veille de cette cession de la filière thé, un conseil d'administration extraordinaire va se tenir ; l'État du Cameroun entre dans le capital de la société X à concurrence de 35 %, les 65 % restants revenant au repreneur WT.

---

765 Sentence N°11347/KGA/EC paragr.148, p. 83, citée par Dominique Hascher.
766 Supra.
767 N° 94/125 du 14 juillet 1994.
768 La Cameroon Development Corporation (CDC), est, après l'Etat du Cameroun, le second employeur avec près de 30.000 employés.
769 Ce point constitue le fondement de la demande en arbitrage de Monsieur X.

Après la signature de la convention de la cession de la filière ainsi que la convention d'actionnariat, Monsieur C est nommé directeur général de la société X. La rupture va vite intervenir entre ce dernier et ses partenaires de la WT ; qui vont le limoger de son poste de directeur général moins de six mois après. Après des tentatives infructueuses devant le juge judiciaire, Monsieur C ne va pas retrouver son poste de travail.

Face à cet échec, et à toutes les tentatives d'une indemnisation par l'État du Cameroun, comme conséquence *«à son éviction»*, Monsieur C va personnellement porter le différend devant la Cour Internationale d'Arbitrage.

ii) La procédure

Se référant à l'article 13 de la Convention de la cession de la filière thé, Monsieur C, bien que limogé de ses fonctions de directeur général de la société X, signataire de ladite convention, va introduire une demande en arbitrage devant la Cci, pour le compte de ladite société et à son nom personnel. Cette demande est dirigée contre l'Etat du Cameroun (MINEFI), la société WT et M.P.

Monsieur C reproche à l'Etat du Cameroun d'avoir signé «*une convention secrète*» d'actionnariat, qui compromet sa qualité d'actionnaire de la société X. Il relève que cette convention octroie à la société WT 65 % du capital social. Il reproche des actes intempestifs de l'État du Cameroun et de WT, notamment son limogeage et l'intervention, avec le soutien de l'État du Cameroun de certains tiers, qui ont troublé la possession et la jouissance par la société X de la filière thé acquise aux termes de la convention de cession.

Monsieur C demande par conséquent son rétablissement dans la possession et la jouissance de la filière thé, sous astreinte de….. FCFA par jour de retard à compter du prononcé de la sentence arbitrale, l'interdiction aux défendeurs de troubler à nouveau ladite possession et jouissance sous peine de pénalités de…. FCFA par infraction, l'interdiction aux défendeurs 2 et 3 d'user, dans leurs affaires, de la dénomination de la société X sous quelque forme que ce soit, sous peine de pénalités de…. FCFA par infraction constatée à compter de la sentence à intervenir, la condamnation solidaire des défendeurs à la réparation des préjudices qu'il a subis notamment :

S'agissant de la société X :

Monsieur C avait demandé au tribunal de réparer le préjudice lié au manque à gagner qu'il aurait subi durant la dépossession, le préjudice lié à l'atteinte au droit de propriété, le préjudice lié à la perte de la valeur de la filière consécutive à la mauvaise gestion de l'usurpateur, le préjudice lié aux frais exposés pour la défense de la cause ainsi que le préjudice moral.

S'agissant des préjudices subis par Monsieur C :

Le requérant sollicite la réparation du préjudice matériel lié à la privation de salaires et autres avantages, le préjudice moral lié aux divers agissements des défendeurs qui ont porté atteinte à l'honneur et à sa réputation[770].

Réagissant à cette demande, les défendeurs 2 et 3, respectivement la société WT et Monsieur P, ont fait savoir à la Cour, qu'ils contestaient, sans préjudice des éléments de fond qu'ils pourraient invoquer par la suite. Notamment :

- la qualité du demandeur Monsieur C, à intervenir en tant que partie à la présente procédure d'arbitrage ; la clause d'arbitrage stipulée dans la convention de cession ne pouvant être invoquée que par les parties à ladite convention, à savoir les sociétés X,WT et l'État du Cameroun ;

- la qualité de Monsieur C à agir pour le compte du demandeur dans le cadre de la présente procédure d'arbitrage, et en conséquence, à désigner Me... pour agir au nom de la société X dans le cadre de la présente procédure d'arbitrage ;

- la compétence de la Cour pour juger des éléments du litige invoqués par le demandeur et Sieur C, qui ne peuvent pas, être rattachés à la convention de cession (qui seule prévoit que, les litiges seront tranchés par voie d'arbitrage devant la Cour). En outre, les défendeurs ont demandé à la Cour d'exclure Monsieur P. de la procédure d'arbitrage ; ce dernier n'étant pas parti à la convention d'arbitrage stipulée aux termes de la convention de cession[771].

Le défendeur n° 1[772] quant à lui considère que la question préalable de la qualité de Monsieur C à représenter la société X devrait être résolue en premier lieu par les juridictions compétentes, conformément à l'article 51 des statuts de la société X qui dispose que, toutes contestations qui pourraient s'élever pendant le cours de la société ou de sa liquidation, soit entre les actionnaires soit entre la société et les actionnaires eux-mêmes, concernent l'interprétation et l'exécution des présents statuts ; ou généralement, au sujet des affaires sociales, seront jugées conformément à la loi et soumises à la juridiction des tribunaux compétents du siège social.

En clair l'État du Cameroun relève qu'il s'agit d'un contentieux entre les actionnaires d'une société anonyme ; comme tel et en application de l'Acte Uniforme Ohada sur les sociétés, c'est le tribunal du siège de l'entreprise qui est compétent pour connaître d'un tel litige.

Par ailleurs, l'Etat du Cameroun relève à l'attention du tribunal arbitral qu'il est étranger au litige opposant Monsieur C et les autres défendeurs. Ce dernier indique que ce litige doit être réglé conformément aux stipulations de la convention de joint-venture.

---

770 La demande en arbitrage.

771 Mémoire des défendeurs 2 et 3 du 20 juillet 2004.

772 L'Etat du Cameroun.

Sur la base des écritures échangées entre les parties, la Cour a décidé que la procédure d'arbitrage aurait lieu entre le demandeur X, à l'exclusion de Monsieur C. se référant aux mémoires des parties, le tribunal arbitral a déterminé les points litigieux à résoudre.

ii.1- Les points litigieux

Le tribunal arbitral est amené dans le cadre de cette procédure arbitrale à connaître des questions de procédure et de compétence d'une part (1) ; d'autre part, il connaîtra éventuellement des questions de fond(2).

ii.2- Les questions de procédure et de compétence

La première préoccupation du tribunal arbitral avait consisté à dire si chacune des parties à la présente procédure, telle qu'identifiée, est liée par la convention d'arbitrage contenue dans la convention de cession passée entre l'État du Cameroun, la société X et la société WT[773].

Par ailleurs, le tribunal arbitral devait se prononcer sur sa compétence, notamment au regard des termes de l'article 51 des statuts de la société X.

En rappel, cet article désigne les juridictions du siège social de la société X, comme compétentes à connaître des litiges qui surviennent entre des actionnaires. Cette désignation quant à elle, trouve son fondement dans le droit camerounais applicable à la présente cause.

Enfin concernant toujours les questions de forme, le tribunal arbitral devait dire si les représentants de chaque partie, tels qu'ils se sont présentés dans cette procédure d'arbitrage, ont la capacité et la qualité pour agir au nom et pour le compte de cette partie dans le cadre de la présente procédure[774].

En clair Monsieur C, ancien directeur général de la société demanderesse, limogé de ses fonctions, licencié de son emploi, détenait-il encore les pouvoirs de représenter ladite société en justice, dans le cadre du présent arbitrage ?

Cette question est d'autant plus pertinente que la Cour Internationale d'Arbitrage lui avait refusé la qualité de partie, pour défaut de clause compromissoire[775]. Il devient de ce fait important de rappeler que c'est en sa qualité de directeur général de ladite société, que Monsieur C avait signé la convention de cession de la filière thé au profit de la société X.

Dans ce prolongement, Monsieur C n'étant plus directeur général, de qui tenait-il ses pouvoirs pour désigner Me (…), représentant de la société X devant la Cour Internationale d'Arbitrage ?

Pour compléter cette logique, la société X avait adressé une correspondance à la Cour Internationale d'Arbitrage pour lui indiquer qu'elle

---

[773] Projet d'acte de mission ; p. 10.
[774] *Ibid* p. 11.
[775] Infra, voir dans la procédure.

n'a jamais introduit un recours en arbitrage devant son instance ; moins encore désigné Me (…) pour le représenter devant cette instance arbitrale ; et par ailleurs, que les dirigeants de la société X dénoncent toute forme d'ingérence du concerné dans le fonctionnement de ladite société.

Il n'est pas surabondant de relever que le protocole d'adjudication provisoire, a prévu une clause compromissoire qui désigne le Cirdi compétent pour connaître de tout litige survenant dans la présente privatisation.

Cette double désignation d'une instance arbitrale se mettant en compétition avec une autre, n'est pas sans rappeler le précédent créé dans l'affaire Klöckner devant le Cirdi[776].

Toutes ces questions méritent d'être soulevées, dans la mesure où la situation posée remet en cause les fondements du droit de l'arbitrage qui reposent sur le consentement des parties à recourir à l'arbitrage comme mode de règlement des litiges.

ii.3- Sur les questions de fond

Le tribunal arbitral s'est proposé d'examiner la thèse avancée par le demandeur, quant aux troubles qu'il aurait subis de la part de l'un ou de plusieurs défendeurs, dans la jouissance et la possession de la filière thé cédée aux termes de la convention de cession, au regard des faits et du droit camerounais applicable[777].

Il s'agissait pour le tribunal d'interroger le droit camerounais en matière de fonctionnement de la société anonyme. Monsieur C revendique par exemple le fait que la convention de joint-venture avait prévu qu'il serait maintenu aux fonctions de directeur général pendant dix ans. Deux problèmes se posent à ce niveau.

Premièrement, Monsieur C qui revendique un actionnariat à hauteur de 5 % du capital de la société X peut-il s'imposer devant les autres actionnaires qui détiendraient, qui, 60 % du capital qui, 35 %, ceci en application des règles Ohada en matière de fonctionnement d'une société anonyme ?

Par ailleurs, le conseil d'administration extraordinaire avait procédé à une augmentation du capital de la société X qui est passé de, à…. Monsieur C a reconnu qu'il n'a versé que *«500. 000 FCFA au moment de la création de la société X en…, au stade embryonnaire du projet»*. Comment peut-il revendiquer *«le trouble de possession»* ou *«le trouble de jouissance»*. On ne peut retenir une telle infraction, qu'au profit d'un *«propriétaire»* qui est spolié de sa chose, ou d'un *«possesseur»* qui est perturbé dans sa *«jouissance»*.

---

[776] Infra.

[777] *Op. Cit.*p.11.

Deuxièmement, la convention de joint-venture passée entre Monsieur C et la société étrangère WT avait désigné les juridictions de Douala compétentes pour connaître des litiges qui naîtraient de son application.

Le tribunal arbitral a rendu en 2007 une sentence préliminaire définitive, parce qu'il s'est déclaré incompétent.

Le tribunal rappelle les points litigieux qu'il devait trancher dans le cadre de cette sentence préliminaire, à savoir :

- chacune des parties à la présente procédure, telle qu'identifiée en tête de l'Acte de mission, est-elle liée par la convention d'arbitrage stipulée aux termes de la Convention de cession ?

- les représentants de chaque partie à la présente procédure ont-ils la capacité et la qualité pour agir au nom et pour le compte de cette partie dans le cadre de la procédure d'arbitrage ?

- la clause compromissoire invoquée par le demandeur Monsieur C, constitue-t-elle une base valable pour fonder la compétence du tribunal arbitral, et si oui dans quelle mesure le litige est-il rattaché à la convention de cession stipulant ladite clause compromissoire ?

- enfin, quelle est la répartition des frais et des provisions sur frais entre les différentes parties que doit retenir le tribunal arbitral, étant entendu que les parties défenderesses avaient refusé de payer les frais d'arbitrage, aux motifs que Monsieur C n'avait aucune qualité pour engager cette procédure.

Sur sa compétence, le tribunal arbitral a eu à relever que le litige a été présenté par le Demandeur comme étant un trouble à la jouissance et à la possession de la filière thé acquise auprès du Défendeur 1 [l'État du Cameroun] conformément à la Convention de cession, occasionné par (i) la signature entre le Défendeur 1 [l'État du Cameroun] et le Défendeur 2 [la société WT] (et notamment du limogeage de Monsieur C par le Défendeur 2 et (iii) l'intervention, avec le soutien du Défendeur 1, de certains tiers, dont Monsieur P[778].

À cet effet, le tribunal arbitral a rejeté ces demandes dans sa sentence[779].

Par conséquent le tribunal arbitral a dû conclure qu'en l'espèce, «*il n'est aucunement fait mention dans la convention de cession de l'exigence de participation de Monsieur C au capital de la société X, ou à la gestion de ladite société. Sa révocation ne saurait constituer un litige pouvant être*

---

[778]Affaire N°15262/EC/ND paragr. 4.2.2, p. 18.

[779]«*Non seulement aucun élément déterminant n'a été remis au tribunal arbitral établissant que la société X elle-même – et non l'un de ses fondateurs ou dirigeants – a été troublée dans la jouissance et la possession de la filière thé, par le Défendeur1 ou le Défendeur 2 (....). Mais aussi, la répartition du capital de ladite société retenue dans la convention d'actionnaires précitée, n'est pas en contradiction avec les termes de la Convention de cession et du dossier d'appel d'offres ... qui prévoient tous deux la répartition finale suivante : 60% pour le partenaire financier (le Défendeur 2), 10% pour l'Etat du Cameroun (le Défendeur 1), 25% pour des investisseurs privés camerounais et 5% pour le personnel de la société X*»; Affaire N°15262/EC/ND………., paragr. 4.2.4, *Op. Cit.*p.18.

rattaché à la convention de cession, et par suite, à la convention d'arbitrage qui y est stipulée»[780].

Le tribunal arbitral soulève enfin un déclinatoire de compétence ; en référence à la clause d'arbitrage contenue dans la convention de joint-venture.

Au regard de tous les éléments ci-dessus, le tribunal arbitral s'est déclaré *«incompétent pour statuer sur le litige qui lui a été soumis»*.

Au-delà de cette question de compétence qui a fondé la décision du tribunal arbitral, il convient de revenir sur la pertinence de la décision des arbitres, en référence à l'identité des parties à l'arbitrage.

En rappel, Monsieur C dans sa demande d'arbitrage avait porté plainte contre Monsieur P. A cet effet, le tribunal arbitral rappelle les termes de l'article 13 : Règlement des différends qui dispose que, *«tout différend entre les parties, non résolu à l'amiable, relatif à la validité, à l'interprétation, le sens, l'exécution ou les effets de la présente convention ou de ses suites, ou relatif aux droits et obligations des parties, sera soumis à un règlement arbitral selon les règles de la Chambre de Commerce international(Cci) à Paris»*[781].

Par conséquent, le tribunal arbitral relève que tous litiges survenant entre les parties à la Convention de cession et un tiers, ne relèvent pas de la compétence du tribunal arbitral et ne peuvent donc faire l'objet d'un règlement arbitral par le tribunal arbitral. C'est pourquoi la Cour Internationale d'Arbitrage de la Cci, dans sa sentence, avait décidé que Monsieur C *«agissant à titre personnel, ne serait pas partie à l'arbitrage en qualité de demandeur»*.

Poursuivant dans cette logique, les arbitres estiment qu'en référence à ce même fondement, Monsieur P ne peut être mêlé à cet arbitrage. Aucune preuve n'ayant été rapportée quant à son implication dans le cadre de la conclusion ou de l'exécution de la convention de cession.

Par ailleurs, il n'a été aucunement établi ou démontré qu'il était, directement ou indirectement, partie à cette convention.

Enfin, la qualité de partie à la convention d'arbitrage ne peut lui être reconnue conformément au principe de l'effet relatif des contrats[782].

Les arbitres se sont également prononcés sur la qualité de Monsieur C à parler au nom et pour le compte de la société X dans cet arbitrage.

À ce sujet le tribunal constate qu'au vu des pièces portées à la connaissance du tribunal arbitral, il n'est pas établi que Monsieur C, déclarant agir pour le compte de la société X, avait, au jour de la saisine de la Cour Internationale d'Arbitrage de la Cci, la qualité pour représenter le Demandeur, que ce soit en vertu d'un pouvoir général ou d'un pouvoir

[780] Affaire N°15262/EC/ND paragr. 4.2.4 in fine, p. 18.
[781] *Ibid* p.19.
[782] p. 17.

spécial. Il ressort en revanche des pièces fournies par le Demandeur et les Défendeurs, que Monsieur C était directeur général de la société X entre la date de signature de la Convention de cession, date à laquelle il a été révoqué par la société WT en sa qualité d'actionnaire majoritaire du Demandeur.

En conséquence de ce qui précède et à défaut de justifier par ailleurs d'un pouvoir des organes compétents de ladite société, le tribunal arbitral constate que, *«Monsieur C n'avait pas qualité pour représenter le demandeur à la date à laquelle le litige arbitral a été initié»*.

Dans cette convention, il est stipulé les fonctions et les pouvoirs devant être attribués à Monsieur C dans le cadre de l'acquisition de la filière thé ; et de son exploitation postérieurement à la signature de la Convention de cession.

Sur ce point, les arbitres ont déclaré que le tribunal arbitral ne peut se reconnaître compétent ; pour connaître des litiges afférents à *«l'application de cette convention de joint-venture, ces derniers étant soumis à une convention d'arbitrage au profit d'un tribunal à Douala»*[783].

À l'analyse, cette sentence arbitrale a le mérite d'avoir rappelé et tiré toutes les conséquences attachées à l'effet relatif des contrats en général, et à celui de la clause compromissoire en particulier ; talon d'Achille du droit de l'arbitrage. Toutefois, en guise de critique il convient de relever la légèreté avec laquelle la société X a été constituée sur le plan des formalités juridiques.

En effet cette entreprise est une société de droit camerounais, dont les activités et les champs de thé se situent dans une localité autre que Yaoundé[784].

La Commission Technique de Privatisation et de Liquidation a son siège à Yaoundé. Pour les besoins de la privatisation de la filière thé de la CDC, les parties ont mené toutes les négociations sur place à Yaoundé. Les acquéreurs de la filière thé ont cédé à la facilité en domiciliant leurs adresses et leur Registre de Commerce auprès du Tribunal de Première Instance de Yaoundé.

C'est ainsi que dans les pièces versées au dossier d'arbitrage, il a été démontré que les registres de commerce, la boîte postale, le numéro de téléphone affectés à la société X dont les statuts ont été notariés à Yaoundé, étaient la propriété personnelle de l'épouse de Monsieur C[785].

Ces faits ont eu pour conséquence, d'embarrasser le tribunal arbitral qui a dû dans un premier temps s'employer à se prononcer sur l'authenticité des statuts de la société X, au point d'interpeller le notaire instrumentaire de ces

[783] *Ibid,*p.18.

[784] Une ville de la Région administrative du Sud Ouest du Cameroun, à environ quatre cents kilomètres de Yaoundé.

[785] Au moyen d'un constat d'huissier auprès du Tribunal de Première Instance de Yaoundé, les services de la Poste camerounaise rapportent la preuve de ces faits.

statuts par une demande de questionnaire. En ce sens, la sentence ne précise-t-elle pas que : «..., *le tribunal arbitral a demandé à la présidente de la chambre des notaires du Cameroun (Maître...) d'intervenir auprès de Maître V afin que cette dernière réponde à la demande formulée par le tribunal arbitral. Cette demande est restée sans effet*»[786].

En conséquence de ces faits, il convient d'interpeller le professionnalisme et le sérieux des opérateurs économiques nationaux.

Des détails de ce genre peuvent faire basculer toute la logique d'un procès, étant entendu que les références ci-dessus constituent l'identité juridique de l'entreprise ; identité qui permet de reconnaître au plan international, les droits et les obligations attachés à une entreprise.

Par ailleurs, les services judiciaires ont tout intérêt à moderniser et informatiser en réseau, et à mettre à jour le registre du commerce et du mobilier.

c) L'affaire F.T c/I.[787]

i) Les faits

La société française F.T. et la Société camerounaise à capitaux publics de télécommunications[788], ont des relations anciennes.

En décembre 1993, la dette de la société I. était de...] et la situation s'est encore dégradée du fait de la dévaluation du franc CFA qui a entraîné de facto un doublement de la dette d'I en francs CFA, celui-ci ayant perdu, suite à la dévaluation, la moitié de sa valeur par rapport au franc français.

En 1994, F.T et I. avaient signé un protocole d'accord (le Protocole) aux termes duquel la société I, reconnaissait devoir à F.T. la somme de... au titre des échanges de comptes internationaux de télécommunications, correspondant au trafic écoulé au 31 décembre 1993 (article 1-1). F.T. s'engagea à remettre au maximum 50 % de la dette de I. (article 1-2), sous réserve du respect par celle-ci de l'échéancier de rééchelonnement portant sur une durée totale de cinq années (article1-3, annexe 2) et du paiement des créances nées du trafic écoulé (la dette courante) (article 2).

Les procédures d'échanges de comptes et décomptes internationaux correspondant au trafic écoulé (article 2), les modalités de règlement et leur affectation (article 3) étaient définies, étant précisé que les paiements s'imputaient en priorité sur la dette courante et que F.T.avait, en cas de difficultés de paiement de la part de I.. , la possibilité de mettre en place des mesures techniques visant à déséquilibrer suffisamment les flux de

---

786 Affaire N°15262/EC/ND p. 15 der. Paragr.

787 L'affaire France Telecom. c/ Intelcam., a donné lieu à un arbitrage Cci. La sentence a fait l'objet d'une tentative d'annulation devant la Cour d'Appel de Paris. Les détails de cette affaire sont tirés d'un certain nombre d'articles de doctrine et non des décisions rendues par les arbitres..

788 Intelcam.

(article 4). Ce Protocole, en son article 6 intitulé *«droit applicable et arbitrage»*, est ainsi rédigé, «*Le présent Protocole d'Accord est soumis au droit français. Toute difficulté relative au présent Protocole d'Accord sera à défaut d'accord amiable entre les parties, tranchée définitivement suivant le Règlement de Conciliation et d'Arbitrage de la Chambre de Commerce international par un ou plusieurs arbitres nommés conformément à ce règlement.*

Le lieu de l'arbitrage est fixé à Paris et la langue de l'arbitrage sera le français».

Le défendeur n'a pas pu honorer les remboursements négociés dans les délais convenus, et la partie plaignante a introduit une requête d'arbitrage devant la Cour Internationale d'Arbitrage.

ii) La procédure

La demanderesse avait introduit une requête d'arbitrage à laquelle la société I. avait répondu. Le tribunal arbitral constitué[789] avait préparé et soumis son acte de mission à la signature des parties à Paris. Cet acte indique les parties à l'arbitrage ; tout en précisant que le défendeur n'est pas la société accusée, mais elle est représentée par une entité en cours de constitution ; cette dernière société n'ayant toutefois pas succédé aux obligations de la société I. dont elle n'assurait que l'administration.

L'acte de mission avait circonscrit les questions à régler en indiquant que les points litigieux à résoudre par le tribunal arbitral sont ceux qui résultent des mémoires des parties (y compris les mémoires qui seront ultérieurement déposés) et qui sont nécessaires à l'adjudication des demandes et contestations formulées par la demanderesse et la défenderesse.

Pour ce qui est des Règles de procédure, le tribunal appliquera le règlement d'arbitrage de la Cci entré en vigueur le 1er janvier 1998. Pour toutes questions non tranchées par ce règlement, il appliquera les règles arrêtées de commun accord des parties et du tribunal. En l'absence d'un tel accord, il appliquera les règles de procédure qu'il estime appropriées.

Plusieurs ordonnances de procédure ont été rendues dans cet arbitrage. Une audience s'est tenue à Paris et au cours de laquelle des témoins ont été entendus. L'audience des plaidoiries a, quant à elle, eu lieu à Douala.

Par un courrier, le tribunal arbitral avait demandé aux parties la communication «*d'un détail précis des montants des paiements effectués par virement et des montants des paiements effectués par compensation...*», dans le cadre d'un calendrier pour cette communication.

Or, la société I. avait communiqué un «*nouveau mémoire*» que le tribunal arbitral avait jugé hors délais. Et sur ce, le président du tribunal arbitral avait

---

789 Comme arbitres, F.T.avait proposé M. de B.,, la défenderesse I. a choisi M. K.D. ; et les deux arbitres avaient suggéré M.. en qualité de président. Ces choix avaient été confirmés par le Secrétariat Général de la Cour Internationale d'Arbitrage.

alors avisé les parties de ce que, *«cette dernière note n'avait pas été sollicitée par le tribunal et leur a indiqué de ne plus adresser d'écrits non sollicités car ces nouveaux écrits ne pouvaient être pris en compte»*.

Dans cette affaire, le tribunal arbitral avait rendu une sentence à la majorité, condamnant la défenderesse à payer telles sommes d'argent à F.I.. Quelques jours avant, l'un des co-arbitres,[790] avait émis une opinion dissidente et n'avait pas signé la sentence. Cet arbitre reprochait à cette sentence un certain nombre de manquements que l'on peut retrouver dans le dispositif de la décision finale. L'arbitre dissident relève notamment que le Protocole est un accord de restructuration comportant une remise de dette assortie d'une condition résolutoire et d'un accord de rééchelonnement. En respect des termes de ce Protocole, la demanderesse a agi de bonne foi dans la négociation, l'interprétation et l'exécution du Protocole et il n'est nullement établi qu'elle se serait rendue coupable d'abus de position dominante ou de puissance économique ; il n'est pas davantage établi que le protocole aurait un caractère dolosif.

À cet effet, la totalité des dispositions du Protocole devait être respectée, conformément au principe *pacta sunt servanda.*

Par contre, la société défenderesse, n'ayant pas rempli les obligations mises à sa charge dans le Protocole, cette société ne pouvait plus bénéficier d'une remise de dette, et du fait du montant dû ; elle devrait être condamnée à payer ce montant à la société F. T. ; et qu'il n'y avait plus lieu en revanche de la condamner au paiement des dommages intérêts pour réparation du préjudice prétendument causé par son retard, par ailleurs, cet arbitre relève que la demande d'indemnisation formulée à l'encontre de la demanderesse était dénuée de tout fondement, ainsi que toutes ses autres demandes ; et qu'il n'y avait pas lieu notamment de lui interdire de poursuivre la compensation jusqu'au jour du parfait paiement.

S'agissant des frais auxquels s'étaient exposées les parties, aucune demande n'ayant été formulée contre la défenderesse non responsable des demandes en justice, sauf pour ce qui est de ses frais de défense, il n'y avait pas lieu de prononcer de condamnation au fond en sa faveur ou contre elle, sous réserve de la décision sur les frais ; à supposer même que les demandes formulées par Me X et Me Y[791] l'aient été également pour la défenderesse, elles devraient être rejetées pour identité de motifs.

En outre, l'arbitre dissident avait relevé dans son opinion que les frais d'arbitrage fixés par la Cour Internationale d'Arbitrage de la Cci devaient être mis intégralement à la charge de la défenderesse I. ; et qu'il lui appartiendrait de rembourser à la société F.T. enfin, les parties auraient dû supporter les frais qu'elles ont exposés pour leur défense, avec en plus des

---

[790] M. K.D..

[791] De regrettée mémoire ; Me N qui fut avocat au Barreau du Cameroun, fut désigné conseil de la société I.l.

charges supplémentaires pour la défenderesse qui aurait dû payer à F.T. les frais qu'elle a exposés pour sa défense.

Les parties ayant eu connaissance de l'opinion dissidente de l'un des co-arbitres, la défenderesse avait formé un recours en annulation contre la sentence arbitrale[792] devant le tribunal de grande instance de Paris[793].

d) L'affaire Société P. c/la CNR794

Cette procédure a eu lieu devant la Cour Internationale d'Arbitrage de la Chambre de Commerce international.

i) Les faits

La société française P. avait conclu avec la défenderesse[795], un contrat de publicité aux termes duquel cette dernière s'engageait à publier une annonce publicitaire d'une demi-page dans l'édition Paris Europe de la revue Paris Match ; dans le cadre d'un reportage spécial consacré au Cameroun moyennant, le paiement d'une somme d'argent. Ce prix devait être payé en deux échéances, dont la deuxième au moment de la publication. À la publication du journal, aucun paiement n'était encore, effectué.

À la date convenue, une annonce publicitaire d'une demi-page sur la CNR est publiée à l'intérieur du reportage spécial sur le Cameroun[796].

Après cette publication, la société P. avait relancé à plusieurs reprises la CNR pour obtenir le règlement de sa prestation. Quelques mois plus tard, la CNR lui avait adressé un fax portant proposition du règlement de la somme attendue en deux tranches de 50 % chacune, dont :

- 50 % au 5 mars 1996 ;
- 50 % au 5 juin 1996.

Il s'agit au regard de la pratique contractuelle camerounaise des contrats internationaux, d'une tentative de conciliation dont l'échec a ouvert la voie à la contestation par voie d'arbitrage. Malgré cet engagement, la CNR ne payera qu'un unique acompte. Face à ce manquement, la société P. engagea la procédure d'arbitrage prévue au contrat.

ii) La procédure

Dans une requête, le demandeur avait saisi la Cour Internationale d'Arbitrage, sur la base de la clause d'arbitrage contenue à l'article 5 du

---

792 Supra : développement dans la partie consacrée à l'examen du contentieux judiciaire des contrats internationaux du Cameroun. Section 2 de ce Chapitre.

793 Infra, Paragraphe 2 : le contentieux judiciaire des contrats internationaux du Cameroun.

794 Cette affaire avait fait l'objet d'un arbitrage Cci, et pour laquelle le demandeur avait saisi et obtenu l'exequatur d'un tribunal camerounais. Elle s'est retrouvée par ailleurs ici et là dans le cadre de la liquidation de l'ex-CNR.

795 La Caisse Nationale de Réassurance (C.N.R) fut une société d'Etat camerounaise, aujourd'hui dissoute et liquidée.

796 Dans la revue Paris Match édition Paris – Europe n° 2533 du 12 octobre 1995.

contrat aux termes duquel, «*Tous les différends découlant du présent contrat seront tranchés définitivement suivant le règlement de conciliation et d'arbitrage de la Chambre de Commerce international par un Arbitre nommé conformément à ce règlement. Le lieu de l'Arbitrage est à Paris*».

La société P. avait demandé la désignation d'un arbitre unique. Sur proposition du Comité National français de la Cci, Monsieur B[797]fut désigné arbitre unique par la Cour. L'arbitre unique adressa le projet d'acte de mission aux parties. Tandis que P. marquait son acceptation, la CNR ne se manifesta pas.

Compte tenu de ce défaut de réponse, la Cour mit en œuvre l'arbitrage sur la base de l'article 6(2) du règlement de la Cci. L'acte sera signé par la partie demanderesse et l'arbitre unique, puis notifié à la CNR.

Par une correspondance adressée à la Cour Internationale d'Arbitrage, la CNR fit connaître son intention de *«conclure l'affaire à l'amiable en proposant trois paiements...»* ; tout en prétendant avoir contresigné l'acte de mission.

Ayant manqué à cette obligation, la CNR tenta par diverses autres correspondances d'obtenir l'ensemble du dossier de la procédure.

Quelques jours plus tôt, l'arbitre unique avait confirmé à la CNR que le Secrétariat de la Chambre de Commerce international lui avait adressé l'ensemble des documents échangés et plus particulièrement la requête initiale de la société P. accompagnée des pièces et de l'acte de mission signé par la partie demanderesse et validé par la Cour.

Suite à cette correspondance, l'arbitre unique accorda un délai de trois mois aux parties pour trouver un arrangement amiable ; à défaut d'un tel arrangement, il sera amené à déposer sa sentence. En conséquence de ce qui précède, aucun accord n'ayant été porté par les parties à la connaissance de l'arbitre unique et la partie défenderesse étant restée muette, ce dernier délibéra sur la cause sur la base des écritures de la partie demanderesse et des pièces produites, et rendit sa sentence.

Sur ce, la défenderesse fut condamnée à payer le principal de la créance assortie de dommages, ainsi que des frais d'arbitrage et des honoraires de l'avocat de la partie demanderesse..

- Pour ce qui est de l'exécution forcée :

L'arbitre avait rejeté l'indemnisation sollicitée par la société demanderesse dans le cas où la partie défenderesse n'exécuterait pas la sentence volontairement. En effet, même si l'attitude de la partie défenderesse dans cette affaire pouvait laisser effectivement craindre une difficulté d'exécution volontaire et immédiate de la sentence, il ne s'agit là que d'un préjudice éventuel qui ne saurait être de ce fait, indemnisé.

---

[797] Vovan Patrick.

Sur ce dernier point, et à l'analyse de l'évolution de cette affaire, la société P. n'avait pas eu tort de revendiquer le paiement des frais pour l'exécution forcée de cette sentence ; puisqu'elle a eu recours à la procédure d'exequatur[798].

Par ailleurs, la dissolution de la société défenderesse interviendra quelques années plus tard par un décret du Président de la République ; après que cette entreprise publique se soit retrouvée en difficulté. Toutes choses qui expliqueront son insolvabilité, face à ses créanciers, dont la société P.

e) l'affaire société MG[799] c/ la République du Cameroun

i) Les faits

La République du Cameroun avait réalisé un emprunt[800] auprès d'un consortium de banques étrangères en vue de la construction par des entreprises allemandes et australiennes, d'un aéroport international à Nsimalen une banlieue proche de Yaoundé. Jusqu'en novembre 1998, le Cameroun n'avait pas toujours été à même de rembourser la totalité de sa dette. Engagé dans une restructuration de sa dette grâce au concours de la Banque mondiale et du Fonds Monétaire International, l'État du Cameroun va renégocier sa dette privée commerciale devant le Club de Londres au taux de 14.5°% du montant principal. La société MG va rejeter cette modalité et exiger la totalité de la créance ainsi que les intérêts exigibles à la date de paiement. Ce qui avait eu pour conséquence de porter considérablement à la hausse, le montant global de la demande en arbitrage ; somme de loin nettement supérieure à la créance initiale.

En effet dans le processus du Club de Londres sur les modalités de restructuration des créances souveraines des banques commerciales pour la restructuration des dettes privées extérieures, *«l'État du Cameroun a offert le 16 juin 2003 de racheter ses dettes commerciales extérieures au taux d'intérêt de 14,5 % du montant principal, assujetti à une suppression irrévocable des intérêts courus».*

En outre, d'après la société M.G. le Cameroun n'ayant pas fait opposition à l'assignation dans les quinze jours suivant chacun des trois recours, consentait par conséquent à ce que chacune des assignations soit exécutoire en vertu de l'article 15.1 de la Convention de Crédit.

Après que la MG soit devenu le seul prêteur restant en vertu de la Convention de Crédit, la BB n'avait plus besoin d'agir en qualité d'agent en vertu de cette Convention. En mai 2004, la BB et la MG ont conclu un

---

798 Jugement d'exequatur n° 66 du 25 janvier 2000, du tribunal de grande instance du Mfoundi à Yaoundé.

799 MG est un nom fictif donné à cette société en raison du caractère confidentiel de l'arbitrage.

800 Il s'agissait d'un consortium de banques étrangères

accord selon lequel la BB renonçait à sa qualité d'Agent et la MG acceptait cette renonciation. La MG est une société étrangère qui prétend avoir racheté le solde de la dette du Cameroun concernée par cette convention, et qui avait refusé le rachat de sa dette suivant les conditions du Club de Londres. Par diverses procédures, elle tentera de se faire payer, avant d'attraire le Cameroun en arbitrage.

ii) La procédure

L'article 1[er]de la Convention d'arbitrage, pris en application de l'article 18.2 du Contrat de crédit de… DM conclu ce même jour entre la République du Cameroun et un consortium de banques, dispose que, *«sauf accord amiable entre les parties contractantes, dans les 60 jours, tous les litiges relatifs au contrat de prêt, y compris les litiges concernant la validité du contrat de prêt et de la convention d'arbitrage, seront tranchés exclusivement par un tribunal arbitral».* À cet effet, la société MG a requis un règlement à l'amiable du différend avec le Cameroun[801].

En fait, le problème qui s'est posé à l'État du Cameroun, était celui de la reconnaissance de la société MG en qualité de nouvel acquéreur de la créance en cause ; qualité qui lui a été contestée par l'État qui n'avait pas consenti de manière expresse à cette cession ainsi que l'exigeait l'Article 15(1) du Contrat d'emprunt[802].

Le point 15. 2 précise par ailleurs que, l'emprunteur ne peut céder ou transférer totalement ou partiellement ses droits, avantages et obligations découlant de la présente Convention, sans le consentement écrit préalable de la Banque. En fait d'avis demandé, la société MG prétend avoir notifié ses demandes de rachat auprès de *«l'Ambassade du Cameroun à Bonn en*

[801] En effet elle déclare que, *«en avril 2004, la M.G. avait adressé une correspondance à l'Etat du Cameroun pour solliciter le paiement du montant dû en vertu de la Convention de Crédit, qui à la date du 22 mars 2004, s'élevait à … Euros, y compris les intérêts courus et impayés). Le 08 juin 2004, la MG avait adressé une deuxième correspondance à l'Etat du Cameroun pour rappeler sa demande de paiement et exposait que la BB. restait ouverte à toute discussion visant à faciliter le règlement complet et rapide des montants dus et impayés A partir du moment où plus de 60 jours s'étaient écoulés sans que l'Etat du Cameroun n'accuse réception de la correspondance de la MG proposant un règlement à l'amiable du différend, la MG était en droit, en vertu de l'article premier de la Convention d'Arbitrage, de soumettre à l'arbitrage sa réclamation en vue du paiement du capital et des intérêts cumulés, dus par l'Etat du Cameroun».*

[802] L'article 15.1 du contrat d'emprunt dispose que, *«les Banques ou toute autre Banque peuvent céder leurs droits en vertu de cette Convention avec le consentement de l'emprunteur, lequel consentement ne peut être refusé sans motif valable. Ce consentement est par conséquent réputé accordé en cas de non refus au terme des quinze jours suivant la demande ; toutefois, un tel consentement n'est pas requis en cas de cession totale ou partielle, à une autre Banque ou à toute banque ou institution financière européenne. L'Agent s'engage à informer l'emprunteur avant une telle cession aux banques ou toutes autres institutions financières».*

Allemagne» ; alors que l'organisme camerounais chargé d'instrumenter et de préparer l'accord de l'État du Cameroun se trouve à Yaoundé. La Caisse Autonome d'Amortissement ne reconnaît pas avoir reçu les demandes de rachat de créance de la société MG.

À la suite de ces tentatives infructueuses, la société MG, va en début août 2004, introduire une demande d'arbitrage devant la Cour Internationale d'Arbitrage[803].

La société MG désigna le Dr W. K. comme arbitre unique. Le Cameroun n'ayant pas réagi à cette désignation, la Cour va le confirmer comme arbitre unique, Francfort sera retenu comme lieu de l'arbitrage. Nonobstant tout ceci, l'État du Cameroun n'a pas pu soumettre son mémoire dans les délais.

Passée cette étape, un *«arbitrage ad hoc»* sera négocié d'accord parti. Zurich est choisi comme lieu d'arbitrage ; l'anglais retenu comme langue d'arbitrage, accompagnée d'une traduction en français ; la loi suisse est la loi applicable à la procédure d'arbitrage.

Deux questions seront néanmoins laissées à l'appréciation du tribunal arbitral ; à savoir *«la question du droit applicable au fond du litige et la question de la compétence même du tribunal, dès lors que la partie camerounaise conteste la qualité de créancier de la société MG».*

Les auditions des parties et des témoins avaient eu lieu en deux audiences. Après ces audiences, le tribunal avait proposé aux parties de privilégier un règlement amiable de ce différend, auquel elles sont parvenues, mais dont les clauses sont restées confidentielles.

f) L'affaire U. c/ État du Cameroun

L'affaire U. porte sur les travaux de réhabilitation du pont sur le Wouri, dont la construction achevée en 1953, relie les deux rives de l'estuaire au Nord de la zone portuaire de Douala. Ce pont est le seul lien entre les deux parties de la ville de Douala de part et d'autre du fleuve, et relie sur la rive gauche à l'Est à la hauteur du quartier de Deïdo, la partie la plus ancienne de Douala au quartier de Bonabéri sur la rive droite à l'Ouest, zone d'activité et résidentielle en expansion. C'est également le seul lien entre les régions du Littoral et du Sud francophones et les régions de l'Ouest anglophone. En tout état de cause, le pont sur le Wouri est le lien économique, social et politique capital pour la ville de Douala et le Cameroun[804].

Cet arbitrage porte sur un ouvrage stratégique dans la vie et le développement socio-économique du Cameroun.

---

[803] *«Signifiée le jour même à l'Ambassadeur du Cameroun en République Fédérale d'Allemagne ; et reçue le 09 août 2004 par le Ministère du Plan et de l'Aménagement du Territoire et le Ministère des Finances du Cameroun».*

[804] Requête en demande d'arbitrage de la Société U. devant la Cour Internationale d'Arbitrage, p. 1.

i) Les faits

En 2003 intervenait avec la République du Cameroun un Marché Programme passé de gré à gré avec le Groupement Conjoint U. /E.I. pour les travaux de réhabilitation du pont sur le Wouri à Douala.

La durée contractuelle des travaux était fixée à 28 mois aux termes de l'article 1 du Marché, le marché avait pour objet les travaux de réhabilitation du pont sur le Wouri à Douala au Cameroun[805].

Les travaux étaient décomposés en trois tranches : une tranche ferme qui portait sur la réhabilitation du pont principal ; une première tranche conditionnelle qui concernait la démolition du pont du bras mort et la construction à son emplacement d'un remblai avec une chaussée et une voie ferrée classique dans la continuité de la digue actuelle ; une deuxième tranche conditionnelle qui portait sur la rénovation de la chaussée et de la voie ferrée, des superstructures et équipements sur digue ainsi que la signalisation et l'éclairage au droit du bras mort.

La demanderesse reproche à l'État du Cameroun que depuis la délivrance de l'Ordre de service de commencer les travaux de réhabilitation du pont sur le Wouri, un grand nombre de clauses administratives, financières et techniques ont été impossibles à mettre en œuvre ou ont été modifiées, et que des exigences non contractuelles ont été imposées à l'Entrepreneur. En outre, plusieurs de ces modifications ont nécessité pour le démarrage des travaux, des études non prévues de la part de l'Entrepreneur pour redéfinir le projet comportant des erreurs de renseignement sur l'existant. Et que ces études et travaux n'étaient pas prévus au marché.

Par ailleurs, la demanderesse relève que les fonctions, règles, procédures et délais de la gestion contractuelle définis par le Marché n'ont pas été respectés par le Maître d'ouvrage. En plus de l'accumulation de modifications apportées au contrat, les exigences extracontractuelles, les délais de redéfinition au projet, les dysfonctionnements de la gestion contractuelle et la diminution de la masse des travaux ont constitué *«un bouleversement du contrat de l'Entrepreneur»*. Il en est résulté une désorganisation de l'exécution qui a compromis l'équilibre financier de son Marché, et qui est donc à l'origine de l'important préjudice qu'il a subi[806].

Face à ces difficultés, et ce, malgré des tentatives d'entente avec le maître d'ouvrage restées sans suite, l'Entrepreneur avait dû solliciter de la Chambre de Commerce international de Paris la désignation d'un expert en vue

[805] Composé d'un pont principal sur le bras vif du Wouri appelé pont principal ou pont en rivière de 720m composé de 16 travées de 45m (…) ; d'un pont de 315 m sur le bras mort du Wouri composé de 7 travées de 45 m à poutres précontraintes ; et d'une digue de 795m.

[806] Requête en demande d'arbitrage, p. 11.

d'obtenir un avis indépendant sur l'existence du bouleversement du Marché[807].

L'expert désigné par la Chambre de Commerce international avait déposé un rapport aux termes duquel ; *«il n'existe pas de réels projets détaillés de réhabilitation entraînant de nombreuses modifications et des études non prévues. Il constate des blocages et des absences de décision du Maître d'ouvrage et une absence de direction de l'exécution du contrat»*[808].

L'expert *«conclut à la nécessité de modifier le contrat initial»*[809]. Fort de cette expertise l'entrepreneur avait remis un mémoire relatif aux incidences du report des tranches conditionnelles. Quelque temps après, il avait déposé l'argumentaire du mémoire concernant le bouleversement du contrat. Dans sa réponse, le Maître d'ouvrage (…) reconnaît la recevabilité des 16 thèmes de réclamation. À ce stade de la discussion, le Maître d'ouvrage avait procédé au règlement d'une somme correspondant aux avances de démarrage des deux tranches additionnelles.

Par la notification de l'Ordre de service, le Maître d'ouvrage avait mis en demeure l'Entrepreneur d'achever les travaux de la tranche ferme, au mépris de la concertation et des discussions qui avaient eu lieu précédemment sur les plannings[810].

En outre, le Maître d'ouvrage avait notifié à l'Entrepreneur, la réponse au mémoire de réclamation présenté quelques mois plus tôt, et pour lequel l'Entrepreneur l'informait de son désaccord[811]. Des discussions entre le maître d'ouvrage et l'Entrepreneur avaient abouti le à un accord du ministre des Travaux publics de verser une somme qui était *«…conditionnée à la bonne exécution du contrat»*[812]. Le projet de protocole constatant cet arrangement à l'amiable viole tant les ententes financières que les termes des travaux convenus.

Par ailleurs, à la suite d'un autre Ordre de service signé en novembre, le Maître d'ouvrage avait constaté la défaillance de l'Entrepreneur dans l'exécution des prescriptions des deux mises en demeure, marquant ainsi sa détermination à tout refus de discussion[813].

En décembre de la même année, un nouveau protocole est soumis par le Maître d'ouvrage à l'Entrepreneur pour signature et sans discussion.

En janvier de l'année d'après, l'Entrepreneur informe le maître d'ouvrage de son désaccord sur les termes du protocole et de sa décision de recourir à l'arbitrage de la Chambre de Commerce international de Paris.

---

807 *Idem.*
808 *Idem.*
809 *Idem.*
810 *Ibid.* p. 12.
811 *Idem.*
812 *Idem.*
813 *Idem.*

Le même mois, le maître d'ouvrage notifie à l'Entrepreneur le retrait du marché de tranches conditionnelles, et sa décision de mise en régie générale des travaux[814]. Pour sa part, la société demanderesse conclut à *«la réalisation de la tranche ferme à hauteur de 92 % des travaux à réaliser»*[815]. Pour toutes ces raisons, elle avait demandé à la Cour Internationale d'Arbitrage de lui faire allouer une indemnité globale[816].

ii) La procédure

La société U avait désigné Maître M.H, Avocat au Barreau de Paris, comme conseil. Ce dernier a introduit une demande, sur la base de l'article 58 du Marché qui dispose que, *«Tout litige survenant entre le Maître d'ouvrage et l'Entrepreneur dans le cadre de l'exécution du présent marché fera l'objet d'une tentative d'arrangement à l'amiable.*

En cas d'échec de cet arrangement, le différend sera tranché par la Chambre de Commerce international de Paris».

Il convient cependant de relever que le nombre d'arbitres n'est pas déterminé dans cette clause compromissoire. A cet effet, le Secrétariat de la Cour, dans sa réponse à l'avocat constate que, *«la clause d'arbitrage à laquelle il est fait référence dans la demande ne mentionne pas si ce litige doit être soumis à un arbitre unique ou à un tribunal arbitral de trois membres»*. Toutefois, l'avocat de la société U avait suggéré la constitution d'un tribunal arbitral de trois membres ; *«qui n'auront ni la nationalité camerounaise, ni la nationalité française, ni la nationalité togolaise, ni la nationalité belge, ni la nationalité tunisienne»*.

Le lieu d'arbitrage n'est pas désigné dans la clause compromissoire. Le demandeur avait proposé Paris ; l'État du Cameroun défendeur avait été invité à faire ses commentaires sur cette proposition. Même la langue d'arbitrage n'est pas déterminée. Pour ce faire, le Secrétariat de la Cour avait également invité l'État du Cameroun à faire des commentaires sur la proposition du demandeur qui souhaite que la langue retenue soit le français. En vertu de l'article 57 du marché, le droit applicable est la législation camerounaise.

S'agissant de l'exécution d'un contrat de construction, l'avis de l'expert suisse sera suivi pour bonne partie. En effet, ce rapport indique que la définition des ouvrages donnée par le marché est dans de nombreux cas insuffisants pour l'exécution. Il n'existe pas de réel projet détaillé de réhabilitation. Il résulte de ces insuffisances du projet de nombreuses modifications et des études volumineuses qui sont demandées à l'entreprise par le Maître d'œuvre. Par ailleurs, ces études ne font pas partie des obligations de l'entrepreneur, même si celui-ci a la compétence et est

---

[814] *Ibid.* p. 14.

[815] *Idem.*

[816] Avoisinant 9 milliards de francs CFA.

capable de résoudre les problèmes techniques du niveau de la préparation. Elles ne pouvaient pas être réalisées dans le temps de la période de préparation et elles doivent être payées en supplément à l'entreprise et donner lieu à un allongement du délai[817].

Toutefois, s'agissant d'un contrat de construction, les arbitres consulteront les décomptes des paiements intervenus, ainsi que les comptes-rendus des chantiers, pour établir la relation entre les prestations fournies et les paiements réclamés.

Par ailleurs, en tant que professionnels, la société U aurait dû déclarer avant de signer le marché que l'étude était insuffisante. Or, au regard de son Acte d'engagement, les entreprises partenaires du consortium déclarent avoir pris connaissance de toutes les pièces constituant le dossier d'appel d'offres pour l'exécution des travaux de réhabilitation du pont sur le Wouri, travaux devant faire l'objet du présent marché. Elles s'étaient rendu compte de la situation des lieux et avaient apprécié sous leur entière responsabilité la nature et la difficulté des travaux à exécuter. Au regard de cet état des lieux, ces entreprises s'étaient engagées sans réserve envers le ministère des Travaux Publics à exécuter, à achever et à entretenir les travaux conformément à toutes les pièces versées dans le dossier d'appel d'offres et moyennant les prix unitaires figurant au bordereau des prix unitaires, appliqués aux quantités font ressortir le montant du marché.

Le contentieux des contrats internationaux du Cameroun est également soumis devant la Cour Commune de Justice et d'Arbitrage de l'Ohada.

2. *Le contentieux arbitral devant la Cour Commune de Justice et d'Arbitrage de l'Ohada*

La Cour Commune de Justice et d'Arbitrage n'est pas saisie dans le cadre de la présente procédure d'une demande en arbitrage à titre principal. Elle va connaître d'un arbitrage étranger[818] de manière incidente.

a) Les faits : Affaire African Petroleum Consultant c/ Sonara

La Cour Commune de Justice et d'Arbitrage de l'Ohada est saisie à la requête de la Société African Petroleum Consultants (Apc)[819], qui porte formellement plainte contre l'État du Cameroun, en la personne du ministère de la Justice. Cette entreprise reproche à l'État du Cameroun, d'entraver l'exécution d'une saisie attribution de créance régulièrement menée. La société Apc déclare à la Cour, qu'elle est porteuse d'une sentence arbitrale rendue en sa faveur à Londres le 17 avril 2002, contre la Sonara (Société Nationale de Raffinage)[820] et qui condamne cette dernière à payer à Apc la

---

[817] Rapport d'expertise de M. Kurt Suter, p. 4.
[818] Il s'agit d'un arbitrage tenu à Londres.
[819] Une Sarl basée à Douala au Cameroun.
[820] La Sonara est une société d'Etat à capitaux publics.

somme de (…) Dollars américains, soit (…) Fcfa. Cette décision fait suite à un litige qui oppose la Sonara à Apc.

En effet, en octobre 1995, la Sonara avait sollicité l'intermédiation de la société Apc en vue de l'achat de 800.000 barils de pétrole brut auprès de la Nigerian National Petroleum Corporation (NNPC) par le biais d'une lettre d'intention. Cette lettre d'intention donna lieu le 20 octobre 1995 à la signature d'un contrat entre la Sonaraet Apc.

L'article 9(2) de ce contrat faisait obligation à la Sonara d'ouvrir une lettre de crédit en faveur de la Nnpc au moins cinq jours avant le chargement afin de garantir le paiement du pétrole qui selon l'article 9(3) devait intervenir 30 jours après la livraison, sur présentation de l'original du connaissement, des certificats de qualité, de quantité et d'origine.

Sans se justifier, la Sonara n'ouvrit pas de lettre de crédit ; mais elle attendit de prendre livraison dans son propre navire du pétrole qu'elle avait commandé. S'agissant d'une vente FOB, tel que précisé à l'article 7 du contrat, *«la propriété du pétrole devait automatiquement passer du vendeur à l'acheteur dès son chargement»*. Si le pétrole en question avait été chargé dans le navire de la Sonara sans l'ouverture préalable par cette dernière d'une lettre de crédit, elle en serait devenue propriétaire sans être contrainte d'en payer le prix ; c'est ce qui ressort des termes de l'article 13 du contrat du 20 octobre 1995.

En l'absence de la lettre de crédit, la Nnpc ne chargea pas le pétrole. Ce défaut d'ouverture d'une lettre de crédit dans les conditions fixées à l'article 9(2) constitue en droit anglais, une rupture unilatérale du contrat [821] ; qui a occasionné un important préjudice à Apc en termes de «*perte de commission et de relations commerciales avec son fournisseur*».

En ce sens, la sentence arbitrale en cause avait décidé que *la* Sonara avait violé les termes du contrat du 20/10/1995, par son manquement à ouvrir une lettre de crédit cinq jours au moins avant toute levée et avait, par conséquent, entraîné un manque à gagner à l'Apc[822].

b) La procédure

La société Apc avait introduit une demande en arbitrage ad hoc. Cet arbitrage s'était tenu *à Londres en avril 2002*. Le tribunal arbitral était présidé par un arbitre unique[823], suite au refus par la Sonara de désigner le

---

[821] Intitulée *«breach of contract»*

[822] *«.. Par les présentes la* Sonara *paie à APC la somme de … dollars USD répartie ainsi qu'il suit : A la Bonny Light Crude Oil, en compensation pour perte de bénéfice .. USD ; A la Brass River Crude, en compensation pour perte de bénéfice : … USD ; A ce montant s'ajoute, et en application des paragraphes 48 et 49 de la loi sur l'Arbitrage de 1966, Angleterre, le Tribunal décide par les présentes que l'intérêt au taux simple de 8% est rajouté aux pertes de profits subies par l'ACP, dont le montant s'élève à … dollars USD… par an ; couvrant les années 1996, 1997, 1998, 1999, 2000 et 2001, soit : … dollars USD…»*.

[823] Le Dr F. J. N.

second arbitre. Cette demande était initiée en application de l'article 17 du contrat qui prévoyait une clause compromissoire en ces termes ; « *L'interprétation, la validité et l'exécution du présent contrat sont soumises à l'arbitrage de trois personnes à Londres, chacune des parties au présent contrat en désigne une et la troisième personne est désignée par les deux arbitres ainsi choisis. Leur décision ou celle de deux d'entre elles engage les deux parties et a effet exécutoire sans possibilité d'appel* ». La Sonara fut bien invitée à désigner un arbitre ; mais avait failli[824]. Muni de cette sentence, Apc va saisir et obtenir du président du tribunal de grande instance du Fako, l'exequatur sur ladite sentence[825].

En effet, le dispositif du jugement indique que l'article 32 de l'Acte Uniforme Ohada sur l'arbitrage dispose que la décision qui accorde l'exequatur n'est susceptible d'aucun recours. Qu'il s'agit d'une décision définitive ne pouvant être cassée que par la Cour Commune de Justice et d'Arbitrage en vertu de l'article 14 du Traité du 17 octobre 1993 relatif à l'harmonisation du droit des affaires en Afrique, sous réserve de sa saisine dans les deux mois à compter de la notification de la décision contestée.

Qu'en conséquence de cela, cet exequatur est un titre exécutoire susceptible d'exécution forcée en vertu de l'article 33 de l'Acte uniforme portant procédures simplifiées de recouvrement et voies d'exécution sur la base duquel Apc procéda les 29 et 30 mai 2002 à une saisie attribution de créances entre les mains de tiers au détriment de la Sonara.

Rappelant en cela la procédure suivie, le jugement indique que le 03 juin 2002, la société Shell Cameroun SA avait notifié une déclaration affirmative à Apc. Et que Apc avait procédé à la dénonciation de cette saisie attribution le 31 mai 2002 à la Sonara ; tout en indiquant à cette dernière que par application des articles 49 et 170 de l'Acte Uniforme Ohada sur les procédures simplifiées de recouvrement et des voies d'exécution, les contestations relatives à la présente saisie doivent être soulevées, à peine d'irrecevabilité dans un délai d'un mois à compter de la présente

---

824 A cet effet, la sentence indique que, *«APC a apporté les preuves de ce qu'elle a dûment notifié la* Sonara *le 3 septembre 1999 et le 1er février 2002 afin qu'elle désigne son médiateur. La* Sonara *à travers trois différentes correspondances adressées à APC respectivement avait irrémédiablement refusé d'agir. Lorsque la* Sonara *fut notifiée par APC de la désignation du Dr F. J. N. comme unique arbitre conformément à l'article 17(2) de la loi de 1996 sur l'arbitrage, la* Sonara *a manqué de saisir le tribunal aux fins d'ordonner l'annulation de cette nomination ainsi que le dispose l'article 17(3). Au contraire, elle décida de ne pas prendre part au présent arbitrage et déclara dans sa correspondance du 10/03/2002 que la loi de 1996 sur l'arbitrage ne saurait s'appliquer à la* Sonara, *ceci au mépris total de la disposition du contrat qu'elle avait signée avec APC le 20/10/1995 et qui stipulait sans équivoque qu'il est régi par les lois en vigueur en Angleterre.*
Le présent tribunal est par conséquent dûment constitué et conformément aux règlements de la loi de 1996 sur l'arbitrage».

825 Par un jugement n° HCF/91/M/2001-2002.

dénonciation par devant monsieur le président du tribunal de première instance de Limbe, juge de l'urgence et que ce délai expire le 01 juillet 2002.

Et la Sonara n'avait élevé aucune contestation contre cette dénonciation. Par contre, la Sonaras'était contentée de demander à ce que le tribunal de première instance de Limbe désignât la société Total Fina Elf Cameroun SA, en qualité de séquestre des causes de la saisie. En vertu de cette carence, le tribunal de grande instance du Fako avait constaté le défaut de contestation par la Sonaraet ordonné à ShellL Cameroun SA en sa qualité de tiers saisi de reverser les causes de la saisie à Apc[826].

Prétendant qu'il s'était exécuté entre les mains de Total Fina Elf, désignée séquestre ; sans en rapporter la preuve, Shell Cameroun sera condamnée à procéder au paiement de la cause de la saisie entre les mains de la société Apc sous astreinte de 200.000 FCFA par jour[827]. Malgré le fait que Shell avait acquiescé à cette ordonnance, elle ne s'exécuta plus, car cette société avait reçu interdiction de s'exécuter par deux correspondances... du Parquet général de la Cour d'Appel du Sud Ouest et de celui du Littoral.

Par ailleurs, un fait que la société Apc met au compte des difficultés d'exécution de sa sentence ; c'est que *«le Dr Ekollo Moundi fut placé en garde à vue (...) de septembre 2004 à janvier 2005. Le 18 janvier de la même année, il fut condamné à 5 ans de prison ferme pour «tentative d'escroquerie contre la Sonara»*. Ces poursuites se justifient par un élément nouveau non porté à la connaissance de l'État du Cameroun, à savoir l'annulation par le tribunal arbitral de Sheraton à Londres[828] de sa sentence du 17 avril 2002 ; aux motifs qu'il a été porté à sa connaissance l'existence d'un fait nouveau. Cet élément nouveau consiste *«pour la société Apc d'avoir menti qu'elle était mandataire de la Nnpc du Nigeria»*.

Face à ce refus d'exécuter sa sentence, Apc en a saisi la Cour Commune de Justice et d'Arbitrage d'Abidjan, afin qu'elle déclare l'État du Cameroun responsable du refus de prêter son concours à l'exécution de l'Ordonnance d'exequatur du tribunal de première instance du Fako.

Apc rappelle que l'article 29 de l'Acte Uniforme Ohada portant organisation des procédures simplifiées de recouvrement et des voies d'exécution dispose que, *«l'État est tenu de prêter son concours à l'exécution des décisions et des autres titres exécutoires. La formule exécutoire vaut réquisition directe de la force publique. La carence ou le refus de l'État de prêter son concours engage sa responsabilité»*.

La société Apc,[829] reproche à l'État du Cameroun, à travers les correspondances de procureurs généraux de la Cour d'Appel du Littoral et

---

[826] Jugement n° HCF/141/OM/2001-2002 du 13 août 2002.

[827] Ordonnance n° 006 du 01 octobre 2002 du président du tribunal de première instance de Douala-Bonanjo.

[828] Sentence annulée le 18 mars 2003.

[829] Avocat au Barreau du Cameroun.

celle du Sud Ouest, d'avoir bloqué l'exécution de la sentence dont était porteur son client.

En effet le Procureur Général près la Cour d'Appel du Littoral avait proscrit aux huissiers de justice de poser tout acte dans cette procédure[830].

L'Etat du Cameroun, dans son mémoire en réplique, aidé en cela par ses conseils[831], a conclu à voir la Ccja *«se déclarer incompétente ratione materiae, en application de l'article 14 du traité Ohada, à ordonner la mesure sollicitée par la Société Apc»*[832].

En réalité, la sentence dont l'exécution est sollicitée a été révisée par l'arbitre unique constitué par les parties, *sur le motif de l'existence de la fraude*. La société Apc remet en cause la forme de l'annulation intervenue. À cet effet, le conseil d'Apc relève que la sentence arbitrale du 17 avril 2002 *«dessaisit l'arbitre du litige»*, aux termes de l'article 22 de l'Acte uniforme sur le droit de l'arbitrage. Le conseil rappelle dans son mémoire que, *«le recours en annulation est recevable dès le prononcé de la sentence ; il cesse de l'être s'il n'a pas été exercé dans le mois de la signification de la sentence munie de l'exequatur»*[833].

En résumé, les rebondissements judiciaires de l'affaire Apc contre la Sonara sont nombreux. Depuis l'ordonnance n° 006 du 1er octobre 2002 condamnant la société Shell à reverser les sommes fixées par la sentence arbitrale de Londres, plusieurs autres jugements et arrêts sont intervenus. Le 1er juillet 2010, la Ccja a rendu l'arrêt n° 044/2010 qui annule l'Arrêt n°063/REF du 14 mars 2007 rendu par la Cour d'Appel du Littoral à Douala au Cameroun. Cet arrêt dit qu'il n'y a pas lieu à évocation pour statuer au

---

830 Le Procureur Général près la Cour d'Appel du Littoral écrit à Maître N., huissier de justice à Douala que, «*à la suite de la réquisition en date du 25 novembre 2002 du Procureur Général près la Cour d'Appel du Sud-ouest qui vous a été adressée, j'ai l'honneur de vous prescrire, jusqu'a nouvel ordre, de vous abstenir de poser tout acte de votre ministère qui soit de nature à faciliter, provoquer ou occasionner, au préjudice de la* Sonara*, le paiement de la somme réclamée par sieur Ekollo Moundi et la société APC*».

831 Maître K. N. – Y., Avocat à la Cour d'Appel d'Abidjan, la Société Civile et Professionnelle M., M. et Associés, Me C./ N., tous Avocats au Barreau du Cameroun.

832 En effet, l'Etat du Cameroun soutient par la plume de ses Conseils, qu'aux termes de l'article 14 du Traité Ohada, «*la* Ccja *assure dans les Etats parties l'interprétation et l'application commune du présent Traité, des règlements pris pour son application et des actes uniformes... Saisie par la voie du recours en cassation, la Cour se prononce sur les décisions rendues par les juridictions d'appel des Etats parties dans toutes les affaires soulevant des questions relatives à l'application des actes uniformes et des règlements prévus au présent traité à l'exception des décisions appliquant des sanctions pénales.(...). Par ailleurs, la Cour de céans ne peut, sans outrepasser sa compétence rationae materiae, prononcer contre les Etats-parties, en premier ressort de surcroît, des condamnations pécuniaires. (...). Il est clair qu'on ne se trouve dans le cas d'espèce dans aucun cas de compétence prévu par l'article 14 susvisé. La* Ccja *n'étant saisie ni comme juridiction de cassation, ni comme juridiction chargée de l'interprétation du Traité et des Actes Uniformes Ohada*»; Mémoire en réplique de l'Etat du Cameroun ; Affaire Société Africaine Petroleum Consultants c/ Etat du Cameroun ; p. 2-3, inédit.

833 Article 27 de l'Acte uniforme sur le droit de l'arbitrage.

fond de ce litige qui relève d'un contentieux de procédure. Exerçant la tierce opposition contre cet arrêt, la société Corlay revenue aux droits de Shell Cameroun a fait opposition contre cet arrêt et introduit deux recours en sursis exécution.

Par deux ordonnances respectives[834], le Président de la Ccja a rejeté les demandes de sursis à exécution de l'État du Cameroun et la Sonara, aux motifs que, *«aucune mesure d'exécution forcée, comme l'exige l'article 46 du Règlement de procédure, n'a été entreprise par la société African Petroleum Consultants dite* Apc, *ni au préjudice de la* Sonara*».*

Par ailleurs la Ccja, dans son Arrêt du 30 mars 2015[835] déclare la tierce opposition de l'État du Cameroun irrecevable au motif que l'Arrêt de la Ccja dont l'annulation est demandée n'a prononcé aucune condamnation contre l'État du Cameroun ; qu'au surplus, cet arrêt n'a à aucun moment statué sur le fond du litige. Par ailleurs, le juge du contentieux de l'exécution du Tribunal de Première instance de Douala Bonanjo a rétracté l'Ordonnance de 2002 et mis hors de cause en l'état, l'actuelle société Corlay.

En effet, cette ordonnance prend en compte la sentence arbitrale intervenue en 2003 entre les mêmes parties, qui annule la première sentence pour fraude établie. La jurisprudence française a largement reconnu la fraude intervenue ; à cet effet elle a accordé l'exequatur à cette sentence. La doctrine dominante est en faveur de cette thèse-là. Cette ordonnance a fait l'objet d'un recours devant la Cour d'Appel du Littoral ; certainement cette haute juridiction se prononcera sur la fraude qui intègre désormais le prétoire.

Il s'agira également pour la Cour Commune de Justice et d'arbitrage de l'Ohada de se prononcer sur les circonstances de cette affaire entachée de la fraude qui compromet tout ici. Ce type de litiges révèle l'existence et l'implication de nationaux camerounais, dans la négociation de certains contrats internationaux d'affaires dans lesquelles l'État du Cameroun et ses démembrements sont intéressés. Lorsque les promesses faites en termes de commissions d'affaires contenues dans une clause contractuelle sont violées, les conséquences judiciaires et arbitrales sont souvent importantes. Un cas similaire est fourni dans cette autre affaire, dans laquelle les comptes de l'Ambassade du Cameroun à Paris ont été bloqués en août 2006[836]. En tout état de cause, la suite de cette étude démontre que le contentieux des contrats internationaux du Cameroun est à la fois arbitral et judiciaire.

---

[834] Ordonnances n°005/2014/Ccja du 14 novembre 2014, précédée par l'ordonnance n°06/2012/Ccja du 18 avril 2012.

[835] Arrêt n° 010/2015 du 30 mars 2015.

[836] Infra ; voir le Contentieux judiciaire des contrats internationaux du Cameroun.

Paragraphe 2 : le contentieux judiciaire des contrats internationaux du Cameroun

Si le recours à l'arbitrage contre les États et ses démembrements est désormais une pratique généralement admise, leur assignation devant les juridictions étatiques n'a pas toujours relevé des acquis[837]. À côté de l'immunité de juridiction présumée au profit des États se combine la discussion autour de son immunité d'exécution. En effet, «de la même façon, l'immunité d'exécution est parfois assez largement remise en question. Les contrats d'investissement jouissent de moins en moins devant les juridictions nationales d'un régime exorbitant du droit commun»[838].

En d'autres termes, les enjeux de la présence ou non de l'État et de ses démembrements devant les juridictions étatiques étrangères sont rapidement cernés autour des questions des immunités de juridiction et d'exécution dont ils sont *«présumés»*[839] jouir. Ainsi que nous allons le voir dans la suite, l'État du Cameroun, dans certains contrats a purement et simplement renoncé à ces immunités ; sans que, à son bonheur, la jurisprudence ne le suive de manière totale[840].

En tout état de cause, l'État du Cameroun et certains de ses démembrements, ont déjà fait les frais de cette évolution à ses dépens, en se trouvant jugés devant des juridictions étatiques étrangères[841], qui ont non

[837]En effet, *«l'intervention de personnes morales de droit public dans le domaine contractuel donne lieu à des controverses aiguës quant à la question de savoir si elles doivent bénéficier d'un traitement privilégié ou non devant les tribunaux d'un autre Etat. Confrontés à ce problème, législateurs internationaux et nationaux et tribunaux ont adopté par le passé des attitudes parfois profondément divergentes, mais généralement orientées vers une protection plus ou moins poussée de l'Etat étranger et de ses démembrements. Depuis une époque plus récente, on assiste, tant en législation qu'en jurisprudence, à une évolution considérable, tendant à soumettre l'activité de l'Etat à un statut de droit commun. (...) En dépit de vives réticences dues essentiellement à des facteurs politiques et à une conception rigide du droit international classique, et en dépit également de variantes nationales, le mouvement vers une privatisation accrue des contrats entre Etats et entreprises étrangères semble être irréversiblement amorcé par le refus de plus en plus fréquent d'accorder « l'immunité de juridiction «à l'Etat étranger. (...) Cela ne signifie certes pas que les tribunaux ne soient pas conscients des particularismes des contrats économiques passés par l'Etat dans l'ordre international, mais les actes qu'il passe dans le domaine économique avec des entreprises étrangères échappent de moins en moins à la compétence des tribunaux, ce qui est sans doute la manifestation la plus sensible d'un régime juridique qui, sur ce point encore, se rapproche des contrats internationaux de pur droit privé»* ; Leboulanger (P.) ; Les contrats entre Etats et entreprises étrangères ; préface de Berthold Goldman ; *Op. Cit.*, p. 271.

[838] *Idem* .

[839] Présumés, parce que sans y renoncer, le bénéfice des immunités de juridiction et d'exécution ne sont plus automatiques devant les juridictions ; il se discute âprement.

[840] Infra; la nuance faite par la jurisprudence entre l'immunité d'exécution et l'immunité diplomatique d'exécution.

[841] Affaire WINSLOW Bank (High Court britannique, Tribunal de Grande Instance de Paris, Cour d'Appel de Paris, Cour de Cassation française) ; infra.

seulement accordé l'exequatur à des décisions de justice étrangères[842], mais ont également ordonné des mesures d'exécution graves[843].

Le contentieux judiciaire des contrats internationaux se révèle dans deux cas : le contentieux à titre principal contre l'État du Cameroun et ses démembrements ; ou le contentieux de l'exécution des sentences arbitrales ou des jugements (A). Par ailleurs, la partie qui a succombé se pourvoit en annulation de la sentence arbitrale (B).

A. Le contentieux en demande principale, de l'exécution des sentences arbitrales et des jugements

De manière générale, le contentieux dirigé contre l'État du Cameroun et ses démembrements porte sur des recours en demande principale (A-1). Par ailleurs, le porteur d'une sentence arbitrale ou d'un jugement qui n'a pas reçu une exécution spontanée de sa décision est obligé de saisir le juge de l'exequatur. Sans sacrifier la démarche ainsi dégagée, nous pouvons relever par ailleurs que ces contentieux portent à titre principal sur les contrats d'emprunt dont les prêts n'ont pas été intégralement remboursés[844] (A-2).

1. L'affaire Advanced Technics Trust Limited off shore (ATT) c/ Etat du Cameroun - Ambassade du Cameroun à Paris

Cette affaire a pour cause l'exécution inachevée d'un contrat de prestations de services à l'international entre la société Cameroon Airlines et une société sud-africaine. L'information est révélée par le quotidien camerounais Mutations[845].

a) Les faits

L'information, au-delà de l'issue d'un contrat d'affaires, est devenue une affaire des médias nationaux et internationaux[846]. Au-delà de la procédure,

---

842 Affaire WINSLOW Bank : exequatur accordé par le président du tribunal de grande instance de Paris, le président d'un tribunal à Le Main (Allemagne), la High Court à New York) ; infra.

843 Affaire WINSLOW c/ Société Nationale des Hydrocarbures (SNH), devant la Cour d'Appel de Paris qui a ordonné l'exécution et le transport de 25 milliards de FCFA au préjudice de la SNH, alors que la créance initiale qui était de 5 milliards de FCFA, était portée par l'Etat du Cameroun.

844 Affaire Winslow Banks, Affaire Del Favero, Affaire Sconset devant le tribunal de Grande Instance de Paris.

845Le quotidien Mutations qui titre dans ses colonnes : « *Banque. Un compte de l'Etat saisi à Paris, pour une créance de plus d'un milliard de francs relative à l'entretien des avions Camair* ».

846 Le journal Mutations reprend ; «*une dépêche de la Pana846, [qui} annonce la saisie d'une somme de ... ; Fcfa dans un compte de l'Etat du Cameroun à Paris (....). Il s'agit d'un compte ouvert dans une banque française...La décision a été prise par un juge d'exécution parisien le 12 juillet dernier, elle a dressé l'ordonnance de saisie conservatoire, au nom du président du tribunal de grande instance de Paris*».

l'affaire qui avait conduit à la saisie des avoirs du Cameroun remonte à l'année 1994.

En rappel des faits, la société Advanced Technics Trust Limited Off Shore (Att), de droit camerounais, dont M. A. est le gérant, avait, dans le cadre de son objet social, œuvré à la conclusion des contrats de maintenance entre la Cameroon Airlines et la société sud-africaine Transnet, entreprise mère de la South African Airways (SAA), filiale d'une holding d'État sud-africain, équivalent de la Sni[847] camerounaise[848], par ailleurs partenaire de Bolloré dans la privatisation de Camrail[849]. Att présentait les factures de ses prestations à SAA à Johannesburg jusqu'en 1977. Brusquement, suite au crash d'un avion Cameroon Airlines à Youpwé[850], et la perte d'un réacteur du Combi 747[851] dans le ciel de Paris, la Camair décida de rompre unilatéralement les contrats de maintenance qui devaient arriver à leur terme en 1999. Bien plus, l'État du Cameroun réclama alors à Transnet le remboursement des factures afférentes aux prestations insatisfaisantes payées à Transnet-Saa.Att qui faisait du lobbying entre les cocontractants s'est vu stopper ses paiements par Transnet-Saa.

Face au refus de Transnet-Saa de payer, Att en aurait informé l'Etat du Cameroun. Dans une correspondance, Att s'était offert pour mener une enquête sur les accidents de Youpwé et de Paris ; accidents d'avion qui ternissaient la réputation du Cameroun, ainsi que pour établir la responsabilité de Transnet-Saa, devenue adversaire commun du duo Etat du Cameroun et ATT (…). Un Comité ad hoc fut créé avec pour membres les représentants de la présidence de la République, du Ministère camerounais de la Justice, et de Monsieur M. A.

C'est le début d'un long feuilleton judiciaire.

En effet, La Lettre du Continent[852] du 4 avril 2002, évalue le montant de la somme réclamée par le Cameroun à Transnet-Saa à… millions de dollars. La société Att se propose de jouer les entremetteurs entre les deux parties. Moyennant 10 % des sommes à rétrocéder au Cameroun par Transnet. L'État du Cameroun, par la voie du comité ad hoc, marque son accord. Et une convention est signée entre l'État. La médiation d'Att portera des fruits. L'État du Cameroun recouvrera ses fonds peu après, mais le gérant de la société Att soutient n'avoir reçu aucun radis des 10 % promis. Après de

[847] Infra.

[848] Infra.

[849] Infra.

[850] Une localité située à Douala, la capitale économique du Cameroun.

[851] Le Combi 747 est le modèle d'un avion de la marque Boeing qui était exploité par la Cameroon Airlines, et qui s'était finalement abîmé à l'Aéroport de Roissy Charles De Gaulle en France, après un atterrissage manqué.

[852] C'est le titre d'un journal d'informations à caractère très confidentiel, publié et édité en France.

nombreuses réclamations, l'État du Cameroun, par le biais du comité ad hoc, a ordonné un paiement.

Mais il subsistera des problèmes. Premièrement, l'argent a été viré à une adresse litigieuse. Le virement s'est fait à l'adresse Att/B et non ATT dont le gérant est le principal acteur. En fait, le bénéficiaire est sud-africain, commis par M. A. à l'époque du procès pour suivre le cours de la procédure en Afrique du Sud en ses lieux et place.

Deuxièmement, la somme virée ne correspondait pas aux montants de la transaction. À cet argument du requérant, l'État du Cameroun oppose que, *« les commissions convenues dans le protocole d'accord ont été régulièrement versées au Dr F. S. à qui M. M. A. se doit d'adresser les réclamations »*.

b) La procédure

Cette réponse de l'État du Cameroun n'avait pas satisfait le requérant. Ce dernier avait ainsi sollicité et obtenu du tribunal de grande instance de Paris, la saisie conservatoire des comptes de l'Ambassade du Cameroun à Paris.

Réagissant à cette saisie, l'État du Cameroun à son tour saisit le tribunal de grande instance de Paris et obtient la mainlevée de la saisie pratiquée, aux motifs que les fonds saisis servaient aux dépenses de souveraineté de l'État du Cameroun. Cette procédure ne sera pas la première, puisque les juridictions nationales et étrangères connaissent de temps à autre des litiges qui ont pour cause l'exécution de certains autres contrats internationaux du Cameroun.

2. L'affaire Winslow Bank c/ État du Cameroun

➢ *Les procédures d'exequatur*

L'affaire Winslow Bank, à la suite de l'affaire Klöckner en arbitrage, apparaîtra dans l'histoire du contentieux économique international du Cameroun, comme étant un vrai classique judiciaire.

Commencée en Grande-Bretagne, elle s'est poursuivie en France, depuis le premier degré de juridiction, jusqu'à la plus haute juridiction française[853].

Elle s'est également déportée en Allemagne et aux États-Unis d'Amérique. Ce contentieux qui concernait au départ l'État du Cameroun, s'est retourné contre ses missions diplomatiques notamment le Haut Commissariat du Cameroun en Grande-Bretagne et l'Ambassade du Cameroun en France ; et certaines sociétés d'État[854].

Cette affaire porte à la fois sur des demandes de remboursement à titre principal d'un contrat d'emprunt, que du recours au juge d'exequatur et d'exécution pour obtenir l'exécution d'un jugement de justice.

---

[853] La Cour de Cassation.

[854] Infra, affaire Winslow c/ SNH (Société Nationale des Hydrocarbures).

a) Les faits

En janvier 1988 la République du Cameroun s'est fait consentir un prêt en principal en... écus, portant intérêt au taux de Libor[855] + 1, 375 % ; les éventuels intérêts de retard étaient fixés au taux de Libor + 2, 375 %.

Ce prêt avait été consenti par un groupe de banques pour la construction de la route Dschang-Bamoungoum[856] ; et désigner une banque mandataire de toutes les banques. L'État du Cameroun n'avait pas pu honorer ses engagements financiers[857]. La République du Cameroun n'ayant pu rembourser le prêt[858], la banque mandataire a saisi le juge britannique d'une plainte en vertu du contrat de prêt qui désignait la loi anglaise, comme étant la «*loi applicable au contrat et retenait la compétence des tribunaux anglais pour connaître de tout litige afférent audit contrat*»[859].

b) La procédure

i) Devant la Haute Cour britannique à Londres

i-1 Procédure ayant conduit au jugement du 16 septembre 1996

Le *12 juillet 1996* la banque mandataire, avait assigné la République du Cameroun devant la Haute Cour de Justice de Londres ; pour la voir condamner au «*paiement des sommes dues en vertu du contrat de prêt, augmenter des intérêts contractuels jusqu'au parfait paiement*»[860].

Le *16 juillet 1996*, cette assignation a été signifiée au domicile élu par la République du Cameroun dans le contrat de prêt, à savoir au siège du haut Commissariat du Cameroun en Grande-Bretagne[861]. Ne s'étant pas présentée, la chambre commerciale de la Queen's Bench Division de la Haute Cour de justice de Londres avait condamné *«par défaut»*, la République du Cameroun à verser à la société mandataire ; *«la somme en principal, augmentée des intérêts contractuels jusqu'au parfait paiement ou son équivalent en livres sterling au jour du paiement»*[862].

---

855 LIBOR : taux interbancaire londonien.
856 Deux villes situées dans la province de l'Ouest du Cameroun.
857 Effectuer «*le remboursement du prêt aux dates d'échéance conformément au Contrat ni à aucun moment, n'avait pas payé les intérêts dus aux termes du Contrat après le 22 mai 1990. Il n'avait non plus payé les intérêts moratoires qui étaient dus aux termes du Contrat à raison du non paiement du Prêt et des intérêts courus sur celui-ci*»; Assignation de la société Exprinter International Bank c/ La République du Cameroun devant la High Court britannique; point 5 ; p. 3 ; inédite.
858 Les difficultés économiques rencontrées par le Cameroun ; supra.
859 Article 22 et 23 A du contrat de prêt.
860 Conclusions en réponse, de la société Winslow Bank & Trust Company Ltd, par la Scp Valdelievre-Garnier, Avoués près la Cour d'Appel de Paris ; et Maître Emmanuel Fatome, avocat au Barreau de Paris ; p. 2 ; inédit.
861 Article 23 F du contrat de prêt ; Limites et critiques ; infra.
862 Jugement du 16 septembre 1996.

Le 9 juin 1998, ce jugement est signifié au domicile élu par la République du Cameroun dans le contrat de prêt, à savoir au siège du haut Commissariat du Cameroun à Londres[863].

i-2 Procédure ayant conduit au jugement du 14 mai 1997

Par un acte du 20 décembre 1996, la société mandataire, avait de nouveau assigné la République du Cameroun en paiement des sommes qui constituaient *«l'addition d'une somme en principal... qui restait encore due sur le montant principal, des intérêts au taux de Libor »*.

Le 23 décembre 1996, cette assignation a été signifiée au domicile contractuel de la République du Cameroun à Londres.

Par jugement du 14 mai 1997 la chambre commerciale de la Queen's Bench Division de la haute Cour de Justice à Londres avait de nouveau condamné *«par défaut»*, la République du Cameroun, à verser à la demanderesse le montant des demandes réclamées.

Le 16 juin 1998, ce jugement fut signifié au domicile contractuel de la République du Cameroun à Londres. Il ressort d'un affidavit établi le 4 novembre 1998 qu'à défaut d'appel interjeté par la République du Cameroun à l'encontre de ce jugement, le jugement rendu le 14 mai 1997 par la Haute Cour de Justice de Londres est pleinement exécutoire au regard de la loi anglaise.

i-3 La cession de la créance initiale à la société Winslow

Par acte du 17 novembre 1992, la banque titulaire de la créance [aurait cédé][864] à une banque partenaire, *«l'ensemble de ses droits, intérêts et bénéfices prévus au Contrat»*. La société cédante prétend que *«ladite cession a été remise à la Défenderesse par notification de cession datée du 17 novembre 1992»*[865]. Par acte du 13 novembre 1994, la banque italienne [aurait également cédé][866] à la banque partenaire, *«l'ensemble de ses droits, intérêts et bénéfices prévus au Contrat. La notification de ladite cession* [aurait été remise] *à la Défenderesse par notification de cession datée du 15*

---

[863] *«Il ressort d'un affidavit établi(...) par Maître P. W., Avocat au barreau de Londres, qu'à défaut d'appel interjeté par la République du Cameroun à l'encontre de ce jugement, le jugement rendu le 16 septembre 1996 par la Haute Cour de Justice de Londres est pleinement exécutoire au regard de la loi anglaise»*; Conclusions en réponse, de la société Winslow Bank & Trust Company Ltd, par la Scp Valdelievre-Garnier, Avoués près la Cour d'Appel de Paris; et Maître Emmanuel Fatome, avocat au Barreau de Paris; p. 3 ; inédit.

[864] La cession est au conditionnel parce que la société Winslow ne rapporte pas la preuve que la CAA a donné son accord pour ces différentes cessions de créance.

[865] Assignation de la société Exprinter International Bank c/ La République du Cameroun devant la High Court britannique , Point 6 ,*op.cit.*p. 3 ; inédite.

[866] *Idem.* la preuve de l'accord de cession de créance par la CAA n'est pas rapportée.

novembre 1994»[867]. Par acte du 31 mars 1993, une banque italienne de crédit l'aurait également[868] cédée à une autre banque italienne.[869].

Par acte du 11 janvier 1996, la banque italienne [aurait cédé][870] à une banque française, *«l'ensemble de ses droits, intérêts et bénéfices prévus au Contrat. La notification de ladite cession* [aurait été remise] *à la Défenderesse par notification de cession du 15 janvier 1996»*[871]. Par acte du 6 février 1996, deux banques arabe et française [auraient cédé][872] à une autre banque française, *«l'ensemble de ses droits, intérêts et bénéfices prévus au Contrat. La notification de ladite cession* [aurait été remise][873] *à la Défenderesse par notification de cession datée du 17 mai 1996»*[874].

Par acte du 14 mai 1996, la banque italienne [aurait cédé][875], *«l'ensemble de ses droits, intérêts et bénéfices prévus au Contrat. La notification de ladite cession* [aurait été remise][876] *à la Défenderesse par notification de cession datée du 17 mai 1996»*[877]. Par acte du 17 mai 1996, la nouvelle banque française va céder à la Demanderesse, *«l'ensemble de ses droits, intérêts et bénéfices prévus au Contrat. La notification de ladite cession {aurait été remise] à la Défenderesse par notification de cession datée du 17 mai 1996»*[878].

Enfin, par acte du 16 octobre 1997, la société requérante va céder sa créance à la société Winslow. Les demandes de cession de prêt ont été présentées au Haut Commissariat du Cameroun à Londres, qui n'a pas donné son consentement dans les délais de 15 jours prescrits par l'article 20 (C) du

---

[867] Point 7 , *Op. Cit.*p.3.

[868] *Idem.* la preuve que la CAA a donné son accord pour cette cession de créance n'est pas rapportée.

[869] «*L'ensemble de ses droits, intérêts et bénéfices prévus au Contrat. La notification de ladite cession [aurait été remise] à une autre banque française (qui était alors devenue Agent aux termes du Contrat) pour le compte de la Défenderesse par notification datée du 14 janvier 1994* » ; *Idem* ; point 8 , *Op. Cit.*p.4.

[870] *Idem.* la preuve que la CAA a donné son accord pour cette cession de créance n'est pas rapportée.

[871] Assignation de la société Exprinter International Bank c/ La République du Cameroun devant la High Court britannique ; point 9,idem.

[872] *Idem.* la preuve que la CAA a donné son accord pour cette cession de créance n'est pas rapportée.

[873] *Idem.* la preuve que la CAA a donné son accord pour cette cession de créance n'est pas rapportée.

[874] *Idem* ; point 10.

[875] *Idem.* la preuve que la CAA a donné son accord pour cette cession de créance n'est pas rapportée.

[876] La notification des actes de procédures dans les ambassades du Cameroun n'est pas toujours conforme aux clauses contenues dans les contrats en cause.

[877] *Idem* ; point 11.

[878] Assignation de la société Exprinter International Bank c/ La République du Cameroun devant la High Court britannique ; point 12 ; p. 4 .

prêt[879]. Combinant les dispositions de l'article 23(F) du contrat de prêt[880], cette dernière cession a été notifiée à la République du Cameroun par actes du 17 novembre 1997 et du 8 avril 1998 ; laquelle cession a été homologuée par la Haute Cour de Justice de Londres qui, par deux ordonnances en date du *16 mars 1998*, a enregistré la substitution de Winslow en lieu et place de la société demanderesse «*dans le bénéfice des jugements qu'elle avait rendus le 16 septembre 1996 et le 14 mai 1997*». La République du Cameroun n'avait formé aucun recours contre ces deux ordonnances ; ce dont s'est prévalue la société Winslow pour prétendre qu'elle s'est valablement substituée à la société requérante. Par ailleurs, aucune solution judiciaire n'ayant pu être trouvée à Londres[881] lieu où les décisions britanniques étaient exécutoires d'office, la société Winslow va recourir au juge français pour obtenir l'exequatur.

ii) L'affaire Winslow devant le juge français

ii-1 Les ordonnances d'exequatur

ii-1.a Les ordonnances d'exequatur devant le tribunal de grande instance de Paris

Par une première Ordonnance du 9 décembre 1996, le Président du tribunal de grande instance de Paris va déclarer exécutoire en France le jugement du 16 décembre 1996[882]. Par une seconde Ordonnance d'exequatur du 26 novembre 1998 le Président du tribunal de grande instance de Paris, le même juge va de nouveau déclarer exécutoire en France, dans ses départements et territoires d'outre-mer ainsi que dans la collectivité territoriale de Mayotte, le jugement rendu le 14 mai 1997 par la Haute Cour

---

[879] «*Toute banque peut, avec le consentement préalable écrit de l'emprunteur (consentement dûment accordé en l'absence d'un avis contraire écrit et reçu par l'Agent dans les quinze (15) jours suivant la notification de l'emprunteur d'une telle cession, et, en tout état de cause, cet accord ne sera refusé ou différé sans motif valable et sera délivré à travers l'Agent), à tout moment céder à une ou plusieurs autres banques ou encore à d'autres établissements financières une partie ou la totalité des présents droits et bénéfices de ladite banque*».

[880] Article 23 (F) du contrat de prêt : «*The Borrower hereby irrevocably designates and appoints (i) the Ambassador (or failing him, the senior diplomatic representative) for the time being of Cameroon at the Court of St. James (whose address at the date herof is 84 Holland Park, London Wll 3SB, England), as its authorised agent for the receipt and acceptance of service of process in the English courts (...)* ».

[881] La société Winslow avait procédé à la saisie de l'immeuble abritant le Haut Commissariat du Cameroun en Grande Bretagne, en vue d'une vente aux enchères et de la récupération de la créance en cause. Elle a été débouté de cette saisie.

[882] « *Exécutoire en France le jugement rendu le 16 septembre 1996 par la Chambre Commerciale de la Queen's Bench Division de la haute Cour de Justice de Londres dans l'instance opposant... la demanderesse à la République du Cameroun.(...) [et autoriser] l'apposition de la formule exécutoire sous réserve du recours susceptible d'être formé en application de l'article 36 de la Convention de Bruxelles du 27 septembre 1968* » ; Ordonnance du 9 décembre 1996.

de Justice de Londres[883]. La République du Cameroun a interjeté appel contre ces deux Ordonnances.

ii-1.b L'appel interjeté contre les Ordonnances d'exequatur

La République du Cameroun, agissant par son ministère des Finances, a fait appel contre les deux Ordonnances d'exequatur ci-dessus, rendues au visa de la Convention de Bruxelles de 1968 par le président du Tribunal de grande instance de Paris ayant déclaré exécutoires deux jugements des 16 septembre 1996 et 14 mai 1997 prononcés par défaut par la High Court anglaise au profit de la banque requérante. À l'appui de son appel, la République du Cameroun soulève un certain nombre d'arguments fondés en droit[884]. Réagissant dans cette procédure, la société Winslow conclut à la confirmation des ordonnances attaquées[885]. La société Winslow avait également saisi et obtenu des jugements d'exequatur devant les juges allemand et américain.

---

[883] « *Exécutoire en France, dans ses départements et territoires d'Outre Mer ainsi que dans la collectivité territoriale de Mayotte, le jugement rendu le 14 mai 1997 par la Haute Cour de Justice de Londres – Royaume-Uni, à la demande de la société ……requérante. aux droits de laquelle vient la société WINSLOW qui a condamné la République du Cameroun à payer à la société WINSLOW la somme en principal.. augmentée des intérêts contractuels (...) et des intérêts de retard (...) à compter de l'assignation et ce jusqu'au parfait paiement. (...) [il va de même autoriser] l'apposition de la formule exécutoire sous réserve du recours susceptible d'être formé par application de l'article 36 de la Convention précitée* » ; Ordonnance du 26 novembre 1998.

[884] « *Les jugements anglais ne lui ont pas été régulièrement signifiés, aucune précision sur les délais de recours n'ayant été au surplus donnée, en violation de l'ordre public procédural français. (...). Sur la réunion des conditions de fond pour l'exequatur, la République du Cameroun soutient que les actes introductifs d'instance ne lui ont pas été notifiés conformément aux stipulations contractuelles arrêtées dans le contrat de prêt litigieux, et que l'exécution des jugements anglais serait contraire à l'ordre public français pour des motifs tenant à l'absence de qualité et d'intérêt à agir de la société Winslow, à l'absence de motivation, à son immunité d'exécution, au calcul des intérêts dans les condamnations prononcées à son égard, à l'impossibilité de réduire la clause pénale de l'engagement de prêt, enfin, à la violation du principe d'égalité de traitement entre les créanciers. La République du Cameroun déclare que l'exequatur des jugements anglais des 16 septembre 1996 et 14 mai 1997 est encore impossible en raison de l'absence d'exequatur pour deux ordonnances du 16 mars 1998 ayant substitué la société Winslow au créancier d'origine, la banque ..., au profit de qui les condamnations au remboursement du prêt et des intérêts avaient été prises* »; Cour d'Appel de Paris, 1ère chambre, section C ; Arrêt du 16 novembre 2000 ; Numéro d'inscription au répertoire général : 1999/07720 et 1999/07727 ; p. 3.

[885] Aux motifs que, « *elle a acquis, suivant cession du 16 octobre 1997 notifiée à la République du Cameroun et enregistrée par la High Court dans les ordonnances du 16 mars 1998, la créance détenue par la banque requérante. Elle soutient que les jugements anglais sont exécutoires en Angleterre, ont été rendus dans le respect des droits de la défense de la République du Cameroun et ne contiennent rien de contraire à l'ordre public international français* » ; Cour d'Appel de Paris, 1ère chambre, section C ; Arrêt du 16 novembre 2000 ; Numéro d'inscription au répertoire général : 1999/07720 et 1999/07727 ; p. 3.

ii-1.c Les jugements d'exequatur devant les juges allemands et américains

Le Tribunal de Grande Instance de Francfort-sur-le-Main a rendu une ordonnance d'exequatur le 19 février 2001 ; à la demande de la société Winslow[886].

Cette ordonnance a été signifiée à la République du Cameroun, via son Ambassadeur à Bonn en Allemagne le 13 juin 2001. À la date d'aujourd'hui, et ce, malgré le fait qu'il y a eu exécution forcée des jugements de la High Court en France[887], cette ordonnance d'exequatur n'a pas fait l'objet d'une demande d'annulation devant le juge allemand. La société Winslow est en possession d'un titre exécutoire qu'elle peut faire exécuter à tout moment sur les avoirs de la République du Cameroun en République fédérale d'Allemagne[888]. Dans le cadre d'une même procédure, la société Winslow a sollicité et obtenu le 26 septembre 2001, un jugement d'exequatur devant la Cour Suprême de New York[889]. Ce jugement a été signifié le 28 Septembre 2001[890].

---

[886] En substance, ce jugement dispose que, «*il est ordonné, conformément à l'article 31 ss de la Convention concernant la compétence judiciaire et l'exécution des décisions judiciaires en matière civile et commerciale en date du 27 septembre 1968; (Journal officiel de la RFD 19172 II 773) en liaison avec l'article 3 ss de la loi concernant l'exécution de la Convention internationale de reconnaissance et d'exequatur en matière civile et commerciale (loi de reconnaissance et d'exécution de l'exequatur – AVAG) (...) (Journal officiel de la RFD 2001 I, p. 228 ss). Doit être revêtu de la clause exécutoire le jugement prononcé par le High Court of Justice Queen's Bench Division Commercial Court le 16/09/1996 – numéro de référence 1996, folio numéro 1509-, par lequel la Défenderesse a été condamnée à payer à la Demanderesse la somme de écus plus les intérêts s'élevant à écus à compter de l'introduction de l'action – en vertu de l'ordonnance décernée par la High Court of Justice en date du 16/03/1998* ».

[887] Exécution contre les avoirs de la Société Nationale des Hydrocarbures du Cameroun ; infra.

[888] Ce laxisme dans la défense des intérêts de la République du Cameroun, permet de comprendre avec quelles facilités ses adversaires en viennent à la faire condamner par des jugements de défaut.

[889] Le jugement est ainsi rendu ; «*Plaintiff, Winslow and Trust Company Limited, having duly moved this Court for an Order pursuant to Section 3213 of the Civil Practice Law and Rules, directing that summary judgment in lieu of complaint be entered herein in favour of Plaintiff for the relief demanded in the notice of motion served upon Defendant with the summons in this action, on the ground that there is no defence to the action, and service having been properly made on Defendant under 28 U.S.C §1608 (a), and proof thereof being filed with the Court, and the motion having regularly come to be heard on June 7, 2001, and Defendant not appearing or submitting papers in opposition thereto, and this Court having ordered on June 7, 2001 that Plaintiff's motion be granted and that Plaintiff submit on notice a proposed judgment,*
Now on reading and filing the notice of motion, dated March 9, 2001 with proof of due service thereof together with the summons issued marc 9, 2001, with proof of due service thereof, the memorandum in Support of Plaintiff's Motion for Summary Judgment dated March 9, 2001 with proof of due service thereof, along with the affidavits of Jeremy Davies,

La lecture de ce jugement d'exequatur indique une fois encore que la République du Cameroun a été condamnée par défaut[891]. Par ailleurs, régulièrement signifié à l'Ambassadeur du Cameroun aux Nations Unies, ce jugement a été transmis aux autorités camerounaises, via le ministère des Relations Extérieures. Malgré les interpellations du ministre d'État chargé des Relations Extérieures[892], ce jugement n'a jamais fait l'objet d'une procédure d'annulation ; bien que toutefois la créance en cause ait déjà fait l'objet d'une exécution forcée à Paris[893]. Au moment où intervenaient ces deux jugements d'exequatur, le Cameroun était en pourparlers avec les représentants de la société Winslow, qui avaient refusé le rachat de leur créance aux conditions du Club de Paris, soit un taux de 14, 5 %[894].

Se servant de l'arrêt confirmatif du 16 novembre 2000, la société Winslow va entreprendre une série de saisies en vue de l'exécution des jugements de la High Court[895]. Nonobstant ces procédures, la République du Cameroun va introduire un recours qui est pendant, devant la Cour de cassation française, contre ces jugements et arrêt d'exequatur.

➢ *Les procédures de saisie-exécution*

3. L'affaire Winslow c/ l'Ambassade du Cameroun à Paris

Le 17 mai 2001, la société Winslow avait fait pratiquer sur le fondement de l'arrêt du 16 décembre 2000, confirmant les jugements d'exequatur du Président du tribunal de grande instance de Paris, qui rendait exécutoires en

---

dated February 16, 2001, and David Patton, dated March 8, 2001, and the English Judgments contained therein, all in support of the motion, And the Court having found that Plaintiff has established its claim by evidence satisfactory to the Court, in accordance with 28 U.S.C §1608 (e), it is hereby Ordered, Adjudged and Decreed that Plaintiff's motion is Granted, and it is further,Ordered, Adjudged and Decreed that, in accordance with the English Judgments, Plaintiff shall have judgment against defendant :
under the first English Judgment here at issue, rendered on September 16, 1996, as amended on November 5, 1996 (....) ;
under the second English Judgment here at issue, rendered on may 14, 1997, (...) ;
(...). Adjudge that plaintiff Winslow Bank(...), recovers of the defendant the Republic of Cameroon at the United nations (... °, The amount of $ 19, 918, 861. 16 plus interest and cost. Adjudge that the judgment dated September 25, 2001 is hereby vacated».

890 Au Haut Commmissariat du Cameroun en Grande Bretagne.

891 Pour mémoire, les jugements de la High Court britannique sont des jugements de défaut ; supra.

892 «*Eu égard à la gravité de cette décision, et à l'impératif de sauvegarde de l'image de marque de notre pays, je vous saurais gré de me communiquer les observations et suggestions(...) en vue des mesures nécessaires à prendre en temps utile*» ; Correspondance du Ministre d'Etat chargé des Relations Extérieures, à Monsieur le Ministre de l'Economie et des Finances ; inédit.

893 *Op. Cit.*, infra.

894 Supra.

895 Infra.

France, les jugements de la High Court britannique[896] ; des saisies attributions de créance sur les avoirs de la SNH à Paris[897].

En effet le 10 juillet 2001, le délégué du premier président avait autorisé la République du Cameroun et l'Ambassade du Cameroun en France, à assigner à jour fixe la société Winslow qui avait obtenu le 5 juillet du juge de l'exécution du tribunal de grande instance de Paris, le rejet de leur demande d'annulation et de mainlevée des saisies attributions[898].

À l'appui de leur appel, la République du Cameroun et l'ambassade du Cameroun exposent que la saisie est nulle, d'une part, parce que le procès-verbal de saisie ne mentionne pas le titre judiciaire anglais ayant substitué la société Winslow à la société requérante dans ses droits à l'encontre de la République du Cameroun, d'autre part, parce que la saisie a été pratiquée pour un montant de... équivalant en réalité au double des sommes mentionnées dans l'arrêt de la Cour de ce siège du 16 novembre 2000.

Par ailleurs, la République et l'ambassade du Cameroun soutiennent que les comptes saisis servent au fonctionnement du service diplomatique, la mesure étant manifestement contraire à la Convention de Vienne du 18 avril 1961, aucune renonciation à l'immunité diplomatique n'étant, contrairement aux énonciations du premier juge, intervenue. La République et l'ambassade du Cameroun estiment, en outre que la société Winslow ne peut démontrer la réalité de la cession à son profit du contrat de prêt contenant la clause invoquée par celle-ci comme une renonciation expresse à l'immunité d'exécution sur les biens de sa mission[899].

La société Winslow quant à elle, avait conclu à la confirmation de la décision attaquée aux motifs que, *«le contrat de prêt contient une renonciation expresse par la République du Cameroun à son immunité d'exécution pour tous les jugements rendus à son encontre»*.

La requérante précise en outre que les conditions dans lesquelles elle tient ses droits de la société initiale ont déjà été tranchées dans l'arrêt du 16 novembre 2000[900]. La société Winslow affirme ainsi que la République du Cameroun est débitrice, avec les intérêts, d'une certaine somme, de sorte que le montant de la saisie serait exact. Elle déclare enfin que les comptes saisis, dont aucun n'est un compte propre de l'ambassade, ne sont pas affectés au fonctionnement de la représentation diplomatique, dont les activités de

---

896 Supra.

897 *«Des saisies attributions sur les comptes au ... et à la ...de l'Association de l'Ambassade du Cameroun, de la perception, de la délégation culturelle et de l'attaché militaire de l'ambassade du Cameroun en France»*; Arrêt du 26 septembre 2001 ; Cour d'Appel de Paris, 1ère chambre, section A ; p. 3 ; inédit.

898 *Idem* .

899 Arrêt du 26 septembre 2001 ; Cour d'Appel de Paris, 1ère chambre, section A. ; *Op. Cit.*, p.4.

900 Supra.

service public n'ont d'ailleurs pas été remises en cause depuis le 17 mai 2001[901, 902].

Prenant acte des arguments des parties, la Cour d'Appel de Paris, dans son arrêt du 16 novembre 2000, avait confirmé le jugement du 5 juillet 2000, en ce qu'il dit *«réguliers en la forme les procès-verbaux de saisie attribution»* ; tandis qu'il *«réformait le surplus»*. Considérant que, sans qu'il soit besoin d'examiner les autres moyens, le jugement du 05 juillet 2001 ayant dit que la République et l'ambassade du Cameroun avaient renoncé à l'immunité d'exécution couvrant les biens assurant le fonctionnement des missions diplomatiques et d'ordonner la mainlevée des saisies pratiquées le 17 mai 2001[903], l'article 1, alinéa 3 de la loi n° 91-650 du 9 juillet 1991 portant réforme des procédures civiles et d'exécution déclare l'exécution forcée et les mesures conservatoires inapplicables aux personnes bénéficiant d'une immunité d'exécution.[904]

Réformant le surplus de ce jugement, la Cour d'Appel de Paris du 16 novembre 2000 a ordonné la mainlevée des mesures d'exécution forcées pratiquées le 17 mai 2001[905].

Cet arrêt du 16 novembre 2000 conforte la jurisprudence de la Cour d'Appel de Paris statuant en matière d'immunités d'exécution, dans un arrêt du 10 août 2000, rendu dans un contentieux opposant la société suisse Noga à l'Ambassade de la Fédération de Russie.

a) Les faits

Le litige portait sur une demande de saisie, déposée par la société Noga, sur les comptes de l'Ambassade de la Fédération de Russie en France, de la Délégation russe auprès de l'UNESCO et de la Représentation commerciale de la Fédération de Russie en France. Cette action s'inscrivait dans le cadre de conventions de prêt au bénéfice de l'État dans lesquelles il était stipulé que, tout différend serait soumis à l'arbitrage de la Chambre de Commerce de Stockholm et que chaque partie renonçait à exercer tout recours contre la sentence arbitrale. Surtout l'emprunteur, le Gouvernement de la Fédération de Russie renonçait à invoquer toute immunité au cas où la sentence rendue lui serait défavorable.

---

901 Date de la saisie des comptes de l'ambassade du Cameroun à Paris.

902 Arrêt du 26 septembre 2001 ; Cour d'Appel de Paris, 1ère chambre, section A ; *Op. Cit.*, p.4.

903 Entre les mains deux institutions bancaires françaises.

904 Arrêt du 26 septembre 2001; Cour d'Appel de Paris, 1ère ch, section A ,*ibid* ,p.5 et s.

905 *«La mainlevée des mesures d'exécution forcées pratiquées le 17 mai 2001 à la requête de la société Winslowen tant qu'elles visent les comptes ouverts dans les livres de ces établissements de crédit au nom de «l'Association Ambassade du Cameroun»*, la *« perception auprès de l'ambassade du Cameroun à Paris »,la «délégation culturelle auprès de l'ambassade du Cameroun à Paris», «l'attaché militaire près l'ambassade du Cameroun à Paris»*; Arrêt du 26 septembre 2001; Cour d'Appel de Paris, 1ère ch, section A ,*ibid.*p.8.

b) La procédure

L'emprunteur ayant été condamné en arbitrage, la Cie Noga fit pratiquer une saisie attribution, une saisie des droits incorporels et biens placés dans un coffre, au préjudice de l'Ambassade de la Fédération de Russie en tant qu'émanation de ce dernier : La question était de savoir si les clauses d'abandon d'immunité, pouvaient permettre la mise en œuvre de saisies des comptes bancaires de l'Ambassade de Russie.

En réponse, la Cour d'Appel invalidait les saisies estimant que la formule de renonciation à l'immunité d'exécution utilisée par l'État russe dans les contrats en cause ne manifestait pas *«la volonté non équivoque de l'État emprunteur de renoncer en faveur de son cocontractant, personne morale de droit privé, à se prévaloir de l'immunité diplomatique d'exécution et d'accepter que cette société commerciale puisse, le cas échéant, entraver le fonctionnement et l'action de ses ambassades à l'étranger»*.

Pour justifier sa décision la Cour avait estimé que les missions diplomatiques devaient être soumises en matière d'immunités d'exécution, aux principes de la Convention de Vienne du 18 avril 1961 sur les relations diplomatiques en faisant valoir que cette convention dépassait le cadre de l'agent diplomatique. Par cette décision, le juge entend rappeler le caractère autonome de la renonciation à l'immunité diplomatique d'exécution en affirmant que, *«les immunités des missions diplomatiques et agents diplomatiques sont inhérentes à la conduite des relations internationales et obéissent à un régime spécifique, distinct de celui applicable aux immunités d'exécution accordées par ailleurs aux États»*. En répondant que la renonciation à l'immunité d'exécution ne vaut pas nécessairement renonciation à l'immunité diplomatique, la Cour précise également les caractères d'une telle renonciation; *«celle-ci doit résulter d'une manifestation de volonté non équivoque de l'État étranger à se prévaloir de l'immunité diplomatique (...). Cet arrêt a été perçu par une partie de la doctrine comme atténuant la portée de l'arrêt Creighton»*[906].

Réagissant à la mainlevée ordonnée par la Cour d'Appel de Paris, dans son arrêt du 26 septembre 2001, le 03 octobre 2001, la société Winslow va

---

906 Robin (G) (2002) ; La portée des immunités d'exécution dans les transactions commerciales internationales ; RDAI/IBLJ, n°1; p. 31. Arrêt Creighton ; Cour d'Appel de Paris : « *cet arrêt est d'importance car il reconnaît l'efficacité de la renonciation par un Etat à son immunité d'exécution par la référence à un règlement d'arbitrage prévoyant l'exécution sans délai de la sentence sur les biens de l'Etat*». Cette décision a été cassée par la Cour de Cassation française au motif que, « *en statuant ainsi alors que l'engagement pris par l'Etat signataire de la clause d'arbitrage d'exécuter la sentence dans les termes de l'article 24 du règlement d'arbitrage de la Chambre de Commerce Internationale impliquait la renonciation de cet Etat à l'immunité d'exécution de la Cour d'Appel a violé les principes et le texte susvisés (..). Cette référence à un règlement d'arbitrage constitue donc, pour la haute Cour, une renonciation tacite mais non équivoque à son immunité*».

servir à la République du Cameroun une nouvelle assignation comportant recours en révision contre son arrêt.

Suivra un échange de conclusions entre l'État du Cameroun et la société Winslow. Cette dernière va déposer, *«des conclusions de désistement d'instance et d'actions»*. La République du Cameroun et l'Ambassade de la République du Cameroun vont à leur tour, déposer leurs *«conclusions d'acceptation de ce désistement»*. Sur ce, la Cour d'Appel de Paris dans un arrêt du 16 décembre 2002, va constater le désistement de la société Winslow et le dessaisissement de cette juridiction.

Malgré ce désistement, on est bien loin de l'accalmie espérée par la République du Cameroun, qui croyait que la société Winslow reviendrait à la table des négociations consécutives aux résolutions des autres créanciers du Club de Paris. Au contraire, la société Winslow va changer le fusil d'épaule, en pratiquant de nouvelles saisies sur les avoirs de la Société Nationale des Hydrocarbures du Cameroun (SNH).

4. L'affaire Winslow c/ la SNH

Par acte du 17 Juillet 2002, la Société Nationale des Hydrocarbures (SNH) a fait assigner la société Winslow devant le juge de l'exécution afin de voir prononcer la nullité de la saisie attribution et de la saisie de droits d'associés ou de valeurs mobilières du 17 juin 2002 aux motifs que : la société Winslow ne justifie pas qu'elle est en droit de procéder au recouvrement des créances de la société Winslow, puisqu'elle n'est pas le liquidateur de cette ancienne banque dont la licence a été révoquée le 15 mars 2001 ; qu'elle est un établissement public industriel et commercial doté de la personnalité juridique et de l'autonomie financière qui dispose d'un patrimoine propre distinct de celui de l'État du Cameroun, et qui n'a pas à répondre sur son patrimoine propre des dettes éventuelles de l'État du Cameroun.

S'opposant à ces demandes de la SNH, la société Winslow relève :

- qu'elle dispose d'un titre exécutoire contre la République du Cameroun, que ce titre se fonde à l'origine sur les dispositions d'un contrat de prêt autorisant un créancier à agir à l'encontre de quelque bien que ce soit de la République du Cameroun ;
- que la SNH est un établissement public qui représente toutes les caractéristiques d'une émanation d'État, que sa qualité d'émanation de l'État la rend responsable des dettes de l'État dont elle est l'émanation.

Par conclusions récapitulatives, la SNH avait répliqué pour contester cette argumentation[907].

---

[907] *«Du point de vue juridique (...), le contrat d'association qui a été conclu le 17 mai 1996 entre la République du Cameroun d'une part, et la SNH, KELT et MOBIL d'autre part confirme qu'elle n'est pas une émanation de l'Etat du Cameroun; qu'elle dispose d'un*

Répondant à cette réplique, la société Winslow va soulever de nouveaux arguments factuels pour étayer sa cause[908].

Prenant en compte et discutant tous ces arguments, le juge de l'exécution du tribunal de grande instance de Paris, avait ordonné la main levée de la saisie attribution et de la saisie de droits d'associés et de valeurs pratiquées le 17 juin 2002 au préjudice de la Société Nationale des Hydrocarbures entre les mains d'une banque française[909]. Saisie d'un recours en appel, exercé par la société Winslow, la Cour d'Appel de Paris, a, dans son arrêt du 22 janvier

---

patrimoine propre (dont des immeubles et terrains, participations dans des sociétés commerciales), qu'elle tient une comptabilité selon les règles du droit commercial et privé, qu'elle verse des impôts et des dividendes à l'Etat du Cameroun, qu'elle dispose d'organes de gestion et de décision qui sont distincts de ceux de l'Etat du Cameroun et n'a pas à répondre sur son patrimoine des dettes éventuelles de l'Etat du Cameroun».

908 «*Au delà de la présentation théorique et officielle de la SNH, existe une pratique fort éloignée de cette vision complaisante, que pour cette raison il ne saurait être écarté les articles de presse concordants qu'elle produit ou encore les engagements pris à l'égard du FMI par le Premier Ministre de la République du Cameroun s'agissant de la SNH et enfin un rapport établi en juin 2000 par un cabinet d'experts indépendants du secteur pétrolier, que la SNH est organiquement entièrement contrôlée par la Présidence de la République du Cameroun, qui nomme son administrateur directeur général ainsi que bon nombre de ses administrateurs, qu'elle demeure gérée de façon opaque, des mouvements de trésorerie importants demeurant inexpliqués, qu'elle entreprend parfois avec des fonds de l'Etat des investissements sans rapport avec son activité pétrolière, qu'elle a un rôle législatif et réglementaire, que n'ayant ni autonomie organique réelle ni autonomie financière effective elle doit être considérée comme une émanation pure et simple de la République du Cameroun*».

909 «*Sur la possibilité pour la société Winslow ...d'agir à l'encontre de la société SNH : (...). Attendu que la société SNH tient une comptabilité selon les règles du droit commercial et privé, qu'elle emploie 250 personnes qui ne sont pas des fonctionnaires et qui relèvent du Code du Travail, qu'elle est propriétaire de nombreux biens immobiliers et dispose d'un patrimoine propre, qu'elle est actionnaire et a des participations dans plusieurs sociétés commerciales, qu'elle dispose d'une autonomie de gestion et d'une autonomie financière;*
Attendu que le contrôle exercé par un Etat ne suffit pas à faire considérer les organismes qui en dépendent comme des émanations de cet Etat, que la SNH, dont le Conseil d'Administration est certes composé pour moitié de représentants de la Présidence et de personnalités désignées par le Chef de l'Etat, réalise des opérations commerciales pour son propre compte, ce qui implique l'existence d'un patrimoine propre ; que si les éléments versés aux débats par la défenderesse (articles parus sur Internet et dans les revues internationales ont pu déplorer l'absence de transparence dans la gestion des recettes pétrolières du Cameroun ainsi que l'opacité de certains mouvements de fonds, il convient de relever que sous la pression des mêmes institutions, un effort de transparence a été entrepris, que la SNH s'est pliée à l'établissement d'une comptabilité plus satisfaisante ; (...) ; que le rôle législatif et réglementaire imputé à la société SNH n'est pas établi ; (...) ; que même si des interrogations peuvent subsister comme le suggère la défenderesse s'agissant notamment de certains flux de trésorerie ou investissements, les éléments qu'elle met en avant ne permettent pas de retenir que la SNH n'effectuerait aucune opération commerciale relative à l'objet qui lui a été assigné et ne disposerait pas d'un patrimoine propre ; qu'ainsi la société SNH ne peut être considérée comme une émanation de la République du Cameroun;
Attendu qu'il y a lieu, en conséquence, de donner mainlevée des saisies pratiquées le 17 juin 2002 au préjudice de la société SNH».

2004 infirmé le jugement déféré ; déclaré que la SNH est une émanation de la République du Cameroun ; dit fondées la saisie attribution de toutes sommes figurant au crédit des comptes et la saisie des droits d'associés et valeurs mobilières (...) pour avoir paiement de la somme en principal[910].

Se prévalant de cet arrêt de la Cour d'Appel de Paris du 22 janvier 2004, la société Winslow a réussi le 04 février 2004, à se faire remettre toutes les causes de la saisie. Justifiant d'une exécution, bien que forcée, remplissant ainsi le préalable requis pour qu'un recours puisse être examiné par l'auguste juridiction, la SNH et l'État du Cameroun, chacun concerné par sa procédure, ont exercé deux pourvois devant la Cour de Cassation française ; les pourvois sont pendants.

Il convient de relever que cet arrêt de la Cour d'Appel de Paris, ne sera pas à l'abri des critiques de la doctrine. À l'analyse, la Cour d'Appel a préféré fouler au pied les traités Ohada portant organisation des sociétés commerciales qui ne sont citées nulle part dans l'arrêt, des lois et règlements de la République du Cameroun, organisant la création et le fonctionnement de la SNH, pour privilégier les *«ragots des journaux»*[911], ou les rapports des experts qui n'ont aucune valeur légale, au regard du statut juridique et légal de la SNH.

Il n'est pour preuve que ce motif de l'arrêt qui reconnaît que, *«la SNH n'est pas le débiteur visé par les titres dont l'exécution est poursuivie lesquels concernent l'État du Cameroun ; qu'il convient donc de déterminer si la preuve est rapportée par la société Winslow...que la SNH constitue une émanation de la République du Cameroun impliquant son assimilation à celle-ci»*. Les premiers juges[912], semble-t-il, avaient fait une analyse juridique exacte du fonctionnement juridico légal de cette entreprise stratégique dans le développement global du Cameroun.

Il arrive assez souvent qu'une partie à un arbitrage ne soit pas d'accord avec la sentence arbitrale, et elle engage un recours en annulation devant le juge judiciaire.

---

910 *«Qu'il est certes avéré que la SNH dispose d'un patrimoine personnel constitué d'immeubles et de valeurs mobilières, mais qu'il résulte des éléments précédents que la SNH ne dispose que d'une « apparence d'autonomie juridique et financière par la propriété d'un patrimoine propre, sans consistance réelle et sans indépendance suffisante pour prendre des décisions autonomes, dans son intérêt propre, et pour être considérée comme bénéficiant d'une autonomie de droit et de fait à l'égard de l'Etat du Cameroun permettant de dire qu'elle est effectivement une personne morale distincte ; que les différents articles de presse produits ne font que corroborer la réalité de cette institution ; que l'Etat du Cameroun ayant renoncé à l'immunité d'exécution, la SNH ne peut prétendre à l'insaisissabilité de son patrimoine ; que, par conséquent, le jugement doit être infirmé et les saisies pratiquées déclarées fondées».*

911 La Cour d'Appel de Paris se réfère abondamment aux opinions émises dans la presse économique occidentale, au sujet de la gestion des ressources du pétrole au Cameroun.

912 Supra, l'affaire Winslow c/ la SNH devant le tribunal de grande instance de Paris.

B. Le contentieux de l'annulation des sentences arbitrales

On ne reviendra pas sur la procédure d'annulation d'une sentence arbitrale rendue sous l'égide du Cirdi[913]. Le cas posé ici concerne l'annulation de la sentence rendue dans l'affaire I. c/ F. T.[914]. Par ailleurs, l'opinion dissidente de l'arbitre désigné par I. M. K.D. qui aurait déterminé C. à former un recours en annulation a déjà été présentée[915].

1. Les faits

La relation d'affaire I. F. T. a déjà donné lieu à une sentence arbitrale[916]. Les faits dont il est question ici concernent les raisons qui ont amené la société C. à engager une procédure d'annulation de la sentence rendue le 9 janvier 2001 par le tribunal arbitral de la Cci. En l'absence de l'acte d'assignation de F.T., il ressort de l'Arrêt rendu par la Cour d'Appel de Paris que C. dans son recours en annulation avait demandé à la Cour de :

- prononcer l'annulation de la sentence arbitrale du chef de la violation du principe du contradictoire, sur le fondement de l'article 1502-4° du Nouveau Code de procédure civile ;
- du chef de la violation du principe de la collégialité, constitutive d'un non respect par le tribunal arbitral de sa mission, d'une violation de l'ordre public international ainsi que d'une irrégularité dans la constitution du tribunal arbitral au moment de la décision de procédure incriminée et entachant la sentence d'irrégularité dans son ensemble, sur le fondement, respectivement, des articles 1502-3°, 1502-5° et 1502-2° du Nouveau Code de procédure civile ;
- du chef de la rupture d'égalité entre les parties, sur le fondement de l'article 1502-5° du Nouveau Code de procédure civile ;
- du chef du non respect par l'arbitre de sa mission en ce qu'il a refusé d'appliquer les dispositions impératives du droit français applicables au protocole litigieux, sur le fondement de l'article 1502-5° du Nouveau Code de procédure civile ;
- du chef de la contrariété de la sentence à l'ordre public international, sur le fondement de l'article 1502-5° du Nouveau Code de procédure civile.

Pour tous ces motifs, la société I. demandait à la Cour d'Appel de Paris ;

- remettre en conséquence, les parties en l'état dans lequel elles se trouvaient avant la procédure arbitrale ;
- de rejeter purement et simplement la demande reconventionnelle de la société F. T. tendant à la condamnation de la société I. à... FF... euros de dommages-intérêts pour procédure abusive ;

913 Supra, Décision du comité ad Hoc, affaire Klöckner devant le Cirdi.

914 Supra.

915 Supra.

916 Supra.

- de condamner F. T. aux entiers dépens de l'instance, sur le fondement de l'article 700 du Nouveau Code de procédure civile ;

- et de condamner la société F. T. à payer à la société I. la somme de... euros sur le fondement de l'article 700 du Nouveau Code de procédure civile. F. T. conclut au rejet du recours en annulation et à la condamnation d'I., outre aux entiers dépens, à lui payer les sommes de... euros de dommages-intérêts pour procédure abusive et dilatoire sur le fondement des articles 32-1 du Nouveau Code de procédure civile et 1382 du Code civil et de... euros au titre de l'article 700 du Nouveau Code de procédure civile.

Discutant chacun des points soulevés par I., la Cour d'Appel de Paris l'a débouté de toutes ses demandes dans son Arrêt du 16 janvier 2003.

2. La décision de la Cour

Dans l'Arrêt qu'il a rendu, la Cour d'Appel de Paris examine un à un les points litigieux soulevés par la société I.. Pour Catherine Kassedjian, c'est *«quasiment tous les motifs de recours autorisés par le droit français [qui] sont évoqués à l'appui du recours : violation du principe du contradictoire ; irrégularité dans la composition du tribunal arbitral ; rupture d'égalité entre les parties (ordre public procédural) ; non respect par l'arbitre de sa mission ; contrariété à l'ordre public au fond»*[917]. Pour des raisons de concision, on ne présentera pas toutes les questions soulevées dans cet Arrêt, pour ne retenir que la leçon principale à tirer de ce rejet qui traduit la spécificité de l'arbitrage qui porte sur l'engagement des parties ; à exécuter la sentence rendue par le tribunal arbitral.

a) La violation du principe du contradictoire

I. soutient le moyen tiré de la violation du principe du contradictoire autour de plusieurs points, à savoir qu'il est fait grief au tribunal arbitral d'avoir refusé de tenir compte de certains faits essentiels et décisifs, et de procéder à un complément d'information indispensable pour établir la mauvaise foi de F. T.

En effet, I. soutient que le Protocole comportait un échéancier strict sanctionné par la non application de la remise de dette, que sa défaillance dès la 2e année, en janvier 1995 a eu un effet de boule de neige et qu'il convenait d'interpréter la convention dans un sens plus conforme à l'esprit d'un accord de restructuration de dette. Elle affirme par ailleurs qu'il existait un vice de conception du Protocole, le dispositif d'affectation des paiements ayant un caractère abusif et F.T. ayant fait preuve d'une mauvaise foi constitutive d'un abus de puissance économique dans la conclusion et l'exécution du protocole.

[917] Kassedjian (C.), Cour d'Appel de Paris, 1re Ch., sect. C.- 16 janvier 2003 – Société des télécommunications du Cameroun c/ France Télécom, Note J.DI 1, 2004, p. 175.

Elle reproche au tribunal arbitral d'avoir, alors que la détermination de la bonne ou la mauvaise foi de F. T. était essentielle à la prise de décision, considérant qu'elle ne rapportait pas la preuve d'une mauvaise foi de la demanderesse tout en refusant d'ordonner un complément d'information justifié par les faits nouveaux, susceptibles de caractériser les manœuvres et les détournements du trafic téléphonique commis par F. T. énoncés dans ses notes en délibéré des 21 octobre et 6 novembre 2000. Elle dit que cette dernière note a été rejetée alors même que la procédure n'était pas clôturée, au prétexte d'un accord intervenu préalablement entre le tribunal et les parties[918].

Tirant avantage dans son analyse, Catherine Kessedjian estime pour sa part que, *«les arguments développés par I. au titre de ce chef de recours sont axés autour de deux éléments : le rejet d'un mémoire alors que la procédure n'avait pas été formellement clôturée et la difficulté pour elle de rapporter une preuve qu'elle jugeait essentielle pour la défense de ses intérêts, preuve qui sur le fond avait trait à une accusation d'abus de puissance économique de la part de F. T.»*[919].

Revenant sur le premier point, la société I. reprochait aux arbitres d'avoir clôturé la procédure trop tôt sans la mettre en mesure d'apporter une preuve qu'elle jugeait essentielle pour la défense de ses intérêts[920].

b) L'irrégularité dans la composition du tribunal arbitral

La société I reproche au tribunal arbitral de n'avoir pas associé l'un des co-arbitres désignés par ses soins au délibéré de la sentence. Pour régler cette question, la Cour se réfère à l'opinion dissidente de l'arbitre dissident[921].

---

[918] Cour d'Appel de Paris, 1re Ch., sect. C.- 16 janvier 2003– Société des télécommunications du Cameroun c/ France Télécom, Arrêt in J.DI 1, 2004, p. 166.

[919] Kassedjian (C.), Cour d'Appel de Paris, 1re Ch., sect. C.- 16 janvier 2003 – Société des télécommunications du Cameroun c/ France Télécom, Note J.DI 1, 2004, p. 175.

[920] A cet effet, analyse Catherine Kassedjian, *«d'après le déroulement de la procédure tel que rapporté par la Cour d'Appel, le tribunal arbitral avait d'abord, dans une lettre adressée aux parties quelques jours après l'audience de procédure, confirmé la renonciation des parties à déposer des mémoires après plaidoiries. On pouvait donc considérer que la procédure était close même si aucune clôture formelle n'était intervenue. Or, c'est en raison d'une demande d'information complémentaire formulée par le tribunal en cours de délibéré, qu'Intelcam avait adressé une note complémentaire non sollicitée et hors délais fixés par le tribunal pour répondre à sa demande complémentaire. Ce n'est qu'après réception de cette note que le tribunal devait formellement prononcer la clôture».*

[921] *G. Kenfack Douajni (G.) ; en ces termes, «que dans le cas présent, le texte même de l'opinion dissidente laquelle ne fait pas partie de la sentence et n'a d'autorité que celle d'un élément de fait – démontre qu'un délibéré a eu lieu, que M. K. D. a été tenu constamment au courant de ce délibéré et qu'il a pu faire connaître son opposition à ses co-arbitres à tout moment et, en tout cas, avant le prononcé de la sentence; qu'il suffit en effet de noter ces expressions employées par l'arbitre dissident telles que: «s'il est exact, comme l'affirme la sentence» (p. 12 § 37), «contrairement aux affirmations de la sentence» (p. 12 § 40), «la sentence manque d'objectivité» (p.15 § 49), «on retrouve ce manque d'objectivité de la majorité des arbitres dans l'appréciation»* (p.16 § 50)»; Cour d'Appel de Paris, 1re Ch., sect.

Pour Catherine Kassedjian, cette conclusion paraît aller au-delà de l'information que donne la sentence[922].

En bref, la Cour a sévi pour décourager cette velléité de la société I. à contester la sentence rendue.

c) Les leçons à tirer

En tout état de cause, cet Arrêt du16 janvier 2003 traduit l'impossibilité de faire réviser une sentence arbitrale au fond[923].

Par ailleurs, cette affaire met en cause la question du droit des investissements et des relations économiques Nord-Sud. En effet, au travers de l'argument selon lequel le tribunal arbitral avait refusé de prendre en considération les manœuvres frauduleuses qu'I. reprochait à F T. et les abus de puissance économique supposés de cette dernière, c'était demander à la Cour d'Appel de sanctionner une certaine conception des relations économiques Nord-Sud.

Catherine Kassedjian indique à cet effet que, la Cour ne se laisse pas impressionner par l'argument et n'entre même pas en matière. Elle ne veut voir dans la sentence «*qu'une condamnation d'un débiteur à payer sa dette et stigmatise une tentative par Intelcam de lui faire réviser la sentence au fond, ce qui lui est effectivement interdit*»[924].

C'est ce qui justifie la décision de la Cour de condamner la société I. pour procédure abusive. Ce qui n'est pas de l'avis de notre critique qui relève des abus[925].

C.- 16 janvier 2003 – Société des télécommunications du Cameroun c/ France Télécom, Arrêt in J.DI 1, 2004, p. 172 et s.

922«*Cette conclusion nous paraît aller au-delà de l'information que nous donne la sentence et l'opinion dissidente. En effet, à la lecture de ces deux textes, il peut être tiré qu'une seule conclusion, nous semble-t-il:l'arbitre désigné par Intelcam a reçu le projet de sentence. Dans quelles conditions le délibéré s'est-il déroulé ? Quels ont été les échanges entre les arbitres ? Se sont-ils réunis ? Nous ne le savons pas. Il n'est d'ailleurs pas certain que nous devrions le savoir. (...). On peut donc s'étonner que la Cour ait ressenti le besoin de dire que l'arbitre avait été constamment informé de l'évolution du délibéré*»; Kassedjian (C.), Cour d'Appel de Paris, 1re Ch., sect. C.- 16 janvier 2003 – Société des télécommunications du Cameroun c/ France Télécom, *Op. Cit.*, Note J.DI 1, 2004, p. 180.

923En effet, «*les parties à une opération économique qui acceptent de faire régler leurs différends éventuels ou avérés par la méthode de l'arbitrage oublient trop souvent que ce mode de règlement des différends exige une rigueur extrême dans la présentation de leurs arguments car il n'existe pas de «session de rattrapage». La plupart des systèmes et des droits de l'arbitrage n'admettent pas l'appel au fond de la sentence, le Cirdi constituant une exception notable923 et pouvant expliquer une partie de son succès en constant développement*»; Kassedjian (C.), Cour d'Appel de Paris, 1re Ch., sect. C.- 16 janvier 2003 – Société des télécommunications du Cameroun c/ France Télécom, *idem.*

924 *Ibid.* p. 181.

925«*Tous les arguments d'Intelcam étaient certes mal rédigés et ne pouvaient pas prospérer du fait même des règles très particulières qui s'appliquent aux recours à l'encontre de sentences arbitrales rendues en matière internationale. Mais de là à condamner cette partie à des dommages intérêts, il y a un pas que nous ne pouvons pas approuver, d'autant que les*

Sans verser dans une critique de l'arbitrage et des décisions judiciaires rendues dans les pays développés à l'égard des pays du sud, on peut valablement partager cette réflexion de Catherine Kassedjian selon laquelle, *«l'affaire qui a donné lieu à la décision commentée montre encore, s'il en était besoin, que l'arbitrage tend à devenir un mode de règlement des différends aussi tatillon et contentieux qu'une procédure devant les juridictions nationales«*[926].

Une telle attitude, avec cette affaire I./ F.T. et le précédent Klöckner devant le Cirdi, vont finir de cultiver une méfiance des opérateurs économiques africains en général et camerounais en particulier, à l'égard de la justice internationale et de l'arbitrage commercial international ; méfiance du reste justifiée par M. Keba Mbaye[927].

En tout état de cause, il subsiste un déséquilibre remarquable entre les États du Nord, apporteurs des technologies et le Sud consommateur, avec des moyens financiers très limités. Le droit du développement demeure plus que jamais une composante, facteur pour l'émergence de ces derniers.

---

questions posées étaient parfaitement légitimes et permettent de réfléchir une fois encore à la pratique de l'arbitrage telle qu'elle s'est développée ces dernières années», *Idem*.

[926] *Ibid*. p. 174.

[927] Supra.

CONCLUSION GÉNÉRALE

Au terme des développements contenus dans cet ouvrage, il apparaît clairement que dans ses efforts de développement économique et de recours aux investissements publics et privés directs et indirects, l'État du Cameroun, ses démembrements ; ainsi que des personnes privées camerounaises, ont recours à la pratique des contrats internationaux.

Cette pratique est plus que centenaire, en référence aux premiers contrats commerciaux passés entre les chefs douala et le colon britannique, en 1864[928]. Mais la véritable accélération de cette pratique contractuelle remonte aux années 1950 avec l'implantation des usines Alucam à Edéa[929].

Aussi a-t-on pu analyser les techniques contractuelles éprouvées dès cette époque d'avant l'indépendance du Cameroun. En effet, il s'agit d'une convention écrite signée par des plénipotentiaires. D'une part le Haut-commissaire du Cameroun représentant la France pour le compte du Territoire du Cameroun sous tutelle française, et du Président du groupe Ugine–Pechiney en France.

La revue des clauses contractuelles démontre des *«aménagements successifs»* de ces contrats pour les adapter premièrement au transfert des pouvoirs entre les mains des nationaux camerounais dès le 1er janvier 1960. Deuxièmement, par rapport à toutes les législations fiscales et financières nouvelles ces conventions ont été renégociées dès 1962, pour permettre une sécurisation et une pérennisation des investissements réalisés, et ce jusqu'en 1978. L'adoption des Codes successifs et d'une Charte des investissements, participe de cette volonté de l'Etat du Cameroun, à sécuriser et à attirer les investissements internationaux sur le sol camerounais.

Mieux encore depuis 1990, le Parlement camerounais a adopté un ensemble de lois édictant la libéralisation de la vie publique de l'économie[930].

En outre, la protection de l'investissement privé au Cameroun est assurée par *«le Traité de l'Agence Multilatérale de Garantie des Investissements (AMGI), l'Organisation pour l'Harmonisation du Droit des Affaires en Afrique (Ohada), ainsi que par de multiples traités visant la protection des investissements tant sur les plans bilatéral que multilatéral»*[931].

---

[928] Infra.

[929] Infra, usines de traitement de l'alumine en aluminium.

[930]*«(...) Le Cameroun a signé le 17 décembre 1999 aux côtés des autres Etats membres de la CEMAC, la Charte des investissements de la Communauté Economique et Monétaire de l'Afrique Centrale (CEMAC). A cet égard, elle stipule que les Etats membres veillent à promouvoir la sécurité juridique et judiciaire, et à renforcer l'Etat de droit. La Cour de Justice Communautaire veille au respect des droits et obligations qui découlent du Traité créant la CEMAC et des actes pris en vertu du traité»*; Les Atouts Economiques, Guide bilingue des potentialités économiques du Cameroun, p. 295, OCPE, 2001, 350 p.

[931] Les Atouts Economiques, Guide bilingue des potentialités économiques du Cameroun, OCPE, 2001, *Op. Cit.*p.296.

Une illustration et pas des moindres, surtout au moment où les États africains présentent une méfiance à l'égard de l'arbitrage commercial international[932], la convention de 1954 passée entre le Territoire du Cameroun et le groupe Ugine Pechiney contient déjà une clause compromissoire qui prévoit le recours à l'arbitrage en cas de règlement des différends.

À la suite de cette convention de 1954, nombreux sont les contrats internationaux que l'État du Cameroun et ses démembrements ont signés avec des partenaires privés et publics étrangers. La spécificité de ces contrats réside dans le fait qu'ils portent soit sur des emprunts internationaux, soit sur des contrats de construction, de services, des transports, de distribution de l'énergie, de la téléphonie mobile ou des nouvelles technologies de l'information ou de la communication, dont Internet.

Même si la législation camerounaise ne prévoyait pas de manière spécifique une réglementation propre aux contrats internationaux, le Cameroun utilise de manière récurrente le contrat international comme outil de développement. À cet effet, il s'est servi des conventions internationales, des usages internationaux, de la pratique et de la jurisprudence internationale.

S'agissant d'un sujet de droit international et de relations internationales, cet exercice est d'autant plus réussi qu'il permet de comprendre que dans le souci de son développement économique, le Cameroun explore toutes les opportunités que lui offre la coopération financière internationale.

Membre de l'Organisation des Nations Unies, du Fonds Monétaire International et de la Banque Mondiale, le Cameroun n'a pas hésité à avoir recours à ces institutions pour rétablir l'équilibre de sa balance de paiement.

À cet effet, et tout au long de cet ouvrage, il a pu être démontré comment des contrats internationaux d'emprunt passés de manière bilatérale, ont pu être exécutés dans un environnement multilatéral au moyen de l'élection du Cameroun au statut de Pays Pauvre Très Endetté (PPTE), avec pour conséquence la remise totale de ses dettes et leur affectation à des fonds de développement désignés fonds PPTE.

Pour y parvenir, le Cameroun a dû éprouver ses capacités en matière de négociation des contrats internationaux. En ce sens, il fallait négocier devant les membres du Club de Paris, le Club de Londres, ou les Conseils d'administration du Fonds Monétaire International et de la Banque Mondiale.

Par ailleurs, l'État du Cameroun s'est désengagé d'un certain nombre de secteurs économiques en procédant à des privatisations et en ayant recours à des emprunts directs. Ces opérations ont été rendues possibles grâce au

---

932 « *Avec la doctrine Calvo, ces pays avaient dans le passé manifesté une certaine hostilité vis-à-vis de l'arbitrage international (...)* », cité par Maurille Okilassali, in « La participation des Etats africains à l'arbitrage du C.I.R.D.I.), *Op. Cit.* p. 180.

recours par l'Etat du Cameroun, à la technique des contrats d'Etats dont plusieurs types sont utilisés, à savoir :

- les mises en concessions des ouvrages publics construits par l'État du Cameroun au profit de ses sociétés à capitaux publics, notamment la Regifercam /qui a cédé ses biens en concession à Camrail ; la Sonel/qui a fait de même au profit d'une entreprise américaine, aujourd'hui britannique ; la Snec/au profit de la Camerounaise des Eaux (Camwater) ; la Camair a été dissoute et liquidée pour voir naître une nouvelle compagnie aérienne Camair-Co/ ; la Camtel Mobile avec mise en concession au profit de la reprise par/Orange et Mtn ;
- les cessions des actions de l'État détenues dans le capital de bon nombre de sociétés publiques : Hevecam/ cession de 90 % des actions ; CDC/ cession de la filière thé au profit de la CTE ; Regifercam au profit de Camrail ; Sonel au profit d'une entreprise américaine puis désormais britannique ; Snec au profit de Camwater.
- la réalisation des emprunts auprès des places boursières ou des gouvernements étrangers.

Toutefois, il n'en demeure pas moins que chaque contrat international soit resté spécifique, avec ses clauses et les conséquences que certaines ont pu entraîner.

À cet effet, la pratique des contrats internationaux du Cameroun est riche en jurisprudence. De nombreux différends ont été réglés tant devant les juridictions nationales camerounaises, françaises, allemandes, américaines que par devant les instances arbitrales internationales.

Dans ce dernier cas, il n'est pas sans citer ce cas d'école devant le C.I.R.D.I. avec l'Affaire Klöckner, devant la Cour Internationale d'Arbitrage avec les Affaires WT., C.T.E/ Privatisation de la filière thé de la CDC, U./ Rénovation du pont sur le Wouri, I./F.T.

Devant les juridictions nationales étrangères, les condamnations de l'État du Cameroun les plus flagrantes trouvent leur cause dans la renonciation par le Cameroun dans certains contrats internationaux à ses immunités de juridiction et d'exécution, comme clause de garantie à la bonne exécution du contrat signé.

Cette explication est doublée d'une autre, liée directement à la pratique judiciaire et arbitrale camerounaise ; elle tient à l'absence ou à la mauvaise défense des intérêts du Cameroun devant les juridictions judiciaires ou arbitrales internationales.

L'illustration de ce constat procède de ce que certaines décisions qui condamnent l'Etat du Cameroun sont des décisions rendues par défaut[933]. Il

[933] Dans un rapport de réunion tenue la Présidence de la République du Cameroun, il est indiqué que le Chargé de mission en charge du dossier relatif au Suivi du contentieux commercial international, « *a rappelé le contexte qui a conduit le Chef de l'Etat, à mettre en place ce comité. Il lui a été donné de constater que l'Etat du Cameroun essuyait de*

en est ainsi des jugements rendus par défaut contre l'État du Cameroun par les juridictions anglaises[934], allemande[935]s, et américaines[936], et ce malgré les notifications faites auprès des Représentations diplomatiques de ce pays dans les États concernés.

Une situation bien regrettable concerne ce cas de saisie attribution des avoirs de la Société Nationale des Hydrocarbures du Cameroun, société à capital public ; en substitution d'une condamnation de l'État du Cameroun par les juridictions françaises.

Aussi devient-il impératif de réfléchir sur la distinction qu'il convient de faire entre les avoirs de l'État du Cameroun et ceux de ses démembrements à l'étranger, avec pour souci *«la protection du patrimoine et des avoirs de l'État à l'étranger»*[937].

Face à ces pertes financières immenses, la réponse à la problématique soulevée reste plus que d'actualité. L'Etat du Cameroun tire-t-il véritablement un avantage à avoir recours à la technique des contrats internationaux comme outil de développement ? La réponse découlant des éléments objectifs étudiés est en faveur d'une réponse négative.

Il est par conséquent impératif de détecter de meilleurs moyens pour assister l'État du Cameroun et les autres partenaires nationaux au développement, dans la négociation des contrats internationaux, leur suivi, leur exécution, et la défense de ses intérêts devant les juridictions judiciaires et les instances arbitrales internationales.

Cependant, le recours au règlement amiable des différends, on a pu l'analyser et le démontrer présente des avantages de loin meilleurs qu'un règlement judiciaire ou arbitral. Ces avantages se résument dans la souplesse de ce mode de règlement, et l'économie de moyens financiers qu'il permet de réaliser.

Le Professeur Joseph Marie Bipoun Woum relève à juste propos, *«les incidences que l'action ou la défense judiciaire de l'État peuvent avoir sur la protection et l'intégrité du patrimoine de l'État dans son ensemble»*[938]. Des cas existent à l'occasion desquels l'État du Cameroun ou ses démembrements ont été spoliés de leurs biens et avoirs, ou menacés dans l'exercice de leur souveraineté. Parfois, c'est l'immeuble abritant le Haut Commissariat du Cameroun en Grande-Bretagne qui a été menacé de saisie-

---

nombreuses et graves condamnations devant les juridictions étrangères. Et ceci était dû en partie au mauvais suivi de ces contentieux ; la plupart des condamnations étant obtenues par défaut»; Inédit.

[934] Supra, affaire Winslow devant la High Court Britannique.

[935] Supra, le jugement d'exequatur rendu dans l'affaire Winslow.

[936] Supra,

[937] L'une des missions assignées au Comité chargé du suivi du contentieux économique international de l'Etat du Cameroun à l'étranger.

[938] Bipoun Woum (J.M), La représentation de l'Etat en justice au Cameroun, p. 27, RCD N° 28 Série 2, Editions Clé, 1984, pp 17-57.

exécution d'un jugement de la High Court Britannique[939]. Dans d'autres cas, les comptes bancaires de l'Ambassade du Cameroun en France sont saisis et il a fallu obtenir la main levée par la voie judiciaire[940].

La situation la plus grave est la saisie des avoirs de la Société Nationale des Hydrocarbures à Paris, en lieu et place de l'État du Cameroun[941].

Par ailleurs, il convient de rappeler les grands échecs enregistrés par l'État du Cameroun dans ses tentatives manquées de réaliser de gros investissements avec certains partenaires étrangers[942].

L'un de ces échecs a même donné lieu à la condamnation de l'État du Cameroun par un tribunal arbitral du Cirdi à payer la dette contractée auprès du Gouvernement allemand pour construire une usine clé en main pour la production des engrais chimiques à Douala, et ce malgré l'échec du projet[943].

La construction et la mise en fonctionnement de l'usine à papier Cellucam à Edéa, un investissement de 75 milliards de FCFA, compte parmi les échecs avérés qu'a connus l'Etat du Cameroun. Une tentative de reprise de cet espace agro-industriel par le groupe indopakistanais Gudam Garam a fini d'enterrer les espoirs qu'avait suscités ce projet. Au lieu de faire fonctionner de nouveau les machines, ces investisseurs ont choisi la solution de la délocalisation, en coupant les bois des forêts données en concession, emportant avec eux les outils de production dans leur pays. N'ayant pas eu accès à ce contrat[944], il est difficile de connaître le type de clauses qui avaient été convenues.

Il est dès lors utile et indispensable de bien organiser le suivi du contentieux économique international de l'État, dans la mesure où ce n'est pas tant la qualité et les clauses des contrats internationaux qui font problème ; mais davantage les moyens mis en œuvre pour défendre les positions de l'État qui le sont au moment où ils sont attendus devant les juges[945] ou les arbitres[946].

Un constat s'impose cependant ; aucune réglementation n'organise le suivi des affaires aussi importantes[947]. Bien que l'on puisse relever la mise

---

939 Affaire Winslow ; supra.

940 Affaires Winslow c/ Ambassade du Cameroun à Paris, *Op. Cit.*; Milla Assouté c/ Camair, SAAW, Ambassade du Cameroun à Paris devant le Tribunal de Grande Instance de Paris; supra.

941 Affaire Winslow c/ SNH devant la Cour d'Appel de Paris ; supra.

942 La construction de l'usine des engrais (Socame) à Cit., Douala, l'usine de pâte à papiers (Cellucam) à Edéa au Cameroun.

943 Affaire Socame c/ Klöckner; supra.

944 Les difficultés soulevées à l'introduction, liée à la disponibilité des contrats internationaux.

945 Affaire Winslow, devant la High Court britannique; jugement rendu par défaut ; supra.

946 Affaire SNH c/ ATT dans un arbitrage ad hoc à Londres ; bien que régulièrement signifiée, cette société publique camerounaise a choisi de ne pas participer à l'arbitrage, moins encore de soumettre une réponse à la demande d'arbitrage ; supra.

947 En l'absence d'une structure autonome qui en soit chargée, c'est par une correspondance n° B 1644/SG/PR du 13 octobre 2006, que le Ministre d'Etat Secrétaire Général à la

en place par le décret du 18 avril 1984 des *«cellules juridiques qui sont chargées, entre autres attributions, d'assurer la défense des intérêts de l'État en justice pour le compte des départements ministériels qui en sont pourvus»*[948].

Le Professeur Bipoun Woum estime à ce propos que, *«la représentation de l'État est abandonnée à l'exercice du pouvoir diffus des ministres et des Chefs des Services non personnalisés de l'État»*[949].

En effet, poursuit cet auteur :

De fait tous les textes présidentiels mentionnés ci-dessus[950] ont un effet purement indicatif; *dès lors qu'«ils désignent, en termes généraux, soit l'autorité ministérielle soit le département ministériel chargé de s'assurer qu'à l'occasion d'une procédure mettant en cause l'État celui-ci est effectivement représenté»*[951].

À ce propos, le Professeur Bipoun Woum Joseph Marie relève que le décret n° 73-51 du 10 février 1973 relatif à la défense de l'État en justice avait mis un terme à une véritable incohérence juridique. Mais il reste que la représentation de l'État en justice mériterait d'être véritablement dotée d'un minimum d'organisation, et qu'à cet égard l'intervention d'une loi en forme législative aurait pu être parfaitement régulière dès lors qu'elle n'empiétait pas sur le domaine réglementaire[952].

Ce décret de 1973 dispose en un article unique que, *«la défense ainsi que la représentation en justice de l'État sont assurées dans chaque cas par le Département ministériel intéressé»*.

Si ceci est valable pour le suivi du contentieux de l'État devant les juridictions nationales[953], cela demeure aussi vrai pour le suivi du contentieux à l'étranger.

Il n'est qu'à noter dans l'affaire U.[954] dont était saisie la Cour Internationale d'Arbitrage de la Chambre de Commerce Internationale. Certes, le Ministère des Travaux Publics a été cité devant cette instance arbitrale en sa qualité de Maître d'ouvrage signataire du marché litigieux, mais d'autres ministères[955] sont appelés pour le suivi de ce différend. Or, si

---

Présidence de la République appelle une réunion pour « faire le point sur le suivi du contentieux commercial international impliquant l'Etat du Cameroun « .

[948] Bipoun Woum (J.M.), La représentation de l'Etat en justice, *Op. Cit.*, p. 26.

[949] *Ibid.* p. 28.

[950] Le décret n° 73-51 du 10 février 1973, relatif à la défense de l'Etat en justice, JORUC, 15 février 1973, p. 450.

Le décret n° 84-162 du 18 avril 1984, JORC du 1er mai 1984, p. 952.

[951] Bipoun Woum (J.M.), *Op. Cit.*, p. 28.

[952] *Idem.*

[953] Bipoun Woum (J.M.), *Op. Cit.*, L'étude en cause concerne la défense des intérêts de l'Etat devant les juridictions camerounaises.

[954] Supra.

[955] Le Ministère des Finances notamment.

un organisme de coordination du contentieux de l'État existait, il aurait suivi cette affaire de manière cohérente.

Ici se pose le problème propre de la représentation de l'Etat à l'étranger. Ce rôle échoit à titre principal au Ministère des Relations Extérieures (MINREX) chargé de la représentation de la République du Cameroun à l'extérieur de ses frontières nationales.

A cet effet, l'article 12(1)-h du décret n° 2005/286 du 30 juillet 2005 portant organisation du Ministère des Relations Extérieures dispose que, *«la Division des Affaires Juridiques et des Traités est chargée du règlement des différends entre le Cameroun et les États tiers ou les organismes privés étrangers, en liaison avec les administrations concernées»*.

Assez souvent, le MINREX est associé au suivi de certains contentieux dans la présente étude ; à la différence qu'aucun de ses cadres n'a l'occasion de prendre part aux audiences consacrées à l'examen de ces affaires. Cette absence est également notoire pour ce qui est des cadres du Ministère de la Justice.

Toutefois, ainsi qu'on a pu l'observer tout au long de cette étude, le Ministère de la Justice n'a été cité nulle part comme intervenant dans la vie contractuelle de l'Etat du Cameroun ; moins encore lorsqu'il s'agit du règlement des différends. Ceci pourrait se déduire de l'article 1er du décret n° 2005/122 du 15 avril 2005 portant organisation du Ministère de la Justice. L'alinéa 2 de l'article précité énonce les missions du ministre de la Justice, Garde des Sceaux. Il est essentiellement chargé de l'organisation et du fonctionnement judiciaire à l'intérieur des frontières nationales.

S'agissant cependant du contentieux économique, on pourrait déduire à la lecture de l'article 24 du décret qui organise la Direction des affaires non répressives que cette dernière est chargée *«du suivi des affaires civiles, commerciales, sociales et traditionnelles pendantes devant les juridictions»*.

Ce texte ne spécifie pas s'il s'agit des juridictions nationales ou étrangères. Connaissant l'acuité du suivi du contentieux judiciaire extérieur de l'État, on pourrait bien tirer avantage de cette attribution pour mettre en avant le Ministère de la Justice dans ce suivi, qui sous d'autres cieux, apparaît comme étant l'agent judiciaire *prima facie* de l'État.

En tout état de cause, une sorte de cacophonie est vite relevée, bien que l'ordre semble revenir progressivement. A cet effet, le ministre d'État Secrétaire Général de la Présidence de la République ou le Premier ministre, Chef du Gouvernement désignent au cas par cas, les structures juridiques de la Présidence de la République, du Ministère de la Justice, du Ministère des Finances, de la Caisse Autonome d'Amortissement comme ayant la charge du suivi du contentieux commercial international[956].

Il conviendrait à l'avenir de relire les décrets organisant le Ministère des Relations Extérieures, le Ministère de la Justice, le Ministère des Finances,

---

[956] Supra.

et de tout autre organisme ayant des contacts avec l'étranger. Cette consultation des textes organiques permettra d'interpréter le sens des missions attribuées à chaque département ministériel, dans le but de mettre en place un suivi efficace du contentieux économique international de l'État du Cameroun.

Peut-être faudra-t-il recourir à la formule expérimentée par d'autres États africains et européens qui ont mis en place soit un Agent judiciaire de l'État, ou encore une Direction Générale du Contentieux de l'État[957]/[958].

À titre de droit comparé, on peut citer l'expérience malienne. La République du Mali a mis en place une Direction Générale du contentieux de l'État. Cet organisme est régi par l'Ordonnance n° 066/P-RM du 29 septembre 2000 et le décret n° 531/P-RM du 26 octobre 2000. Il a pour mission d'élaborer les éléments de la politique nationale en matière de prévention et de gestion des affaires contentieuses intéressant l'État, les Établissements publics à caractère administratif et les établissements publics à caractère scientifique, technologique et culturel.

À ce titre, cet organisme est chargé :

- d'assister l'État et organismes personnalisés susvisés dans les questions de procédures notamment dans les phases précontentieuses et arbitrales ;
- d'organiser la représentation de l'État et des organismes personnalisés ci-dessus devant les juridictions judiciaires et administratives ;
- de rédiger au nom de ces services et organismes visés les requêtes, mémoires et répliques destinés aux juridictions et institutions juridictionnelles ;
- d'intervenir oralement devant lesdites juridictions et institutions pour préciser les prétentions desdits services et organismes et soutenir leurs conclusions et mémoires en défense avant la clôture des débats ;
- d'exercer les voies de recours en leur nom ;
- d'assurer la procédure de constitution de partie civile devant les juridictions répressives ;
- de veiller à l'exécution des décisions de justice dans lesquelles sont partis l'État et les organismes personnalisés susvisés ;
- d'émettre les états de liquidation en vue du recouvrement par le Trésor public des créances de l'État résultant des procédures judiciaires dont elle aura assuré la gestion et toutes autres créances de l'État et organismes

---

[957] A ce propos, le Professeur Bipoun Woum estime que, «*cette dimension patrimoniale de la représentation de l'Etat en justice explique largement l'institution par une loi en forme législative, de l'Agent judiciaire du Trésor dans certains pays, en France par exemple, pour les actions portées devant les tribunaux judiciaires et « tendant à faire déclarer l'Etat créancier ou débiteur pour les causes étrangères à l'impôt et au domaine* » ; Bryon (Ch.), De la représentation de l'Etat par l 'agent judiciaire du trésor Public, Gaz. Du Pal. 1955, 2è sem. Doctrine, p. 32.

[958] Art. 38, Loi de Finances n° 53-366 du 3 avril 1955 relative au développement des crédits affectés aux dépenses du Ministère des Finances et des Affaires Economiques.

personnalisés susvisés (art.2 Ordonnance 00-066/P-RM du 29 septembre 2000).

Toutefois au Cameroun, les données relatives au suivi du contentieux interne de l'État sont différentes. Chaque Département ministériel et démembrement de l'État assure à l'interne le suivi de son contentieux. L'expérience malienne peut être reprise au Cameroun, pour partie au sujet du suivi du contentieux interne ; mais davantage sur le volet international de ce contentieux. À l'analyse cependant, l'expérience et la pratique camerounaise démontrent que la gestion par trop administrative des dossiers contentieux constitue la cause majeure d'un suivi relatif et non harmonisé des affaires judicaires et arbitrales internationales de ce pays. Entre informer le ministre, préparer une note de présentation du dossier, requérir et obtenir l'accord pour entreprendre une action quelconque ; généralement, les délais de réplique aux demandes et autres assignations, ou d'exercice des voies de recours sont dépassés. Une structure autonome pourrait valablement alléger l'État du Cameroun des saignées financières qu'elle subit du fait de ces contentieux internationaux, dont ce pays ne constitue point de manière singulière un cas unique. En effet, dès que les États-personnes morales ou des personnes physiques échangent, il y a potentiellement des différends qu'il faut résoudre ; c'est la raison d'être des juridictions internationales et des instances arbitrales régionales ou internationales.

Enfin, les personnels des ambassades du Cameroun à l'étranger pourraient être désignés sur la base des compétences qu'on retrouve pourtant au Cameroun[959], dans le champ de la diplomatie.

Dans un article publié dans la Tribune de Genève en mai 1999, un journaliste le titrait ainsi : *«le diplomate suisse dans le blues»*. En substance, cet article rapportait que le Ministère suisse des Affaires étrangères avait décidé de spécialiser ses diplomates en matière économique, juridique, scientifique. D'après cet auteur, la *«diplomatie de l'échine»* était révolue, pour donner place à une diplomatie technique. Il est possible d'affecter des spécialistes dans les ambassades et qui ont donné lieu à de graves condamnations par défaut de l'État du Cameroun qui sauront négocier, interpréter les actes de procédures judiciaires servis, de recruter des professionnels du droit dans les Ministères et autres grandes structures de

---

959 Depuis 1994, l'Institut des Relations Internationales du Cameroun (IRIC) spécialise les futurs diplomates en banques, monnaie et finances internationales, contentieux international, marketing international, communication internationale. A la date d'aujourd'hui, pour des raisons qui sont propres au politique camerounais, aucun de ces cadres n'est employé au sein du Ministère des relations extérieures du Cameroun. Seuls les cadres de communication internationale ont été intégrés parce que spécialisés dans la gestion des politiques des Etats, qui au sein de la Cellule de communication de la Présidence de la République, un seul au sein de l'ambassade du Cameroun en France. Pourtant la résurgence des contentieux économiques internationaux, des conflits frontaliers (avec le Nigeria, la Guinée Equatoriale) ou les négociations avec les institutions de Bretton Woods ou avec l'OMC, pourraient justifier la mise en service de ces cadres dans la diplomatie camerounaise.

l'État, dans les entreprises publiques et privées impliquées dans les affaires internationales.

En définitive, si la technique du recours aux contrats internationaux par le Cameroun en elle-même ne pose pas problème, ce qui mérite d'être pris en compte, c'est la mise en place d'un véritable suivi des contrats internationaux ; depuis leur négociation, leur gestion, leur exécution, et leur contentieux. Les balbutiements administratifs d'une part, les condamnations judiciaires et arbitrales observées ici et là d'autre part, perturbent de manière notoire le développement socio-économique du Cameroun ; tels n'étaient pas les objectifs assignés à cet instrument juridique reconnu par la coopération économique et financière internationale.

BIBLIOGRAPHIE

I-DOCUMENTS OFFICIELS

1- Conventions multilatérales

Convention de Varsovie du 12 octobre 1929 sur le transport international de marchandises par voie aérienne.

Convention de Genève de 1956 sur le transport international de marchandises par voie terrestre.

Convention de Berne de 1961 sur le transport international de marchandises par voie ferrée.

Accord sur les marchés publics de l'OMC sur les marchés de fournitures et de services ;

Convention de Lomé IV du 15 décembre 1989 révisée en 1995 pour les marchés de travaux, de fournitures et de services financés sur les ressources du Fonds européen de développement (F.E.D.).

Convention pour la reconnaissance et l'exécution des sentences arbitrales étrangères, New York, 10 juin 1958, ratifiée le 19 février 1988 par le Cameroun.

Convention du 18 mars 1965 signée à Washington, instituant le Centre International pour le Règlement des Différends relatifs aux Investissements (Cirdi).

Directives de la Banque Mondiale et de l'A.I.D. pour les marchés de fournitures et de travaux financés par les prêts de la B.I.R.D. et les crédits de l'I.D.A.

Site mémoire de la CNUDCI sur l'organisation des procédures arbitrales.

Projet de convention CNUDCI sur la cession des actions dans le commerce International.

Conférence des Nations Unies sur le droit des traités. Première et deuxième sessions Vienne, 26 mars–24 mai 1968 et 9 avril- 22 mai 1969. Documents officiels. Documents de la Conférence. Projets d'articles de la Commission du droit international, p.44-13) ; Nations Unies- New York, 1971.

Convention de Vienne de 1969 sur le droit des traités.

Convention sur la loi applicable aux obligations contractuelles ouverte à la signature à Rome le 19 juin 1980 (80/934/CEE).

UNIDROIT (1994), Principes relatifs aux contrats du Commerce International.

UNIDROIT (2004), Principes relatifs aux contrats du Commerce International.

Guide pour la rédaction de contrats internationaux d'ingénierie-conseil y compris certains aspects connexes d'assistance technique, commission Economique pour l'Europe Genève, Nations Unies, New York, 1993, 37 p.

2- Conventions Bilatérales

Accord entre le Gouvernement de la République du Cameroun et le Gouvernement de la République Populaire de Chine pour la promotion et la protection réciproque des investissements.

Accord du Gouvernement de la République italienne et le Gouvernement de la République du Cameroun, pour la promotion et la protection des investissements.

Accord entre le Gouvernement de la République du Cameroun et la Roumanie concernant la promotion et la protection réciproque des investissements.

3- Documents Officiels Européens et Africains

Cemac:

Règlement n° 02/00/CEMAC/UMAC/CM portant harmonisation de la réglementation des changes dans les États membres de la Cemac du 29 avril 2002.

Instruction Générale n° 03/009/CF/MINFI/DCED/D du 29 avril 2000 relative à l'application du Règlement n° 02/00/CEMAC/UMAC/CM portant harmonisation de la réglementation des changes dans les États membres de la Cemac du 29 avril 2002.

Ohada:

Traité relatif à l'harmonisation du droit des affaires en Afrique (Ohada), adopté le 17 octobre 1993 à Port-Louis (Ile Maurice), entré en vigueur le 18 septembre 1995.

Acte Uniforme portant organisation des procédures collectives d'apurement du passif, adopté à Libreville le 10 avril 1998.

Acte uniforme relatif au droit de l'arbitrage adopté le 11 mars 1999.

Règlement d'arbitrage de la Cour Commune de Justice et d'Arbitrage adopté le 11 mars 1999.

Acte uniforme relatif au droit des sociétés commerciales et du groupement d'intérêt économique adopté à Cotonou le 17 avril 1997.

Acte uniforme portant sur le droit commercial général, adopté à Cotonou le 17 avril 1997.

Règlement de procédure de la Cour Commune de justice et d'arbitrage, adopté à Ndjamena le 18 avril 1996.

Acte uniforme portant organisation des procédures simplifiées de recouvrement et des voies d'exécution, adopté à Libreville le 10 avril 1998.

Acte uniforme portant organisation des sûretés, adopté le 17 avril 1997.

ALGÉRIE :

Présentation du cadre juridique et procédure régissant la privatisation des entreprises publiques en Algérie :

Ordonnance n° 95/22 du 26 août 1995 modifiée par l'ordonnance 97/12 du 19 mars 1997, relative à la privatisation des entreprises publiques.

Décret n° 94/294 du 25 septembre 1996 relatif aux modalités de dissolution et de liquidation des EPL non autonomes et des établissements publics industriels et commerciaux.

Instruction n° 2 du 15 septembre 1997 du Chef du Gouvernement relative à la cession au profit des salariés des entreprises publiques non autonomes dissoutes.

BÉNIN :

Cadre juridique et institutionnel des privatisations du Bénin = Site Internet : http : /www privatisation - bbf.com./cadre html.

BURKINA FASO :

Ordonnance n° 91/044/Pres du 17 juillet 1991 portant autorisation et privatisation de douze (12) entreprises.

Ordonnances n° 92/066/Pres du 09 janvier 1992 portant autorisation de privatisation de neuf (9) entreprises.

Loi n° 52/93 / adf du 20 décembre 1993 portant autorisation de privatisation de l'exploitation des transports ferroviaires ;

Loi n° 35/94 AdP du 1er juillet 1994 portant constitutions générales de privatisation.

Loi n° 36/AdP du 1er juillet 1994 portant autorisation de privatisation de la compagnie nationale Air Burkina.
Loi n° 0008/98/SN du 16 décembre 1998 portant autorisation de privatisation de la Société des Hôtels de la Gare.
Loi n° 58/98/sn du 16 décembre 1998 portant autorisation de privatisation de l'ONATEL ;
Décret n° 98/165/prés/PM/MCIA/MEF portant attribution, composition, organisation et fonctionnement de la commission de privatisation.
Loi 010/2000/AN du 26 avril 2000 portant autorisation de privatisation de la gestion des Aéroports Internationaux de Ouagadougou et de Bobo-Dioulasso.

CAMEROUN :

Code civil camerounais
Loi n° 53-1336 du 31 décembre 1953 sur les comptes spéciaux du Trésor pour 1954.
Loi n° 60/64 du 27 juin 1960 portant Code des investissements.
Loi n° 75/18 du 08 décembre 1975 relative à la reconnaissance des sentences arbitrales.
Loi n° 84/03 du 4 juillet 1984 portant Code des Investissements.
Loi n° 89/030 du 29 décembre 1989 autorisant le Président de la République à définir par Ordonnances le régime de privatisation des entreprises du secteur public et parapublic.
Loi n° 90/059 du 19 décembre 1990 portant organisation de la profession d'avocat.
Loi n° 96-06 du 18 janvier 1996 portant révision de la Constitution du 20 juin 1972.
Loi n° 2002/004 du 19 avril 2002 portant Charte des Investissements.
Loi n° 96/147 du 5 août 1996 portant régime du transport par pipeline des hydrocarbures en provenance des pays tiers.
Loi n° 98/015 du 14 juillet 1998 relative aux Établissements classés dangereux insalubres ou incommodes.
Loi n° 99/016 du 22 décembre 1999 portant statut général des établissements publics et des entreprises du secteur public et parapublic.
Loi n° 2002/004 du 19 avril 2002, portant charte des investissements en République du Cameroun.
Loi n° 2006/012 du 29 décembre 2006, portant organisation du régime général des contrats de partenariat.
Ordonnance n° 90/004 du 22 juin 1990 relative à la privatisation de certaines entreprises du secteur public et parapublic.
Ordonnance n° 90/007 du 08 novembre 1990 portant Code des investissements du Cameroun.
Ordonnance n° 94-003 du 24 janvier 1994 modifiant certaines dispositions du Code des Investissements
Ordonnance 96/03 du 24 juin 1996 relative à la restructuration des établissements de crédit.
Décret n° 65/DF/367 du 10 août 1965 fixant l'organisation et le fonctionnement du chemin de fer en République du Cameroun
Décret n° 73-51 du 10 février 1973, relatif à la défense de l'État en justice, JORUC, 15 fév. 1973.
Décret n°78/527 du 15 décembre 1978 portant création d'une indemnité au profit des défenseurs de l'État en justice.
Décret n° 84-162 du 18 avril 1984, JORC, 1er mai 1984.
Décret n° 85/1176 du 28 août 1985 créant et organisant la Caisse Autonome d'Amortissement.
Décret n° 85/1177 du 28 août 1985 réorganisant la Société Nationale d'Investissement.
Décret n° 86/656 du 3 juin 1986 portant création d'une Mission de réhabilitation des entreprises du secteur public et parapublic (MREP).
Décret n° 87/864 du 7 juin 1987 modifiant certaines dispositions du décret n°86/656 du 30 juin 1986.

Décret n° 88/906 du 29 juin 1988 portant nomination des membres chargés du secteur financier de la Commission technique de la Mission de réhabilitation des entreprises du secteur public et parapublic.

Décret n° 89/010 du 4 janvier 1989 portant organisation des attributions de la PREP.

Décret n° 89/913 du 31 mai 1989 portant réorganisation de la Commission permanente des marchés de la défense et de sécurité.

Décret n° 90/428 du 27 février 1990 modifiant certaines dispositions du Décret n° 86/656 du 3 juin 1986 portant création du MREP.

Décret n° 90/430 du 27 février 1990 portant nomination du vice-président et des membres chargés spécialement de la privatisation au sein de la Commission Technique de la MREP.

Décret n° 90/1257 du 30 août 1990 portant application de l'ordonnance **n° 90/004 du 22 juin 1990** relative à la privatisation des entreprises publiques et parapubliques.

Décret n° 90/1423 du 23 octobre 1990 portant privatisation de certaines entreprises du secteur public et parapublic.

Décret n° 90/1577 du 19 décembre 1990 portant nomination des membres de la Commission Technique de la MREP.

Décret n° 94/125 du 14 juillet 1994 portant admission de certaines entreprises du secteur public et parapublic à la procédure de privatisation.

Décret n° 95/101 du 9 juin 1995 portant règlement des marchés publics.

Décret n° 95/0506 du 29 mars 1995 portant création d'un Comité d'experts auprès du Président de la République.

Décret n° 96/014 du 23 janvier 1996 modifiant certaines dispositions du décret n° 95/056 du 29 mars 1995 réorganisant la MREP.

Décret n° 96/023 du 7 février 1996 modifiant certaines dispositions du décret n° 95/056 du 29 mars réorganisant la MREP.

Décret n° 97/001 du 3 janvier 1997 modifiant certaines dispositions du décret n° 95/056 du 29 mars 1995 portant réorganisation de la MREP.

Décret n° 97/002 du 3 janvier 1997 portant organisation et fonctionnement de la Commission Technique de réhabilitation des entreprises du secteur public et parapublic.

Décret n° 97/003 du 3 janvier 1997 portant organisation et fonctionnement de la Commission Technique de privatisation et des liquidations des entreprises du secteur public et parapublic.

Décret n° 97/026 du 12 février 1997 portant nomination des responsables au sein de la MREP.

Décret n° 99/057 du 19 mars 1999 portant dissolution de la REGIFERCAM.

Décret n° 99/058 du 19 mars 1999, approuvant la Convention de Concession de l'activité ferroviaire au Cameroun au profit de la Société CAMRAIL.

Décret n° 99/210 du 22 septembre 1999 portant admission de certaines entreprises du secteur public et parapublic à la procédure de privatisation.

Décret n° 2002/030 du 28 janvier 2002 portant création, organisation et fonctionnement des Commissions des marchés publics.

Décret n° 2001/048 du 23 février 2001 portant création, organisation et fonctionnement de l'Agence de régulation des marchés publics.

Décret n° 2001/213 du 31 juillet 2001 précisant l'organisation et le fonctionnement de la Commission des marchés financiers.

Décret n° 2004/275 du 24 septembre 2004 portant Code des marchés publics.

Arrêté n° 001 du 11 mars 1991 portant nomination des membres du secrétariat permanent de la Commission Technique de la PREP.

Arrêté n° 147/CAB/PR du 11 mars 1991 portant création d'un Secrétariat permanent auprès de la Commission Technique de la MREP.

Arrêté n° 0007 du 19 février 1992 modifiant et complétant l 'arrêté n° 001 du 11 mars 1991 portant nomination des membres du Secrétariat permanent de la MREP.

Circulaire n° 008/CAB/PR du 26 décembre 1985 relative aux procédures civiles intéressant les entreprises publiques.

Circulaire n° 2260/CF du 19 février 1992 relative à la saisie des biens appartenant aux entreprises publiques et parapubliques à privatiser.

Circular letter n° 041/50-510/fs/54/mj du 06 juin 2000, on enforcement of Court judgments against public entreprises.

Circulaire n° 001/CAB/PM du 04 janvier 2000 relative au fonctionnement des structures juridiques des départements ministériels.

Lettre Circulaire n° 001/CAB/PM du 04 janvier 2000 relative à la défense des intérêts de l'État en justice.

FRANCE :

Loi n° 39-89, telle qu'elle a été modifiée et complétée par la **loi n° 34-98**, autorisant le transfert d'entreprises publiques au secteur privé.

Loi française n° 93-923 du 19 juillet 1993 de privatisation.

Décret n° 54-573 du 4 juin 1954 portant règlement d'administration publique pour l'application de l'article 32 de la **loi du 31 décembre 1953** relatif à l'institution de régimes fiscaux de longue durée dans les territoires d'outre-mer.

Décret n° 56-1132 du 13 novembre 1956 portant modification de l'article 32.

Décret n° 56-1133 du 13 novembre 1956 relatif aux conventions de longue durée pouvant être passées avec certaines catégories d'entreprises outre-mer.

Décret n° 56-1133 du 13 novembre 1956 relatif aux conventions de longue durée pouvant être passées avec certaines catégories d'entreprises outre-mer.

MALI :

Ordonnance n° 99/043/P-RM du 30/9/1999 régissant les télécommunications en République du Mali.

Ordonnance n° 066/P-RM du 29 septembre 2000 portant organisation de la Direction Générale du contentieux de l'État.

Décret n° 446/PR/MCI/87 du 08 décembre 1987 fixant la procédure d'octroi des avantages du Code des investissements.

Décret n° 531/P-RM du 26 octobre organisant l'application de l'Ordonnance n°066/P-RM du 29 septembre 2000.

TCHAD :

Ordonnance n° 025/PR/87 du 08 décembre 1987 portant code des investissements dans la République du Tchad.

Projet de décret fixant l'organisation sur le fonctionnement du service d'inspection des pipelines.

Arrêté n° 433 du 24 août 1999 portant organisation et fonctionnement du comité de pilotage. et de suivi des pipelines.

UNION EUROPÉENNE :

Directive 97/7/CE du Parlement Européen et du **Conseil** du 20 mai 1997 concernant la protection des consommateurs en matière de contrats à distance.

Les marchés publics dans l'union Européenne. Communication interprétative de la commission sur les concessions en droit communautaire ; 2000/C121/02 JOCE N° C121 du 29/04/2000 P. 0002-0013).

4- RAPPORTS :

Griotteray (A.), Mieux privatiser. Évolution du secteur public en France et en Europe : bilan et perspectives.

Pinon (P.), *Comment accroître la sécurité des investissements français à l'étranger ? Pour une rénovation des instruments conventionnels.* Rapport au nom de la Commission du Commerce international, adopté par l'Assemblée générale de la Chambre de Commerce et de l'Industrie de Paris, 20 janvier 2000.

5- DIVERS :

Aspects actuels du droit international des transports – colloque de mars 1981.

Dupuis (C.), Règles générales du Droit de la Paix, Académie de Droit international, Recueil des cours, T. II, 1930.

P. de Fontbressin, Les clauses de prix, les principales clauses des contrats conclus entre professionnels, Colloque de l'Institut de droit des affaires d'Aix-en-Provence (17-18 mai 1990).

Le contrat économique international : stabilité et évolution – Préface du Professeur Laszlo Réczei – Travaux des VIIè journées juridiques Jean Dabin, Edition Bruylant et Pedone.

Pays en voie de développement et transformation du droit international – colloque d'Aix En Provence. Société Française pour le Droit international 1974.

II. JURISPRUDENCE

A. Juridictions internationales

1. Cour Permanente de Justice Internationale

Cour permanente de Justice Internationale, Affaire des concessions Mavromatis en Palestine, 30 avril 1924.

Cour Permanente de Justice Internationale, 1er juillet 1929, Affaires des Emprunts Serbes.

Cour Permanente de Justice Internationale, Arrêt du 28 juin 1937, Affaire des prises d'eau à la Meuse.

2. Cour Internationale de Justice

Cour Internationale de Justice, Affaire du Cameroun Septentrional, Arrêt du 2 décembre 1963 sur les exceptions préliminaires.

Cour Internationale de Justice, Arrêt du 10 septembre 2002, dans l'Affaire de la frontière terrestre et maritime entre le Cameroun et le Nigeria ; Guinée Equatoriale (Intervenant).

B. Sentences arbitrales

1. Sentences du Cirdi

Centre International pour le Règlement des Différends en matière d'Investissements (Cirdi), Affaire Klöckner c/ Socame et État du Cameroun, sentence du 21 octobre 1983.

Centre International pour le Règlement des Différends en matière d'Investissements (Cirdi), Affaire Klöckner c/ Socame et État du Cameroun, Décision du 3 mai 1985.

2. Sentences de la Cci

Cour Internationale d'Arbitrage de la Chambre de Commerce Internationale (CIA-Cci), Affaire Publex c/ Caisse nationale de Réassurance (CNR), sentence du 15 octobre 1998.

Cour Internationale d'Arbitrage de la Chambre de Commerce Internationale (CIA-Cci), Affaire France Telecom c/ Intelcam, sentence du 9 janvier 2001.
Cour Internationale d'Arbitrage de la Chambre de Commerce Internationale (CIA-Cci), Affaire Texaco, I.L.M. 1978, vol. 17, p. 3, Jour. Dr. Int. (Clunet) 1977, p. 350, spec. 361, commentaire J.F. Lalive.
Cour Internationale d'Arbitrage de la Chambre de Commerce Internationale (CIA-Cci), Affaire Wiemer & Trachte GmbH (anciennement Wiemer & Trachte AG) c/ République du Cameroun, sentence du 25 juin 2007.
Cour Internationale d'Arbitrage de la Chambre de Commerce Internationale (CIA-Cci), Affaire Cameroon Tea Estates S.A. (CTE) (Cameroun) c/ 1. L'État du Cameroun (Cameroun), 2. Brobon Finex PTY LTD (Afrique du Sud), 3. Mr Baba Ahmadou Danpulo (Cameroun), sentence du 18 juillet 2007.

3. Arbitrage ad hoc

Affaire Société Africaine Petroleum (Apc) c/ **Arbitrage ad Hoc à Londres** Sonara, sentence du 17 avril 2002.

C. Décisions de justice

1. Jurisprudence Camerounaise

C.F.J/SCAY ; 30 septembre 1969 ; Keou Maurice c/ C.P.E. Bafang.
C.F.J/ SCAY ; 8 décembre 1970 ; Noutackdie Joseph c/ E. Cam. OR.
C.F.J/SCAY ; 8 décembre 1970 ; Pouka Mbaka c/ E. Cam.OR.
Arrêt n° 137/C.F.J/ SCAY ; 26.1.1971 Alai Belobo Nestor c/ E. Cam.OR.
Arrêt n°8/C.F.J/SCAY ; 25/11/1976 ; Libam Kouang Melchiade c/ État du Cameroun.
CFJ/AP, arrêt n° 05 du 20 MARS 1968, Ekindi Joël c/ État du Cameroun.
CS/CA, Jugement n°71/75-76 du 13 mars 1976, Bene Bela Lambert c/ État du Cameroun
CS/CA, jugement n° 12/77-78 du 27 Avril 1978, Item Dieudonné c/ État du Cameroun.
CS/CA, Jugement n°14/77-78 du même jour, Atangana Essomba Protais c/ État du Cameroun.
CS/CA, Jugement n° 30/77-78 du 13 Juillet 1978, Aka'a Jules c/ État du Cameroun.
Affaire Société Africaine Petroleum (Apc) **c/** Sonara, judgment n° HCF/91/M/2001-2002 du président du tribunal de grande instance du Fako à Buea.

2. Jurisprudence française

Arrêt Forgo, Civ. 24 juin 1878.
Affaire American Trading c/ Québec Co, Civ. 5 décembre 1910.
Affaire Pelissier et Besset, C. Cass., 17 mai 1927.
Affaire Brincourt c/ Brossard Santres, Civ. 21 janvier 1931.
Affaire De Mara Della Costa c/ Bagneux, Civ. 7 mars 1938.
Affaire des Messageries maritimes, C. Cass, O2 juin 1950.
Affaire Colombo et Catapodis, Civ. Paris, 10 mai 1966.
Affaire Sté Transmediterannean Airways c/ Raphaël, Soc. 10 décembre 1966.
Affaire Castelain c/ Sté des mines de fer de Mauritanie, Soc. 20 juin 1979.
Affaire Winslow C/ République du Cameroun, Ordonnance du 9 décembre 1996, tribunal de grande instance de Paris.
Affaire Tete Association de sauvegarde de l'Ouest Lyonnais, Arrêt du Conseil d'État du 6 février 1998.
Affaire Winslow C/ République du Cameroun, Ordonnance du 26 novembre 1998, tribunal de grande instance de Paris.

Affaire Noga c/ Ambassade de la Fédération de Russie, Arrêt du 10 août 2000, Cour d'Appel de Paris.
Affaire Winslow C/ République du Cameroun, Arrêt du 16 novembre 2000 Cour d'appel de Paris.
Affaire Ambassade de la République du Cameroun à Paris et la Société Winslow Bank Strust, et la Société Générale S.A (Intervenante), Arrêt du 26 septembre 2001 n° 2001/1263.
Affaire Winslow C/ Société Nationale des Hydrocarbures, jugement du 18 novembre 2002, tribunal de grande instance de Paris.
Affaire Intelcam c/ France Telecom, Cour d'Appel de Paris, Arrêt du 16 janvier 2003.
Affaire Winslow C/ Société Nationale des Hydrocarbures, Arrêt du 22 janvier 2004, Cour d'Appel de Paris.

3. *Jurisprudence* britannique

Affaire Winslow C/ République du Cameroun, Queen's Bench Division de la Haute Cour de Justice de Londres, jugement du 16 juillet 1996.
Affaire Winslow C/ République du Cameroun, Queen's Bench Division de la Haute Cour de Justice de Londres, jugement du 16 septembre 1996.
Affaire Winslow C/ République du Cameroun, Queen's Bench Division de la Haute Cour de Justice de Londres, jugement du 14 mai 1997.

4. *Jurisprudence* allemande

Affaire Winslow C/ République du Cameroun, Ordonnance du 19 février 2001, tribunal de grande instance de Francfort-Sur-Le-Main.

5. *Jurisprudence* américaine

Affaire Winslow C/ République du Cameroun, jugement d'exequatur du 26 septembre 2001, Cour Suprême de New York.

III- OUVRAGES

1. Ouvrages généraux

Baudieu (G.), Les privatisations, réglementation et premières opérations, *La Revue Banque*, Paris.
Delbez (L.), *Les principes généraux du contentieux international*, LGDJ, 1962, 339 p.
Dreyfus (N.), *Marques et noms des domaines de l'Internet*, Collection Droit des technologies avancées, Vol. 8-n°1/2001, p.p. 258.
Dreyfus (S.), Nicolas-Vullierme (L.), *La thèse de doctorat et le mémoire, Étude méthodologique (Sciences juridiques et politiques)*, 3ème édition, Cujas, Paris, 2000, 486 pp.
Franguilis (A.F.), *Théorie et pratique des traités internationaux*, Paris, 1934.
Sous la Direction de Guy Feuyer, *Les Etats ACP face au marché unique européen*, Economica 1994.
Loyrette (J.), *Dénationaliser : comment réussir la privatisation*, Bordas, Paris, 1986.
Motulsky Henry, *Études et notes sur l'arbitrage*, Dalloz, 1974.
Ngongo (L.P.), *Histoire des institutions et des faits sociaux du Cameroun,* T.1 : 1884-1945, éd. Mondes en devenir, XVI, 1993, 233 pp.
Njem (J.C.), *Le régime juridique et la nationalisation de concessions pétrolières et autres concessions d'immeubles. Une étude de droit international privé au regard*

des pays en voie de développement, Université d'Uppsala, Institut suédois de droit international, Études en droit international, T. 4, 1984, 296 p.

Nguyen Quoc Dihn, Daillier, A. Pellet, *Droit International public*, 7è éd. Paris, LGDJ.

Olinga (A.D.), *La Constitution de la République du Cameroun*, Les éditions Terre Africaine, Presses de l'UCAC, mas 2006.

Pellet (A.), *Le droit international du développement*, Paris, PUF (Que Sais-Je ?), 1978, 125 p.

A. de La Pradelle, préface de l'ouvrage de P. Develle, La concession en droit international, les Éditions Internationales, 1937, 237 p.

Rapp (L.), Technique *de privatisation des entreprises publiques*, Libraires Techniques, Librairie de la Cour de Cassation, 1986, 115 p.

Tedga (P.J.M.), *Entreprises publiques, État et crise au Cameroun. Faillite d'un système*, Édition l'Harmattan, 1990, 303 p.

YOU (P.), *Le préambule des traités internationaux*, Fribourg, Librairie de l'Université, 1941.

2. Ouvrages spécialisés

a. Mélanges

Houin (R.), *Les contrats internationaux à long terme, Etudes offertes à Roger Houin*, Dalloz – Sirey, Paris, 1985.

Leben (C.), Eric Loquin, Mahmoud Salem, *Souveraineté étatique et marchés internationaux à la fin du 20ème siècle. À propos de 30 ans de recherche du* ***CREDMI****. Mélanges en l'honneur de Philippe Kahn*, Litec-Credmi, 2000, 728 pp.

Fontaine (M.), *Fertilisations croisées du droit des contrats, Étude destinée dans les Mélanges offerts à Jacques Ghestin.*

Fontaine (M.), *Les clauses exonératoires et les indemnités contractuelles dans les principes d'Unidroit. Contribution aux Mélanges en mémoire de Malcolm Ivans*, Revue de Droit Uniforme, Rome, 1998, n° 2-3.

Fontaine (M.), «*Paiement» et «performance». Réflexions sur les difficultés du dialogue comparatif, à propos des Principes d'Unidroi*t, Mélanges offertes au Professeur Denis Tallon.

Fouchard (P.), Kahn (P.) et Lyon-Caen (A.), *Le droit des relations économiques internationales*, Mélanges en l'honneur de Berthold Goldman, 415 p.

b. Monographies

Abdelhamid EL Ouali, *Effets juridiques de la sentence internationale*, LGDJ, 1984, 317 p.

Anderson, ***Drafting*** *and negotiating commercial contracts*, Londres, Butterworth, 1997.

Audit (M.), ***Les conventions transnationales entre personnes publiques***, Préface de Pierre Mayer, LGDJ, 2002, 423 p.

Boggiano (A.), *International standard contracts ?A comparative study. Recueil des Cours de l'Académie de Droit International de la Haye*, vol. 170 (1981-I), pp 9-114.

Bonell (M. J.), *The Unidroit Principles in practice. Caselaw and bibliography on the Principles of commercial contracts*, Transnational Publishers Inc., 2002, 347 p.

Bonell (M.J.), *A new approach to international commercial contracts. The Unidroit Principles of international commercial contracts*, Kluwer Law International, 1999, 415 p.

Bonell (M.J.), *An international restatement of contract law. The Unidroit Principles of international commercial contracts*, Transnational Juris Publications, Inc., 1994, 152p.

Boon (J.A.) et Goffin. (R), *Les contrats «clé en main»*, Masson, Paris, édition revue et augmentée, 1987, 155 p.

Briner (R.), Fortier (L. Y.), et autres, *Law of International Business and Dispute Settlement in the 21 st Century*, Carl Heymanns, 2001, 807 p.

Carreau (D), Flory (T), Juillard (P), *Droit international économique*, LGDJ, 1990.
Cassan Hervé,*Contrats internationaux et pays en développement*, Economica, décembre 1989, 283 pp.
Chaput (Y.), *Les clauses de garantie (Sûretés négatives), in Les principales clauses des contrats conclu entre professionnels*, Colloque de l'Institut de droit des affaire d'Aix-en-Provence (17-18 mai 1990).
Chatillon (S.), *Droit des Affaires Internationales*, Edition Vuibert, Mars 2000, 296 pp.
Chatillon (S.), *Le contrat international*, Edition Vuibert. Mars 2000.
Dadoun (A) - Lehnisch (J.P), *Modèles de contrats privés prêts à l'Emploi*, Top éditions 1992, 117 p.
David (R), *Le droit du commerce international – Réflexions d'un comparatiste sur le droit international privé*, Economica, 143 p.
Delacolette (J.), *Les contrats de commerce internationaux*, Édition bibliothèque gestion 2000, 157 p.
Delacolette (J). *Les contrats de commerce internationaux*, 2e éd. revue et augmentée, éditions De Boek Université, 1988, 202 p.
Develle (Ph.), Préface de A. de La Pradelle, *La concession en droit international*, Les Éditions Internationales, Paris, 1937, 241 p.
Di Matteo (L.), *The law of international contracting, Kluwer Law International*, 2000, 578 p.
Douvier (P.J.), *Fiscalité internationale-20 études de dossier*, Litec – fiscal.
Dubisson (M..), *La négociation des marchés internationaux*, éd. Du Moniteur, 1982, 418 pp.
Flanz (G. H.), *Constitutions of the countries of the world. Republic of Cameroon*, Release 97-4, Oceana Publications, 1997, 30 p.
Fontaine (M.), *Droit des contrats internationaux. Analyse et rédaction des clauses*, Paris, Forum Européen de la communication, 1989, 365 pp.
Fontaine (M.), Philip De Ly, *Droit des contrats internationaux, analyse et rédaction des clauses, Fondation pour l'Étude du droit des Usages du Commerce International (FEDUCI)*, 2ème Édition, 2003, 715 pp.
Ganem (P.), *Sécurisation contractuelle des investissements internationaux. Grands projets mines/énergie/métallurgie/infrastructure*, Édition FEC (Forum Européen de la communication), éd. Bruylant Bruxelles, 723 p.
Hauser (J), *Les contrats*, Que sais-je ?, PUF, 127 p.
G. van Hecke, *Problèmes juridiques des emprunts internationaux*, Bibiotheca Visseriana, 1964, 332 p.
Heuzé (V.), *La réglementation française des contrats internationaux* : étude critique des méthodes, éd. Morel et Corduant, SA, 1990.
Heuzé (V.), *Le droit international privé français des contrats internationaux. Étude critique des méthodes*, Préface de Paul Lagarde, édit. Morel et Corduant, 1989, 397 p.
Jacquet (J.M.), *Le contrat International*, 2e édition, Dalloz, décembre 1998, 136 p.
Kaufmann-Kohler, *La clause d'élection de for dans les contrats internationaux*, Helbing & Lichtenbahn, 1990, 217 p.
Laband (P.), *Das Staastrecht des Deutschen reiches IV.*
Lalive (J.F.), *Contrats entre États ou entreprises étatiques et personnes privées. Développements récents, Recueil des Cours de l'Académie de Droit International de la Haye*, vol. 181, 1983-IV, pp. 9-283.
Laszlo Réczei, *Le contrat économique international : stabilité et évolutions*, 1975, 571 p.
Le Bail (C), *Comment bâtir et négocier un contrat d'achat*, Les Presses du Management, 275 p.
Leboulanger (P.), Préface de Berthold Goldman, *Les contrats entre États et entreprises étrangères*, Economica, 1985, 353 p.

Leboulanger (P.), *Les États dans le contentieux économique international*, Paris, 24 janvier 2003,Revue de l'Arbitrage, Année 2003 n°3 juillet-septembre, pp. 617 - 1193.
Lesguillons (H.), *Les garanties bancaires dans les contrats internationaux*, Éditions du Moniteur, 1981, 515 p.
Lesguillons (H.), *Lamy Contrats internationaux*, T.2.
Lobez (F) *intermédiation financière et théorie des contrats*, Paris, CNRS, 12 P.
Loquin (E.) et Kessedjian (C.), *La mondialisation du droit*, Litec, 2000, 323 p.
Marchant (c), *Nord-Sud : de l'aide au contrat pour un développement équitable*, Paris, Syros alternative, 1991, 245 p.
Mousseron (J.M.), *Technique contractuelle, Éditions juridiques* Lefebvre, Paris, 1988, 609 p.
Nabilkhoury, *Options et contrats à terme*, Québec, Les presses de l'Université de Laval, 1996- pagination multiple.
Paasivirta (E.), *Participation of states in international contracts and arbitral settlement of Disputes*, Lakimiesluton Kustannus Finish Lawyer's Publishing Company, 1990, 357p.
Philippe (D.), *Changement de circonstances et bouleversement de l'économie contractuelle*, préface de Marcel Fontaine, 1986, 714 pp.
Philippe David, *Les conventions relatives à la cessibilité des titres.*
Plantey (A.), *La négociation internationale. Principes et méthodes*, Edit. CNRS, 1980, 657 p.
Putman (E), *Contentieux économique*, P.U.F, 1998, 605 p.
Rapp (L.), *Techniques de privatisation des entreprises publiques*, Libraire techniques, Paris. (1996).
Ruzié (D.), *droit international public*, Dalloz 15ème édition, 2000, 311 p.
Schaufelberger (P.), *La protection juridique des investissements, internationaux dans les Pays en développement. Étude de la garantie contre les risques de l'investissement et en particulier de l'Agence Multilatérale de garantie des investissements (AMGI)*, Zurich, 1993, 621 p.
Van Hecke (G.), *Problèmes juridiques des emprunts internationaux*, LVGDVNI BATAVORVM APVD E. J. BRILL, Deuxième édition, 1964, 332 p.
You (P.), *Le préambule des traités internationaux, Fribourg Librairie de l'Université*, 1941, 146 p.

3. Ouvrages collectifs

Blumrosen (P.A), Bejot (B-H.), *Les différences de procédures entre la «Common law» et le droit civil, et leur conciliation dans la procédure d'arbitrage*, Paris, 1999.
Ejangue (T.K.), Noubissie Ngankam (E.), *Les privatisations au Cameroun : bilan et perspectives*, Fondation Friedriech Herbert, 1995, 95 p.
Fouchard (P.), Kahn (P.), Lyon-Caen (A.), *Le droit des relations économiques internationales.*
Fisher (R.) et Ury (W.), *Comment réussir une négociation*, Éditions du Seuil, 1995, 219 p.
Heuzé (V.) sous la direction de Jacques Ghestin, *Traité des contrats. La vente internationale des marchandises*, Droit uniforme, LGDJ.
Lesage (M.), *L'État en transition. L'Europe Centrale*, Dossiers et Débats de l'IIAP, La Documentation Française, 97 p.

IV-GUIDES

Guide pour la rédaction de contrats internationaux d'ingénieries – conseil y compris certains aspects connexes d'assistance techniques, Nations-Unies, New-York, 1983.
Guide pour la rédaction des contrats internationaux, L.XXI, *Pratique des contrats internationaux*, 1990-1.

Guide législatif de la CNUDCI sur les projets d'infrastructure à financement privé CNUDCI, NY 2003-11-21.
Loi-type de la CNUDCI sur l'arbitrage commercial International.
Règlement d'arbitrage de la CNUDCI.
Règlement de conciliation de la CNUDCI.
Règlement d'arbitrage de la Chambre de Commerce Internationale, 1998.

V-MEMOIRES ET THESES

Boughaba (M.), *Les clauses d'adaptation économique et monétaire dans les contrats privés internationaux. Étude de droit français avec référence aux droits algérien et suisse*, Thèse de doctorat Faculté de droit de l'Université de Lausanne, Huber Druck AG, 1984, 347 p.
Concours Rousseau, *Mémoire de la Laurentie*, Faculté Jean Monnet, Université Paris Sud, mai 2003.
Goncalves Wilfrid Eric, *La garantie personnelle d'emprunts des États au sein de la société économique internationale. Exemple de quelques pays : France, Côte d'Ivoire, Bénin*, Thèse pour le doctorat en droit de l'Université Paris I-Panthéon-Sorbonne, juin 2000.
Meka Gaston, *L'arbitrage commercial international au Cameroun : état du droit et de la pratique*, Mémoire de DESS – IRIC Yaoundé, juillet 2002, 127 p.
Mahouvé Samé (C.), *L'incidence socio-économique de l'investissement privé direct étranger au Cameroun : le cas d'Alucam (1957-1979)*, Mémoire IRIC – 1980.
Sob (P.), *Le statut juridique des investissements privés étrangers au Cameroun*, Mémoire IRIC, juillet 1979.
Zock Atara à Ngonn Joseph Stella Francis *Magloire*, *Thèse de doctorat unique, Les contrats internationaux du Cameroun, Université de Paris Sud 11*, mars 2008.
Zock Atara à Ngonn Joseph Stella Francis Magloire, *Le contentieux de l'exécution des jugements étrangers et des sentences arbitrales en droit camerounais.* Mémoire en vue de l'obtention du DESS en relations internationales Option Contentieux international IRIC janvier 2001.
Zock Atara à Ngonn Joseph Stella Francis *Magloire, Rapport de stage à la Cour Internationale d'Arbitrage de la Chambre de Commerce Internationale à Paris* en vue de l'obtention du DESS en relations internationales, Option Contentieux International, IRIC, janvier 2000.

VI- DICTIONNAIRES

Boniface (P.), Bachetta (C.), Barrailler (V.), Bonnel (T.), Grand (C.), Tardy (T.),*Lexique des relations internationales*, éd. Marketing, 1995.
Capitant,*Vocabulaire Juridique*, T.II.
Heuzé (V.), *Juridictionnaire Joly des contrats internationaux*, LN Éditions, 1990.

VII-ARTICLES

Anneli (I) et Al., Les clauses de Hardship. Aménagement conventionnel de l'imprévision dans les contrats internationaux à long terme. Groupe de travail «Contrats Internationaux». *DPCI*, mars 1976. Tome 2, n° 1.
Béraudo (J.P.), La négociation internationale institutionnelle de droit privé, *RDU*, Vol. II, 1997-1/1997-2, *Unidroit*, pp. 9-33, 277-307.
Bertrand de Coninck, L'interprétation des contrats en droit civile Belge, *la Revista de Dercho Comparado.*
Berlin (D.), Les procédures de règlement des différends dans les contrats Nord-Sud, in *Contrats et pays en développement* (Hervé Cassan).

Bertrand de Coninck, L'obligation d'information du consommateur dans la formation du contrat, Étude réalisée dans le cadre du projet de recherche sur les «Mutations du droit des obligations» et destinée à être publiée dans les *Annales de Droit de Louvain.*

Bertrand de Coninck, Les sanctions des manquements précontractuels à la lumière de quelques législations récentes en droit des contrats, *RGDC*, 1998.

Biao, Fambon, Kenne, in Fambon (S.), *Endettement du Cameroun. Problèmes et solutions*, United Nations University, Discussion Paper n02002/49.

Bikoumou (B.), L'exténuation en sourdine de la souveraineté étatique : un diagnostic des contrats d'État du Congo, *Penant n° 847*, pp.170-187.

Binyoum (J.),La portée de l'article 58 de l'Arrêté n° 3430 du 13 octobre 1959 mettant en vigueur le cahier des clauses administratives générales applicables aux marchés de travaux publics, fournitures et de services passés, au nom de l'État et établissements publics nationaux non soumis aux lois et usages du commerce, Avis du 2é décembre 2002.Inédit.

Bismuth, J-L, Le contrat international de sous-traitance, *RDAI/IBLS n° 6*, 1986, pp. 535-603.

Bipoun Woum (J.M), La représentation de l'État en justice au Cameroun, *RCD N° 28* Série 2, Ed. Clé, 1984, pp 17-57.

Bryon (Ch.), De la représentation de l'Etat par l'agent judiciaire du trésor public, *Gaz. Du Palais*, 2ème sem. Doct.

Boggiano (A), International Standard contrats. A Comparative study. Académie de droit international. *Recueil des Cours. 1981 Tome 1-n° 170* PP 17-113.

Cazalet (de B.) – D. Crothers (J.), Présentation du guide législatif de la CNUDCI sur les projets d'infrastructure à financement privé. *Revue du droit des affaires internationales*- RDAI/IBLJ, n° 6, 2001.

Cot (J.P.), *Bonne foi et conclusion des traités*, RBDI, I, pp. 140 ss.

Delforge (C), le contrôle de clauses abusives en droit belge, in la *Revista de Dercho comparado.*

Dubois De Gaudusson (J.),*Consultation sur l'application à un marché litigieux de l'article 58 du cahier des Clauses Administratives Générales applicables aux marchés de travaux publics, fournitures et de services passés au nom de l'État et des Etablissements publics nationaux non soumis aux lois et usages du commerce mis en vigueur par l'Arrêté du 13 octobre 1959*, pp. 1-22, Inédit.

Dubuisson (B), Questions choisies en droit de la responsabilité contractuelle, Rapport présenté aux journées de recyclage organisées par la Commission Université – Palais le 4 décembre à Liège, 11 décembre à Bruxelles et 18 décembre à Charlerois. Formation permanente *CUP, Théorie générale des obligations*, 1998, vol XXVII.

De Ly (F.), Les clauses de cession dans les contrats commerciaux internationaux, *RDAI/IBLJ, n° 7*, 1996.

De Ly (P.), La pratique de la rédaction des contrats internationaux, *RDAI/IBLJ n°3/4*, 2002, pp. 461-472.

El Chiati (A.Z.), Protection of investment in the context of petroleum agreements. Académie de droit international *recueil des Cours*, 1987, Tome IV.

Ekollo Moundi (A.), Privatisations, la grande braderie, *Le Messager* : http : //www.wagne.net/messager/messager/2003/09/1567/privatisation.htm.

ENEA (A), Les privatisations en Roumanie. *Romania Romaine Magazine n° 12 septembre - décembre 1997*, Édition Dacia. http : /www.Bucarest.Com/magazine/économie : n° 12/privat-f.htm.

Fambon (S.), Endettement du Cameroun. Problèmes et solutions, United Nations University, World Institute for development Economics Research (WIEDER). Discussion Paper n02002/49.

Feldman, Mark (B.), The annulment proceedings and finality of ICSID Arbitral Awards, *ICSID,* vol. 2, 1987, pp. 85-110.

Fille-Lambie (O.), Aspects juridiques des financements de projets appliqués aux grands services publics dans la zone Ohada. Revue du droit des affaires internationales – *RDAI/IBLJ,* n° 8, 2001, pp.925-968.

Filip De Ly, Les clauses de cession dans les contrats commerciaux internationaux, *RDAI/IBLJ,* n° 7, 1996, pp. 799-833.

Fontaine (M.), Clauses de préférence dans les contrats internationaux. Offre concurrence, client le plus favorisé, premier refus. 41 pp. *Droit et pratique commerciale internationale,* 1978, PP 185-220.

Fontaine (M.), Les clauses de force majeure dans les contrats internationaux, *Droit et Pratique du Commerce international,* 1979, pp. 469-506.

Fontaine (M.), La formation des contrats. Codifications récentes et besoins de la pratique, Contribution au Liber Amicorum publié à l'occasion du 40e anniversaire de la Commission *Droit et Vie des Affaires de la Faculté de Droit de Liège* (1957-1997).

Fontaine (M.), Les clauses exonératoires et les indemnités contractuelles dans les principes d'Unidroit. Contribution aux Mélanges en mémoire de Malcolm Ivans, *Revue de Droit Uniforme,* Rome, 1998, n° 2-3.

Fontaine (M.), Les obligations «survivant au contrat» dans les contrats internationaux, *Droit Pratique Commerce International,* 1984.

Fontaine (M.), Les principes d'Unidroit relatifs aux contrats du commerce international, Rapport belge du XVe congrès international de droit comparé, *Bristol,* août 1998.

Fontaine (M.), Le projet d'Acte uniforme Ohada sur les contrats et les Principes d'Unidroit relatifs aux contrats du commerce international, Revue de *Doit Uniforme 2004*-2.

Fontaine (M.) et autres, Les clauses de hardship : aménagement conventionnel de l'imprévision dans les contrats internationaux à long terme, *DPCI,* mars 1976, tome 2, n° 1, pp. 7-49.

Guiardina Andrea, Clauses de stabilisation et clauses d'arbitrage : vers l'assouplissement de leur effet obligatoire, *Revue de l'Arbitrage,* 2003-N° 3.

Guénaire (M), Le contrôle des services publics. Conférence prononcée à l'université de Buenos *Aires, la Plata, le 10 septembre 1999. Petites affiches,* 18 février 2000. N° 35.

J. Myers (R), Ethics in international affairs-Nations are coming to understand that the moral decision is often the practical decision. *Foreing Policy Perspectives,* 1990.

Kamto (M.), La notion de contrat d'Etat, une contribution au débat, *Revue de l'arbitrage 2003*-n° 3, p. 719.

Kenfack (G.), L'exécution forcée contre les personnes morales de droit public dans l'espace Ohada, *RCA* n° 18, 2002, pp.3-11.

Kenfack (G.), Propos sur l'immunité d'exécution et les émanations des États, *RCA* n° 30, juil.-août-sept. 2005, pp.3-19.

Kleiman (E.), Les incidences politiques de la souveraineté sur l'arbitrage : les perturbations de la procédure arbitrale, *Revue de l'Arbitrage,* 2003, N° 3.

Knoepfler (F.), L'immunité d'exécution contre les Etats, *Revue de l'Arbitrage,* 2003, N° 3.

Lalive (J.F.), Contrats entre États ou entreprises étatiques et personnes privées, développements récents, Académie de droit international, *Recueil des cours 1983-Tome 3* n° 181. PP. 21-283.

Lalive (J.F.), L'immunité de juridiction des États et des organisations internationales, Recueil des Cours de l'Académie de Droit International, 1953-III, vol. 84, pp. 205-396.

Leben (C.), L'évolution de la notion de contrat d'État, *Revue de l'Arbitrage,* 2003-n° 3.

Lyon-Caen (A.) et Lefort (D.), L'État étranger devant le juge étatique dans le contentieux économique international, *Revue de l'Arbitrage*, 2003, N° 3.

Marchandise (P.), Qui doit signer l'accord de confidentialité, *RDAI/IBLJ n° 7*, p. 741-748.

Marella (F.), Les Principes d'Unidroit relatifs aux contrats du commerce international dans l'arbitrage de la Cci, 1999-2001, *Bulletin de la Cour Internationale d'Arbitrage de la Cci,* vol. 12/N°2-2ème semestre 2001, pp. 52-59.

Mebroukine (A.), Les modes de conclusion des contrats dans les rapports Nord-Sud, in Cassan (H.), Contrats internationaux et pays en voie de développement, *Economica* 1989, 283 pp.

Minkoa She (A.), La portée de l'article 58 de l'Arrêté n° 3430 du 13 octobre 1959 mettant en vigueur le cahier des clauses administratives générales applicables aux marchés de travaux publics, fournitures et de services passés, au nom de l'État et établissements publics nationaux non soumis aux lois et usages du commerce, *Avis du 2é décembre 2002*, pp. 1-10, Inédit.

Minkoa She (A.), Consultation complémentaire sur la portée de l'article 58 de l'Arrêté n° 3430 du 13 octobre 1959 mettant en vigueur le cahier de des clauses administratives générales applicables aux marchés de travaux publics, fournitures et de services passés, au nom de l'État et établissements publics nationaux non soumis aux lois et usages du commerce, pp. 1-13, Inédit.

Motulsky (H.), *L'exécution des sentences étrangères et les voies de recours, Ecrits-Etudes et notes sur l'arbitrage, Rapport de séminaire sur « L'arbitrage commercial international» publié dans les Annales de la Faculté de Droit de Liège,* 1964, n° 1 et 2, p. 141.

Ngwasiri (C.N.), The effect of legislation on foreign investment : the case of Cameroon, *Journal of World Trade Law*, Vol.23, n°1, février 1989.

Niggemann (F.), The ICSID Klöckner v. Cameroon award : the dissenting opinion, *Journal of International Arbitration*, vol. 1, 1984, pp. 331-348.

Okilassali Maurille, La participation des États africains à l'arbitrage du Cirdi, pp. 180-220.

Onana Etoundi (F.), Les principes d'Unidroit et la sécurité juridique des transactions commerciales en Ohada, *revue de droit Uniforme,* 2005-4, p. 692.

Paulson (J.), Les obligations des partenaires dans un accord de développement économique : la sentence arbitrale Cameroun c/ Klöckner, *Revue de l'Arbitrage*, 1984.

Philippe (D), Autonomie et contrôle des clauses contractuelles dans les relations entre professionnels, Rapport présenté le 23 octobre 1997 à un colloque organisé par l'Association Belge des Juristes d'entreprise.

Pittie (M.), Le principe de l'effet relatif des contrats à la lumière des législations récentes en matière d'obligations conventionnelles, Étude réalisée dans le cadre du projet de recherche sur les «Mutations du droit des obligations», destinée à être publiée dans les *Annales de Droit de Louvain.*

Rambaud (P.), L'annulation des sentences Klöckner et Amco, *Annuaire Français de droit international,* vol. 32, pp. 162-184, 1986 ; Klöckner v. Cameroon, annulment decision of 3 may 1985, Yearbook Commercial Arbitration, vol. 10, 1985, pp. 71-78.

Rapport de réunion du jeudi 26 octobre 2006 à la Présidence de la République au sujet du suivi du contentieux économique étranger du Cameroun.

Robin (G.), *La portée des immunités d'exécution dans les transactions commerciales internationales*, RDAI/IBLJ, n° 1, 2002.

Ruiz Fabri (H.), La juridictionnalisation du règlement des litiges économiques entre Etats, *Revue de l'Arbitrage*, 2003, N° 3.

Schatz (S.), The of the annulment decisions in Amco v. Klöckner v. Cameroon on the future of the International Center for the Settlement of Investment Disputes, *The American University Journal of International Law and policy*, vol. 3 afl.2, pp. 481-515, 1988 ; Richiesta di annulamento dell sentenza arbitrale resa nell'affare Klöckner c. Cameroun, Revista di dritto internazionale, vol. 70 pp. 748-810, 1987 ; Klöckner v. Cameroon, decision of the Ad Hoc Committee, ICSID review, vol. 1, 1986, pp. 89-144.

Schwind (F), Aspects et sens du droit international. Cours général de droit international privé. Académie de droit international. *Recueil des Cours* – 1987. Tome IV n° 187.

Seidl-Hohenveldern, The theory of quasi-international and partly international agreements, cité dans Lamy, *La rédaction des contrats internationaux*, 1986.

Sindjoun (L.), Consultation complémentaire sur la portée de l'article 58 de l'Arrêté n° 3430 du 13 octobre 1959 mettant en vigueur le cahier de des clauses administratives générales applicables aux marchés de travaux publics, fournitures et de services passés, au nom de l'État et établissements publics nationaux non soumis aux lois et usages du commerce, pp. 1-18, Inédit.

Slim Hadi, Les contrats d'Etat et les spécificités des systèmes juridiques dualistes, *revue de l'Arbitrage*, 2003, N° 3.

Tchakoua (J.M.), Le statut de la sentence arbitrale d'accord partie : les limites d'un déguisement bien utile. Revue du droit des affaires internationales, *RDAI, n° 7*, 2002, pp. 775-793.

Trigaux (J.M.), L'incidence de plusieurs législations récentes sur le droit commun des obligations en matière de formation des contrats, Étude réalisée dans le cadre d'un projet de recherche sur les «mutations du droit des obligations» et destinée à être publiée dans les *Annales de droit de Louvain.*

Rapp (L.), Les progrès de l'analyse économique des contrats publics, le risque d'exploitation dans les délégations de service public. *BJCP*, mars 2000.

Rapp (L.), Développement économique et redéploiement des États. Cours Institut d'Etudes Internationales et le Développement. Faculté de Droit de l'Université des Sciences Sociales de Toulouse.

Rapp (L). Collectivités locales et communications électroniques. *BJCL* – septembre 2002 P. 27-80.

Robin (G) La portée des immunités d'exécution dans les transactions commerciales internationale. *Revue du droit des affaires internationales*, n° 1, 2002. P.3-36.

Sgard (J.), Réguler l'économie mondiale : le juge plutôt que le diplomate, *La Lettre du CEPII*, n° 24-avril 2005, 4 p.

Tapin (D.), *Privatisation des services publics universels et régulation économique dans les pays en développement, AFD- Atelier de réflexion*, Classeur Séminaire IDLO, mai 2003.

Taverne (M.), La multi location, nouveau contrat sui generis, va-t-elle remplacer la multipropriété, *Revue de Notariat Belge*, 1984.

Taverne (M.), et Van Ruymbeke (M.*),* Les clauses relatives à l'opposabilité et à la formation du contrat dans les conditions générales. Actes du colloque organisé à Louvain La neuve le 16 novembre 1984 sur « la rédaction des conditions générales contractuelles». Aspects juridiques et pratiques», *Story – Scientia,* Gand, 1985.

Tchouvenot (S.) et Martor (B.), Les acteurs des marchés financiers et l'appel public à l'épargne dans la zone Ohada, *RDAI/IBLJ*, n° 7, 2002.

Thiltmany (J.), Fonctions et réversibilité des clauses pénales en droit comparé, *Revue Internationale de Droit Comparé*, 1980.

Yongondounga (J. de D.), Privatisation et entreprise publique : quelle option, Centrafrique Presse Bihebdomadaire d'Informations Générales- Édition électronique. *Rttp : //www.Centrafrique-presse.com/*

Van Der Mersch (M), Le mécanisme de la résolution à la lumière des législations récentes en matière d'obligations conventionnelles, étude réalisée dans le cadre d'un projet de recherche sur les «Mutations du droit des obligations» et destinée à être publiée dans les *Annales de Droit de Louvain.*

Paul De Visscher, Cours général de droit international public, *Recueil des cours, Académie de Droit International,* 1972, II, T. 136 de la collection, p. 86, Édition 1973, AW. Sijthoff, Leyde.

Weil (P.), Problèmes relatifs aux contrats passés entre un État et un particulier, Académie de droit international ; *Recueil des cours* 1969- T II.

Weil (P.), Problèmes relatifs aux contrats passés entre un État et un particulier, Académie de Droit International, Recueil des Cours, 1969, T. III, pp. 97-240.

VII- REVUES

Bulletin de la Cour Internationale d'Arbitrage de la Cci, Supplément spécial, Principes d'Unidroit relatifs aux contrats du commerce international. Réflexions sur leur utilisation dans l'arbitrage international, *ICC Publishing S.A.*, juin 2002, 167 p.

Kronke (H.), Introduction.

Desrains (Y.), Le rôle des Principes d'Unidroit dans l'arbitrage commercial international : une vue européenne.

Farnsworth (E.A.), Le rôle des Principes d'Unidroit dans l'arbitrage commercial international : point de vue américain sur leurs finalités et leur application.

Bonell (M.J.), Les Principes d'Unidroit comme moyen d'interpréter et de compléter le droit international uniforme.

Dessemontet (F.), L'utilisation des Principes d'Unidroit pour interpréter et compléter le droit national.

Böckstiegel (K.H.), L'application des Principes d'Unidroit aux contrats engageant des États ou des organisations intergouvernementales.

Crawford (J.) et Sinclair (A.), Application aux contrats de l'État des Principes d'Unidroit relatifs aux contrats de commerce international.

Lalive (P.), Les Principes d'Unidroit en tant que lex contractus, avec ou sans choix explicite ou tacite de la loi : point de vue de l'arbitre.

D M Lew (J.), Les Principes d'Unidroit en tant que lex contractus choisie par les parties et sans choix exprès de droit applicable : point de vue du conseil.

Fontaine (M.), Les Principes d'Unidroit : expression de la pratique contractuelle actuelle ?

Raeske-Kessler (H.), Les Principes d'Unidroit dans la pratique contractuelle d'aujourd'hui.

Mayer (P.), Le rôle des Principes d'Unidroit dans la pratique de l'arbitrage de la Cci.

Grigera Naon (H.), Remarques finales.

La rédaction des contrats internationaux, *RDAI/IBLJ* n°3-4-2002, 461 p.

Fontaine (M.), Vingt-cinq ans de recherches sur la pratique des contrats internationaux.

Schmidt (J.), Les lettres d'intention.

Farnsworth (E. A.), L'interprétation des contrats internationaux et l'utilisation des préambules.

Chappuis (C.), Les clauses de best efforts, reasonable care, due diligence et les règles de l'art.

Trochu (M.), Les clauses d'offre concurrente, du client le plus favorisé et de premier refus.

Rajski (J.), Les clauses limitatives et exonératoires de responsabilité.

Filip De Ly, La pratique de la rédaction des contrats internationaux.

Draetta (U.), Les clauses de force majeure et de hardship.

Bühler (M.), Les clauses de confidentialité.

Goode (R.), Les clauses de cession.

Vanwijck-Alexandre (M.), Les clauses mettant fin au contrat et les clauses survivant au contrat(I).

Kohl (B.), Les clauses mettant fin au contrat et les clauses survivant au contrat(II).

M. Cremades (B.), Les dommages-intérêts conventionnels prévus en cas de rupture de contrat, les clauses pénales et les dommages-intérêts à caractère répressif

VIII- SITES INTERNET

1. Sites Officiels

Banque Mondiale www.worldbank.org/afr/ccproj/project/pro document.htm.
Fonds Monétaire International : www.imf.org/external/np/exr/facts/fre/howlendf.htm.
Cirdi : www.worldbank.org/icsid
CNUDCI Introduction du Guide Législatif de la CNUDCI sur les projets d'infrastructures à Financement privé : http : //www.unicitral.org/franch/exts/procurem/1.23-fpdf
ICC www.iccwbo.org

Union Européenne
Présentation des quatre directives européennes en matière de passation de marchés publics :
Les marchés publics introductions : http : www.europa.eu.int/scadplus/legfr/lvb/122001.htm
Les marchés publics des travaux : http : www.europa.eu.int/scadplus/legfr/lvb/122003.htm
Les marchés publics des fournitures : http : www.europa.eu.int/scadplus/legfr/lvb/122002.htm
Les marchés publics des services : http : www.europa.eu.int/scadplus/legfr/lvb/122004.htm
Secteurs des services de l'eau, de l'énergie, des transports et des télécommunications : http : www.europa.eu.int/scadplus/legfr/lvb/122005.htm
2. ***Sites Nationaux*** http : //www.privatisation-bf.com/cadre html
3. ***Sites Divers*** http : //www.bucarest.com/magazine/économie/n°12/privat-f.htm http : //www.centrafrique-presse.com/

IX. CENTRES ARBITRAGES

Cour Internationale d'arbitrage :
Rules/arbitration (11 January 1998)
Rules /Conciliation (11 January 1988)
Centre de Médiation et d'Arbitrage de l'OMPI

Centre d'Arbitrage du Cirdi
Convention de Washington de 1965.

Centre d'Arbitrage du GICAM
Règlement du Centre d'Arbitrage du Gicam du 20 novembre 1998, révisé le 1er juillet 2005.

X. SEMINAIRESET COLLOQUES

Fontaine Marcel, Aspects Juridiques des contrats de compensation, Colloque organisé par la Fondation pour l'Étude du droit et des usages du Commerce International *(FEDUCI)* 26/27 février 1982.
Le cadre Juridique de la participation du secteur privé dans la prestation des services publics, Séminaire organisé par l'IDLO/OIDD (Organisation Internationale de Droit du Développement) Rome 12-23 mai 2003.
Conférence panafricaine sur le droit, la justice et le développement 4-7 février 2003 Abuja – Nigeria.

Lefebvre (G.), Journées Maximilien Caron 2001, Les principes d'Unidroit et les contratsinternationaux : aspects pratiques, Revue Juridique Thémis Vol. 36, Num. 2- 2000, Les éditions Thémis, pp. 331-623.

Le **contrat** économique international. Stabilité et évolution, **Travaux des VIIe Journées d'études juridiques Jean Dabin organisées à Louvain-La-Neuve, les 22-23 novembre 1973, publiées, sous les auspices du Centre Charles De Visscher pour le droit international, Editions Bruylant, A Pedoux.**

L'immunité d'exécution de l'État étranger, Colloque du Centre de Droit international de Nanterre.

La négociation, la rédaction et l'exécution des contrats internationaux, Séminaire de l'Institut du Droit des Affaires Internationales (Cci-Paris), 2002.

Les privatisations en cours dans les pays de la zone franc.IZF. net, Classeur Séminaire IDLO.

La protection de l'investissement : Séminaire organisé par la Cci-Paris 28 mars 2000 :

David Andrews (R.), Investment protection provisions in treaties : concerns to be addressed when investing in developing countries.

Bouvier d'Yvoire (C.), what does an emerging country investments from investors from industrialised countries expect encounter ?What is expected from the host country receiving foreign investors?

Coste (P), Les accords de protection des investissements conclus par la France. Accords de protection et d'encouragement réciproques des investissements.

Bernardo Cremades, Promoting and protecting international investment

Dolzer (R.), Investment agreements between states and investors.

P. Feliciano (F)- H van den Bossche (P), The dispute settlement system of WTO.

Holle (A.), Business perspective of investment agreements.

Koulen (M.) Foreign investment in the WTO.

Jan Paulsson, Investment Protection provision in treaties. Icsid Review, Foreing Investment Journal vol. 10, number 2, Fall 1995.

Sacerdoti (G.), Investment protection treaties : admission ; specific rights (employment of personal, monetary transfer) regulation, expropriation and compensation.

Scialom (M.), La protection offerte part la Coface en garantie des investissements.

Scialom (M.) Garantie des investissements.

COLLOQUE

Mestre (J.), Les principales clauses des contrats conclues entre professionnels, Colloque de l'Institut de Droit des Affaires d'Aix-en-Provence (17-1 mai 1990). *P.U.* d'Aix-Marseille, 1990, 234p.

1. Les clauses faisant naître les relations contractuelles

Fontbressin (P. de), Les clauses de prix.

Perochon (F.), La clause de réserve de propriété.

Schmidt Szalewski (J.), Les accords précontractuels en droit français.

2. Les clauses fortifiant les relations contractuelles

Chaput (Y.), Les clauses de garantie.

Parleani (G.), Les clauses d'exclusivité.

Vidal (D.), Les clauses de non concurrence.

Vivant (M.), Les clauses de secret.

3. Les clauses envisageant l'évolution des relations contractuelles

Aynes (L.), Les clauses de circulation du contrat.

Jarrosson(C.), Les clauses de renégociation, de conciliation et de médiation.
Mestre (J.), Les clauses d'avenir.

4. Les clauses envisageant l'inexécution des relations contractuelles

Cadiet (L.), Les clauses contractuelles relatives à l'action en justice.
Delebecque (P.), Les clauses de responsabilité.
Mousseron (J.M.), Rapport de synthèse.
Les grandes clauses des contrats internationaux, 55ème Séminaire de la Commission droit et Vie des Affaires, FEDUCI en collaboration avec la RDAI et le Groupe de travail Contrats Internationaux, *Bruylant-FEC*, 2005, 349 p.
Fontaine (M.), L'harmonisation du droit des contrats et la pratique contractuelle.
Schmidt-Szalewski (J.), La négociation du contrat international.
Reege (R.), Interpretation clauses in international contracts.
Chapuis (C.), Les clauses fixant l'étendue de la responsabilité du débiteur.
Matray (D.) et Vidts (F.), Les clauses d'adaptation de contrats.
Filip De Ly, Applicable law and dispute resolution clauses : a preliminary report.
Philippe (D.) et Ruwet (C.), Les clauses mettant fin au contrat.
Dubout (H.), Les clauses de changement de contrôle.
Lesguillons (H.), Les clauses de non-concurrence.
Pays en développement et transformation du droit international, Colloque d'Aix-en-Provence, Société Française pour le Droit International, 1974.
Beraudo (J.P.) et autres, The Unidroit Principles for International Commercial Contracts : a new lex mercatoria?, ICC/Dossier of the Institute of International Business Law and Practice/1995, 281 p.

XI. CONTRATS INTERNATIONAUX :

Contrat République du Cameroun et MTN ;
Contrat entre République du Cameroun et SCM-Mobile (Orange) ;
Contrat entre République du Cameroun et ING Barings Group ;
Contrat entre République du Cameroun et Société CAMTEL MOBILE ;
Contrat entre République du Cameroun et Groupe Pechiney Alucam ;
Contrat entre République du Cameroun et Sodeblé ;
Convention de crédit d'accompagnement entre la République du Cameroun et la Banque Indosuez Belgique S.A, la Société Nationale de Crédit à l'industrie, et le Crédit Général S.A de Banque ;
Convention de crédit entre la République du Cameroun et la BNP ;
Contrat de prêt Kfw-Cameroun ;
Lettre d'intervention entre l'État du Cameroun et le FMI ;
Marché entre la République du Cameroun et la Société Wiemer & Trachte ;
Convention État du Cameroun et Ing. Barings ;
Accord Tchad/Cameroun relatif à la construction et à l'exploitation d'un système de transport des hydrocarbures par pipeline.

XII. DOCUMENTS

Projet d'exploitation pétrolier et d'oléoduc entre le Tchad et le Cameroun, projet overview. Document Banque Mondiale.

Annexe III du Tchad/Cameroon Development and Pipeline Project 13 avril 2000.

Annexe IV du Tchad/Cameroon Petroleum Development and Pipeline Project 13 avril 2000.

Annexe XI du Tchad/Cameroon Petroleum Development and Pipeline Project 1 avril 2000

Code pétrolier Cameroun

Code des investissements du Cameroun

Code des investissements du Tchad

Code pétrolier du Tchad

Avenant au Code Pétrolier

Décret d'application.

Accord Tchad/Cameroun relatif à la construction et à l'exploitation d'un système de transport des hydrocarbures par pipeline.

ANNEXES

ACCORDS BILATÉRAUX PASSES ENTRE L'ÉTAT DU Cameroun ET CERTAINS PAYS ÉTRANGERS

Accord
Entre
Le Gouvernement de la République italienne
Et
Le Gouvernement de la République du Cameroun
Pour la promotion et la protection des investissements
Le Gouvernement de la République italienne et le Gouvernement de la République du Cameroun (ci-après dénommés les parties contractantes).
Souhaitant développer la coopération économique entre les deux États et à cette fin créer des conditions favorables pour les investissements des investisseurs italiens au Cameroun et Camerounais en Italie sont convenus les dispositions suivantes
Article 7 : Règlement des différends entre les investisseurs et les Parties Contractantes
1. Tout différend relatif aux investissements entre l'une des parties contractantes et un investisseur de l'autre partie contractante est autant que possible réglé à l'amiable entre les parties au litige.
2. Si un tel différend n'a pu être réglé dans un délai de six mois à partir du moment où il a été soulevé par l'une ou l'autre des parties au différend, il pourra être réglé au choix de l'investisseur par l'une des procédures suivantes :
a)par une requête de l'investisseur auprès des autorités administratives compétentes de la partie contractante sur le territoire de laquelle l'investissement est réalisé.
b) par une action en justice de l'investisseur auprès des tribunaux compétents de la partie contractante sur le territoire de laquelle l'investissement est réalisé.
c)à un tribunal ad hoc, conformément au règlement arbitral de la Commission des Nations Unies sur le droit commercial international. La partie contractante s'engage à accepter le renvoi à cet arbitrage.
d)du centre international pour le règlement des différends relatifs aux investissements pour l'application des procédures d'arbitrage visées dans la Convention de Washington du 18 mars 1965 sur le règlement des différends relatifs aux investissements entre les États et les ressortissants d'autres États au cas, où dès que les parties contractantes y auront adhéré.
3) en ce qui concerne les différends portant sur le montant de l'indemnité à verser conformément aux dispositions de l'article 4, paragraphe 3, ils pourront être soumis aux procédures prévues au paragraphe 1 et 2 ci-dessus.
4.Les deux parties contractantes s'abstiendront de traiter par la voie diplomatique les questions inhérentes à une procédure arbitrale ou à des procès judiciaires en cours jusqu'à ce que ces procédures n'aient pris fin et qu'une des parties contractantes n'ait manqué d'obtempérer à la décision du tribunal arbitral ou à la sentence d'un autre tribunal dans les délais prescrits par la décision ou par la sentence, ou bien dans ceux à déterminer selon les dispositions du droit international ou interne applicable au cas d'espèce.
Article 8 : Règlement des différends entre un investisseur et une partie contractante
1. Les différends relatifs à l'interprétation ou à l'application du présent accord entre les parties contractantes doivent être réglés dans la mesure du possible par la voie diplomatique.
2. Si dans un délai de six mois à partir du moment où il a été soulevé par l'une ou l'autre des parties contractantes, le différend n'est pas réglé, il est soumis à la demande de l'une ou de l'autre partie contractante, à un tribunal arbitral.
3. Ledit tribunal sera constitué pour chaque cas particulier de la manière suivante :
Chaque partie contractante désigne un membre et les deux membres désignent, d'un commun accord, un ressortissant d'un État tiers qui est nommé Président par les deux parties contractantes. Les deux membres doivent être nommés dans un délai de deux mois à compter

de la date à laquelle une des parties contractantes a fait part à l'autre partie de son intention de soumettre le différend à l'arbitrage ; le Président doit être nommé dans un délai de deux mois après la nomination des membres précités.
4. Si les arbitres, y compris le Président du tribunal, n'ont pas été nommés dans les délais fixés au paragraphe 3 ci-dessus, l'une ou l'autre partie contractante invite le Président de la Cour Internationale de Justice de procéder à la désignation nécessaire. Si le Président est un ressortissant de l'une ou l'autre partie contractante ou si, pour une autre raison, il est empêché d'exercer cette fonction, le Vice Président de la Cour, s'il n'est un ressortissant d'aucune des parties contractantes et n'est pas empêché d'exercer cette fonction pour une autre raison ou, dans ce dernier cas le membre de la Cour Internationale le plus ancien, qui n'est pas un ressortissant d'aucune des parties contractantes, est invité à procéder aux désignations nécessaires.
5. Le tribunal arbitral fixe lui-même son règlement. Il prend ses décisions à majorité des voix. Ces décisions sont définitives et exécutoires de plein droit pour les parties contractantes. Il interprète la sentence à la demande de l'une ou de l'autre partie contractante.
6. Chacune des deux parties prend en charge les frais de l'arbitre nommé par elle et ses propres dépenses durant l'arbitrage. Les frais du Président du tribunal et les autres dépenses sont repartis également entre les deux parties.
Article 11 : Application d'autres règlements
Les modalités d'application de certains articles du présent Accord font l'objet d'un protocole qui en fait partie intégrante.
En foi de quoi les représentants soussignés, dûment autorisés par leur gouvernement respectif ont signé le présent Accord ainsi que son annexe.

Fait à_________ le ______________

En deux exemplaires originaux, chacun dans les langues italienne et française, les deux textes faisant également foi.

Pour le Gouvernement
de la République italienne

Pour le Gouvernement
de la République du Cameroun

Accord
Entre
Le Gouvernement de la Roumanie
Et
Le Gouvernement du Cameroun

Concernant la promotion et la protection réciproques des investissements

Le Gouvernement de la Roumanie et le Gouvernement de la République du Cameroun ci-après dénommés « parties contractantes» :

Désireux d'intensifier la coopération dans l'avantage mutuel des deux États.

Soucieux de créer et de maintenir des conditions favorables aux investissements d'une partie contractante sur le territoire de l'autre partie contractante, reconnaissant la nécessité de promouvoir et protéger les investissements étrangers afin d'élever la prospérité économique des deux États.

SONT CONVENUS CE QUI SUIT :

....

Article 8 : Conflits entre une partie contractante et un investisseur de l'autre partie contractante

1. Les différends relatifs aux investissements entre une partie contractante et un investisseur de l'autre partie contractante seront réglés, autant que possible, à l'amiable par le biais des consultations entre les parties intéressées.

2. Si ces consultations n'apportent pas de solution dans un délai de six mois, à compter de la date de la demande de règlement, l'investisseur pourra soumettre le différend à son choix pour règlement :

- *au tribunal compétent de la partie contractante sur le territoire de laquelle l'investissement a été effectué, ou*
- *au Centre International pour le Règlement des Différends Relatifs aux Investissements (Cirdi) prévu par «la Convention pour le Règlement des différends relatifs aux investissements entre États et ressortissants d'autres États» signée à Washington, le 18 mars 1965, ou*
- *à un tribunal arbitral ad hoc qui, à défaut d'autre arrangement entre les parties au différend, sera constitué conformément aux règles d'arbitrage de la Commission des Nations Unies pour le Droit Commercial International (CNUDCI)*

3. Chaque partie contractante consent ainsi à soumettre tout différend relatif à la conciliation ou à l'arbitrage international.

4. La partie contractante qui est partie à un différend ne peut, en aucun moment durant la procédure concernant les différends relatifs aux investissements, invoquer à sa défense une immunité ou le fait que l'investisseur a reçu, en vertu d'un contrat d'assurance, une indemnité couvrant tout ou partie des dommages ou pertes subies.

Article 9 : Règlement des différends entre les parties contractantes

1. Les différends entre parties contractantes au sujet de l'interprétation ou de l'application du présent Accord seront réglés, par voie diplomatique.

2. Si dans un délai de douze mois à partir du déclenchement du différend entre eux, les deux parties contractantes ne sont pas tombées d'accord, le différend sera soumis à la demande de l'une ou de l'autre partie contractante, à un tribunal arbitral composé de trois membres. Chaque partie contractante désignera un arbitre, et les deux arbitres désigneront un président qui sera citoyen d'un tiers État.

3. Si l'une des parties contractantes n'a pas désignée son propre arbitre et n'a pas pris en considération l'invitation de l'autre partie contractante de faire la nomination dans un délai de deux mois, l'arbitre sera désigné à la demande de cette partie contractante par le Président de la Cour Internationale de Justice.

4. Si tous les deux arbitres ne s'entendent pas sur le choix du Président dans un délai de deux mois après leur nomination, celui-ci sera désigné à la demande de l'une ou l'autre partie contractante, par le Président de la Cour Internationale de Justice.
5.Si dans les cas spécifiés dans les paragraphes (5) et (4) de cet article, le Président de la Cour Internationale de Justice est empêché d'exercer sa fonction ou s'il est citoyen de l'une des parties contractantes, la nomination sera faite par le Vice- président, et si ce dernier est empêché ou s'il est citoyen de l'une des parties contractantes, la nomination sera faite par le membre le plus ancien de la Cour, qui n'est pas citoyen de l'une des parties contractantes.
En cas d'absence d'autres prévisions des parties contractantes, le tribunal établira sa propre procédure.
Chaque partie contractante supportera les frais de l'arbitre qu'elle a nommé et sa représentation dans la procédure arbitrale. Les frais concernant le Président et les autres frais seront supportés à parts égales par les parties contractantes.
Les décisions du tribunal arbitral sont définitives et obligatoires pour chaque partie contractante.

Article 10 : prévisions finales

1. Le présent Accord entrera en vigueur trente jours à compter de la date à laquelle les parties contractantes auront notifié l'accomplissement des procédures légales pour l'entrée en vigueur de cet Accord. Il restera en vigueur pour une période initiale de dix ans.
2. À moins qu'une notification officielle de dénonciation soit transmise au moins six mois avant l'expiration de ce délai, l'Accord sera considéré comme renouvelé aux mêmes conditions pour une nouvelle période de dix ans.

En foi de quoi, les représentants soussignés dûment autorisés par leurs gouvernements ont signé le présent Accord.
En deux originaux chacun au roumain et français, les trois textes faisant également foi. En cas de différend d'interprétation, le texte français prévaudra.

Fait à ____________ le ____________

Pour le Gouvernement
de la Roumanie

Pour le Gouvernement
de la République du Cameroun

Accord
Entre
Le Gouvernement de la République du Cameroun
Et
Le Gouvernement de la République populaire de Chine
Pour la promotion et la protection réciproque des investissements
Le Gouvernement de la République du Cameroun et le Gouvernement de la République populaire de Chine, dénommés ci-après « Parties Contractantes»
Désireux de créer les conditions favorables pour les investissements des investisseurs de l'une des deux parties contractantes sur le territoire de l'autre partie contractante ;
Reconnaissant que l'encouragement réciproque, la promotion et la protection de tels investissements pourra favoriser les contacts d'affaires des investisseurs et contribuera à la prospérité des deux États ;
Désireux d'intensifier la coopération économique entre les deux États sur la base de l'égalité et des avantages mutuels ;
SONT CONVENUS DE CE QUI SUIT :
....

Article 8 : Règlement des différends entre les parties contractantes

1. Tout différend entre les parties contractantes au sujet de l'interprétation ou de l'application du présent Accord sera réglé, autant que possible, entre les deux parties contractantes par la voie diplomatique.
2. À défaut, le différend est soumis à une commission ad hoc, composée des représentants des parties. Celle-ci se réunit sans délai, à la demande de la partie la plus diligente.
3. Si la commission ad hoc ne peut régler le différend dans un délai de six mois à dater du commencement des négociations, il est soumis à un tribunal arbitral, à la demande de l'une des parties contractantes.
4. Ledit tribunal sera constitué de la manière suivante :
Chaque partie contractante désigne un arbitre, et les deux arbitres désignent un troisième arbitre qui sera un ressortissant d'un État tiers ayant des relations diplomatiques avec les deux parties contractantes, comme Président du tribunal. Les arbitres doivent être désignés dans un délai de trois mois, le Président dans un délai de cinq mois à compter de la date à laquelle l'une des parties contractantes a fait part à l'autre partie contractante de son intention de soumettre le différend à un tribunal arbitral.
5. Si les dates fixées au paragraphe (4) ci-dessus n'ont pas été observées, l'une ou l'autre partie contractante invitera le Président de la Cour Internationale de Justice à procéder aux désignations nécessaires. Si le Président de la Cour Internationale de Justice possède la nationalité de l'une des parties contractantes, ou s'il est empêché d'exercer cette fonction, le Vice Président de la Cour International de Justice sera invité à procéder aux nominations nécessaires. Si le Vice Président possède la nationalité de l'une des parties contractantes ou s'il est empêché d'exercer son mandat, le membre le plus ancien de la Cour Internationale de Justice qui n'est ressortissant d'aucune des parties contractantes, sera invité à procéder aux dites nominations.
6. Le tribunal arbitral statue sur la base des dispositions du présent Accord et des règles de principe de Droit International. La décision du tribunal sera adoptée par la majorité des voix. Elle sera définitive et obligatoire pour les parties contractantes.

Article 9 : Règlement des différends relatifs aux investissements

1. Tout différend relatif aux investissements entre une partie contractante et un investisseur de l'autre partie contractante sera réglé, autant que possible, à l'amiable, par consultation et négociations entre les parties au différend.
2. À défaut d'un règlement à l'amiable par arrangement direct entre les parties au différend dans un délai de six mois, à compter de la date de sa notification écrite, le différend est soumis, au choix de l'investisseur :

Soit au tribunal compétent de la partie contractante sur le territoire de laquelle l'investissement a été effectué ;
Soit pour arbitrage au Centre International pour le Règlement des Différends Relatifs aux Investissements (Cirdi), créé par la Convention pour le Règlement des Différends Relatifs aux Investissements entre États ressortissants et autres États», ouvert à la signature à Washington, le 18 mars 1965.
À cette fin, chacune des parties contractantes donne son consentement irrévocable à ce que tout différend relatif au montant de la compensation inhérente à l'expropriation soit soumis à cette procédure d'arbitrage. Les autres différends seront soumis à cette procédure avec le consentement des deux parties.
3.Aucune des parties contractantes, partie à un différend, ne peut soulever d'objection, à aucun stade de la procédure d'arbitrage ou de l'exécution d'une sentence arbitrale, du fait que l'investisseur, partie adverse au différend, ait perçu une indemnité couvrant tout ou partie de ses pertes en vertu d'une police d'assurance.
4.Le tribunal arbitral statuera sur la base du droit national de la partie contractante, partie au différend, sur le territoire de laquelle l'investissement est situé, y compris les règles relatives aux conflits des lois, des dispositions du présent Accord, des termes des Accords particuliers qui seraient conclus au sujet de l'investissement ainsi que des principes du Droit International.
5. Les sentences arbitrales sont définitives et obligatoires pour les parties au différend. Chaque partie contractante s'engage à exécuter ces sentences en conformité avec sa législation nationale.

Pour le Gouvernement
de la République de Chine

Pour le Gouvernement
de la République du Cameroun

DÉCRETS

RÉPUBLIQUE DE Cameroun
PAIX-TRAVAIL-PATRIE

DÉCRET N° 99/155/ DU 22 JUILLET 1999

Habilitant le ministre des Investissements Publics et de l'Aménagement du Territoire à signer avec l'Agence Française pour le Développement un accord de prêt de 8.8 millions d'euros pour le financement du projet de réhabilitation et de construction d'ouvrage d'art.

LE PRÉSIDENT DE LA RÉPUBLIQUE,

Vu la Constitution,
Vu la loi n° 99/009 du 30 juin 1999 portant loi de finances de la République du Cameroun pour l'exercice 1999/2000,
Vu le décret n°97/205 du 07 décembre 1997 portant organisation du Gouvernement modifié et complété par le décret n° 98/067 du 28 avril 1998,
Vu le décret n°97/207 du 07 décembre 1997 portant formation du Gouvernement,

DECRETE :
Article 1er : le ministre des Investissements publics et de l'Aménagement du Territoire est habilité, avec faculté de délégation, à signer avec l'Agence Française de Développement un accord de prêt d'un montant de 8.8 millions d'euros, soit 5.770 millions de FCFA, destiné au financement partiel du projet de réhabilitation et de construction d'ouvrages d'art.
Article 2 : le présent décret sera enregistré et publié suivant la procédure d'urgence, puis inséré au Journal Officiel en français et en anglais.

YAOUNDÉ, le 22 juillet 1999

LE PRÉSIDENT DE LA RÉPUBLIQUE
(é) PAUL BIYA

RÉPUBLIQUE DE Cameroun
PAIX-TRAVAIL-PATRIE

DÉCRET N° 99/194/ DU 08 SEPTEMBRE 1999

Habilitant le ministre des Investissements Publics et de l'Aménagement du Territoire à signer avec la Banque Arabe pour le Développement Economique en Afrique (BADEA) un accord de prêt d'un montant de 6.66 millions de dollars pour le financement partiel du projet de développement de l'élevage et de la pêche dans la province du Sud-ouest.

LE PRÉSIDENT DE LA RÉPUBLIQUE,

Vu la Constitution,

Vu la loi n° 99/007 du 30 juin 1999 portant loi de finances de la République du Cameroun pour l'exercice 1999/2000,

Vu le décret n°97/205 du 07 décembre 1997 portant organisation du Gouvernement modifié et complété par le décret n° 98/067 du 28 avril 1998,

Vu le décret n°97/207 du 07 décembre 1997 portant formation du Gouvernement,

DECRETE :

Article 1er : le ministre des Investissements publics et de l'Aménagement du Territoire est habilité, avec faculté de délégation, à signer avec la Banque Arabe pour le Développement en Afrique d'un accord de prêt d'un montant de 6.66 millions de dollars, soit environ 4 milliards de FCFA, pour le financement partiel du projet de développement de l'élevage et de la pêche dans la province du Sud-ouest.

Article 2 : le présent décret sera enregistré et publié suivant la procédure d'urgence, puis inséré au Journal Officiel en français et en anglais.

YAOUNDÉ, le 8 septembre1999

LE PRÉSIDENT DE LA RÉPUBLIQUE
(é) PAUL BIYA

RÉPUBLIQUE DE Cameroun
PAIX-TRAVAIL-PATRIE

DÉCRET N° 2007/033/ DU 26 JANVIER 2007

Habilitant le ministre de l'Économie et des Finances à signer avec la République Populaire de Chine un Accord-cadre et un accord de prêt préférentiel d'un montant de 350 millions de Yuans soit environ 22.6 milliards de FCFA pour le financement et la réalisation d'un projet de développement de télécommunication CDMA.

LE PRÉSIDENT DE LA RÉPUBLIQUE,

Vu la Constitution,

Vu la loi n° 2006/0013 du 29 décembre 2006 portant loi de finances de la République du Cameroun pour l'exercice 2007,

Vu le décret n° 2004/320 du 08 décembre 2004 portant organisation du Gouvernement,

Vu le décret n° 2005/119 du 08 décembre 2005 portant organisation du Ministère de l'Économie et des Finances,

DECRETE :

Article 1er : le ministre de l'Économie et des Finances est habilité, avec faculté de délégation, à signer avec la République Populaire de Chine un accord de prêt préférentiel d'un montant de 350 millions de yuans, soit environ 22,6 milliards de FCFA, pour le financement et la réalisation du projet de télécommunications CDMA au Cameroun.

Article 2 : le présent décret sera enregistré et publié suivant la procédure d'urgence, puis inséré au Journal Officiel en français et en anglais.

YAOUNDÉ, le 26 janvier 2007

LE PRÉSIDENT DE LA RÉPUBLIQUE
(é) PAUL BIYA

RÉPUBLIQUE DE Cameroun
PAIX-TRAVAIL-PATRIE

DECRET N° 2007/033/ DU 26 JANVIER 2007

Habilitant le ministre de l'Économie et des Finances à signer avec la République Populaire de Chine un accord de prêt sans intérêts d'un montant de 30 millions de Yuans soit environ 2.6 milliards, pour le financement de projets à déterminer par la République du Cameroun et la République Populaire de Chine.

LE PRÉSIDENT DE LA RÉPUBLIQUE,

Vu la Constitution,

Vu la loi n° 2006/0013 du 29 décembre 2006 portant loi de finances de la République du Cameroun pour l'exercice 2007,

Vu le décret n° 2004/320 du 08 décembre 2004 portant organisation du Gouvernement,

Vu le décret n° 2005/119 du 08 décembre 2005 portant organisation du Ministère de l'Économie et des Finances,

DECRETE :

Article 1er : le ministre de l'Économie et des Finances est habilité, avec faculté de délégation, à signer avec la République Populaire de Chine un accord de prêt préférentiel d'un montant de 30 millions de yuans, soit environ 2.6 milliards, pour le financement de projets à déterminer par la République du Cameroun et la République Populaire de Chine.

Article 2 : le présent décret sera enregistré et publié suivant la procédure d'urgence, puis inséré au Journal Officiel en français et en anglais.

YAOUNDÉ, le 26 janvier 2007

LE PRÉSIDENT DE LA RÉPUBLIQUE
(é) PAUL BIYA

TYPOLOGIE DES CONTRATS INTERNATIONAUX DU CAMEROUN

FICHE N° 1 : contrat de recrutement d'un coordonnateur technique national de football

Dénomination	Analyse
Objet	Contrat de recrutement de Monsieur… en qualité de coordonnateur technique national du football des jeunes, son travail consistera à : - définir et mettre en place un plan de formation des cadres et dirigeants technique du football des jeunes ; - définir et mettre en œuvre un plan de développement et d'évaluation du football, en particulier du football des jeunes ; - veiller à la pratique, la détection la sélection et l'encadrement de l'élite du football camerounais. La mission confiée aura pour aboutissement la sélection des équipes nationales des jeunes ; - en collaboration avec des nationaux camerounais.
Cocontractants	- Ministère de la jeunesse et des sports du Cameroun, représenté par son ministre ; - Et la fédération camerounaise de football représentée par son président ; - Monsieur…... entraîneur de nationalité française ;
Clauses contractuelles	***Clause d'indépendance : le contractant bénéficiera de l'autonomie et de l'indépendance nécessaire à l'accomplissement de sa mission afin que puisse aboutir le projet commun défini entre les parties ;*** ***Clause de limitation de l'activité : toute mission extérieure à ce cadre devra faire l'objet d'un avenant notamment la participation à la future Coupe du Monde, la coupe d'Afrique des Nations, la Coupe des confédérations ;***
	Clause d'exclusivité : exercice à plein temps de l'activité contractuelle, à l'exception de l'organisation des stages de football en France pendant ces congés ; ***Clause de délai : contrat à durée déterminée de…. mois, soit du… au…. renouvelable par tacite reconduction pour… an, la résiliation peut intervenir par l'envoi d'une lettre recommandée avec accusé de réception au moins trois mois avant le terme ;***
	Obligations du ur technique : - informations vis-à ·archie sur le déroulement de la mission et les difficultés éventuelles ; - comportement tant en public que dans sa vie privée, de manière à ne porter aucun préjudice à sa fonction et à sa réputation, à celle de ses contractants et au football en général ; réserve notamment dans ses relations avec les médias, afin de ne pas nuire aux intérêts des parties au contrat ;
	Clause de paiement : paiement d'une indemnité mensuelle de…… FF net, qui sera versé sur le compte ouvert à la Société Générale, « banque française» à Yaoundé, assortie d'intérêts en cas de paiement retardé, paiement des primes en vigueur, dont une prime de compensation de….. FF à la signature du présent contrat ;
	Accessoires du salaire : frais de vie :…. FCFA mensuel. Clause de durée : contrat pour une période de deux (02) ans allant du 1er septembre 2002 au 31 août 2004.
Règlement différends	Règlement à l'amiable préalable : Juridictions compétentes : les tribunaux de Yaoundé et//ou de Ettlingen (Allemagne).

Modalités d'application	Le ministère de la Jeunesse et des Sports et la Fecafoot s'étaient engagés à obtenir toutes les autorisations légales et réglementaires auprès des services habilités, nécessaires à l'exercice de l'activité du coordonnateur technique pendant la durée du contrat.
Résultats obtenus	Ce contrat est arrivé à son terme.
Contribution au développement	Ce contrat devrait aider au développement du football
Dimensionpolitique	Développement du football en milieu jeune.
Groupe des contrats	Contrat unique.
Modification du contrat	Aucune clause de modification du contrat n'a été prévu ; mais une clause de résiliation.

FICHE N° 2 : contrat de commissariat camair – XXX (France)

Dénomination	**Analyse**
Objet	Contrat de fourniture par Servair pour l'ensemble de ses vols réguliers ou spéciaux, au départ de Roissy Charles De Gaulle, des services du commissariat, restauration de bord, armement hôtelier ;
Cocontractants	Une société de services, de *droit français*, représenté par son PDG ; La CAMEROON AIRLINES, représentée par son administrateur DG ;
Clauses contractuelles	***Clause de délai*** ***: prise d'effet du contrat à compter du……..pour une période de…… qui court jusqu'au….. ;***
	Clause de prix et monnaie de paiement ***: paiement effectué en francs et en euro : assortis de pénalités en cas de retard ou de changement d'appareil au taux euribor, bénéfice d'une remise annuelle en cas de paiement régulier et du maintien du chiffre d'affaires au niveau de l'année antérieure ;*** ***Clause de qualité*** ***: qualité des plats fournis, avec contrôle de laboratoires ;***
Clauses contractuelles	***Clause de responsabilité*** ***: en cas de retard, d'un dommage corporel ou de décès de personnes transportées ou à transporter par la Camair, d'un dommage corporel ou du décès d'un membre du personnel Camair, d'un retard de bagages,*** de cargaison ou de courrier transporté actuellement ou à l'avenir par Camair ; ***Clause de force majeure*** ***: incluant les conflits sociaux, grèves, lock out, la fermeture totale ou partielle de l'établissement, le retrait des autorisations d'exploitation et/ou d'occupation par l'administration ;***
	Clause d'imprévision ***: si l'économie des rapports contractuels venait à se trouver modifiée au point de rendre préjudiciable pour l'une des parties l'exécution de ses obligations, la partie ainsi affectée devra aussitôt le notifier pour se réunir afin de déterminer en commun les moyens de remédier à cette situation préjudiciable et le cas échéant, pour apporter au contrat les amendements nécessaires.***
	Clause de résiliation du contrat ***: en cas de liquidation des biens ou de dissolution de l'une des parties ou après autorisation de l'administrateur judiciaire en cas de cessation de paiement ou de redressement judiciaire, le contrat peut être résilié par l'autre partie sans préavis ni indemnité ;*** ***Clause de confidentialité*** ***: relative aux informations concernant telles entreprises ou l'autre, et pas les termes de la présente convention ;***

	<u>Clause de renonciation</u> : la renonciation à se prévaloir à une inexécution d'une des obligations du contrat ne saurait valoir renonciation à toute autre inexécution ultérieure de même nature ; <u>Clause de sous-traitance</u> : la compagnie assistante pourra sous-traiter à des tiers des prestations ou des services ;
Règlement différends	<u>Règlement amiable</u> : préalable ; ***<u>Droit applicable</u> : droit français ;*** <u>Juridiction compétente</u> : Tribunal de commerce de Bobigny en France.
Modalités d'application	La compagnie assistante est habilitée à modifier la liste des prix prévus en cas de modification des menus et/ou des services, sous réserve d'informer la compagnie exploitante.
Résultats obtenus	Ce contrat est exécuté de manière régulière.
Difficultés d'exécution	Le contrat de service s'exécute de manière continuelle ; aucune difficulté n'a été portée devant le Tribunal de Commerce de Bobigny.
Contribution au développement	Contrat de contribuant à un bon service à bord des avions de la Camair.
Dimension politique	Ceci est un contrat de haute sécurité dans les avions, par ces temps de terrorisme
Groupe des contrats	Contrat principal et ses annexes.
Modification du contrat	***Toute modification du présent contrat ou de ses annexes ne pourra être faite que par un avenant.***

FICHE N° 3 : contrat de lead financial advisor camair – YYYY

Dénomination	Analyse
Objet	Contrat de conseiller pour la restructuration, le remplacement de la flotte de la Camair, et le retour de certains avions de location ;
Cocontractants	CAMEROON AIRLINES, représenté par son administrateur DG ; et une société étrangère de management, représentée par son Managing Director basée aux Îles Caïman ;
Clauses contractuelles	Clause de délai : prise d'effet du contrat à compter du……..pour une période de….. renouvelable sur commun accord ; ***Clause de prix et monnaie de paiement*** ***: paiement effectué en livres sterling au montant de… dont.. % à la signature ;***
	Cahier de charge ***: la restructuration et le renouvellement de la flotte de la Camair comportent les activités ci-après :*** la restructuration et le remplacement de tous les contrats de location conclus entre la Camair et les bailleurs existant ou nouveau ;
	-la restructuration et le remplacement des coûts relatifs à chaque contrat de bail ; - la restructuration et le remplacement des coûts de la maintenance et des réserves des contrats de bail ; - la restructuration et le remplacement de tous les contrats d'achat ;
	- l'optimisation de la composition de la flotte sur la base du réseau de la Camair et le remplacement des aéronefs par d'autres, plus adaptés à la flotte ; - le remplacement des termes financiers et juridiques des engagements contractuels avec les bailleurs ;
Clauses contractuelles	- le remplacement des coûts d'assurance avec les compagnies d'assurance de la flotte ; - le remplacement des coûts de maintenance avec les fournisseurs des services d'entretien ; - le remplacement des coûts des stocks avec les fournisseurs des pièces de rechange de la flotte ; - le remplacement des coûts de carburant aviation avec les fournisseurs de la flotte ;
	- le remplacement du service traiteur avec les entreprises de restauration ; - le remplacement des coûts relatifs à la flotte avec tout autre fournisseur ; - l'assurance de la représentation juridique et l'appel à des avocats externes pour examiner les contrats de bail des aéronefs ;
	- la fourniture des ingénieurs et la représentation technique relatives à la flotte ainsi que la réalisation d'une étude sur les avions et les moteurs y compris les archives ; - la facilitation le retour de certains ou de la totalité des aéronefs aux locateurs tout en minimisant les pénalités y relatives ; la renégociation de toutes autres dépenses relatives aux activités de l'entreprise.
	Mandat de négociation ***: mandat exclusif pour négocier, suppléer et proposer un nouveau projet de restructuration de la flotte Camair, administrer et coordonner paiements échus et à venir des locations d'avions par la Camair ;***
	Clause de résultat ***: au cas où le mandataire ne proposait pas de plan de restructuration, il sera tenu en remboursement des sommes versées par la Camair ;*** Ces clauses facilitent l'appréciation du rapport de counseling.
Règlement différends	***Legal and equitable remedies;***

	***Droit applicable* : droit anglais ;** Clause compromissoire : arbitrage Cci, avec un arbitre unique et Paris comme lieu d'arbitrage
Modalités d'application	Les engagements envisagés n'ont pas été atteints ; la Camair a été dissoute et est en cours de liquidation.
Résultats obtenus	La restructuration de la Camair n'a pas été réalisée ; cette compagnie sera dissoute quelques années plus tard pour donner lieu à la création d'une nouvelle compagnie la Camair-Co.
Difficultés d'exécution	Des difficultés relevées dans l'exécution des termes de ce contrat n'ont pas été portées à notre connaissance qui était signé pour 03 mois.
Groupe des contrats	Contrat unique
Modification du contrat	Aucun avenant à ce contrat

FICHE N° 4 : contrat d'exploitation pétrolière

Dénomination	Analyse
Objet	Accord visant à : - faciliter la construction et l'exploitation d'un système de transport destiné à l'évacuation à travers le territoire de la République du Cameroun jusqu'au large de sa cote atlantique des hydrocarbures en provenance de la République du Tchad et les activités qui leur sont liées, notamment ; -prendre toutes les mesures susceptibles d'assurer la construction et l'exploitation dudit système ;
Cocontractants	- Gouvernement de la République du Tchad, représenté par son Président de la République ; - Gouvernement de la République du Cameroun, représenté par son Président de la République ;
Clauses contractuelles	***Droit d'accès à la mer et liberté de transit accordés à la République du Tchad : conformément aux dispositions pertinentes de la Convention des Nations Unies sur le droit de la mer du 10 décembre 1982. Ce droit s'étend également aux expéditeurs des hydrocarbures produits en République du Tchad ;*** ***Clause de résolution des difficultés et des retards : à caractère technique et administratif ;*** ***Clause relative à la construction et à l'exploitation du système du transport : conclusion d'un accord de coopération entre le transporteur camerounais et le transporteur tchadien fixant :***
	- les conditions dans lesquelles s'effectuera la coordination de leurs systèmes de transport en tant que système intégré de transport par pipeline ; - la répartition des coûts (y compris la couverture des risques par des assurances) ; - la propriété des immobilisations et le régime de la responsabilité, des États membres s'engagent à approuver préalablement à sa signature, les termes de l'accord de coopération ; ***Clause juridico fiscale, douanier et administratif :*** même régime au transporteur conformément aux principes de l'accord et à sa législation ;
	- éviter la double imposition éventuelle de toute personne engagée dans les activités relatives à la construction, à l'exploitation, à - l'utilisation et à l'entretien du système de transport en tenant compte des principes du présent accord et des principes de répartition des coûts entre le transporteur camerounais et le transporteur tchadien prévu par l'accord de coopération ;
	Clause de délivrance et de renouvellement : au transporteur concerné et à ses sous-traitants, tous permis et autorisations y compris les autorisations de transport des hydrocarbures par pipeline, requis pour la conception, la construction, le financement, l'exploitation et l'entretien du système de transport et des systèmes de télécommunications connexes ;
	Clauses de passage : les États contractants conviennent de l'endroit où le pipeline franchit la frontière commune ; ***Clause de passage : les États contractants conviennent de l'endroit où le pipeline franchit la frontière commune ;***
	Clause de confidentialité : les États contractants s'engagent à traiter mutuellement les informations relatives à la construction et à l'exploitation du système de transport. Ces informations seront

	traitées de manière confidentielle, sauf accord préalable de l'État ayant fourni l'information ;
	<u>Clause d'utilisation du système de transport</u> : prioritairement au transport des hydrocarbures, produits en République du Tchad. Ce système peut être ouvert, dans l'ordre de priorité suivant, au transport d'autres hydrocarbures venant de la République du Tchad, puis de la République du Cameroun, et sous réserve de la conclusion des traitées nécessaires, de pays tiers ; ***<u>Clause d'illimitation</u> : sous réserve de l'application d'une obligation internationale***
	- la République du Cameroun s'engage à n'imposer aucune limitation à la quantité des hydrocarbures produits en République du Tchad, et aucune mesure qui puisse avoir pour effet, directement ou indirectement, de restreindre l'utilisation du système de Transport camerounais pour le transport de ces hydrocarbures ;
	- la République du Tchad s'engage, d'une part à n'imposer aucune limite à la quantité des hydrocarbures produits en République du Tchad qui sont destinés à être transportés par le système de transport tchadien pour l'évacuation par le système de transport camerounais, et, d'autre part, à ne prendre aucune mesure qui puisse avoir pour effet, directement ou indirectement, de restreindre l'utilisation du système de transport tchadien et/ou camerounais pour le transport de ces hydrocarbures ;
	<u>Clause d'évaluation</u> : le montant des revenus que les États contractants obtiennent de l'exploitation du système de transport est lié à la quantité des hydrocarbures transportés par le système de transport ; ***<u>Clause de sécurité</u> : chaque État contractant assure la sécurité du système de transport sur son territoire, il s'engage à protéger l'environnement ;***
	<u>Clause d'assurance</u> : les risques relatifs au système de transport, à sa construction ou à son exploitation doivent être assurés selon les usages habituels de l'industrie pétrolière internationale ; ***<u>Suivi et application de l'accord</u> : une commission comprenant 10 membres, dont 5 représentants de chacun des États contractants. Elle émet des avis motivés sur les questions qui lui sont soumises par les États contractants ;***
	<u>Clause d'inexécution</u> : l'inexécution ou le retard ne seront pas considérés comme une violation du présent accord s'ils résultant d'un cas de force majeur, à condition toutefois qu'il y ait un lien de cause à effet entre l'empêchement et le cas de force majeure invoquée ; Ce qui facilite l'appréciation du rapport de counseling.

Règlement différends	***<u>Règlement diplomatique</u> : tout différend relatif à l'interprétation du présent accord, non réglé lors des travaux de la commission, devra l'être, si possible, par voie diplomatique ;*** ***<u>Recours à l'arbitrage</u> : dans un délai de six mois à compter de la notification et si le différend n'est pas réglé ;*** ***<u>Arbitrage ad hoc</u> : suivant le règlement de la CNUDCI, désignation des arbitres par les parties, en cas de défaut, l'un des États contractants saisit le Secrétaire Général de la Cour Permanente d'Arbitrage en vue de la nomination du troisième arbitre ;*** ***<u>Droit applicable</u> : le présent accord et les règles et principes applicables en droit international ;*** ***<u>Lieu d'arbitrage et langue</u> : Paris et le français comme langue ;*** Pas d'arbitrage dans le cadre de l'exécution de cet accord.
Modalités d'application	Date de signature : 08 février 1996 ; entrée en vigueur à la date d'échange des instruments de ratification ; Accord soumis à la ratification de chacun des États contractants suivant les procédures constitutionnelles internes prévues à cet effet ;
Résultats obtenus	- Construction du pipeline terminée ; - Mise en service du système de transport ; - Exploitation du pétrole de Doba ; - Le Tchad dispose déjà de 60 milliards de FCFA de revenus pétroliers en 2008.
Difficultés d'exécution	La construction et la mise en service du pipeline n'ont pas ouvert de contestations contentieuses portées devant les juridictions judiciaires ou arbitrales.
Contribution au développement	Les revenus pétroliers du Tchad ont permis à ce pays enclavé, n'ayant pas un accès direct à la mer à développer les infrastructures routières de ce pays.
Dimension politique	Grâce aux revenus pétroliers, le Tchad est devenu une puissance économique et militaire régionale.
Groupe des contrats	Cet Accord comprend des Annexes ;
Modification du contrat	L'accord pourra être amendé ou modifié par un accord conclu entre les deux États contractants. L'amendement ou la modification sera approuvé suivant les procédures constitutionnelles internes à chaque État contractant.

FICHE N° 5 : convention de crédit

Dénomination	Analyse
Objet	Convention de prêt de….. FF pour la réalisation de la boucle routière de Sangmélima ;
Cocontractants	République du Cameroun, représenté par le Ministère du Plan et de l'Aménagement du Territoire ; et un consortium de banques européennes.
Clauses contractuelles	***Clause de solidarité* : engagement conjoint sans solidarité entre eux à financer le montant du prêt ;** ***Clause de résultat* : le crédit ne pourra être utilisé à d'autres fins que celle du financement du contrat de FCFA….. (hors provision pour indemnisation et déplacement de réseaux) passé le… Entre le ministère de l'informatique et des marchés publics et un groupement d'entreprises au Cameroun ;**
	Clauses de durée* : contrat à durée déterminée renouvelable ;** ***Clause de sécurité : 1. Un avis juridique **:** émis par les services compétents de la République du Cameroun garantissant : - Que la présente convention constitue un engagement légal et valide pour l'emprunteur ; - Qu'elle est exécutoire au nom de la République du Cameroun ; - Que la République du Cameroun a l'obligation de se conformer à toutes les dispositions de la convention ;
	2. Copie du décret : émis par le Président de la République du Cameroun autorisant la signature de la présente convention et copie de la publication au Journal Officiel ; 3. Copie des documents donnant pouvoir aux personnes autorisées ;
	4. Spécimens des signatures des signataires **:** habilités à signer les documents de paiement ; à donner des instructions au mandataire pendant la durée de crédit et des spécimens des signatures desdites personnes, voir modalités ;
	Clause de commission commissions d'engagement, de direction à verser au mandataire, de gestion au mandataire ;
	Clause de remboursement : possibilité d'un remboursement anticipé ; ***Clause fiscale* : impôts à charge de l'emprunteur à la signature, ou à l'exécution de la convention de crédit, remboursement exonéré d'impôts ;** ***Clause de la mutabilité de la convention :*** 1.du fait d'un traité international, loi, décret, règlement, circulaire, note ou mesure, ou tout changement d'interprétation ou d'application de l'un des textes précités : susceptible d'empêcher le prêteur d'exécuter l'une des obligations qui lui incombent au titre de la convention de crédit, ou qui affectent directement les modalités de refinancement sur le marché monétaire de Paris ; 2. ou entraîne l'assujettissement du prêteur au paiement d'un impôt quelconque, une augmentation du coût de financement de tout prêteur de la convention de crédit ; ***Clause de force majeure* : renonciation à la force majeure comme cause exonératoire de ses obligations ;** ***Clause de non renonciation à droits* : du fait du non exercice, de l'exercice tardif ou partiel ;**
Règlement différends	Droit applicable : droit français Règlement amiable préalable : dans un délai de 30 jours sous tendu par l'esprit de coopération ; Juridiction compétente : tribunaux compétents du ressort de la Cour d'Appel de Paris ;

Modalités d'application	Modifications du contrat exclusivement au moyen d'écrits ;
Résultats obtenus	Les travaux relatifs à la boucle de Sangmélima ont été bien réalisés.
Difficultés d'exécution	En cas d'inexécution, y'a-t-il eu des contrats de titrisation ou de rééchelonnement de la dette ? Cette question ne peut trouver réponse qu'en revisitant les contrats de titrisation à la Caa. Cette convention de prêt n'a pas donné lieu à un contentieux. On pourrait en déduire qu'elle a été bien exécutée.
Contribution au développement	Sur le plan du développement, la réalisation d'une route facilite les échanges et la circulation des biens et des personnes.
Groupe des contrats	Contrat avec le Ministère de l'Informatique et des Marchés Publics (MININMP), Razel, Satom etc. ***Le CCF est participant et non mandataire : peut-il valablement céder ?***
Modification du contrat	Cession de créance effectuée en date du….. par le Crédit commercial de…, en faveur de la S…. de la créance objet de la convention de prêt ; capital impayé FF…

FICHE N° 6 : convention de concession de téléphonie cellulaire

Dénomination	Analyse
Objet	Convention de cession de téléphonie cellulaire l'autorisant à établir et à exploiter un réseau national de téléphonie cellulaire GSM mobile ouvert au public camerounais et à fournir le service visé, y compris des services à valeur ajoutée, des services d'équipements terminaux et tout service support ;
Cocontractant	République du Cameroun, représenté par le Ministère d'Etat chargé de l'économie et des finances, président du comité de réhabilitation des Entreprises du secteur public et parapublic, et le ministre des postes et Télécommunications ; la société Cameroun télécommunications mobiles (CAMTEL MOBILE), représenté par son PCA et son DG ;
Clauses contractuelles	***Clause d'inexclusivité*** ***: le concessionnaire n'a aucune exclusivité ;*** ***Droits d'entrée en concession :……..FCFA*** ***Redevances annuelles : utilisation du spectre de fréquences ;*** ***Clause de cession : pas de cession sans le consentement préalable écrit de l'autorité concédante ;*** ***Clause de sanction : de la part de l'ART, y compris une amende maximale de…. FCFA au cas de non respect de :*** • toute obligation en vertu du droit applicable ; • toute obligation aux termes de la convention de concession ; ou • toute décision ou directive de l'Agence de Régulation ; ***Survie de certaines clauses : certains paragraphes du cahier des charges demeurent en vigueur, malgré la résiliation ou l'expiration de la convention, pour exécution des obligations nées antérieurement à ladite résiliation ou expiration ;***
Règlement différends	Droit applicable : droit camerounais ; Clause compromissoire : arbitrage Cci
Modalités d'application	Indépendance des dispositions du contrat : nullité relative qui maintiendrait le reste du contrat
Difficultés d'exécution	……..
Contribution au développement	Vulgarisation du téléphone cellulaire
Groupe des contrats	Cession d'actions de la SCM par Orange Cameroun ;
Modification du contrat	Oui, il ya eu des négociations ultérieures, notamment pour le renouvellement du contrat de concession, et du passage de la 2G à la 3G

FICHE N° 7 : restructuration de la Société camerounaise de Banques

Dénomination	**Analyse**
Objet :	Protocole de création d'une filiale ayant statut de banque de la société commerciale de banque Crédit Lyonnais – Scb Cameroun
Cocontractants :	République du Cameroun représentée par le ministre des Finances (Minfi) ; Une banque étrangère, représentée par le Directeur de la Division Afrique Moyen-Orient
Clauses contractuelles :	Clause de capital : banque étrangère (65 %) ; République du Cameroun (35 %) ; Clause de propriété : utilisation des sigles, logo, types et marques commerciales ; Clauses sociales : recrutement du personnel Scb ; paiement des droits sociaux ; Clause de reprise : actifs : éléments incorporels, bons du Trésor ; passifs : matérialisé par un Traité d'apports ; Conditions suspensives :
Règlement différends :	Droit applicable : droit camerounais Clause compromissoire : arbitrage Cci
Résultats obtenus :	Reprise de la Scb par la banque étrangère
Difficultés d'exécution :	La Scb CL a connu des problèmes, puisqu'elle a été cédée aux Marocains
Groupe des contrats	-Traités d'apports ; -Convention de cession d'actions ; -Signature de deux avenants
Impact dévaluation du FCFA	Contrat passé avant la dévaluation

FICHE N° 8 : convention de crédit d'accompagnement

Dénomination	Analyse
Objet	Convention de prêt de… en exécution du marché portant sur la prestation d'études, de fournitures et de travaux en vue de la réalisation d'installations d'adduction d'eau potable dans les villes de Bokito, Elak-Okou et de Mwa-M'bem
Cocontractants	République du Cameroun, représentée par le Ministère du Plan et de l'Aménagement du Territoire ; et un consortium de Banques ;
Clauses contractuelles	***Clause de solidarité : engagement conjoint sans solidarité entre eux à financer le montant du prêt ;*** ***Clause de résultat : le crédit ne pourra être utilisé à d'autres fins que celle du financement du contrat susvisé, contre présentation à la banque d'un document attestant l'installation du chantier, approuvé par le MINMEE et le minfi ou leur délégué dûment délégué ;*** ***Clause suspensive de paiement par la banque :*** -6 billets à ordre ;
	-Recueil de spécimens de signatures autorisées ; -Un avis juridique de la Présidence de la République du Cameroun garantissant que : -les représentants du Cameroun sont dûment autorisés à l'engager et à souscrire des billets à ordre à son nom ; -les engagements souscrits respectent la Constitution, les lois et les règlements en vigueur en République du Cameroun, les engagements relatifs aux transferts de fonds vers l'extérieur ainsi que la dispense des mesures d'imposition ;

	Clauses de monnaie ***: remboursement du prêt en...*** ***Clause d'intérêt*** ***: intérêts de base et intérêts de retards ;*** ***Clause de commission et de frais*** ***: commissions d'engagement, de direction à verser au mandataire, de gestion au mandataire ; de coûts et de frais occasionnés par la négociation, la préparation et la signature de la convention et des documents qui s'y rattachent ;*** ***Clause de remboursement*** ***: possibilité d'un remboursement anticipé ;*** ***Clause fiscale*** ***: impôts à charge de l'emprunteur à la signature, ou à l'exécution de la convention de crédit, remboursements exonérés d'impôts ;***
	Clause de la mutabilité de la convention : ***-du fait d'un Traité international, loi, décret, règlement, circulaire, note ou mesure, ou tout changement d'interprétation ou d'application de l'un des textes précités : susceptible d'empêcher le préteur d'exécuter l'une des obligations qui lui incombent au titre de la convention de crédit, ou qui affecte directement les modalités de refinancement sur le marché monétaire de Paris...*** ***-ou entraîne l'assujettissement du prêteur au paiement d'un impôt quelconque, une augmentation de cout de financement de tout prêteur de la convention de crédit*** ***Clause d'inopposabilité*** ***: aucune exception tirée du marché financé ne peut être opposable aux prêteurs*** ***Clause de non renonciation à droits*** ***: du fait du non exercice, de l'exercice tardif ou partiel ;***
Règlement différends	Droit applicable : droit belge Clause compromissoire : arbitrage Cci
Difficultés d'exécution	En cas d'inexécution, ya t'il eu des contrats de titrisation ou de rééchelonnement de la dette ? Voir à la Caa. En tout état de cause, cette convention n'a pas donné lieu à un contentieux. On pourrait en présumer qu'elle a été bien exécutée.
Contribution au développement	Les adductions en eau potable constituent un facteur de développement et de protection de la santé des populations qui en bénéficient.
Modification du contrat	Ce contrat n'a pas connu de modifications ni d'avenants.

FICHE N° 8 : convention de cession et d'acquisition de téléphonie cellulaire

Dénomination	Analyse
Objet	Convention de cession d'une concession autorisant la Camtel Mobile à établir un réseau national de téléphonie cellulaire ouvert au public au Cameroun, au profit d'un opérateur de téléphonie étranger
Cocontractants	République du Cameroun, représenté par le ministre d'État chargé de l'économie et des finances et le ministre des postes et télécommunications ; la société Cameroun télécommunications mobile (CAMTEL MOBILE) représenté par son PCA ; Une, société de droit mauricienne, représentée par un Mandataire ;
Clauses contractuelles	***Clause d'interdiction*** ***: si la concession est révoquée, ni le concessionnaire, ni aucune personne contrôlant le concessionnaire (directement ou indirectement) n'ont le droit de demander une concession de téléphonie cellulaire au Cameroun, seul ou avec d'autres avant l'expiration d'un délai de 5 ans suivant la date de la révocation de la concession ;***
	Délai de validité des garanties ***: demande de mise en jeu au plus tard le...... , à l'exception des demandes relatives à des dettes de nature fiscale, parafiscale, douanière, sociale qui devront être soumises avant l'expiration du délai de prescription applicables en ces matières : indemnisations globales ne peut excéder la somme de....... FCFA ;***
Clauses contractuelles	***Clauses de garantie :*** -l'accès aux documents et livres comptables ; -transfert du patrimoine technique et immobilier ; -transfert d'un passif identifié ; -libération de tous les impôts et taxes ; -absence de litiges et contentieux.
	Garantie relative à la convention de cession et à l'activité passée de la société : approbation de la convention par décret du Président de la République ;
	Durée de la concession ***:.... ans, renouvelable par période de*** ***Clause de force majeure :*** ***Clause d'inexclusivité*** ***: le concessionnaire n'a aucune exclusivité ;***
	Droits d'entrée en concession : ....fcfa ***Redevances annuelles*** ***: d'utilisation du spectre de fréquences ;***
	Conditions d'entrée en vigueur : Signature par chacune des parties ; Approbation de la convention par décret du Président de la République ;
	Enregistrement conformément aux lois et règlements en vigueur au Cameroun ;
	Clause de cession ***: pas de cession sans le consentement préalable écrit de l'autorité concédante ;***
Règlement différends	Droit applicable : droit camerounais Clause compromissoire : arbitrage Cci ; Londres, lieu de l'arbitrage, le français, langue de l'arbitrage ;
Modalités d'application	Suivi de la convention par un Comité de suivi.

Difficultés d'exécution	Un contentieux important est survenu entre ladite société et un de ses sous-traitants ; sans qu'il ne s'agisse d'un contentieux lié à la cession en cause.
Contribution au développement	Vulgarisation du téléphone cellulaire et rapprochement des peuples.
Groupe des contrats	Ce contrat comporte 13 annexes
Modification du contrat	Le principe de l'indépendance des dispositions du contrat est affirmé. Au cas où une disposition du contrat de concession se révélerait nulle en tout ou partie et dans la mesure où la loi applicable le permet, cette nullité n'affecte pas la validité du reste du contrat.

FICHE N° 9 : convention du 22 octobre 1954 portant établissement d'Alucam

Dénomination	**Analyse**
Objet	Convention portant adoption du projet de réalisation d'une unité industrielle de production de l'aluminium à Edéa avant le 1er janvier 1962 au sein de la Compagnie Camerounaise d'Aluminium Pechiney Ugine (ALUCAM) ;
Cocontractants	Le chef du Territoire du Cameroun représenté par le Haut-commissaire ; La société ALUCAM ;
Clauses contractuelles	***<u>Application d'un régime économique général d'une grande stabilité</u> : pouvant permettre la réalisation du programme d'investissement et des prévisions de production figurant dans ce projet ;*** ***<u>Clause de délai</u> : engagement d'installer le ……..un ensemble industriel dont la production ne pourra être inférieure à… tonnes d'aluminium ;*** Convention approuvée et confirmée : par le Haut- Commissaire le…
Règlement différends	Aucune clause de règlement des différends
Modalités d'application	Le Cameroun et les autres Parties à la Convention étudieront en commun, les conditions d'application à l'industrie de l'aluminium au Cameroun, de toute mesure d'ordre économique, fiscal et financier qui serait susceptible d'affecter les conditions de fonctionnement normales des activités camerounaises des entreprises réalisatrices et veilleront à ce que celles-ci soient toujours mises en mesure de fonctionner dans les mêmes conditions que les entreprises concurrentes sur le marché international.
Résultats obtenus	Une Convention ultérieure mettra en place la construction de l'usine Alucam
Difficultés d'exécution	Il ne s'agit pas de difficultés en tant que telles ; mais il ya eu progressivement négociation des clauses d'adaptabilité et de prévisibilité
Contribution au développement	Alucam a forcément œuvré au décollage économique et industriel du Cameroun
Dimension politique	L'usine Alucam a une portée politique indéniable sur le développement de la ville d'Edéa, sur les relations entre la France et le Cameroun, ainsi que sur le développement de l'immobilier au Cameroun avec la mise en place de l'usine Alubassa qui moule des tôles.
Groupe des contrats	La mise en place de l'usine Alucam a donné lieu à la signature de plusieurs contrats avec des partenaires privés nationaux et étrangers
Modification du contrat	oui, signature d'une Convention portant aménagement des relations d'exploitation d'Alucam ;

FICHE N° 10 : convention du 24 novembre 1962 aménageant les conditions générales de fonctionnement de la société Alucam

Dénomination	Analyse
Objet	Convention portant adoption des conditions générales, juridiques, économiques et financières indispensables pour assurer le fonctionnement normal de la société Alucam ainsi que les sociétés fondatrices ;
Cocontractants	Gouvernement de la République Fédérale du Cameroun représenté par le ministre Délégué à la Présidence chargé de l'Administration Territoriale Fédérale des Finances et du Plan ; ***Alucam, SA de droit camerounais ;*** ***Pechiney, SA de droit français ;*** ***Société d'électrochimie, d'électrométallurgie et aciéries électriques d'Ugine, SA de droit français, toutes représentées par un délégué commun ;*** Y a-t-il contrat international au regard des parties signataires et des droits en présence ? Objectivement la réponse est affirmative.
Clauses contractuelles	***Durée de la convention :... renouvelable d'un commun accord ou à l'initiative d'une partie ; Garanties générales :***
	Stabilité : • des relations avec la Régie des chemins de fers du Cameroun ; • des installations et activités sur le port de Douala ; • les approvisionnements en énergie ; • l'importation en franchise de matériels, matériaux et matières premières, conformément aux dispositions des articles 7 et 8 de la loi N° 60-64 du 27 juin 1960 portant Code des investissements au Cameroun ;
	Alucam a-t-elle renégocié cette entente avec Camrail, le PAD et AES-Sonel devenue ENEO, étant entendu que la Regifercam et l'ONPC ont été dissoutes, et AES Sonel reprise par ENEO ? Cela devrait être le cas, vu les conditions très favorables qui lui sont concédées. ***La Charte des investissements ou la Convention révisée en 1976 ont-elles repris ces clauses de stabilité ? Il s'agit d'une convention assortie de clauses d'adaptabilité.***
	Garanties juridiques : • aucune mesure ne sera édictée ni approuvée qui aurait pour objet ou pour effet, directement ou indirectement, d'imposer à Alucam ou à ses partenaires, une discrimination défavorable, de droit ou de fait, par rapport aux autres entreprises exerçant au Cameroun des activités industrielles ou commerciales ; • libre modification des textes de fonctionnement au regard de la législation en vigueur ;
	Garanties foncières : aucune restriction aux conditions favorables accordées par la législation en vigueur au moment de la signature de la convention, notamment, la libre disposition des immeubles d'Alucam, l'obtention des réserves hydrauliques et moyens d'évacuation des eaux résiduelles nécessaires à l'exploitation ou à la satisfaction des besoins domestiques du personnel régulièrement employé par la société ;
Clauses contractuelles	Garanties financières : maintien du régime en vigueur à la date de la constitution de la société en matière de transferts financiers et de commercialisation des produits ;

	Garanties économiques : pour assurer la compétitivité d'Alucam sur le marché international, libre recrutement du personnel, libre circulation du personnel et de leur séjour, garantie des droits fondamentaux de la personne, liberté d'embauche, d'établissement, de circulation, d'emploi et de rapatriement des personnes et de leurs biens, liberté syndicale, protection par la force publique en cas d'atteinte ou de menace grave à la liberté de travail, etc.. , libre circulation et commercialisation des produits d'Alucam, liberté contractuelle ;
	Garanties fiscales : bénéfice du régime fiscal de longue durée, applicable aux extensions que ces sociétés pourront réaliser dans le cadre des objectifs généraux définis par la Convention de 1954 ;
	Garanties techniques : le groupe d'entreprises n'adressera aucune réclamation découlant des aléas techniques de leurs entreprises, de l'évolution de la conjoncture économique générale ; Force majeure : aucun manquement ne peut être relevé à la charge d'aucune des parties de la présente Convention, s'il résulte d'un cas de force majeure ;
	Définition de la force majeure selon Alucam et autres : il ne s'agit « *que des événements indépendants de la volonté de ces sociétés et susceptibles de nuire, soit aux conditions dans lesquelles elles réalisent normalement leurs productions, soit aux conditions dans lesquelles elles commercialisent normalement ces productions».*
Règlement différends	clause compromissoire : arbitrage ad hoc avec recours à la juridiction du Président de la CIJ pour la désignation des arbitres de la partie adverse défaillante ; recours au règlement d'un centre d'arbitrage international au cas où la République Fédérale du Cameroun venait à adhérer à un régime international d'arbitrage ; Les parties ont-elles adhéré à l'arbitrage Cci ou à tout autre ? ***droit applicable :*** - La question du droit applicable n'a pas été réglée ; même dans l'Avenant à l'Accord de 1976 ;
Difficultés d'exécution	Cette convention a connu des réadaptations successives, aménageant de cette manière de potentiels conflits entre les parties signataires.
Contribution au développement	Alucam a forcément œuvré au décollage économique et industriel du Cameroun
Groupe des contrats	Avenants à la convention d'établissement en date du….. passé entre le G et ALUCAM en… ***Reconduit pour une durée de…. Ans la Convention de 1962 ;*** ***Obligations de la société : moderniser, extension, formation du personnel camerounais ;*** Garanties fiscales ; Régime douanier ; Fournitures d'énergie : voir contrat particulier Sonel Alucam
Modification du contrat	oui Avenants prolongeant l'activité d'Alucam ;

FICHE N° 11 : privatisation de la société d'hévéa du Cameroun

Dénomination	Analyse
Objet	Protocole d'adjudication provisoire de la société Hevecam ; Convention de cession de 90 % des actions détenues par l'État dans le capital de la société Hévéa Cameroun (Hevecam)
Cocontractants	République du Cameroun représenté par le ministre des Finances (minfi) ; Une société étrangère ayant son siège à Singapour ;
Clauses contractuelles	***Clause de capital*** ***: XXX (90 %), R.Cam (35 %) ;*** ***Clause de paiement*** ***: versement de la somme de… milliards de FCFA ;*** ***Clauses de gestion*** ***: préalablement à la signature de la convention de cession, de gestion en bon père de famille ;*** ***Clause de résiliation*** ***: résiliation de tout contrat avec Terres rouges consultant ;*** ***Clause de responsabilités financières*** ***: conséquences financières à la charge de l'État pour tous autres contrats inconnus au repreneur ;*** ***Garantie de la dette à long terme : à charge pour le repreneur ;*** ***Clause fiscale*** ***: suspension de la taxe à l'exportation sur le caoutchouc ;*** ***Clause de rétrocession d'actions*** ***: rétrocession d'au moins 22 % des 90 % des actions à des personnels de la société ;*** ***Clause d'investissement*** ***: 31 milliards sur 15 ans ;*** ***Clause sociale :*** -maintien du rapport personnels nationaux et expatriés ; -obligation de création d'une SA de droit camerounais ***Clause de commercialisation*** ***: vente au prix de la meilleure cotation du marché en qualité comparable*** ***Clause de modification conventionnelle*** ***: exclusivement par la voie contractuelle ;*** ***Clause de responsabilité*** ***: vis-à-vis des parties et leurs ayant cause ou ayant droit ;*** Ces clauses sont des clauses usuelles en droit commercial Ohada
Règlement différends	Droit applicable : droit camerounais Clause compromissoire : arbitrage Cci
Modalités d'application	Mise en place d'un Comité chargé du suivi de la privatisation.
Résultats obtenus :	La privatisation d'Hevecam a été conduite à son terme ; le repreneur continue son exploitation.
Difficultés d'exécution	Affaire Bisso Eya c/ Hevecam – État du Cameroun Affaire non signalée au repreneur au moment de la privatisation d'Hevecam : l'État du Cameroun a supporté les conséquences financières de ce contentieux.
Contribution au développement	Hevecam est le troisième employeur au Cameroun, après l'État et la CDC
Groupe des contrats	-Convention de privatisation ; -Convention de cession d'actions

FICHE N° 12 : contrat international de travail ou contrat international de promotion pharmaceutique

Dénomination	Analyse
Objet	Contrat de promotion des produits pharmaceutiques
Cocontractants	***Laboratoires F. SA (France)*** ***Monsieur D.E. à D. ;*** Mme M. A. B. : Douala Cameroun
Clauses contractuelles	***Clause de non exclusivité : promotion à titre non exclusif, c.-à-d. possibilité de conclure des contrats similaires sur le même territoire ;*** ***Clause de rémunération : salaire, supplément semestriel en fonction des résultats obtenus, prime spéciale mensuelle de 20 % de la rémunération mensuelle, tous autres frais ;*** Clauses de durée : contrat à durée déterminée renouvelable ; ***Clause de résiliation anticipée : voir modalités ;*** ***Clause de confidentialité : 10 ans après la fin du contrat, secret sur les produits promus et sur l'entreprise ;*** ***Clause intuitu personae : considération de la personne ;*** ***Clause de renonciation : ne saurait être tacite ;***
Règlement différends	Droit applicable : droit français Compétence exclusive : du Tribunal de Commerce de Paris même en cas de référé, pluralité de défendeurs ou d'appel à garantie
Modalités d'application	Modifications exclusivement au moyen d'écrits ;
Difficultés d'exécution	Résiliation unilatérale de ces contrats par la partie française, avec offre de règlement à l'amiable Le cocontractant a rejeté cet arrangement amiable, et assigné les Laboratoires Fourniers par devant le tribunal de Prud'homme de Bobigny aux motifs qu'il s'agissait d'un différend de travail.
Groupe des contrats	***Protocole d'accord entre Les Laboratoires… représenté pour des raisons administratives, fiscales et sociales par… , BP. …..Douala Et Monsieur …………..,BP…… Douala.*** ***Les parties conviennent qu'au terme du contrat de promotion du 12 octobre 1995 les liant,…. s'engage à verser à M….. ,la somme de……… Francs CFA représentant l'indemnité de bonne séparation.*** Cette indemnité de bonne séparation exclue toute autre indemnité liée à la fin du contrat de promotion ci-dessus mentionné. les parties s'interdisent tout recours ultérieur, ce protocole a autorité de la chose jugée entre les parties en foi de quoi, elles signent la présente convention. Clause de règlement des différends : la présente convention sera homologuée par le Tribunal de première instance de Douala Bonanjo.
Modification du contrat	Nombreux avenants

FICHE N° 13 : convention de crédit

Dénomination	Analyse
Objet	Convention de prêt de ……..en exécution : -du *«contrat de français»* signé le…… entre la République du Cameroun représenté par le ministre chargé de mission à la Présidence de la République et une société, pour l'installation et la remise en l'état de 04 centraux téléphoniques d'une valeur de….. -du *«contrat camerounais»* signé le…. entre la République du Cameroun pour l'installation et la mise en service des équipements nécessaires à l'extension et à la remise en état de 04 centraux téléphoniques d'un montant de ……..
Cocontractants	République du Cameroun, représenté par le Ministère du Plan et de l'Aménagement du Territoire ; et un consortium de banques européennes ;
Clauses contractuelles	***Clause de solidarité*** ***: engagement conjoint sans solidarité entre eux à financer le montant du prêt ;*** ***Clause de résultat*** ***: le crédit ne pourra être utilisé à d'autres fins que celle du financement du «contrat français» et du «contrat camerounais»*** ***Clauses de durée*** ***: crédit consenti pour une durée de 10 années, remboursable***
Clauses contractuelles	***Clause de sécurité :*** -Un avis juridique : de jurisconsultes agrées par les banques et qui pourrait émaner du conseiller juridique de la Présidence de la République du Cameroun attestant : -Des pouvoirs de représentants du MINPLAN, pour agir, signer la convention, souscrire les engagements qui en découlent, pour donner les instructions nécessaires pour effectuer les paiements aux fournisseurs ;
	-Des pouvoirs du Minfi pour souscrire les billets à ordre et la lettre contenant mandat d'intérêt commun ; -De la conformité avec l'ordre public camerounais des engagements souscrits par l'emprunteur, en vue de rendre les banques indemnes des conséquences de toutes mesures fiscales qui auraient pour effet de priver les banques de recevoir l'intégralité des sommes qui leur sont dues ; -Du respect des dispositions réglementaires concernant les transferts vers l'étranger ;
	-Les billets à ordre mentionnés, accompagnés d'une lettre contenant mandat d'intérêt commun ; Clause de monnaie : remboursement du prêt en… ***Clause d'intérêts*** ***: intérêts de base et intérêts de retards ;***
	Clause de commission et de frais ***: commissions d'engagement, de direction, de gestion à verser au mandataire ; commission de coûts et de frais occasionnés par la négociation, la préparation et la signature de la convention et des documents qui s'y rattachent ;*** ***Clause de remboursement*** ***: possibilité d'un remboursement anticipé ;***
	Clause fiscale ***: impôts à charge de l'emprunteur à la signature, ou à l'exécution de la convention de crédit, remboursements exonérés d'impôts ;***

	Clause de la mutabilité de la convention : ***En cas de modification des conditions économiques et financières, nationales et internationales et des données juridiques, fiscales, monétaires et professionnelles, ou données, ou de leur interprétation par toute autorité compétente, ou pour toute autre raison, entraînant notamment :***
	-l'impossibilité de déterminer le taux d'intérêt ; l'illégalité de tout ou partie des dispositions de la convention ;
Clauses contractuelles	-des charges nouvelles ou des coûts additionnels en relation avec le crédit ou le financement du prêt ;
	Il y aura concertation entre les banques dans les 30 jours ; ***Clause de non renonciation à droits : du fait du non exercice, de l'exercice tardif ou partiel ;*** ***Clause de communication : communication aux autorités administratives ou judiciaires françaises les renseignements relatifs à la convention ;*** ***Clause de transfert de droit et d'obligations : à condition d'avoir obtenu l'accord écrit préalable du mandataire ou de l'emprunteur ;***
Règlement différends	Droit applicable : droit français ***Règlement amiable préalable : dans un délai de 30 jours ;*** Clause compromissoire : arbitrage Cci
Contribution au développement	L'extension des réseaux téléphoniques rapproche les utilisateurs du reste du monde : c'est un facteur de développement
Groupe des contrats	Signature d'autres Contrats avec le MININMP (Ministère des marchés publics) et une entreprise étrangère
Modification du contrat	Ce contrat n'a pas été modifié ni connu d'avenants

FICHE N° 14 : contrat de service de conseil financier

Dénomination	Analyse
Objet	Conseil financier du Gouvernement du Cameroun, dans le cadre du Programme de règlement de la dette commerciale extérieure du Cameroun ;
Cocontractant	République du Cameroun, représenté par le Ministère d'État chargé de l'économie et des finances ; et la société de conseil en management Avec la collaboration de la Caisse Autonome d'Amortissement ;
Clauses contractuelles	***Clause de monnaie : le $ US ;*** ***Montant des honoraires*** ***:.. $ US, aucune réclamation au titre desdites prestations ne sera acceptée ;*** Conditions d'entrée en vigueur : approbation de la convention par décret du Président de la République ; Durée du contrat : jusqu'à la fin des paiements des prestations fournies ;
Règlement différends	Droit applicable : droit français Règlement amiable : préalable Clause compromissoire : arbitrage du tribunal de commerce de Paris.
Modalités d'application	***Exécution satisfaisante ? Seule la Caa peut en témoigner. Mais a priori, il n'y a pas eu de contentieux arbitral quant à l'exécution de ce contrat.***
Résultats obtenus	Le Cameroun a bénéficié due la remise de sa dette extérieure privée et publique au taux de 14 % ; ce qui lui a permis de disposer d'un Fonds PPTE.
Difficultés d'exécution	Aucune difficulté notée dans l'exécution de ce contrat
Contribution au développement	Négociation avec le club de Londres ; Transformation de ces dettes en fonds PPTE ;
Dimension politique	Remise de la dette commerciale extérieure du Cameroun pour 540 milliards de FCFA sur les 576 réellement dus
Groupe des contrats	Ce contrat a connu la conclusion d'Avenants dans la poursuite des négociations avec le Club de Londres et le Club de Paris.

JURISPRUDENCE INTERNATIONALE

LOUIS BARACAT
TRADUCTEUR-INTERPRÈTE ASSERMENTÉ

TRADUCTION CERTIFIÉE CONFORME

N° de référence : 2/30 141/01

TRIBUNAL DE GRANDE INSTANCE de FRANCFORT-SUR-LE-MAIN

Ordonnance

Dans l'affaire de
Winslow Bank & Trust Company Limited,
Suite 2.8, Beaumont House, Baystreet, PO Box N-3245, Nassau N.P., Bahamas

- Demanderesse -

Mandataire en justice :
Maître Dr Wolfgang Witz,
c/o Allen & Overy,
Taunustor 2, 60311 Francfort-sur-le-Main
contre
la République du Cameroun
c/o The Ambassador of the Republic of Cameroon 84, Holland Park, London W11 3SB, Grande Bretagne
Adresse en Allemagne :
c/o Ambassade de la République du Cameroun
Rheinallee 76, 53173 Bonn

- Défenderesse -

il est ordonné, conformément à l'article 31 ss de la Convention concernant la compétence judiciaire et l'exécution des décisions judiciaires en matière civile et commerciale en date du 27 septembre 1968 (Journal officiel de la RFD 19172 II 773) en liaison avec l'article 3 ss de la loi concernant l'exécution de la Convention internationale de reconnaissance et d'exequatur en matière civile et commerciale (loi de reconnaissance et d'exécution de l'exequatur -AVAG) en date du 19/02/2001 (Journal officiel de la RFD 2001 I, p. 288 ss) :
Doit être revêtu de la clause exécutoire le jugement prononcé par le *High Court of Justice Queen 's Bench Division Commercial Court*le 16/09/1996 - numéro de référence 1996, folio numéro 1509, par lequel la Défenderesse a été condamnée à payer à la Demanderesse la somme de 12.691.448,00. écus plus les intérêts s'élevant à 143.382,36 écus à compter de l'introduction de l'action - en vertu de l'ordonnance décernée par le High Court of Justice en date du 16/03/1998 -.

Le montant de la caution est fixéà 25.248.000,00 DM.
La valeur du litige s'élève à 25.156.266,00 DM.
Francfort-sur-le-Main, le 13/06/2001
Tribunal de Grande Instance, 3ème Chambre civile
Le Président
Dr Schartl
Juge-président près le Tribunal de Grande Instance

CLAUSE EXÉCUTOIRE

Clause exécutoire selon l'article 31 de la Convention du 27 septembre 1968 sur la compétence judiciaire en matière civile et commerciale (Journal officiel de la RFD 19172 II, page 773) en liaison avec l'article 3 ss de la loi concernant l'exécution de la Convention internationale de reconnaissance et d'exequatur en matière civile et commerciale (loi de reconnaissance et d'exécution de l'exequatur -AVAG) en date du 19/02/2001 (Journal officiel de la RFD 2001 I, page 288 ss)
Selon l'ordonnance de monsieur le Président de la 3eme Chambre civile du Tribunal de Grande Instance de Francfort-sur-le-Main en date du 29/05/2001 l'exécution forcée

résultant du jugement du High Court of Justice Queen's Bench Division Commercial Court le 16/090/1996 - numéro de référence 1996, folio numéro 1509 - en faveur de la Winslow Bank & Trust Company Limited, Suite 2.8, Beaumont House, Baystreet, PO Box N-3245, Nassau N.P., Bahamas

- Demanderesse -

Mandataire en justice :
Maître Dr Wolfgang Witz,
c o Allen & Overy
Taunustor 2, 60311 Francfort-sur-le-Main
C o n t r e
La République du Cameroun c/o The Ambassador of the Republic of Cameroon 84, Holland Park, London W11 3SB, Grande Bretagne
Adresse en Allemagne : c/o Ambassade de la République du Cameroun
Rheinallee 76, 53173 Bonn

- Défenderesse -

est admissible.
La teneur de la condamnation à exécuter est la suivante :
La Défenderesse est condamnée à payer la somme de 12.691.448,00 écus plus les intérêts s'élevant à 143.382,36 écus à compter de l'introduction de l'action - en vertu de l'ordonnance décernée par le *High Court of Justice en date* du 16/03/1998 -.
L'exécution forcée ne doit pas dépasser les mesures de sûreté jusqu'à ce que le créancier présente une attestation dont il ressortira que l'exécution forcée peut avoir lieu sans restrictions.
Tant que l'exécution forcée ne doit pas dépasser les mesures de sécurité, le créancier peut prévenir l'exécution forcée en constituant une sûreté s'élevant à 25.248.000,00 (en toutes lettres : vingt-cinq millions deux cent quarante-huit Deutschemarks).
Francfort-sur-le-Main, le 13/06/2001
Tribunal de Grande Instance, 3ème Chambre civile
(Eich)
Inspectrice … … … … … … … … …
Traduction certifiée conforme Francfort-sur-le-Main, le 4 novembre 2002

COUR D'APPEL DE PARIS

1ère chambre, section C ARRÊT DI 16 NOVEMBRE 2000
(N°,9 pages)

Numéro d'inscription au répertoire général : 1999/07720 et 1999/07727
Décisions dont appel :
1) Ordonnance d'exequatur rendue le 9 décembre 1996
par le délégataire (M. LACABARATS) du Président du T.G.I. de PARIS déclarant exécutoire en France le jugement rendu le 16 septembre 1996 par la Chambre commerciale de la Queen's Bench Division de la Haute Cour de Justice de Londres
2) Ordonnance d'exequatur rendue le 26 novembre 1998
par le délégataire (M. LACABARATS) du Président du T G.I. de PARIS déclarant exécutoire en France le jugement rendu le 14 mai 1997 par la Haute Cour de Justice de Londres
Date ordonnances de clôture : 12 octobre 2000
Nature de la décision : CONTRAD1CTOIRE
Décision : AU FOND (JONCTION)

APPELANTE
La RÉPUBLIQUE DU Cameroun
agissant par son ministère de l'Économie et des Finances YAOUNDÉ (Cameroun)

Représentée par la S.C.P. BERNABE - CHARDIN -CHEVILLER, avoué Assistée de Maître SERRES, avocat à la Cour (W 06)
INTIMEE :
La société WINSLOW BANK AND TRUST COMPANY "WINSLOW"
dont le siège social est
2-8, Beaumont House Bay Street P.O.
BoxN-3245
NASSAU - NP, Bahamas
Représentée par la S.C.P. Mireille G ARMER, avoué Assistée de Maître FATOME avocat à la Cour (R 45)

COMPOSITION DE LA COUR : lors des débats et du délibéré
Président : Madame PASCAL Conseiller : Monsieur MATET Conseiller : Monsieur HASCHER
lors des débats et du prononcé de l'arrêt : Mlle FERRIE
MINISTÈRE PUBLIC
Représenté aux débats par Monsieur LAUTRU,
Avocat Général, qui a été entendu en ses explications.
à l'audience publique du 20 octobre 2000
ARRÊT - CONTRADICTOIRE
prononcé publiquement par Madame PASCAL,
Président, qui a signé la minute avec Mlle FERRIE, Greffier.
La République du Cameroun, agissant par son ministère des Finances, est appelante sous les numéros 1999/07720 et 1999/07727 de deux ordonnances rendues à la requête de la société Winslow le 9 décembre 1996 et le 26 novembre 1998 au visa de la Convention de Bruxelles de 1968 par le président du Tribunal de grande instance de Paris ayant déclaré exécutoires deux jugements des 16 septembre 1996 et 14 mai 1997 prononcés par défaut par la High Court anglaise (Queen's Bench Division) au profit de la banque Expriter International.
La République du Cameroun expose que les jugements anglais ne lui ont pas été régulièrement signifiés, aucune précision sur les délais de recours n'ayant été au surplus donnée, en violation de l'ordre public procédural français, dans les prétendues significations. Sur la réunion des conditions de fond pour l'exequatur, la République du Cameroun soutient que les actes introductifs d'instance ne lui ont pas été notifiés conformément aux stipulations contractuelles arrêtées dans le contrat de prêt litigieux, et que l'exécution des jugements anglais serait contraire à l'ordre public français pour des motifs tenant à l'absence de qualité et d'intérêt à agir de la société Winslow, à l'absence de motivation, à son immunité d'exécution, au calcul des intérêts dans les condamnations prononcées à son égard, à l'impossibilité de réduire la clause pénale de l'engagement de prêt, enfin, à la violation du principe d'égalité de traitement entre les créanciers. La République du Cameroun déclare que l'exequatur des jugements anglais des 16 septembre 1996 et 14 mai 1997 est encore impossible en raison de l'absence d'exequatur pour deux ordonnances du 16 mars 1998 ayant substitué la société Winslow au créancier d'origine, la banque Exprinter International, au profit de qui les condamnations au remboursement du prêt et des intérêts avaient été prises. La République du Cameroun demande la condamnation aux dépens de la société Winslow.
La société Winslow conclut à la confirmation des ordonnances attaquées. Elle expose qu'elle a acquis, suivant cession du 16 octobre 1997 notifiée à la République du Cameroun et enregistrée par la High Court dans les ordonnances du 16 mars 1998, la créance détenue par la banque Exprinter International. Elle soutient que les jugements anglais sont exécutoires en Angleterre, ont été rendus dans le respect des droits de la défense de la République du Cameroun et ne contiennent rien de contraire à l'ordre public international français. Elle demande de déclarer que les condamnations libellées

en devises étrangères devront être payées en francs français après conversion au cours du jour ouvrable précédant le paiement effectif, dans la mesure où celui-ci interviendra sur le territoire français. La société Winslow demande à la Cour de condamner la République du Cameroun, outre aux dépens, à lui verser la somme de 50.000 F au titre de l'article 700 du nouveau code de procédure civile.

SUR CE LA COUR :

Sur la jonction :

Considérant qu'il convient dans l'intérêt d'une bonne administration de la justice, d'ordonner, en application de l'article 367 du nouveau code de procédure civile, la jonction de la présente instance concernant l'appel de l'ordonnance d'exequatur du 9 décembre 1996 (n° 1999/07720) de la procédure inscrite au rôle général de la Cour sous le n° 1999/07727 relative à l'appel de l'ordonnance d'exequatur du 26 novembre 1998 ;

Sur la signification des jugements anglais (article 47 alinéa 1 de la Convention de Bruxelles) :

Considérant que d'après l'article 47 alinéa 1 de la Convention de Bruxelles, la partie qui demande l'exécution doit produire tout document de nature à établir que, selon la loi de l'État d'origine, la décision est exécutoire et a été signifiée ;

Considérant que la République du Cameroun conteste qu'une signification des jugements anglais ait été effectuée à Londres, à son ambassadeur, par la banque Exprinter, et prétend que si une signification a été faite à Yaoundé, au Cameroun, par la société Winslow, celle-ci n'est pas conforme à l'ordre public procédural français, faute d'indication du délai dans lequel un recours peut être interjeté ;

Considérant que la société Winslow soutient que la signification des jugements a été effectuée conformément à l'article 12 (5) de la loi anglaise Immuniîy Act de 1978, et verse aux débats deux certificats établis par l'autorité consulaire britannique au Cameroun selon lesquels, ont été notamment remis au ministère des affaires étrangères camerounais, le jugement de la High Court anglaise du 14 mai 1997, le 16 juin 1998, et le jugement du 16 septembre 1996, le 9 juin 1998 ;

Considérant qu'il suffit à la société Winslow d'après l'article 47 alinéa 1 de la Convention de rapporter la preuve, comme elle le fait, qu'une signification a bien été effectuée, que la République du Cameroun, sur qui pèse la charge de la preuve de l'irrégularité de la signification, ne démontre pas que les règles anglaises de l'Immunity Act de 1978 aient été méconnues ; que la Convention de Bruxelles n'exige pas que la signification doive être effectuée suivant des formes équivalentes aux formes françaises, l'ordre public procédural français n'imposant d'ailleurs pas que la signification comporte l'indication des voies de recours existant à l'étranger, le défendeur devant s'informer lui-même sur ce point dès lors qu'il a eu connaissance, comme on va maintenant l'examiner, de l'existence de la procédure étrangère ;

Sur la régularité de la signification de l'acte introductif d'instance (article 27 alinéa 2 delà Convention de. Bruxelles) :

Considérant que d'après les articles 27 alinéa 2 et 34 de la Convention de Bruxelles, la requête en exécution doit être rejetée si l'acte introductif d'instance ou un acte équivalent n'a pas été signifié ou notifié au défendeur défaillant, régulièrement et en temps utile, pour qu'il puisse se défendre ; que le contrôle de la régularité appartient à la fois au juge d'origine et au juge requis ;

Considérant que la République du Cameroun soutient que la notification des actes introductifs d'instance des 12 juillet 1996 (pour la procédure menant au jugement du 16 septembre 1996) et 20 décembre 1996 (pour la procédure menant au jugement du 14 mai 1997) n'a pas été effectuée par la banque Exprinter suivant les modalités contractuelles arrêtées à cet effet dans le contrat de prêt du 14 janvier 1988 à l'article 23 (f) indiquant que l'ambassadeur du Cameroun à Londres, ou sinon le diplomate du rang suivant immédiatement le plus élevé, est seul habilité, en qualité de mandataire de l'emprunteur,

à recevoir et à accepter la signification de tout acte relatif à des procédures intentées devant les tribunaux anglais ;
Considérant que les assignations discutées ont été délivrées par le cabinet de solicitors Dibb, Lupton, Aslop les 16 juillet et 23 décembre 1996 à la République du Cameroun c/o l'ambassadeur de la République du Cameroun, 84 Holland Parie, Londres, Wl 1 3SB, cette adresse étant celle mentionnée à l'article 23 (f) ci-dessus, que les actes qui attestent de cette remise portent le cachet de l'ambassade du Cameroun, que la République du Cameroun, qui affirme que l'assignation aurait dû être remise entre les mains mêmes de son ambassadeur, ne rapporte pas la preuve que les conditions contractuelles de signification, par dérogation aux règles anglaises en la matière contenues dans l'Immnniîy Act de 1978, n'aient pas été respectées, que le moyen doit être rejeté ;
Sur la contrariété de l'exécution des jugements de la High Court à l'ordre public international français (article 27 alinéa 1 de la Convention de Bruxelles) :
Considérant que la République du Cameroun expose en premier lieu que les jugements anglais ne sont pas motivés et ont été rendus sans vérification aucune de la légitimité des prétentions de la banque Exprinter, de sorte que le juge de l'exequatur n'est pas en mesure de s'assurer si les conditions de régularité internationale de ces décisions sont réunies ;
Considérant que l'exigence de la motivation des jugements en droit procédural français exposée à l'article 45 5 du nouveau code de procédure civile n'est pas d'ordre public international, que le défaut de motivation constitue seulement un obstacle à l'efficacité en France d'une décision étrangère lorsque ne sont pas produits des documents de nature à servir d'équivalent à la motivation défaillante
Considérant que le jugement du 16 septembre 1996 est ainsi rédigé :
«Aucune notification d'intention de se défendre n'ayant été remise par le défendeur en la présente affaire, il est jugé ce jour que le défendeur payera au demandeur la somme de 12.691.448 écus, soit la somme demandée dans l'assignation, augmentée de la somme de 143.382,36 écus au titre d'intérêts contractuels depuis la date de délivrance de l'assignation jusqu'à la date des présentes, ou l'équivalent en livres sterling au moment du paiement, et les *frais à taxer faute d'accord*» ;
Que le jugement du 14 mai 1997 énonce :
« *Aucune notification d'intention de se défendre n'ayant été manifestée par le défendeur en* la présente affaire, il est jugé ce jour que le défendeur payera au demandeur la somme de 3.262.180,60 écus correspondant au montant de la somme réclamée dans l'assignation, augmentée des intérêts contractuels depuis la date de délivrance de l'assignation jusqu'à ce jour, ou l'équivalent en livres sterling au moment du paiement, ainsi que les dépens à taxer faute d'accord» ;
Considérant que les jugements anglais ont été rendus, ainsi que l'exposent les déclarations sous serment récapitulant les demandes faites par le conseil de la banque Exprimer les 22 août 1996 et 8 mai 1997 devant la High Court, au vu des preuves fournies au soutien des demandes, et notamment du contrat de prêt, que les décisions de !a High Court ne constituent pas une simple ratification des thèses de la demanderesse mais ont été prononcées après autorisation donnée par deux ordonnances de cette juridiction les 12 mai 1997 et 30 août 1996, rendues au visa des Rules of Suprême Court, article 13 (7) (A) en matière de procédure par défaut, et examen du bien-fondé des prétentions, que le moyen doit être rejeté ;
Considérant en second lieu que la République du Cameroun invoque l'immunité d'exécution, mais que ce moyen, qui est étranger à l'instance en exequatur en ce qu'il se rapporte au contentieux devant le juge de l'exécution, doit être repoussé ;
Considérant en troisième lieu que la République du Cameroun critique le montant des intérêts qui représente pas moins de 50 % du montant des condamnations prononcées à son encontre et reproche au juge anglais d'avoir entériné une capitalisation des intérêts

contraire à l'article 1154 du Code civil, qu'elle estime la clause pénale du contrat de prêt, de par son caractère excessif, contraire à l'article 1152 du Code civil ;
Mais considérant que la République du Cameroun s'oppose ainsi à l'efficacité en France des jugements anglais pour des critiques tenant au bien-fondé de ces décisions prononcées sur la base du droit anglais applicable d'après le contrat de prêt alors que l'article 29 de la Convention de Bruxelles énonce qu'en aucun cas, la décision étrangère ne peut faire l'objet d'une révision au fond, que le moyen doit être rejeté comme invitant le juge requis à violer la disposition qui précède et à méconnaître l'économie du Titre III sur la reconnaissance et l'exécution de la Convention de Bruxelles qui fixe dans ses articles 27 et 28 les seuls motifs pour lesquels les décisions étrangères ne sont pas reconnues ou exécutées ; qu'au surplus la République du Cameroun ne démontre pas en quoi les condamnations prononcées par le juge anglais au paiement des intérêts et des sommes contractuellement dues s'opposeraient à l'intégration des jugements de la *High Court* dans l'ordre juridique français pour violation de l'ordre public international ; .
Considérant en quatrième lieu que la République du Cameroun expose que la réclamation de la société Winslow est d'autant plus choquante qu'elle n'a jamais contribué au versement du capital qui est à l'origine de la dette puisqu'elle l'a rachetée à la banque Exprinter pour une somme vraisemblablement dérisoire et dont elle ne justifie pas, que la République du Cameroun précise qu'elle a engagé des négociations tant au sein du club de Londres que dans le cadre du Club de Paris pour la renégociation du montant de sa dette, attestant ainsi de sa volonté de trouver une issue acceptable pour l'ensemble de ses créanciers, ce qui implique que ceux-ci soient tous traités de la même façon, que dès lors, tout paiement au profit de la société Winslow romprait le principe d'égalité de traitement entre créanciers, en violation des principes régissant les prêts internationaux et les négociations sur le rééchelonnement de la dette, que ces principes reconnus par la communauté bancaire internationale et les institutions financières internationales que sont le FMI et la Banque Mondiale, constituent un droit international coutumier, qu'exprimé notamment la résolution n° 165 du 27 janvier 1978 de la Conférence des Nations Unies sur le commerce et le développement (CNUCED), et dont les normes sont d'ordre public international en France :
Mais considérant que, quelque soit l'intérêt de l'argumentation de la République du Cameroun sur l'existence d'un ordre juridique supranational incorporant des principes généraux gouvernant le droit des rééchelonnements des dettes des États, le juge de l'exequatur n'est pas le juge de la révision d'un procès en ne comparaissant pas devant la *High Coun* anglaise, s'est privée d'y développer les moyens qu'elle défend aujourd'hui dans le cadre d'une instance en exequatur, laquelle a pour seul but de s'assurer que l'exécution des jugements des 16 septembre 1996 et 14 mai 1997 n'est pas contraire à l'ordre public international français, qu'une telle contrariété n'étant pas établie s'agissant de condamnations à paiement sur la base d'un contrat de prêt, le moyen doit être rejeté ;
Considérant que les jugements anglais réunissent les conditions exigées par la Convention de Bruxelles pour leur exécution en France ; que la République du Cameroun conteste encore la qualité pour agir en exequatur de la société Winslow ;

Sur la cession de créances entre la banque Exprinter et la société Winslow :

Considérant que la République du Cameroun soutient que l'exécution des jugements de la *High Coun* serait impossible faute d'exequatur de deux ordonnances rendues sur requête le 16 mars 1998 dans lesquelles le juge anglais a homologué la cession de créances intervenue le 16 octobre 1997 entre la banque Exprimer et la société Winslow, lesquelles ne lui auraient d'ailleurs pas été signifiées, que la République du Cameroun ajoute que la cession étant irrégulière au regard des dispositions contractuelles de l'accord de prêt comme effectué sans son consentement, il conviendrait de vérifier, conformément aux exigences de l'ordre public procédural, les modalités de la cession et de mise en œuvre de la substitution qui sont la condition du droit et de l'intérêt à agir de la société Winslow ;
Considérant que, d'après l'article 26 de la Convention de Bruxelles, les décisions rendues dans un État contractant sont reconnues dans les autres États contractants sans qu'il soit nécessaire de ne recourir à aucune procédure, que les ordonnances anglaises d'homologation de la cession de créance ordonnant la substitution de la société Winslow à la banque Exprinter, d'ailleurs

notifiées le 8 avril 1998 à l'ambassade du Cameroun à Londres, produisent ainsi en France leurs effets indépendamment de tout exequatur, qu'il appartenait à la République du Cameroun, si elle conteste les modalités de la cession de créance, d'exercer des voies de recours ou d'introduire une action devant le juge du fond compétent, que le moyen doit être rejeté ;
Considérant que les ordonnances d'exequatur attaquées doivent être confirmées ;

<u>Sur l'article 700 du nouveau code de procédure civile</u> :

Considérant que l'équité commande de condamner la République du Cameroun, qui assume la charge des dépens, à verser à la société Winslow la somme de 50,000 F au titre de l'article 700 du nouveau code de procédure civile ;

PAR CES MOTIFS

Ordonne la jonction des procédures enrôlées sous les numéros 1999/07720 et 1999/07727 et dit qu'elles restent inscrites sous le numéro 1999/07720.
Confirme les ordonnances d'exequatur du President du tribunal de grande instance de Paris des 9 décembre 1996 et 26 novembre 1998 ayant accordé l'exécution aux jugements rendus les 16 septembre 1996 et 14 mai 1997 par la *High Court* anglaise,
dit que les condamnations pécuniaires libellées en devises étrangères devront être payées en francs français après conversion au cours du jour ouvrable précédant le paiement effectif, dans la mesure où celui-ci interviendra sur le territoire français,

Condamne la République du Cameroun à verser la somme de 50.000 F à la société Winslow par application des dispositions de l'article 700 du nouveau code de procédure civile,

Condamne la République du Cameroun aux dépens et accorde à la SCP Mireille Garnier, avoué, le bénéfice de l'article 699 du nouveau code de procédure civile,

LE GREFFIER   LE PRÉSIDENT

TRIBUNAL DE COMMERCE DE PARIS
JUGEMENT PRONONCE LE VENDREDI 21 JUIN 2002
DIXIEME CHAMBRE

RG 2001016869 07.03.2001

ENTRE : Société de droit camerounais DIGICOM INTERACTIVE SERVICES, dont le siège social est 97 avenue de l'Indépendance à DOUALA Cameroun.

G PARTIE DEMANDERESSE assistée de Maître PARIS 'Avocat (E82) et Maître MARTIMEZ-GUEGAU Avocat (N34) et comparant par la SCP BRODU, CICUREL, CEYMARD, Avocats (P240)

G ET SA CANAL + HORIZONS dont le siège social est 101 rue Leblanc 75015 PARIS. Q PARTIE DEFENDERESSE assistée de la SCP LUSSAN BROUILLAUD Avocats (P77) et comparant par la SCP MOLAS, LEGER, CUSIN et ASSOCIES Avocat (P159) (XV)

Intervenant volontaire

- Crtv - Cameroun RADIO TÉLÉVISION dont le siège est à YAOUNDÉ (Cameroun) BP 1634.

Assistée de Maître TCHOUNGANG Avocat au Cameroun et Maître ABESSOLO Avocat au Cameroun élisant tous deux domicile au Cabinet de Maître Marcel AZENCOT Avocat, 39 avenue Victor Hugo 75116 PARIS et comparant par Maître DELAY PEUCH Avocat (A377)

CAUSE JOINTE ET JUGEE A

RG 2001047497

21.09.2001

ENTRE : SA CANAL + HORIZONS dont le siège social est 101 rue Leblanc 75015 PARIS. PARTIE DEMANDERESSE assistée de la SCP LUSSAN BROUILLAUD Avocats (P77) et comparant par la SCP MOLAS, LEGER, CUSIN et ASSOCIES Avocat (p159) (XV)

ET : Crtv (Office National de Radio Diffusion du Cameroun) dont le siège est à YAOUNDÉ (Cameroun) Bp 1634, assigné par copie remise au Parquet. PARTIE DÉFENDERESSE assistée de Maître TCHOUNGANG Avocat au Cameroun et Maître ABESSOLO Avocat au Barreau du Cameroun élisant tous deux domicile au Cabinet de Maître Marcel AZENCOT Avocat, 39 avenue Victor Hugo 75116 PARIS et comparant par Maître DELAY PEUCHAvocat (A377).

L'activité juridictionnelle a été suspendue du 19 février au 26 mars 2001.

Par une réunion extraordinaire du 26 mars 2001, le Tribunal a décidé la reprise de cette activité à partir du 27 mars 2001, les parties ayant été avisées.

APRES EN AVOIR DÉLIBÉRÉ

FAITS

.La Fédération Française de Football (F.F.F.), organisatrice de -la rencontre amicale entre l'équipe de Cameroun et l'équipe de France le 4.10.2000, a par une convention du 7.06, 2000, cédé les droits de diffusion exclusifs de cette rencontre disputée au Cameroun, à la FECAFOOT. À l'exception du Cameroun, les droits de commercialisation et de diffusion des rencontres de football de l'équipe de France sont détenus par TFI (via sa filiale EUROSPORT) pour le reste du monde. Par contrat du 11.08.2000, FECAFOOT a cédé à DIGICOM, moyennant le versement de 20.000.000 CFA (200.000 FF) l'exclusivité des droits de diffusion du match au Cameroun.

CANAL+, professionnel de l'audiovisuel, a engagé par l'intermédiaire de sa filiale CANAL RÉGIE INTERNATIONAL, dès la fin du mois d'août 2000, la promotion de la diffusion sur sa chaîne du match du 4.10.2000, en proposant : aux annonceurs des offres publicitaires.

DIGICOM s'est manifesté auprès de CANAL+ en lui rappelant que la FFF conserve l'exclusivité des retransmissions des rencontres de l'équipe de France dans le pays de l'équipe opposée et que CANAL+ n'avait aucun droit de retransmission au Cameroun.

Persistant dans ses annonces de diffusion du match en direct au Cameroun, CANAL+ a été sommée par DIGICOM de cesser immédiatement et sans délai toutes les déclarations, actes de

démarchage et ventes relatifs aux droits de retransmission directe du match, en rappelant qu'en vertu du contrat du 11.08.2000, DIGICOM détenait les droits de diffusion en direct du match, en exclusivité et sur l'ensemble du territoire du Cameroun.
D'autre part, par courrier du 27.09.2000, CANAL+ écrivait à Crtv qu'elle avait décidé en conséquence de ne pas diffuser le match et qu'elle ne reviendrait sur sa décision que si, elle obtenait l'accord de la FECAFOOT pour cette diffusion du match.
DIGICOM a accepté le 4.10.2000 de donner à la Crtv une autorisation de rediffusion du match en vue de la retransmission et de la diffusion directe du match. La convention stipulait entre autres que Crtv s'engageait à diffuser le signal DIGICOM TV MAX qui comprenait à part le match proprement dit, des éléments publicitaires de DIGICOM.
Il s'est en fait avéré que CANAL+ a diffusé le match en direct avec son logo sur sa propre chaîne, aussi le logo apparaissait-il sur l'écran de la Crtv et le CFI, cette dernière diffusant aussi le match au Cameroun.
Estimant que le signal permettant la retransmission du match du 4.10.2000 avait été frauduleusement fourni par CANAL+ à la Crtv, DIGICOM a introduit la présente instance.

PROCÉDURE

Par exploit du 5 février 2001 DIGICOM a assigné CANAL PLUS HORIZON (ci-après CANAL+) et demandé au Tribunal de condamner CANAL+ à lui payer 17.230.000 FF de dommage et intérêts, outre des mesures de publication à concurrence de 1.000.000 F, 250.000 F au titre de l'art 700 NCPC et les dépens.
L'Office National Camerounais de Radiodiffusion (CRTV) est d'une part intervenu volontairement à l'instance et a d'autre part été appelé en garantie par CANAL + par assignation en intervention forcée signifiée le 6.06.2001,
L'instance a donné lieu à incident de communication de pièces et Crtv a sollicité un délai pour examen complémentaire, CANAL + s'étant dès lors associé à cette requête.
DIGICOM s'y est opposé et a sollicité la disposition de l'instance principale et de l'appel en garantie en cas d'accueil de la demande de renvoi.
DIGICOM invoquant l'urgence et le caractère de la situation au Cameroun, faisant état notamment : devant les juridictions administratives Cameroun d'une assignation par Crtv devant les juridictions pénales camerounaises, aux termes de débats animés, le tribunal a fait injonction à l'ensemble des parties de prendre position sur la possibilité d'un consensus sur un délai de trois semaines sous réserve d'engagement de répercussion de ce délai quant aux instances pendantes au Cameroun.
Il a été donné acte aux parties de ce consensus et de l'engagement pris par Crtv et CANAL+ verbalement à l'audience du 22 novembre 2001 puis confirmée par télécopie au Tribunal, de garantir la répercussion du délai octroyé quant aux instances pendantes au Cameroun, Crtv s'étant notamment engagée à surseoir à toute consignation et «*suspendre et faire suspendre toute action menée contre DIGICOM et ses dirigeants pendant la période (qui lui serait) accordée par le tribunal pour asseoir (sa) défense*».
Le Tribunal ayant en conséquence renvoyé l'affaire avec injonction aux parties de déposer pour l'audience de plaidoirie leurs écritures récapitulatives et définitives, dans le dernier état de celles-ci.

DIGICOM demande au Tribunal de :

- constater que DIGICOM INTERACTIVE SERVICES S.A. a loyalement et spontanément communiqué les pièces visées dans son acte introductif d'instance du 5.02.2001.
- Constater que DIGICOM justifie d'un intérêt légitime juridiquement protégé.
- en conséquence, rejeter les moyens de droits soutenus en défense par CANAL+ et Crtv comme étant irrecevables et mal fondés.
- Dire et juger que par ses agissements dolosifs et déloyaux, la société CANAL+ a occasionné à DIGICOM un préjudice considérable, direct et certain dont celle-ci est fondée à demander réparation.

- Dire et juger que le préjudice direct peut être en l'état évalué à la somme de 17.230.000 FF et condamner CANAL+ à payer a DIGICOM la somme de 18.230.600 FF ou sa contre-valeur en Euros en réparation de son préjudice commercial.
- à titre subsidiaire, si le Tribunal s'estimait insuffisamment informé sur l'étendue du préjudice commercial subi par DIGICOM,
- désigner tel expert qu'il lui plaira nommer, de préférence choisi parmi les experts indépendants.de Paris non membres des grands cabinets d'audit internationaux qui peuvent avoir des intérêts au Cameroun avec la mission suivante :
- déterminer l'ensemble des préjudices directs et indirects nés de la violation des droits de DIGICOM ;
- se faire communiquer tout document et pièce qu'il estimera utile à l'accomplissement de sa mission ;
- condamner CANAL+ à verser à DIGICOM la somme do 1.000.000 d'Euros à titre de provision à valoir sur le préjudice subi.
- Ordonner la publication de la décision à intervenir dans trois périodiques au choix de DIGICOM en France et au Cameroun, ainsi que sa publicité sur trois chaînes de télévision, à savoir CANAL+, Crtv et TV MAX à la charge de CANAL+ pour un montant de 1.000.000 FF.
- Le tout avec exécution provisoire, outre une somme de 250.000 FF au titre de l'article 700 du NCPC et les dépens.

CANAL+ demande au Tribunal de :

Constater que DIGICOM avait cédé ses droits de retransmission à la Crtv et que le prix de cette cession avait été payé.

Dire en conséquence non fautive la mise à dispositif; de la Crtv du signal de CANAL+ dès lors que Crtv rencontrait des difficultés techniques.

Dire DIGICOM irrecevable, la débouter de ses demandes, la condamner à payer à CANAL+ une somme de 75.000 F au titre de l'article 700 NCPC outre les dépens.

CRTV demande au Tribunal de :

Rejeter la demande de disjonction des deux causes ;

Dire DIGICOM irrecevable.

Constater l'aveu judiciaire de DIGICOM reconnaissant avoir cédé à Crtv les droits de retransmission et diffusion objet du litige.

Débouter intégralement DIGICOM.

La condamner à payer une somme de 150.000 F au titre des frais non répétibles considérables engagés par Crtv pour sa défense, outre les dépens.

MOYENS DES PARTIES

Des moyens invoqués, le Tribunal reprendra particulièrement :

A. Sur la communication des pièces

1. Sur la communication loyale et spontanée des conventions des 7 juin 2000 et 11 août 2000 par DIGICOH

Arguments de la défenderesse : Crtv allègue que seulement deux pages de chaque contrat lui ont été communiquées par la demanderesse et par conséquent en déduit que les communications incomplètes et tronquées ne la mettent en mesure d'assurer sa défense et constitue une violation à l'obligation de communication des preuves.

Arguments de la demanderesse : la demanderesse fait valoir qu'elle avait obtenu de la FECAFOOT, par contrat la cession de l'exclusivité des droits de diffusion au Cameroun du match France-Cameroun, que cette convention sur deux pages comprenant les obligations des parties. Que d'autre part, les droits cédés par la FECAFOOT, résultent du contrat du 7.06.2000 intervenu avec la FFF aux termes duquel les droits de diffusion de cette rencontre reviennent exclusivement à la FECAFOOT, que par ailleurs DIGICOM n'étant pas partie à ce contrat, seul un extrait du contrat liant les deux parties concernées a été versé aux débats, afin d'assurer la confidentialité sur certaines de ses dispositions.

Sur la communication loyale de la convention du 4.10.2000 entre Crtv et DIGICOM

CANAL+ avait sommé à plusieurs reprises la demanderesse de verser aux débats la convention signée à Paris le 4.10.2000 entre Crtv et DIGICOM. Mais la demanderesse précise que la sommation a été diligentée seulement à l'encontre ce DIGICOM, alors que Crtv appelée en intervention formée par CANAL +.dispose aussi de cette convention.

Sur la mauvaise foi de Crtv et CANAL+ au titre de la communication des pièces

Arguments de la défenderesse : La défenderesse précise avoir demandé le renvoi de l'affaire au motif que la demanderesse n'avait pas conclu à temps. D'autre part, Crtv elle aussi demandé le renvoi de l'affaire afin que les pièces versées aux débats antérieurement à l'assignation en intervention forcée lui soient délivrées.

Arguments de la demanderesse : La demanderesse pour sa part affirme qu'elle avait conclu en temps utile, le jour même de la réception des pièces par télécopies, et qu'il faut constater que la Crtv disposait déjà de l'ensemble des pièces. D'où elle déduit qu'il s'agit de manœuvres dilatoires d'entre CANAL+ et Crtv en vue de retarder le jugement.

CRTV avait reçu le 18.09.2000 une lettre de la FECAFOOT par laquelle elle était informée que le match avait fait l'objet d'un contrat par lequel celle-ci avait cédé à DIGICOM en exclusivité les droits de retransmission. Par ailleurs, la convention intervenue le 11.08.2000 entre DIGICOM et FECAFOOT a fait l'objet d'une large publicité. Ensuite, dès le 11.09.2000, DIGICOM a fait paraître dans la presse une publicité informant les spectateurs qu'elle disposait de l'exclusivité nationale des droits de diffusion sur le match.

B. Sur l'intérêt légitime et le droit à agir de DIGICOM

Sur l'intérêt légitime de l'action introduite par la société DIGICOM

Arguments de la défenderesse : La défenderesse fait valoir que les questions relatives à la qualité et l'intérêt à agir de DIGICOM dépendent de l'application d'une loi étrangère, qu'en outre, CANAL+ affirme que la demanderesse n'était pas au moment des faits, titulaire d'une licence conforme à la réglementation camerounaise, et par conséquent en déduit que la convention conclue le 11.08.2000 entre DIGICOM et FECAFOOT sur la cession de l'exclusivité des droits de diffusion au Cameroun du match est entachée de nullité, ce qui priverait DIGICOM d'un intérêt légitime.

Arguments de la demanderesse : La demanderesse explique que DIGICOM en attendant l'obtention de la Licence, pouvait continuer ses activités antérieures, bénéficiant depuis octobre 2000 de l'autorisation d'exploiter un service de télévision, et que de ce fait la convention du 11.08.2000 est donc licite et l'autorise à introduire l'action en justice.

2 : le droit d'agir de DIGICOM

Arguments de la défenderesse : L'appelée en garantie allègue que si DIGICOM avait exécuté ses obligations au regard de la cession des droits à Crtv et donné à celle-ci le signal lui permettant de transmettre au Cameroun, cette dernière n'aurait pas eu besoin de s'adresser à CANAL+ pour obtenir un signal de retransmission.

Arguments de la demanderesse : La demanderesse reproche à la Crtv d'essayer de semer la confusion entre la retransmission du match cédé à Crtv par DIGICOM et la cession des droits exclusifs de diffusion du match entre la FECAFOOT et la FFF.

a. Sur la distinction entre le contrat de retransmission du match, à titre non exclusif, à Crtv par DIGICOM et la cession des droits exclusifs de diffusion à DIGICOM par la FECAFOOT

Arguments de la défenderesse : La défenderesse affirme que la Crtv s'est fait céder par DIGICOM les droits de retransmission et de diffusion du match, que cette cession a opéré un transfert irrévocable des droits, et donc que DIGICOM ne pourrait pas reprocher à CANAL + d'avoir méconnu des droits qu'elle avait cédés à Crtv.

Arguments de la demanderesse : La demanderesse précise pour sa part, Crtv en bénéficiant du signal illégitimement fourni par CANAL+, a violé le contrat de retransmission de match conclue à titre non exclusif avec DIGICOM, en ne diffusant pas sur sa chaîne le match selon les conditions impératives définies par ce contrat. D'autre part la demanderesse reproche à CANAL + d'avoir violé la cession des droits exclusifs de diffusion en captant le signal fourni à DIGICOM.

Le 4. 07.2000, dès 17 h (18 h à Paris), la convention signée par Crtv a été adressée par, télécopie au Cameroun. Ensuite DIGICOM a adressé à Crtv les paramètres de réception de son signal numérique. Par télécopie émise à 19 h 6 (heure de Paris), Crtv s'étonnait auprès de DIGICOM que le signal ne soit pas encore à sa disposition. En réponse, DIGICOM informe 19hl5 (heure du Cameroun) le signal était correctement reçu et que par conséquent elle envoyait des techniciens pour permettre à Crtv de recevoir le signal.

Par télécopie du 4.10.2000, à 14 h 7 (heure de Paris), avant même d'adresser la convention de diffusion du match à DIGICOM, Crtv avisait le directeur de CANAL+ que sa demande de relayer le signal pour le match était confirmée.

Par télécopie du même jour reçue à Paris à : 21 h 48 (heure de Paris), DIGICOM s'étonne auprès de Crtv de la diffusion depuis ; 19 h 11 (heure du Cameroun) des images provenant du signal CANAL+ par la Crtv.

B. Sur l'irrecevabilité de l'intervention volontaire de la Crtv

Arguments de la défenderesse : La défenderesse précise que Crtv en justifie par le fait qu'informée par CANAL+ de l'assignation en garantie en cours de délivrance, elle a pris l'initiative d'intervenir volontairement avant même que les formalités internationales de délivrance de l'assignation fussent : accomplies, et que d'autre part, Crtv est depuis ; lors également en instance du fait de l'appel en garantie dont elle fait l'objet de la part de CANAL+.

Arguments de la demanderesse : La demanderesse, pour sa part, fait valoir que Crtv ne justifie, d'aucun intérêt propre dans le cadre des demandes qu'elle formule, qu'elle entend intervenir. à. l'instance pour demander sa mise hors de cause, qu'elle ne fait pas connaître l'organe qui la représente, et, ne peut être considérée que comme appelée en garantie donc au titre d'un lien juridique d'instance avec CANAL+ distinct de l'instance principale.

D. **Sur l'irrecevabilité d'ordre public de la demande de DIGICOM**

CANAL+ et Crtv prétendent que la demande de DIGICOM serait irrecevable car elle viole des règles d'ordre public camerounais en ce qui concerne l'étendue territoriale de DIGICOM et son absence d'agrément comme régie publicitaire.

1. Les prétendues violations de l'ordre public camerounais au titre du champ territorial légal de l'activité de DIGICOM

Arguments de la défenderesse : la défenderesse allègue que DIGICOM n'aurait déposé une demande d'autorisation que comme télé-distributeur et seulement à vocation locale, alors que les droits cédés par la FECAFOOT et les droits cédés- par celle-ci à DIGICOM concernaient la diffusion sur le territoire national ;

Que par conséquent, DIGICOM serait irrecevable à agir car elle invoque un intérêt qui est contraire à l'ordre public du Cameroun.

Arguments de la demanderesse : La demanderesse fait valoir : qu'aucune disposition contractuelle n'impose, ni interdit à DIGICOM l'obligation de diffuser sur l'ensemble du territoire du Cameroun. Cette convention limite seulement les droits exclusifs acquis par DIGICOM pour la diffusion du match en territoire du Cameroun. Aussi, DIGICOM était libre de conclure avec tous opérateurs audiovisuels privés ou publics un contrat leur autorisant la retransmission.

2. Sur la prétendue absence d'agrément comme régie publicitaire

Arguments de la défenderesse : La défenderesse relève le fait que DIGICOM fonde son préjudice sur des portes de nature publicitaire, alors que l'exercice de cette activité est soumis à une autorisation administrative préalable ou : professionnelle de publicitaire lui permettant ; la publicité, dont elle ne fait pas la preuve.

Arguments de la demanderesse : La demanderesse de Crtv et Canal+ essaient vainement 'agrément comme régie publiait-conclure des conventions des annonceurs ; que par à diffuser

E. Sur la responsabilité de CANAL+

Arguments de la défenderesse : La défenderesse précise qu'il ne peut y avoir de faute de CANAL+ d'avoir méconnu les prétendus droits de DIGICOM car celle-ci les avait cédés à Crtv, qui est d'ailleurs le détenteur régulier des droits de retransmission et de diffusion ;

Elle ajoute qu'en cas de défaillance technique elle peut recourir à l'assistance de tout tiers pour assurer la jouissance parfaite des droits acquis.

Elle affirme qu'essayant de prouver par tous moyens la faute de CANAL+, la demanderesse avait communiqué un faux procès-verbal qui constatait que CANAL+ aurait diffusé sur son propre réseau le match, et que cet acte non enregistré au répertoire chronologique des actes et non reconnu par l'huissier constitue un faux intellectuel et matériel.

Arguments de la demanderesse : La demanderesse expose que CANAL+ en toute connaissance de cause du fait qu'elle ne pouvait pas diffuser le match sur le territoire du Cameroun est passé outre au contrat de cession, en cédant le signal à Crtv.

Elle précise que la demande expresse à Crtv de la garantir de toute condamnation à ce titre, dont elle faisait un préalable à son acceptation de céder son signal, en est une preuve manifeste.

Par conséquent, les agissements déloyaux de CANAL+ ont provoqué à DIGICOM un préjudice considérable, en l'empêchant d'honorer ses contrats d'espaces publicitaires.

F. Sur le préjudice subi par DIGICOM

1.. La perte due au retrait des annonceurs et à la vente des antennes MMDS

Arguments de la défenderesse : la défenderesse affirme que DIGICOM avait prospecté et vendu directement des espaces publicitaires ; qu'ainsi DIGICOM fait preuve d'un exercice illicite de l'activité de publicitaire et donc n'a pas d'intérêt légitime et juridiquement protégé par la loi camerounaise.

Sur la vente des antennes MMDS, la défenderesse fait valoir qu'il est invraisemblable qu'une station de service (TEXACO) passe une commande pour des antennes de télévision, ceci dépassant l'objet de son activité, qu'ainsi DIGICOM essaie de dissimuler le lien établi entre le gérant de la station TEXACO signataire du bon de commande et DIGICOM dont il est directeur d'exploitation.

Arguments de la demanderesse : Alors que DIGICOM avait prévu de vendre plus de 60.000 antennes MMDS nécessaires pour la visualisation décryptée de la chaîne TVMAX, CANAL+ a décidé de diffuser en direct et gratuitement le match, ce qui a provoqué pour DIGICOM la perte de la clientèle, la baisse du chiffre d'affaires sur les antennes et le détournement des sponsors et annonceurs, ce qu'elle a considéré comme une atteinte grave et délibérée à ses droits.

2. L'atteinte à l'image et au crédit de DIGICOM

Arguments de la défenderesse : La défenderesse fait valoir que DIGICOM est un télédistributeur d'une chaîne cryptée locale et que son activité est de diffuser des programmes produits par d'autres chaînes ; qu'ainsi, DIGICOM ne pourrait pas assurer une couverture nationale et en direct, ce qu'elle reconnaît dans une interview accordée par son président.

Arguments de la demanderesse : la demanderesse reproche à CANAL+ en raison du non respect des droits d'exclusivité d'avoir porté une atteinte considérable à l'image de DIGICOM, TVMAX dont c'était la première diffusion en direct d'une manifestation sportive considérée comme le *«match du siècle»*, causant ainsi son discrédit auprès des professionnels de la communication et du public.

G. Sur la disjonction du litige introduit à la requête de DIGICOM à l'encontre de CANAL+ et de l'appel en garantie de CANAL+ à l'encontre de Crtv
Arguments de la défenderesse : La défenderesse reproche à DIGICOM de vouloir empêcher le débat avec Crtv, alors qu'elle a cédé les droits de diffusion à la Crtv et que par ailleurs la présence de Crtv favorise tous les éclaircissements utiles sur le sujet.
Arguments de la demanderesse : La demanderesse fait valoir qu'il n'y a aucun lien de droit dont peut, se prévaloir l'appelée en garantie dans le cadre de l'action principale diligentée par DIGICOM à l'encontre de CANAL+, fondée sur l'article 1382 du Code Civil, et que par conséquent elle demande au tribunal la disjonction des deux causes.

H. Sur la publicité de la décision à intervenir
La demanderesse fait valoir que les caractéristiques et le contexte de ce litige justifient la publicité 'aux frais de la défenderesse de la décision à intervenir tant dans les périodiques de France et Cameroun, que sur les réseaux de CANAL+, Crtv et TVMAX.

L. Sur l'urgence du prononcé de la décision à intervenir assortie de l'exécution Provisoire
La demanderesse expose que le refus de l'obtention de la licence de DIGICOM risque d'intervenir en vue de l'inciter de renoncer à son action en justice ; que par ailleurs, par des agissements dilatoires on voulait l'empêcher de retransmettre raison prise que son pylône de diffusion constituait une entrave à la sécurité aérienne, alors que dans un rapport de la République de Cameroun on estimait que le pylône de DIGICOM situé près de l'aéroport de Douala ne constituait aucun danger.

SUR QUOI STATUANT

Sur l'intérêt légitime de l'action introduite par DIGICOM
Attendu que la loi camerounaise soumet les activités audiovisuelles à l'obtention d'une licence ;
Que toutes les entreprises privées déjà en activité doivent déposer un dossier en vue de l'obtention d'un agrément.
Attendu que ce dépôt de dossier ne vaut pas la délivrance d'une licence, mais qu'il est prévu que les opérateurs déjà en activité et ayant déposé un dossier complet sont autorisés à poursuivre leurs activités en attendant la délivrance ou non de la licence dans un délai de six mois.
Attendu que DIGICOM, ayant déposé un dossier en vue d'obtenir un agrément le 3 juillet 2000, a été autorisée à poursuivre ses activités audiovisuelles jusqu'à notification de son obtention de licence, laquelle devait intervenir au plus tard le 31 janvier 2001.
Attendu que la convention entre DIGICOM et la FECAFOOT a été conclue le 11 août 2000, que le match s'est déroulé le 4 octobre 2000, qu'il en résulte que DIGICOM disposait en conséquence à ces dates d'une autorisation légale de poursuivre ses activités antérieures dans l'attente de l'obtention de sa licence ;
Attendu qu'ainsi, dans la mesure où sa demande est fondée sur la violation de ses droits découlant du contrat intervenu le 11 août 2000 avec la FECAFOOT, elle établit un intérêt légitime à agir.

Sur le droit à agir de DIGICOM.
Attendu que DIGICOM a obtenu de la FECAFOOT par contrat du 11.08.2000, la cession de l'exclusivité des droits de diffusion au Cameroun du match France-Cameroun le 4.10.200 ; que les droits cédés par la FECAFOOT résultent d'un contrat du 7.06.2000 conclu avec la FFF,

selon lequel les droits de diffusion de cette rencontre sur le territoire du Cameroun appartiennent exclusivement à la FECAFOOT.
Attendu que la conclusion d'un contrat de cession de l'exclusivité des droits de diffusion n'est pas soumise à l'obtention par son Bénéficiaire d'une licence l'autorisant à exploiter des programmes de diffusion audiovisuelle, et que le cessionnaire peut acquérir les droits exclusifs de diffusion sans pour autant être directement en charge de la diffusion des droits cédés.
Attendu qu'en l'espèce, la cession des droits exclusifs sur la diffusion du match n'obligeait pas la demanderesse à diffuser sur sa chaîne ; qu'elle restait libre de conclure avec tout opérateur audiovisuel privé ou public camerounais un contrat autorisant la retransmission du match ; qu'ainsi la convention conclue entre, FECAFOOT et DIGICOM ne sortent pas du champ d'activité légal pour lequel cette dernière avait postulé.
Attendu que, quant au grief de l'absence d'agrément comme régie publicitaire, il n'est nul besoin de disposer d'un agrément comme régie publicitaire, qui est une activité accessoire à l'activité principale d'opérateur audiovisuel.
Attendu que le contrat passé le 11 août 2000 entre DIGICOM et la FECAFOOT porte sur la cession par la FECAFOOT à DIGICOM de l'exclusivité des droits sur la diffusion du match de football à savoir, sur la retransmission audiovisuelle terrestre du match.
Attendu qu'étant le seul opérateur au Cameroun à avoir la capacité de retransmission du match sur l'ensemble du territoire national - capacité que n'a pas DIGICOM en tant qu'opérateur local (Douala et rayon de 100 km) d'un réseau local crypté - Crtv a engagé des pourparlers avec DIGICOM afin d'acquérir des droits de diffusion et de retransmission du match en direct.
Attendu que parcontrat du 4 octobre 2000, DIGICOM donne une autorisation de rediffusion du signal à Crtv en vue de la retransmission et de la diffusion directe du match.
Attendu que le contrat de cession des droits exclusifs concède à DIGICOM la pleine propriété sur le territoire du Cameroun du match en laissant à DIGICOM le libre choix, à l'exception de la diffusion en direct, des conditions accompagnant la diffusion telles que les publicités.
Attendu que la demande de DIGICOM porte sur la prétendue violation de la cession des droits exclusifs de diffusion par CANAL+ HORIZONS en fournissant le signal à Crtv ;
Qu'ainsi, DIGICOM a légitimement introduit une instance sur un fondement délictuel, à l'encontre de CANAL+ HORIZONS, du fait de la violation par un tiers de l'acquisition. à titre exclusif de la diffusion du match France-Cameroun intervenue entre DIGICOM et la FECAFOOT.

Sur la responsabilité délictuelle de CANAL+ HORIZONS
Vu l'article 1382 du Code Civil,
Attendu qu'il ressort des pièces apportées qu'un contrat de cession de droit a bien été conclu entre la FECAFOOT et DIGICOM.
Attendu qu'en vertu du principe de l'opposabilité des contrats aux tiers, le contrat crée une situation juridique dont les tiers, même s'ils ne sont pas personnellement liés par elle, ne peuvent méconnaître l'existence.
Qu'il ressort que par sa nature et son objet le contrat de cession intervenu le 11 août 2000 entre DIGICOM et la FECAFOOT crée une situation juridique absolue. En effet par cette convention de cession DIGICOM s'est vu attribuer l'exclusivité des droits de diffusion du match sur l'ensemble camerounais.
Attendu que cette attribution de droit de retransmission est conforme aux droits et usages dans le domaine des retransmissions sportives et qu'une telle convention n'atteindrait pas son but si le droit auquel elle donne naissance n'avait d'existence qu'au regard de ses signataires.
Attendu, de plus, qu'une publicité avait été faite de l'existence de cette convention et que CANAL+ HORIZONS en était donc parfaitement informée, et de plus compte tenu de son activité cette société ne pouvait pas ne pas connaître les usages en la matière.
Attendu que CANAL+, en toute connaissance de cause, a violé le contrat de cession entre FECAFOOT et DIGICOM, que le contrat auquel elle était tierce lui avait été

dénoncé et lui était opposable, qu'elle avait une obligation de ne pas faire, sanctionnée par la responsabilité délictuelle.
Attendu qu'abusant de sa position dominante, CANAL + a fait preuve d'une violation délibérée du contrat de diffusion exclusif.
Attendu que CANAL + a détourné la clientèle de DIGICOM par des annonces publicitaires dès le mois d'août 2000, qu'il s'agit d'une atteinte grave aux droits de DIGICOM.

Sur le préjudice subi par DIGICOM
Attendu que par ses agissements illicites et déloyaux, CANAL+ a privé DIGICOM de l'exclusivité de la retransmission du match France/Cameroun.
Attendu que DIGICOM allègue un préjudice fondé sur la perte due au retrait des annonceurs et à la mévente des antennes MMDS ainsi que sur l'atteinte portée à son image et à son crédit.
Attendu que CANAL+ a causé un préjudice commercial direct et certain, que ce préjudice comprend aussi la perte d'une chance de DIGICOM de conquérir- de nouvelles parts de marché et le discrédit dont elle est victime.
Attendu que si ce préjudice ne peut manquer d'avoir été subi par DIGICOM cette dernière n'apporte pas les éléments nécessaires au tribunal pour établir le bien-fondé des très importants montants réclamés ;
Que les éléments produits aux débats ne justifient pas d'une évaluation supérieure à la contrevaleur en euros de 200.000 FF faute d'avoir démontré' l'ampleur de préjudices supplémentaires.

Sur l'appel en garantie de Crtv et sur les fautes de DIGICOM invoquées par. Crtv.'
Attendu que CANAL+ a obtenu un engagement de Crtv' de la garantir financièrement de tout recours diligenté contre elle, que par ailleurs s'il résulte des faits susmentionnés qu'l n'y a pas lien de droit direct dont peut se prévaloir l'appelée en garantie, Crtv, dans le cadre de l'action principale introduite par DIGICOM à l'encontre de CANAL+, il n'en reste pas moins qu'il convient de ne pas disjoindre la cause principale et l'appel en garantie et de statuer par un seul jugement. Attendu que l'engagement de Crtv de garantir CANAL+ n'est pas contesté et qu'il lui fait obligation de la relever de la condamnation à paiement de 200.000 FF prononcée ci-dessous.
Attendu cependant que le 4 octobre 2000, jour même du match, DIGICOM a cédé irrévocablement à Crtv les droits de diffusion et de retransmission du match (article 2 du contrat) au Cameroun, moyennant le paiement d'une somme de 150.000 F somme payée le jour même par voie de virement bancaire ;
Qu'ainsi, la convention de cession prévoyait que Crtv pourrait diffuser le match à condition de payer la somme de 150.000 f à DIGICOM, avant la fourniture par celle-ci des paramètres de réception.
Attendu qu'en contrepartie, de son côté, DIGICOM devait remettre le signal international décodé à la disposition de Crtv en communicant en temps utile à celle-ci, les paramètres de réception du signal numérique, qu'à cet égard, l'article 7 de la Convention FECAFOOT/DI'GICOM prévoyait que DIGICOM se devait de tenir une réunion technique avec TFI pour être à même, le jour venu, de prendre le signal d'émission de TFI et permettre la retransmission de la rencontre.
Attendu qu'en outre DIGICOM devait faire connaître à Crtv préalablement à la diffusion du match la liste des annonceurs et des produits dont les publicités devaient être diffusées sur Crtv (par la remise préalable d'une cassette).
Attendu qu'il est constant que le prix de cession avait été payé par virement justifié à DIGICOM.
Attendu qu'il appert que de son côté, DIGICOM après justification du paiement a accrédité les journalistes de Crtv pour leur permettre de se présenter au match mais qu'aucune cabine de commentateurs n'avait été mise à leur disposition ni matériel correspondant ce qui les obligea à commenter le match à partir de téléphones portables.
Attendu que Crtv soutient à juste titre que DIGICOM a manqué à une obligation déterminante du contrat.

Qu'en effet, DIGICOM devait transmettre à Crtv les coordonnées techniques lui permettant de recevoir le signal numérique outre un décodeur lui permettant de convertir ce signal en signal analogique avant la retransmission sur le territoire du Cameroun.
Que DIGICOM se bornant à fournir des données techniques d'ordre numérique mais sans le décodeur permettant leur conversion en signal analogique, cette carence interdira aux ; techniciens Crtv, à Yaoundé, de capter le signal que DIGICOM ; s'était engagé à leur transmettre après l'avoir repris de TFI.
Attendu qu'il ressort des débats et pièces produites que Crtv, après avoir réclamé en vain au directeur de DIG'COM de faire le nécessaire pour permettre la retransmission du match, a, dans l'extrême urgence et la pression d'avant match (moins d'une heure du début de la rencontre), fait intervenir son directeur Général auprès du Président de DIGICOM afin de lui demander d'exécuter la totalité de ses obligations techniques, faute de quoi le signal ne pourrait être retransmis,
Que cette intervention étant restée sans suite, Crtv, resta toujours dans l'attente de la cassette de publicité que DIGICOM devait lui faire parvenir afin de retransmettre les annonces de cette dernière et le support comportant le logo Crtv MAX tirant en catastrophe les conséquences de la carence de son partenaire, s'est tournée vers CANAL + HORIZON : avec qui elle avait, plusieurs mois auparavant, envisagé ladite retransmission, afin de lui demander la fourniture du signal pour opérer la retransmission.
Attendu que ces manquements de DIGICOM à ses propres obligations ont eu pour conséquence, outre une diffusion du signal fourni par CANAL+ sans le logo de DIGICOM TV MAX ni les mentions de ses annonceurs publicitaires, la perception du montant viré par Crtv de manière indue dont il convient d'ordonner la répétition.
Attendu qu'en conséquence, par compensation entre le montant des dommages et intérêts dont Crtv doit garantir CANAL + (200.000 FF) et la somme de 150.000 FF que DIGICOM devra lui rembourser, le Tribunal condamnera Crtv à payer à DIGICOM la somme nette de 50.000 FF (contrevaleur en euros ou en CFA).

Sur les mesures de publication
Attendu que le Ministère de la Communication de Cameroun n'a pas délivré ou refusé de délivrer à un opérateur la licence d'exploitation, mais qu'un refus de l'obtention de la licence risque d'intervenir et que des instances sont pendantes devant les juridictions camerounaises.
Attendu que le contexte de cette affaire justifie la publicité aux frais de CANAL+ de la décision à intervenir, tant dons trois périodiques tant en France qu'au Cameroun et sur les réseaux télévisés de CANAL+ et TV MAX pour un montant maximum de 20.000 euros à la charge de CANAL+.

Sur l'exécution provisoire, les frais non taxables et les dépens :
Attendu que, compte tenu des circonstances de la cause, elle apparaît nécessaire et compatible avec la nature et qu'il a donc lieu de l'ordonner dans les termes ci-après, en excluant de son champ les mesures de publication et les frais irrépétibles.
Attendu que Canal + HORIZONS sera condamnée aux dépens et qu'il apparaît équitable de mettre à sa charge par application de l'article 700 NCPC, les frais non compris dans les dépens engagés par DIGICOM pour faire valoir ses droits et obtenir un titre, que les éléments du dossier permettant de fixer au montant figurant au dispositif du présent jugement, déboutant du surplus demandé.

PAR CES MOTIFS
Le Tribunal, statuant par jugement contradictoire en premier ressort,
•dit que la SA DIGICOM INTERACTIVE SERVICES justifie d'un intérêt légitime juridiquement protégé et d'un droit à agir.
• joint la cause principale et l'appel en garantie de la Société Crtv - OFFICE NATIONAL DE RADIO DIFFUSION du Cameroun ;

- dit que par ses agissements déloyaux la SA CANAL+ HORIZONS a occasionné à la SA DIGICOM INTERACTIVE SERVICES un préjudice direct et certain dont celle-ci est fondée à demander réparation.
- condamne la SA CANAL+ HORIZONS au paiement de la somme de 30.489,80 Euros (200.000 FF) de dommages et intérêts, débouta du surplus.
- Condamne la Société Crtv - OFFICE NATIONAL DE RADIO DIFFUSION du Camerounappelée en garantie à relever CANAL+ de cette condamnation.
- dit que la SA DIGICOM INTERACTIVE SERVICES n'a pas satisfait à ses obligations envers la Société Crtv – OFFICE DE RADIO DIFFUSION du Camerounet la condamne à lui restituer la contrevaleur de 22.867,35 Euros (150.000 FF).
- ordonne la compensation entre ces deux condamnations et le paiement du seul solde (7.622,45 Euros par la Crtv - OFFICE NATIONAL DE RADIO DIFFUSION DU Cameroun).
- autorise la publication du présent jugement dans trois périodiques au choix de la SA DIGICOM INTERACTIVE SERVICES en France et au Cameroun, ainsi que sa publicité sur les chaînes de télévision CANAL+ HORIZONS et TV MAX, à la charge de CANAL+ HORIZONS pour un montant de 20.000 euros,
- condamne la SA CANAL+ HORIZONS au paiement de 15 000 euros au titre de l'article 700 NCPC.
- ordonne l'exécution provisoire, sauf sur la mesure de publication et de publicité et l'article 700 du NCPC.
- déboute les parties de leurs demandes plus amples aux contraires.
- Condamne la SA CANAL+ HORIZONS aux dépens, dont ceux à recouvrer par le Greffe liquidés à la somme de 75,72 euros ttc dont 11,78 euros de tva.

Retenu et plaidé à l'audience publique où siégeaient. :
Messieurs CARRALE, TROUIS, PICARD.
Délibéré par les mêmes magistrats et prononcé à l'audience publique où siégeaient :
Monsieur CARRALE, Président, Messieurs PICARD, AUGIER, Juge, assistés de Monsieur DURAFOUR, Greffier.
La minute du jugement est signée par le Président du délibéré et le Greffier.
En conséquence, la République Française demande et ordonne àtous Huissiers de justice, sur ce requis, de mettre ladite décision à exécution, aux Procureurs Généraux et aux Procureurs de la République près les Tribunaux de Grande Instance d'y tenir la main, à tous Commandants et Officiers de la force publique, de prêter main-forte., lorsqu'ils en seront légalement requis.

Pour EXPÉDITION certifiée conforme et revêtue de la formule exécutoire.

COUR D'APPEL DU LITTORAL
TRIBUNAL DE PREMIÈRE INSTANCE DE DOUALA BONABERI

L'an deux mil quatorze et le vingt et trois du mois d'octobre,
devant nous, Elanga Emmanuel, Président du Tribunal de Première Instance de Douala Bonanjo, République du Cameroun,
siégeant en audience publique de contentieux de l'exécution en la salle de ses audiences sise au Palais de Justice de ladite ville :
Président ;
Assisté de Maître
TSALA MVOGO Théodore
GREFFIER
Attendu qu'agissant en vertu de l'ordonnance N° 0130 du 04 février 2014 de Monsieur le Président du Tribunal de Première Instance de Douala Bonanjo et par exploit du 06 février 2014 non encore enregistré qui le sera en temps opportun de Maître OWONA née Suzanne EDIMO, Huissier de justice à Douala, la Société Nationale de Raffinage en abrégé SONANRA dont le siège est à Limbé BP 365 et l'ÉTAT DU Cameroun, ce dernier agissant par l'entremise conjointe tant de Monsieur le Ministre d'État, Ministre de la Justice, Garde des Sceaux que de Monsieur le Ministre des Finances, Membres du Gouvernement siégeant à Yaoundé, ayant élu domicile aux Cabinets de Maîtres Charles NGUINI ET Irénée Célestin NTAMACK PONDY, avocats au Barreau du Cameroun, tous deux respectivement à Yaoundé BP 1878 et Douala BP 8943 ont fait donner assignation à :
-La Société AFRICAN PETROLEUM CONSULTANTS (Apc) SARL dont le siège social est à Douala ayant pour conseils Maîtres OFOMO OFOMO ET ELOH NGAH, avocats au Barreau du Cameroun avec résidence à Yaoundé,
-La société CORLAY Cameroun SA '(anciennement Shell du Cameroun SA) dont le siège est à Douala, prise en la personne de son représentant légal et ayant élu domicile à la SCP NGALLE MIAMNO et Maître EYOIDI, avocats au Barreau du Cameroun ; d'avoir à se trouver et comparaître à l'audience du 06 février 2014 à 14 heures par devant le Président du Tribunal de Première Instance de Douala-Bonanjo statuant en matière de contentieux de l'exécution pour est-il dit dans cet exploit :
Voir ;
-Déclare la présente tierce opposition recevable en application des dispositions de l'article 217 alinéa 1 du Code de Procédure Civile et Commerciale et de l'article 170 de l'Acte Uniforme portant Organisation des Procédures simplifiées de recouvrement ;
Se déclare compétent en vertu des dispositions combinées de l'article 218 alinéa 1 du Code de procédure Civile et Commerciale et de l'article 2 alinéa 1 de la loi N° 2007/001 du 19 Avril 2007 instituant le juge du Contentieux de l'Exécution au Cameroun ;
-Rétracter l'ordonnance N° 001 rendue le 1er octobre 2002 par Monsieur le Président du Tribunal de céans ;
-Qu'à la suite d'un exploit de signification commandement du 23 mai 2002 de Maître André NGUESSON, huissier de justice à Douala, agissant par l'intermédiaire de Maître Blandine SOB, huissier de justice à Limbé, la société African Petroleum Consultants Sarl en abrégé Apc Sarl a fait pratiquer une saisie en attribution de créances en date du 29 mai 2002 entre les mains de plusieurs tiers saisis dont l'ex-société Nationale de Raffinage en abrégé Sonara.
-Que ladite saisie se fondait tant sur une sentence arbitrale rendue le 17 avril 2002 à Londres que sur un jugement N°hcf/91/M/2001-2002 rendu le 15 mai 2002 par le Tribunal de Grande Instance du Fako à Buea ;
-Qu'en date du 27 mai 2002, après réception de l'exploit de signification commandement du 23 mai 2002, la Sonara avait formé opposition contre le jugement du 15 mai 2002 susvisé et a parallèlement sollicité en date du 28 mai 2002 des défenses à exécution provisoire contre ladite décision devant la Cour d'Appel du Sud-Ouest à Buea ;

-Que la Sonaraa sollicité et obtenu de Monsieur le Président du Tribunal de Première Instance de Limbe l'ordonnance N°LM/69m/2002 en date du 25 juin 2002 ;
-Que l'ordonnance susvisée entre autres désignée la société Total Fian Elf Cameroun SA séquestre de la somme de 2 074 635 340 F CFA, objet de la saisie attribution de créances du 29 mi 2002 qu'elle avait personnellement saisi entre ses propres mains ;
Que ladite ordonnance a donné main levée de saisie attribution de créances pratiquée par la société Apc Sarl entre les mains de tous les autres tiers saisis parmi lesquels l'ex-société Shell du Cameroun SA ;
Que par exploit du 28 juin 2002 de Maître Guy Efon, huissier de justice à Douala, la Sonarafaisait signifier à l'ex-société Total Fina Elf Cameroun Sa, à la société Apc Sarl et à Maître Nguesson André l'ordonnance susvisée ;
Qu'en date du 17 juillet 2002 sur le fondement tant de l'ordonnance N°LM/69m/2002 du 25 juin 2002 qui nommait Total Fina Elf Cameroun Sa unique séquestre des sommes qu'elle avait personnellement saisie entre ses propres mains et donnant main levée à tous les autres tiers saisis d'autre part, la société Apc Sarl adressait à la société Total Fina Elf Cameroun Sa un exploit de signification commandement en paiement des fonds sous séquestre ;
Qu'il s'agissait ni plus ni moins de la part de la société Apc Sarl que d'un acquiescement de l'ordonnance N°LM/69m : 2002 du 25 juin 2002 du Tribunal de Première Instance de Limbé ;
Que malgré cet acquiescement et dans sa volonté d'exécution la sentence arbitrale du 17 avril 2002, la société Apc Sarl va continuer ses manœuvres ;
Qu'en date du 21 août 2002, la Cour d'Appel du Sud Ouest à Buea a rendu l'arrêt N°CASWP/51m/2002 ordonnant les défenses à exécution tant de la sentence arbitrale du 17 avril 2002 que le jugement N°HCF/91/M/2001-2002/2M rendu le 15 mai 2002 par le Tribunal de Grande Instance du Fako à Buea qui avait déclaré ladite sentence exécutoire sur l'étendue du territoire camerounais ;
Que le même jour, 21 août 2002 à 13heures 30 minutes, l'ex-société Shell Cameroun SA recevait de la société Apc Sarl un exploit de signification avec commandement de procéder au transport de fonds, auquel était annexé un jugement de défaut N°HCF/141/OM/2001-2002 rendu le 13 août 2002 par le Tribunal de Grande Instance du Fako à Buea ;
Que par ce jugement, le Tribunal de Grande Instance du Fako à Buea ordonnait à l'ex-société Shell Cameroun SA de payer à la société Apc Sarl le montant des condamnations telles que précédemment prononcées par ladite juridiction ;
Que la seule décision prononcée par le Tribunal de Grande Instance du Fako dans une affaire opposant la Sonaraà la société Apc Sarl ressort du jugement N°/HCF/91/M/2001-2002 du 15 mai 2002 qui a simplement ordonné l'exequatur de la sentence du 17 avril 2002 ;
Qu'aucune condamnation pécuniaire n'avait pourtant été prononcée contre l'ex-société Shell Cameroun SA par cette juridiction ;
Que le 24 septembre 2002 par exploit de Maître YOSSA, huissier de justice à Douala, la Sonaranotifiait l'Arrêt N°CASW/51WP/2002 du 21 août 2002 à la société Apc Sarl ;
Que pour mettre fin au harcèlement de la société Apc Sarl, l'ex-société Shell du Cameroun a alors saisi le juge du contentieux de l'exécution du Tribunal de Première Instance de Douala Bonanjo à l'effet de voir constater sa mise hors de cause dans cette affaire dans laquelle elle n'avait plus rien à faire depuis l'exécution de l'ordonnance N°LM/69m/2002 du 25 juin 2002 ;
Que la seule société Apc Sarl avait été attraite par l'ex-société Shell du Cameroun SA comme défenderesse dans cette affaire ;
Qu'examinant à nouveau la cause qui lui avait été soumise préalablement par la société Apc Sarl, et ce à la requête de la Sonarasur la base d'éléments nouveaux à lui transmis, l'arbitre unique, le Dr Fru John Nsoh a rendu une deuxième sentence arbitrale le 18 mars 2003 à Londres ;
Qu'il ressort de la sentence arbitrale du18 mars 2003 qu'elle annule purement et simplement la sentence arbitrale du 17 avril 2002 ;

Que par ordonnance N°LM/30/03-04 du 30 mars 2004 ; Monsieur le Président du Tribunal de Première Instance de Limbé a rendu exécutoire sur l'ensemble du territoire camerounais la sentence arbitrale rendue le 15 mars 2003 à Londres par le Dr Fru John Nsoh, arbitre unique ;
Que cette ordonnance a été signifiée à la société Apc Sarl le 22 avril 2004 par exploit de Maître Guy Efon, huissier de justice à Douala ;
Que la société Apc n'a exercé aucun recours contre la sentence ainsi signifiée ;
Que face à l'inertie de la société Apc Sarl, la Sonara a obtenu de la Cour d'Appel du Sud Ouest Buea un certificat attestant qu'aucun recours en annulation de la sentence arbitrale du 18 avril 2003 n'a été engagé dans le délai d'un mois prescrit par l'article 27 de l'Acte Uniforme Ohada relatif au Droit de l'Arbitrage d'une part, et par l'article 5 alinéa 1 de la loi camerounaise N° 2003/009 du 10 juillet 2003 désignant les juridictions compétentes visées à l'Acte Uniforme relatif au Droit de l'arbitrage et fixant leur mode de saisine d'autre part ;
Que la sentence arbitrale du 18 mars 2003 est donc devenue définitive ;
Que par jugement N°LM/130M/2003 du 23 juillet 2004 le Tribunal de Première Instance de Limbé a ordonné le reversement immédiat entre les mains de la Sonarapar la société Total Fina Elf Cameroun SA en vertu du séquestre judiciaire ordonné par décision N°LM/69m/2002 du 25 juin 2002 du même tribunal, de l'arrêt N°CASWP/51m/2002 du 21 août 2002 de la Cour d'Appel du Sud Ouest à Buea et du certificat de cantonnement du 03 juin 2002 des sommes mises sous séquestre ;
Que par exploit des 03 et 04 août 2004, Sonara a signifié le jugement susvisé à la société Apc Sarl qu'à la société Total Fina Elf Cameroun Sa, et a fait commandement à cette dernière de s'exécuter immédiatement ;
Que l'ordonnance N°LM/69/2002 rendue le 25 juin 2002 par Monsieur le Président du Tribunal de Première Instance de Limbé devenue définitive a ordonné à l'ex-société Shell du Cameroun SA de se libérer des sommes précédemment saisies, non entre les mains de la société Total Fina ELF, séquestre judiciaire par ladite décision, mais entre les mains de la Sonara.
Qu'une déclaration d'une partie à un procès ne saurait primer sur le contenu d'un acte authentique tel une décision de justice ;
Qu'en se fondant sur les prétendues déclarations de l'ex-société Shell du Cameroun SA qui déclarait s'être libérée entre les mains de la société Total Fina Elf Cameroun Sa au lieu de prendre en considération les dispositions de l'ordonnance N°LM/69m/2002 rendue le 25 juin 2002 versée au débat, le premier juge qui a rendu l'ordonnance N° 001 en date du 1er octobre 2002 a manifestement dénaturé le contenu d'une pièce authentique qui a pourtant été déposée entre ses mains et donc acquise au débat ;
En conséquence ;
Qu'à l'analyse de l'article 153 de l'Acte Uniforme Ohada N° 6 que la qualité de tiers saisi dans une saisie attribution de créances ne s'acquiert que lorsque ledit tiers est débiteur à l'égard du débiteur poursuivi d'une somme d'argent ;
Que la jurisprudence de la Cour Commune de Justice et d'arbitrage est constante sur ce point ;
Qu'en l'espèce, l'ordonnance N°LM/69m/2002 rendue le 25 juin 2002 par Monsieur le Président du Tribunal de Première Instance de Limbé non contestée par la société Apc Sarl comme le lui permettait la loi, a donné main levée de la saisie attribution de créances du 29 mai 2002 pratiquée entre les mains de l'ex-société Shell du Cameroun SA ;
Que cette décision ordonnait en outre le reversement par l'ex-société Shell du Cameroun SA entre les mains de la Sonarades avoirs appartenant à cette dernière et des sommes qu'elle avait personnellement saisies entre ses propres mains lors de la saisie attribution de créances du 29 mai 2002 et non entre les mains de la société Total Fina Elf Cameroun Saséquestre judiciaire désignée, qui disposait déjà du même montant entre ses mains ;
Que la Sonaraayant perçu ses avoirs de l'ex Société Shell du Cameroun Sa, c'est à tort que le premier juge est entré en voie de condamnation d'une personne qui avait perdu la qualité de tiers saisi, relativement à la saisie attribution de créances du 29 mai 2002 suite à l'exécution de l'ordonnance N°LM/69m/2002 rendue le 25 juin 2002 ;

Que toutes les autres personnes morales, y compris l'ex-société Shell du Cameroun Sa, entre les mains desquelles la saisie attribution de créances du 29 mai 2002 avait été pratiquée à la requête de la société Apc Sarl, avaient perdu la qualité de tiers saisi après l'exécution de l'ordonnance N°LM/69/2002 rendue le 25 juin 2002 par Monsieur le Président du Tribunal de Première Instance de Limbé ;
Que l'ordonnance attaquée préjudicie gravement aux intérêts des requérants en ce qu'elle les expose à une action récursoire de l'ex-société Shell du Cameroun Sa ;
Qu'aucune créance ne fonde tant la saisie attribution du 29 mai 2002 que l'ordonnance N° 001 du 1er octobre 2002 rendue par votre organe ;
Que tant la saisie que l'ordonnance susvisée encourent annulation ;
En conséquence ;
Que ce moyen est fondé ; Que la Sonarabénéficie de l'immunité d'exécution conformément aux dispositions de l'article 30 l'Acte Uniforme Ohada N° 6.
Que la saisie attribution de créances du 29 mai 2002 pratiquée par exploit de Maître NGUESSON André, Huissier de justice à Douala n'aurait jamais dû avoir lieu du fait de l'immunité d'exécution susvisée ;
Que c'est en application de la disposition légale susvisée que les Procureurs Généraux près les Cours d'Appel des Régions du Sud-ouest et du Littoral ont instruit les banques de ne point exécuter tant la saisie attribution de créances du 29 mai 2002, que l'ordonnance N° 001 du 1er octobre 2002 ;
En conséquence ; Que ce moyen est fondé ;
Que s'il est établi qu'au moment de la saisie attribution de créances du 29 mai 2002, la société Apc Sarl disposait d'un titre exécutoire conformément aux dispositions de l'article 33 de l'Acte Uniforme Ohada N° 6, il n'en a pas été de même par la suite ;
Qu'en effet et tout d'abord que l'Arrêt N°CASWP/51m/2002, la Cour d'Appel du Sud-ouest à Buea a ordonné le sursis à exécution tant de la sentence arbitrale du 17 avril 2002 que le jugement N°HCF/91/M/2001-2002/2M rendu le 15 mai 2002 par le Tribunal de Grande Instance du Fako à Buea.
Que la sentence arbitrale du 17 avril 2002 faisant l'objet d'un recours et étant suspendue d'exécution depuis l'Arrêt du 21 août 2002, la saisie attribution de créances du 29 mai ne pouvait être validée par le premier juge à la date du 1er octobre 2002 comme cela a été le cas à travers l'ordonnance N° 001 attaquée en l'espèce ;
Qu'ensuite, à la suite du recours exercé par la Sonaracontre la sentence arbitrale du 17 avril 2002 conformément au droit anglo-saxon, le juge arbitre unique, au vu des éléments produits par cette dernière, a rendu une seconde sentence arbitrale en date du 18 mars 2003 ;
Que la sentence rendue le 18 mars 2003 a purement et simplement annulé celle précédemment rendue le 17 avril 2002 par la même juridiction ;
Que la sentence arbitrale rendue le 18 mars 2003 a été rendue exécutoire sur l'ensemble du territoire camerounais par ordonnance N°LM/30.MO3-04 rendue le 30 mars 2004 par Monsieur le Président du Tribunal de Première Instance de Limbé ;
Que tant la sentence arbitrale rendue le 18 mars 2003 que l'ordonnance N°LM/30.M 03-04 rendue le mars 2004 ont été signifiées à la société Apc Sarl par exploit d'huissier du 02 avril 2004 ;
Que la société Apc Sarl disposait d'un délai (01) mois, à compter de la signification susvisée pour exercer un recours devant la Cour d'Appel du Sud-ouest à Buea contre la sentence arbitrale ainsi revêtue de la formule exécutoire, conformément aux dispositions de l'article 27 de l'Acte Uniforme Ohada relatif au droit de l'arbitrage, ce qu'elle n'a pas fait ;
Que face à l'inertie de la société Apc Sarl, la Sonaraa sollicité et obtenu de Monsieur le Greffier de la Cour d'Appel du Sud-ouest à Buea, une attestation de non opposition N°LM/30.M 03-04 datée du 26 mai 2004 ;
Que la sentence arbitrale du 18 mars 2003 qui est devenue définitive, a vidé la saisie attribution de créances du 29 mai 2002 de tout fondement, relativement aux dispositions de l'article 33 de l'Acte Uniforme Ohada N° 6 ;

En conséquence ;
Ordonner la mainlevée de la saisie attribution de créances pratiquée le 29 mai 2002 à la requête de la société Apc Sarl sous astreinte de 10.000.000 F CFA par jour de retard à compter du prononcé de l'ordonnance à intervenir ;
Ordonner l'exécution provisoire de la décision à intervenir ;
Condamner la société Apc Sarl aux entiers dépens distraits au profit de Maîtres Charles Nguini et Irénée Célestin Ntamack Pondy, Avocats aux offres de droit ;
À l'appel de la cause, les demandeurs ont été entendus en leurs moyens de défense et plusieurs renvois utiles ont été concédés pour comparution et conclusions des parties, communication des pièces jusqu'à l'audience du 27 mars 2014, date à laquelle la cause fut renvoyée au 03 avril 2014 pour communication du dossier de procédure au Ministère public pour ses réquisitions ;
Après cette audience, plusieurs autres renvois ont été faits jusqu'à l'audience du 09 octobre 2014 à la demande conjointe des conseils des parties, et à cette date la cause fut mise en délibéré pour le 16 octobre 2014, lequel délibéré fut prorogé au 23 octobre 2014 à 12 heures ;
Advenue cette dernière audience, le juge du contentieux de l'exécution, vidant sa saisine conformément à la loi, a rendu l'ordonnance dont la teneur suit :
Nous, President, Juge du contentieux de l'exécution
Statuant en vertu de l'article 49 de l'Acte Uniforme Ohada portant voies d'exécution ;
Vu les lois et règlement en vigueur ;
Vu les pièces du dossier de la procédure ;
Attendu qu'agissant en vertu de l'ordonnance N° 0130 du 04 février 2014 de Monsieur le Président du Tribunal de Première Instance de Douala Bonanjo et par exploit du 06 février 2014 non encore enregistré, mais qui le sera en temps opportun de Maître Owona née Suzanne Edimo, huissier de justice à Douala, la société Nationale de Raffinage en abrégé Sonaradont le siège social est à Limbé BP 365 et l'État du Cameroun, ce dernier agissant par l'entremise conjointe tant de Monsieur le Ministre de la Justice, Garde des Sceaux que de Monsieur le Ministre des Finances, Membres du Gouvernement siégeant à Yaoundé, ayant élu domicile aux cabinets de Maîtres Charles Nguini et Irénée Ntamack Pondy, avocats au Barreau du Cameroun, tous deux respectivement à Yaoundé BP 1878 et Douala BP 8943 ont fait donner assignation à :
La société African Petroleum Consultants (Apc) SARL dont le siège est à Douala ayant pour conseils Maîtres Ofomo Ofomo Et Eloh Ngah, avocat au Barreau du Cameroun avec résidence à Yaoundé ;
La société Corlay Cameroun Sa (anciennement Shell du Cameroun Sa) dont le siège social est à Douala, prise en la personne de son représentant légal et ayant élu domicile à la SCP Ngalle Miano et Maître Eyidi, avocats au Barreau du Cameroun ; d'avoir à se trouver et comparaître à l'audience du 06 février 2014 à 14 heures par devant le Président du Tribunal de Première Instance de Douala-Bonanjo statuant en matière du contentieux de l'exécution pour est-il dit dans cet exploit :
Voir ; Déclare la présente tierce opposition recevable en application des dispositions combinées de l'article 217 alinéa 1 du Code de Procédure Civile et Commerciale et de l'article 170 de l'Acte Uniforme portant Organisation des Procédures Simplifiées de Recouvrement ;
Se déclare compétent en vertu des dispositions combinées de l'article 208 alinéa 1 du Code de Procédure Civile et Commerciale et de l'article 2, alinéa1 de la loi N° 2007/001 du 19 avril 2007 instituant le juge du Contentieux de l'Exécution au Cameroun ;
Rétracter l'ordonnance N° 001 rendue le 1er octobre 2002 par Monsieur le Président du Tribunal de céans ;
Qu'à la suite d'un exploit de signification commandement du 23 mai 2002 de Maître André NGUESSON, huissier de justice à Douala, agissant par l'intermédiaire de Maître Blandine SOB, huissier de justice à Limbé, la société African Petroleum Consultants Sarl en abrégé

Apc Sarl a fait pratiquer une saisie attribution de créance en date du 29 mai 2002 entre les mains de plusieurs tiers saisis dont l'ex-société Nationale de Raffinage en abrégé Sonara ;
Que ladite saisie se fondait tant sur une sentence arbitrale rendue le 17 avril 2002 à Londres que sur un jugement N°HCF/91/M/2001-2002 rendu le 15 mai 2002 par le Tribunal de Grande Instance de Fako à Buea ;
Qu'en date du 27 mai 2002, après réception de l'exploit de signification commandement du 23 mai 2002, la Sonaraavait formé opposition contre le jugement du 15 mai 2002 susvisé et a parallèlement sollicité en date du 28 mai 2002 des défenses à exécution provisoires contre ladite décision devant la Cour d'Appel du Sud-ouest à Buea ;
Que la Sonaraa sollicité et obtenu de Monsieur le Président du Tribunal de Première Instance de Limbé l'ordonnance N°LM/69m/2002 en date du 25 juin 2002 ;
Que l'ordonnance susvisée a entre autres désigné la société Total Fina Elf Cameroun S.A. séquestre de la somme de 2 074 635 340 F CFA, objet de la saisie attribution de créances du 29 mai 2002 qu'elle avait personnellement saisi entre ses propres mains ;
Que ladite ordonnance a donné mainlevée de la saisie attribution de créances pratiquée par la société Apc Sarl entre les mains de tous les autres tiers saisis parmi lesquels l'ex-société Shell du Cameroun SA ;
Que par exploit du 28 juin 2002 de Maître Guy Efon, huissier de justice à Douala, la Sonarafaisait signifier à l'ex-société Shell Cameroun SA à la société Total Fina Elf Cameroun Sa, à la société Apc Sarl et à Maître Ngusson André, l'ordonnance susvisée ; Qu'en date du 17 juillet 2002 sur le fondement tant de l'ordonnance N°LM/69m/2002 du 25 juin 2002 qui nommait Total Fina Elf Cameroun Saunique séquestre des sommes qu'elle avait personnellement saisies entre ses propres mains d'une part et donnant main levée à tous les autres tiers saisis d'autre part, la société Apc Sarl adressait à la société Total Fina Elf Cameroun Saun exploit de signification commandement en paiement des fonds sous séquestre ;
Qu'il s'agissait ni plus ni moins de la part de la société Apc Sarl que d'un acquiescement de l'ordonnance N°LM/69m/2002 du 25 juin 2002 du Tribunal de Première Instance de Limbé ;
Que malgré cet acquiescement et dans sa volonté d'exécuter la sentence arbitrale du 17 avril 2002, la société Apc Sarl va continuer ses manœuvres ;
Qu'en date du 21 août 2002, la Cour d'Appel du Sud-ouest à Buea a rendu l'Arrêt N°CASWP/51m/2002 ordonnant les défenses à exécution tant de la sentence arbitrale du 17 avril 2002 que le jugement N0HCF/91/M/2001-2002/2D rendu le 15 mai 2002 par le Tribune de Grande Instance du Fako à Buea qui avait déclaré ladite sentence exécutoire sur l'ensemble du territoire camerounais ;
Que le même jour, 21 août 2002 à 13 heures 30 minutes ; l'ex-société Shell Cameroun SA recevait de la société Apc Sarl un exploit signification avec commandement de procéder au transport de fonds auquel était annexé un jugement de défense N°HCF/141/OM/2001-2002 rendu le 13 août 2002 par le Tribunal de Grande Instance du Fako à Buea ordonnait à l'ex-société Shell du Cameroun SA de payer à la société Apc Sarl SA le montant des condamnations telles que précédemment prononcées par ladite juridiction,
Que la seule décision prononcée par le Tribunal de Grande Instance du Fako à Limbé dans une affaire opposant la Sonaraà la société Apc Sarl ressort du jugement N°HCF/91/M/2001-2002 du 15 mai 2002 qui a simplement ordonné l'exéquatur de la sentence arbitrale du 17 avril 2002 ;
Qu'aucune condamnation pécuniaire n'avait pourtant été prononcée contre l'ex-société Shell Cameroun SA par cette juridiction ;
Que le 24 septembre 2002 par exploit de Maître YOSSA, huissier de justice à Douala, la Sonaranotifiait l'Arrêt N°CASWP/51WP/2002 du 21 août 2002 à la société Apc Sarl ;
Que pour mettre fin au harcèlement de la société Apc Sarl, l'ex-société Shell du Cameroun a alors saisi le juge du contentieux de l'exécution du Tribunal de Première Instance de Douala Bonanjo à l'effet de voir constater sa mise hors de cause dans cette affaire dans laquelle elle n'avait plus rien à faire depuis l'exécution de l'ordonnance N°LM/2002 du 25 juin 2002 :

Que seule la société Apc Sarl avait été attraite par l'ex Shell du Cameroun SA comme défenderesse dans cette affaire ;
Qu'examinant à nouveau la cause qui lui avait été soumise préalablement par la société Apc Sarl, et ce, à la requête de la Sonarasur la base d'éléments nouveaux à lui transmis, l'arbitre unique, le Dr Fru John Nsoh a rendu une deuxième sentence arbitrale le 18 mars 2003 à Londres ;
Qu'il ressort de la sentence arbitrale du 18 mai 2003 qu'elle annule purement et simplement la sentence arbitrale du 17 avril 2002 ;
Que par ordonnance N°LM/30/03-04 du 30 mai 2004, Monsieur le Président du Tribunal de Première Instance de Limbé a rendu exécutoire sur l'ensemble du territoire camerounais la sentence arbitrale rendue le 18 mars 2003 à Londres par le Dr FRU John NSOH, arbitre unique ;
Que cette ordonnance a été signifiée à la société Apc Sarl le 22 avril 2004 par exploit de Maître Guy Efon, Huissier de justice à Douala ;
Que face à l'inertie de la société Apc Sarl, Sonaraa obtenu de la Cour d'Appel du Sud ouest à Buea un certificat attestant qu'aucun recours en, annulation de la sentence arbitrale du 18 avril 200 n'a été abrégé dans le délai d'un mois prescrit par l'article 27 de l'Acte Uniforme Ohada relatif au droit de l'arbitrage d'une part, et par l'article 2 alinéa 1 de la loi camerounaise N° 2003/009 du juillet 2003 désignant les juridictions compétentes visées à l'Acte Uniforme relatif au droit de l'arbitrage et fixant leur mode de saisine d'autre part ;
Que la sentence arbitrale du 18 mars 2003 est donc devenue définitive ;
Que par jugement N°LM/130M/2003 du23 Juillet 2004, le Tribunal de Première Instance de Limbé a ordonné le reversement immédiat entre les mains de la Sonarapar la société Total Fina Elf Cameroun Saen vertu du séquestre judiciaire ordonné par décision N°LM/69m/2002 du 25 juin 2002 du même tribunal de l'Arrêt N°CASWP/51m/2002 du 21 août 2002 de la Cour d'Appel du Sud-ouest à Buea et du certificat du cantonnement du 03 juin 20022 des sommes mises sous séquestre ;
Que par exploit des 03 et 04 août 2004, la Sonaraa signifié le jugement susvisé tant à la société Apc Sarl qu'à la société Total Fina Elf Cameroun Sa, et a fait commandement à cette dernière de s'exécuter immédiatement ;
Que l'ordonnance N°LM/69m/2002 rendue le 25 juin 2002 par Monsieur le Président du Tribunal de Première Instance de Limbé devenue définitive a ordonné à l'ex-société Shell du Cameroun SA de se libérer des sommes précédemment saisies, non entre les mains de la société Total Fina Elf Cameroun Sa, séquestre judiciaire désigné par ladite décision, mais entre les mains de la société Total Fina Elf Cameroun Sa, séquestre judiciaire désigné par ladite décision ;
Qu'une déclaration d'une partie à un procès ne saurait primer sur le contenu d'un acte authentique tel une décision de justice ;
Qu'en se fondant sur les prétendues déclarations de l'ex-société Shell du Cameroun SA qui déclarait s'être libérée entre les mains de la société Total Fina Elf Cameroun Saau lieu de prendre en considération les dispositions de l'ordonnance N°LM/69m/2002 rendue le 25 juin 2002 versée au débat, le premier juge qui a rendu l'ordonnance N0001 en date du 1er octobre 2002 a manifestement dénaturé le contenu d'une pièce authentique qui a pourtant été déposée entre ses mains et donc acquise au débat ;
En conséquence ;
Qu'à l'analyse de l'article 153 de l'Acte Uniforme Ohada N° 6 que la qualité de tiers saisi dans une saisie attribution de créances ne s'acquiert que lorsque ledit débiteur est débiteur à l'égard du débiteur poursuivi d'une somme d'argent ;
Que la jurisprudence de la Cour Commune de Justice et d'arbitrage est constante sur ce point ;
Qu'en l'espèce, l'ordonnance N°LM/69m/2002 rendue le 25 juin 2002 par Monsieur le Président du Tribunal de Première Instance de Limbé non contestée par la société Apc Sarl comme le lui permettait la loi, a donné mainlevée de la saisie attribution de créances du 29 mai 2002 pratiquée entre les mains de l'ex-société Shell du Cameroun Sa. Que cette décision

ordonnait en outre le reversement par l'ex-société Shell du Cameroun SA entre les mains de la Sonarades avoirs appartenant à cette dernière et des sommes qu'elle avait personnellement saisies entre ses propres mains lors de la saisie attribution de créances du 29 mai 2002 et non entre les mains de la société Total Fina Elf Cameroun Saséquestre judiciaire désignée, qui disposait déjà du même montant entre ses mains ;
Que la Sonaraayant perçu ses avoirs de l'ex-société Shell du Cameroun Sa, c'est à tort que le premier juge est entré en voie de condamnation d'une personne qui avait perdu la qualité de tiers saisi, relativement à la saisie attribution de créances du 29 mai 2002 suite à l'exécution de l'ordonnance N°LM/69m/2002 rendue le 25 juin 2002 ;
Que toutes les autres personnes morales, y compris l'ex-société Shell du Cameroun Sa, entre les mains desquelles la saisie attribution de créances du 29 mai 2002 avait été pratiquée à la requête de la société Apc Sarl, avaient perdu la qualité de tiers saisi après l'exécution de l'ordonnance N°LM/69m/2002 rendue le 25 juin 2002 par Monsieur le Président du Tribunal de Première Instance de Limbé ;
Que l'ordonnance attaquée préjudicie gravement aux intérêts des requérants en ce qu'elle les expose à une action récursoire de l'ex-société Shell du Cameroun Sa ;
Qu'aucune créance ne fonde tant la saisie attribution du 29 mai 2002 que l'ordonnance N° 001 du 1er octobre 2002 rendue par votre organe ;
Que tant la saisie que l'ordonnance susvisées encourent annulation ;
En conséquence ;
Que ce moyen est fondé ;
Que la Sonarabénéficie de l'immunité de capitaux publics.
Que la Sonarabénéficie de l'immunité d'exécution conformément aux dispositions de l'article 30 de l'Acte Uniforme Ohada N° 6 ;
Que la saisie attribution des créances du 29 mai 2002 pratiquée par exploit de Maître NGUESSON André, Huissier de Justice à Douala n'aurait jamais dû avoir lieu du fait de l'immunité d'exécution susvisée ;
Que c'est en application de la disposition légale susvisée que les Procureurs généraux près les Cours d'Appel des régions du Sud-ouest et du Littoral ont instruit les banques de ne point exécuter tant la saisie attribution de créances du 29 mai 2002, que l'ordonnance N° 001 du 1er octobre 2002 ;
En conséquence ;
Que ce moyen est fondé ;
Que s'il est établi qu'au moment de la saisie attribution de créances du 29 mai de 2002, la société Apc Sarl disposait d'un titre exécutoire conformément aux dispositions de l'article 33 de l'Acte Uniforme Ohada N° 6, il n'en a pas été de même par la suite ;
Qu'en effet et tout d'abord que par Arrêt N°CASWP/51m/2002 du 21 août 2002, la Cour d'Appel du Sud-ouest à Buea a ordonné le sursis à exécution tant de la sentence arbitrale du 17 avril 2002 que le jugement N°HCF/91/M/2001-2002/2M rendu le 15 mai 2002 par le Tribunal de Grande Instance du Fako à Buea ;
Que la sentence arbitrale du 17 avril 2002 faisant l'objet d'un recours et étant suspendue d'exécution depuis l'Arrêt du 21 août 2002, la saisie attribution de créances du 29 mai 2002 ne pouvait être validée par le premier juge à la date du 1er octobre 2002 comme cela a été le cas à travers l'ordonnance N° 001 attaquée en l'espèce ;
Qu'ensuite, qu'à la suite du recours exercé par la Sonaracontre la sentence arbitrale du 17 avril 2002 conformément au droit anglo-saxon, le juge arbitre unique, au vu des éléments produits par cette dernière, a rendu une seconde sentence arbitrale en date du 18 mars 2003 ;
Que la sentence arbitrale rendue le 18 mars 2003 a purement et simplement annulé celle précédemment rendue le 17 avril 2002 par la même juridiction ;
Que la sentence arbitrale rendue le 18 mars 2003 a été rendue exécutoire sur l'ensemble du territoire camerounais par ordonnance N°LM/30.M03-04 rendue le 30 mars 2004 par Monsieur le Président du Tribunal de Première Instance de Limbé ;

Que tant la sentence arbitrale du 18 mars 2003 que l'ordonnance N°LM/30.M 03-04 rendue le 30 mars 2004 ont été signifiées à la société Apc Sarl par exploit d'huissier du 02 avril 2004 ;
Que la société Apc Sarl disposait d'un délai d'un (01) mois, à compter de la signification susvisée pour exercer un recours devant la Cour d'Appel du Sud-ouest à Buea contre la sentence arbitrale ainsi revêtue de la formule exécutoire, conformément aux dispositions de l'article 27 de l'Acte Uniforme Ohada relatif au Droit de l'arbitrage, ce qu'elle n'a pas fait ;
Que face à l'inertie de la société Apc Sarl, la Sonara a sollicité et obtenu de Monsieur le Greffier en Chef de la Cour d'Appel du Sud-ouest à Buea, une attestation de non opposition N°LM/30.M03-04 datée du 26 mai 2004 ;
Que la sentence arbitrale du 18 mars 2003 qui est devenue définitive, a vidé la saisie la saisie attribution de créances du 29 mai 2002 de tout fondement relativement aux dispositions de l'article 33 de l'Acte Uniforme Ohada N° 6 ;
En conséquence ; Ordonner la mainlevée de la saisie attribution de créances pratiquée le 29 mai 2002 à la requête de la société Apc Sarl sous astreinte de 10.000.000 F CFA par jour de retard à compter du prononcé de l'ordonnance à intervenir ;
Ordonner l'exécution provisoire de la décision à intervenir ;
Condamner la société Apc Sarl aux entiers dépens au profit de Maîtres Charles Nguini et Irénée Célestin Ntamack Pondy, Avocats aux offres de droit ;
Attendu qu'au soutien de leur action, les demandeurs exposent qu'à la suite d'un exploit de signification commandement du 23 mai 2002 de Maître André Nguesson Huissier de justice à Douala, agissant par l'intermédiaire de Maître Blandine SOB, Huissier de justice à Limbé, la société African Petroleum Consultants Sarl en abrégé Apc Sarl a fait pratiquer une saisie attribution de créances en date du 29 mai 2002 entre les mains de plusieurs tiers saisis, dont l'ex-société Shell du Cameroun S.a. et ce, au préjudice de la société Nationale de Raffinage en abrégé Sonara ;
Que cette saisie attribution de créances se fondait tant sur une sentence arbitrale rendue le 17 avril 2002 à Londres que sur un jugement N°HCF/91/M/2001-2002 rendu le15 mai 2002 par le Tribunal de Grande Instance du Fako à Buea ;
Que cependant et en date du 27 mai 2002, préalablement à la saisie attribution du 29 mai 2002, la Sonaraavait fait opposition contre le jugement du 15 mai 2002 susvisé et a parallèlement sollicité en date du 28 mai 2002 de la Cour d'Appel du Sud-ouest à Buea, des défenses à l'exécution provisoire tant contre la sentence arbitrale du 17 avril 2002 que le jugement susvisé ;
Que par lettre du 31 mai 2002, l'ex-société Shell Du Cameroun S. a. ; un des tiers saisis, faisait une déclaration affirmative à Maître Nguesson André, l'Huissier de justice qui avait procédé à la saisie attribution de créances du 29 mai 2002 ;
Qu'en date du 31 mai 2002, la Sonaraa fait notifier au saisissant qu'était la société Apc Sarl, l'huissier instrumentaire et à tous les tiers-saisis, un exploit d'opposition à commandement et à saisie attribution de créances à laquelle étaient annexées des pièces ;
Que par lettre du 04 juin 2002 adressée à Maître Nguesson André, l'Huissier de justice saisissant, la Sonara notifiait à la société Apc Sarl et à tous les tiers saisis, un certificat de cantonnement établi le 03 juin 2002 par la société Total Fina Elf S.a. ;
Que le 06 juin 2002, par exploit de Maître Guy Efon, Huissier de justice à Douala, la Sonaranotifiait le certificat de cantonnement susvisé à Maître Nguesson et à la société Apc Sarl ;
Que par exploit du 07 juin 2002 de Maître Nguesson André, Huissier de justice à Douala la société Apc Sarl a donné mainlevée totale de la saisie attribution de créances susvisée à tous les tiers saisis à l'exception de l'ex-société Shell du Cameroun S. a. ;
Que par un autre exploit du 07 juin 2002, l'Huissier de justice susnommé, la société Apc Sarl a donné mainlevée partielle avec notification et mise en demeure à l'ex-société Shell du Cameroun S. a. ;

Que le 11 juin 2002, la Sonaraa fait notifier à l'ex-société ShellL du Cameroun S. A. et à trois autres tiers saisis, le certificat de cantonnement du 03 juin 2002 susvisé établi par la société Total Fina Elf Cameroun S. A. ;
Que cette notification n'ayant pas fait évoluer la position de la société Apc Sarl et de son huissier instrumentaire, la Sonaraa sollicité et obtenu de Monsieur le Président du Tribunal de Première Instance de Limbé, l'ordonnance N°LM/69m/2002 en date du 25 juin 2002 ;
Que cette ordonnance qui est rédigée en anglais, a été rendue dans une affaire entre la Sonaraet quinze (15) défendeurs ainsi numérotés[960] :
Qu'il ressort du dispositif de cette ordonnance, six(06) dispositions ;

PREMIERE DISPOSITION : Le Tribunal déclare fondée la demande de la Sonara tendant à la désignation de la société TOTAL FINA ELF comme séquestre des sommes saisies et arrêtées par la société APC Sarl ;

DEUXIEME DISPOSITION : Le Tribunal désigne la deuxième défenderesse à savoir la société TOTAL FINA ELF SA, séquestre de la somme de 2.074.635.340 F CFA des sommes qu'elle détient pour le compte de la Sonara conformément à la saisie attribution pratiquée par la société APC et à sa propre déclaration ;

TROISIEME DISPOSITION : Le Tribunal dit que, le premier, le quatorzième et le quinzième défendeurs (APC, Maître Nguesson et Maître Sob) acceptent la garantie fournie par la deuxième défenderesse (TOTAL FINA ELF) suivant le certificat de cantonnement daté du 03 juin 2002 portant sur une somme de 2.074.635.340 F CFA immobilisée rendue indisponible par elle ;

QUATRIEME DISPOSITION : Le Tribunal interdit APC, Maîtres NGUESSON et Maître SOB de se mêler de tout ce qui regarde les sommes appartenant à la Sonara et qu'elle détient ou qui se trouvent entre les mains des défendeurs visés dans ladite disposition en exécution de la sentence arbitrale portant sur une somme de 274.800 Dollars US, du jugement N°HCF/91/M/2001-2002 du 15 mai 2002, du procès-verbal de saisie attribution de créances des 29 et 30 mai 2002 préparé et servi par Maître NGUESSON et SOB ;

CINQUIEME DISPOSITION : Le Tribunal donne main levée de la saisie attribution pratiquée par la société APC entre les mains des sociétés SCDP, Crédit Lyonnais, BICEC, CBC, CITY BANK… AFRILAND FIRST BANK, STANDARD CHARTERED BANK, SHELL CAMEROUN, TEXACO CAMEROUN, MOBIL OIL, TRADEX au préjudice de la Sonara ;

SIXIEME DISPOSITION : Le Tribunal ordonne l'exécution provisoire sur minute et avant enregistrement de l'ordonnance ainsi rendue ;

---

[960] 1) AFRICAN PETROLEUM CONSULTANT (APC) ;
2) TOTAL FINA ELF ;
3) SOCIETE CAMEROUNAISE DES DEPOTS PETROLIERS (SCDP)
4) CREDIT LYONNAIS CAMEROUN ;
5) BANQUE INTERNATIONALE POUR L'EPARGNE ET LE CREDIT DU CAMEROUN (BICEC) ;
6) COMMERCIAL BANK OF CAMEROUN (CBC) ;
7) CITY BANK ;
8) AFRILAND FIRST BANK ;
9) STANDART CHARTERED BANK ;
10) SOCIETE SHELL CAMEROUN ;
11) SOCIETE TEXACO CAMEROUN ;
12) SOCIETE MOBIL OIL CAMEROUN ;
13) SOCIETE TRADEX CAMEROUN ;
14) MAITRE NGUESSON André ;
15) MAITRE SOB FONTOUA Blandine ;

Que par exploit du 28 juin 2002 de Maître Guy Efon, Huissier de justice à Douala, la Sonarafaisait signifier à l'ex-société ShellL Cameroun S. A, à la société Total Fina Elf Cameroun S. A., à la société Apc Sarl et à Maître NGUESSON André, l'ordonnance susvisée ;
Qu'en date du 17 juillet 2002, sur le fondement tant de l'ordonnance N°LM/69m/2002 du 25 juin 2002 susvisée qui désignait la société Total Fina Elf Cameroun S. A. unique séquestre des sommes qu'elle avait personnellement saisies entre ses propres mains à la suite de la saisie attribution de créances du 29 mai 2002 d'une part, et donnant mainlevée à tous les autres tiers saisis d'autre part, la société Apc Sarl adressait à la société Total Fina Elf Cameroun S. A., un exploit de signification commandement en paiement des fonds sous séquestre ;
Qu'il s'agissait ni plus ni moins que d'un acquiescement de l'ordonnance N°LM/69m/2002 du 25 juin 2002 du Tribunal de première Instance de Limbé ;
Que l'acquiescement étant une cause de l'extinction d'une obligation, la mise hors de cause de l'ex-société Shell Cameroun SA dans la saisie attribution de créances décriée était définitivement établie par les exploits des 28 juin et 17 juillet 2002 ;
Que tel ne sera pas le cas car dans sa volonté absolue d'exécuter la sentence arbitrale du 17 avril 2002, la société Apc Sarl va continuer ses manœuvres ;
Qu'en date du 21 août 2002, la Cour d'Appel du Sud-ouest à Buea a rendu l'Arrêt N°CASWP/51m/2002 ordonnant les défenses à exécution tant de la sentence arbitrale du 17 avril 2002 que du jugement N°HCF/91/M/2002/2M rendu le 15 mai 2002 par le Tribunal de Grande Instance du Fako à Buea qui a déclaré ladite sentence exécutoire sur l'étendue du territoire camerounais ;
Que le même jour, 21 août 2001, à 13 heures 30 minutes ; l'ex-société ShellL du CamerounSA recevait de la société PC SARL, un exploit de signification avec commandement de procéder au transport de fonds ;
Qu'à cet exploit, était annexé un jugement de défaut N°HCF/141/OM/2001-2002, rendu le 13 août 2002 par le Tribunal de Grande Instance du Fako à Buea ;
Que par jugement, le Tribunal de Grande Instance du Fako à Buea ordonnait à l'ex-société ShellL DU CamerounSA de payer à la société Apc Sarl le montant des condamnations telles que précédemment prononcées par ladite juridiction, Qu'or, la seule décision prononcée par le Tribunal de Grande Instance du Fako Buea dans une affaire opposant la Sonaraà la société Apc Sarl ressort du jugement N°HCF/91/M/2001-2002 DU 15 MAI 2002 qui a simplement ordonné l'exequatur de la sentence arbitrale du 17 avril 2002 ;
Qu'aucune condamnation n'avait pourtant été prononcée contre l'ex-société ShellL du CamerounSA par cette juridiction ;
Que le 24 septembre 2002, par exploit de Maître YOSSA, Huissier de justice à Douala, la Sonaranotifiait l'Arrêt N°CASWP/51 WP/2002 du 21 août 2002 à la société Apc Sarl :
Que pour mettre fin au harcèlement de la société Apc Sarl, l'ex-société ShellL du CamerounSA a alors saisi le juge du contentieux de l'exécution du Tribunal de Première Instance de Douala Bonanjo à l'effet de voir constater sa mise hors de cause dans cette affaire dans laquelle elle n'avait plus rien à faire depuis l'exécution de l'ordonnance N°LM/69m/2002 du25 juin 2002 ;
Que seule la société Apc Sarl avait été attraite par l'ex-société ShellL du Cameroun SA comme défenderesse dans cette affaire ;
Qu'après moult conclusions, débats et plaidoiries le juge du contentieux de l'exécution du Tribunal de Première Instance de Douala Bonanjo a rendu le 17 octobre 2002 dans ce dossier, l'ordonnance dont la teneur suit ;
Agissant en matière de contentieux d'exécution en vertu de l'article 49 de l'Acte Uniforme Ohada N°6 portant Voies d'exécution agissant en matière de contentieux de l'exécution en vertu de l'article 49 de l'Acte Uniforme Ohada N° 6 portant voies d'exécution ;

Constatons que la société ShellL du Cameroun ne s'est pas libérée comme prétendu entre les mains de la Total FinaElf;
La déboutons de ses demandes comme non fondées ;
Recevons la société Apc Sarl en sa demande reconventionnelle et l'y disons fondée; Condamnons la société ShellL Cameroun au paiement des fonds entre les mains du saisissant ou de son mandataire spécial conformément aux dispositions de l'Acte Uniforme précité sous astreinte de 200.000 francs par jour de retard à compter de la signification de la présente décision ;
Disons notre ordonnance exécutoire par provision ;
Condamnons la société ShellL Cameroun aux dépens ;
Qu'examinant à nouveau la cause qui lui avait été soumise préalablement par la société Apc Sarl ce, à la requête de la Sonaraet sur la base d'éléments nouveaux à lui transmis, l'arbitre unique, le Dr FRU John NSOH a rendu une deuxième sentence arbitrale le 18 mars 2003 à Londres ;
Qu'il ressort de la sentence arbitrale du 18 mars 2003 qu'elle annule purement et simplement la sentence arbitrale du 17 avril 2002 ;
Que par ordonnance N°LM/30 M/03-04 du 30 mars 2004, Monsieur le Président du Tribunal de Première Instance de Limbé a rendu exécutoire sur l'ensemble du territoire camerounais, la sentence arbitrale rendue le 18 mars 2003 à Londres par le Dr FRU John NSOH, arbitre unique ;
Que tant la sentence arbitrale du 18 mars 2003 que l'ordonnance N°LM/30M/03-04 DU 30 MARS 2004 ont été signifiées à la société Apc Sarl le 22 avril 2004 par exploit de Maître Guy Efon, Huissier de Justice à Douala ;
Que la société Apc Sarl disposait d'un délai d'un (01) mois à compter de la signification des actes susvisés pour introduire un recours devant la Cour d'Appel du Sud-ouest à Buea ;
Que la société Apc Sarl est restée inerte ;
Que face à l'inertie de la société Apc Sarl, la Sonaraa obtenu de la Cour d'Appel du Sud-ouest à Buea, un certificat attestant qu'aucun recours en annulation de la sentence arbitrale du 17 avril 2003 n'a été engagé dans un délai d'un 01) mois prescrit par l'article 27 de l'Acte Uniforme Ohada relatif au droit de l'arbitrage d'une part, et par l'article 5 alinéa 1 de la loi camerounaise N° 2003/009 du 10 juillet 2003 désignant les juridictions compétentes visées à l'Acte Uniforme relatif au Droit de l'Arbitrage et fixant leur mode de saisine d'autre part ;
Que la sentence arbitrale du 18 mars 2003 est donc devenue définitive ;
Que par jugement N°LM/130 M/2003 du 04 juillet 2004, le Tribunal de première Instance a ordonné le reversement immédiat entre les mains de la Sonaraparla société Total Fina Elf Cameroun SA, en vertu du séquestre judiciaire ordonné par décision N°LM/69m/2002 du 25 juin 2002 du même tribunal, de l'Arrêt N°CASWP/51m/2002 du21 août 2002 de la Cour d'Appel du Sud-ouest à Buea et du certificat de cantonnement du 03 juin 2002 des sommes mises sous séquestre ;
Que par exploit des 03 et 04 août 20044, la Sonara a signifié le jugement susvisé tant à la société Total Fina Elf Cameroun S.A., et a fait commandement à cette dernière de s'exécuter immédiatement ;
Que face à tous les actes frauduleux découverts au cours des multiples procédures qui ont opposé les parties, la Sonara a saisi le juge pénal du Tribunal de Première Instance de Limbé ;
Qu'après une longue instruction des accusations portées contre sieur Ekollo Moundi, Directeur Général de la société Apc Sarl, le Tribunal de Première Instance de Limbé statuant en matière correctionnelle, a rendu en date du 18 janvier 2005 le jugement N°LM/498 c/02-03, reconnaissant ce dernier coupable des six (06) chefs d'accusation mis à sa charge et en répression, l'a condamné aux peines totales de seize (16) ans et un(01) mois de prison ;
Que le Tribunal a ordonné la confusion des peines prononcées, ce qui a réduit l'emprisonnement Ekollo Moundi à cinq (05) ans de prison fermes ;
Qu'enfin, le Tribunal a ordonné la prise en compte de la période de détention provisoire du sieur Ekollo Moundi ;

Que sur appel interjeté par sieur Ekollo Moundi, la Cour d'Appel du Sud-ouest à Buea a, par Arrêt N°CASWP/11 c/2005 du 25 avril 2006, confirmé purement et simplement le jugement N°LM/498c/02-03 du 18 janvier 2005 ;
Que malgré toutes les décisions susvisées, la société Apc Sarl et sieur Ekollo Moundi s'obstinent à faire exécuter l'ordonnance N° 001 rendue le 1er octobre 2002 par votre organe ;
Que l'ordonnance susvisée et la saisie attribution de créances du 29 mai 2002 étant le fondement des exécutions de la société Apc Sarl, il y a lieu d'annuler ces actes sur le fondement des arguments suivants ;
1°) Sur la compétence de la juridiction de céans à connaître de la présente cause
Que la juridiction présidentielle de céans est compétente pour connaître de la présente cause ;
Que cette compétence découle d'une part de ce que s'agissant d'une tierce opposition, cette procédure doit être introduite devant la juridiction qui a rendu la décision attaquée ;
Que c'est l'essence des dispositions de l'article 2 alinéa 1 du Code de Procédure Civile et Commerciale ;
Que d'autre part, l'article 2 alinéa 1 de la loi N° 2007/001 du 19 avril 2007 instituant le juge du contentieux de l'exécution au Cameroun dispose que «*le juge du contentieux de l'exécution connaît de tout ce qui a trait à l'exécution forcée des décisions de justice et autres actes*» ;
Que tel est le cas en l'espèce ;
2°) Sur la recevabilité du présent recours :
Que la recevabilité du présent recours contre l'ordonnance N° 001 rendue le 1er octobre 2002 par votre organe se fonde tout d'abord sur les dispositions de l'article 170 de l'Acte Uniforme Ohada portant organisation des procédures simplifiées de recouvrement et des voies d'exécution qui dispose : «*à peine d'irrecevabilité, les contestations sont portées, devant la juridiction compétente, par voie d'assignation, dans le délai d'un mois à compter de la dénonciation de la saisie au débiteur. Le tiers saisi est appelé à l'instance de contestation. Le débiteur saisi qui n'aurait pas élevé de contestation dans le délai prescrit peut agir» en répétition de l'indu devant la juridiction du fond compétence selon les règles applicables à cette action*» ;
Qu'en l'espèce, la Sonatra, partie saisie dans la cause qui l'opposait à la société Apc Sarl suite à la saisie attribution de créances du 29 mai 2002, n'a jamais été appelé à l'instance engagée par l'ex-société ShellL du Cameroun S.a. et qui a abouti à l'ordonnance N° 001 rendue le 1er octobre 2002 par votre juridiction présidentielle **;**
Que cette carence a préjudicié gravement aux droits de la Sonaracar la société Apc Sarl a continué l'exécution forcée de la sentence arbitrale du 17 avril 2002 qui était pourtant suspendue d'exécution depuis le 21 août 2002 par la Cour d'Appel du Sud-ouest à Buea et qui a par la suite été annulée par la sentence arbitrale du 18 mars 2003 ;
Que relativement à la saisie attribution de créances du 29 mai 2002, la Sonaraavait la qualité de saisi, donc de débitrice de la société Apc SARL ;
Que l'ex-société ShellL du CamerounS.a. n'était que saisie.
Que l'ex-société Shell**L** du Cameroun S.a. a perdu la qualité de tiers saisi relativement à la saisie attribution de créances susvisée dès l'exécution de l'ordonnance N°LM/69m/2002 du 25 juin 2002 rendue par Monsieur le Président du Tribunal de Première Instance de Limbé ;
Que la perte de la qualité de saisie par l'ex-société ShellL du Cameroun S.a., relativement à la saisie attribution de créances comme le dispose l'article 164 de l'Acte Uniforme Ohada N° 6 ;
Que compte tenu de tout ce qui précède tout règlement éventuel des causes de la saisie attribution de créances décriée, par l'ex-société ShellL du Cameroun S.a. alors que cette dernière a perdu la qualité de tiers saisi s'apparenterait à un règlement effectué pour le compte de la Sonara ;
Que la conséquence d'un tel paiement par l'ex-société ShellL du Cameroun S.a. reste l'ouverture d'un droit pour cette dernière à une action récursoire contre les demandeurs pour le remboursement des sommes indûment payées à la société Apc Sarl ;

Que la Sonara, société de l'État du Cameroun n'est plus débitrice de la société Apc Sarl depuis l'exécution de la sentence arbitrale du 18 mars 2003 ;
Qu'ils ont intérêt à se prémunir d'une action récursoire contre eux du fait des agissements de la société Apc Sarl ;
Que l'article 217 du Code de Procédure Civile et Commerciale dispose «*une partie peut former tierce opposition à un jugement qui préjudicie à ses droits et lors duquel ni elle ni ceux qu'elle représente n'ont été appelés*» ;
Qu'il apparaît d'une part que ni la Sonara, société d'État, et encore moins l'État du Cameroun n'ont été appelés à la procédure ayant abouti à la décision attaquée ;
Que d'autre part, l'ordonnance attaquée préjudicie à leurs droits ;
Qu'ils ont intérêt à obtenir l'annulation de l'ordonnance attaquée ;
Que le recours formé par eux est donc parfaitement recevable ;

A – Sur le bien fonde de la demande de rétractation présentée par les requérants
Que la demande en rétractation de l'ordonnance N° 001 rendue le 1er octobre 2002 par la juridiction présidentielle de céans est fondée sur quatre (04) Moyens ;

1) Sur le premier moyen tire du caractère erroné de la motivation du premier juge équivalent à un défaut de motifs
Que pour rentrer en voie de condamnation, le premier juge a motivé sa décision comme suit :

2) – Sur la demande reconventionnelle de la société Apc **Sarl :**
Attendu que la société Apc Sarl sollicite le reconventionnellement de la juridiction de céans de condamner la ShellL au paiement des fonds entre ses mains ou celles de son mandataire spécial conformément aux dispositions de L'Acte Uniforme Ohada sous astreinte de 150.000.000 de francs par jour de retard ;
Que l'article 158 de l'Acte Uniforme Ohada portant sur les voies d'exécution dispose : «*en cas de refus de paiement par le tiers saisi des sommes qu'il a reconnu devoir ou dont il a été jugé débiteur la contestation est portée devant la juridiction compétente qui peut délivrer un titre exécutoire contre le tiers saisi*» ;
Que le fait pour la société ShellL du Cameroun de prétendre qu'elle s'est libérée entre les mains de la société Total FinaElfalors qu'elle ne l'a pas fait constitue un refus de paiement justifiant compétence de la juridiction de céans pour condamner au paiement des causes de la saisie attribution pratiquée ;
Qu'il s'agit d'une fausse motivation dont le but inavoué était de justifier ultérieurement une décision inique ;
Que le premier juge a dénaturé les pièces versées au débat et notamment, l'ordonnance N°LM/69m/2002 rendue le 25 juin 2002 par Monsieur le Président du Tribunal de Première Instance de Limbé à la requête de la Sonara ;
Qu'en effet, cette décision, devenue définitive a ordonné à l'ex-société ShellL du Cameroun S.a. de se libérer des sommes précédemment saisies non entre les mains de la société Total Fina Elf Cameroun S.A. séquestre judiciaire désigné par ladite décision, mais entre les mains de la Sonara ;
Qu'une déclaration d'une partie à un procès ne saurait primer sur le contenu d'un acte authentique tel une décision de justice ;
Qu'en se fondant sur les prétendues déclarations de l'ex-société ShellL du Cameroun S.a. qui annonçait sans fondement s'être libérée antre les mains de la société Total Fina Elf Cameroun S.A. au lieu de prendre en considération les dispositions de l'ordonnance N°LM/69m/2002 du 25 juin 2002 versée au débat, le Premier juge qui a rendu l'ordonnance N° 001 en date du 1er octobre 2002 a manifestement dénaturé le contenu d'une pièce authentique qui a pourtant été déposée entre ses mains et donc acquise au débat ;
Que ce moyen est fondé ;

3) Sur le second moyen tire de la violation de l'article 153 de l'acte uniforme Ohada n° 6

Que le premier juge qui a rendu l'ordonnance N° 001 du 1er octobre 2012, a violé les dispositions de l'article 153 de l'Acte Uniforme N° 6 qui dispose «tout créancier muni d'un titre exécutoire constatant une créance liquide et exigible, peut, pour en obtenir paiement, saisir entre les mains d'un tiers les créances de son débiteur portant sur une somme d'argent, sous réserve des «*dispositions particulières de la saisie des rémunérations» ;*

Que d'une part, l'analyse des dispositions de l'article 153 de l'Acte Uniforme Ohada N° 6 sus reprises font apparaître que la qualité de tiers saisi dans une saisie attribution de créances ne s'acquiert que lorsque ledit débiteur, à l'égard du débiteur poursuivi, justifie d'une somme d'argent ;

Que la jurisprudence de la Cour Commune de Justice et d'Arbitrage est construite sur ce point ;

Qu'en l'espèce, l'ordonnance N°LM/69m/2002 du 25 juin 2002 rendue par le Président du Tribunal de première Instance de Limbé, non contestée par la société Apc Sarl comme le lui permettait la loi, a donné main levée de la saisie attribution de créances du 29 mai 2002 pratiquée entre autres entre les mains de l'ex-société ShellL du Cameroun S.a. et a désigné un séquestre en la personne de la société Total Fina Elf Cameroun S.A.

Que cette décision de justice ordonnait en outre le reversement entre les mains de la Sonarapar l'ex-société ShellL du Cameroun S.a., des avoirs de cette dernière qu'elle avait personnellement saisies entre ses propres mains lors de la saisie attribution de créances du 29 mai 2002 et non entre les mains de la société Total FinaElf S.A. ; séquestre judiciaire désigné, qui avait déjà immobilisé entre ses propres mains les causes de la saisie attribution pratiquée ;

Que la Sonaraayant perçu ses avoirs de l'ex-société ShellL DU Cameroun S.A., c'est à tort que le premier juge est entré en voie de condamnation contre cette dernière qui avait perdu la qualité de tiers saisi, relativement à la saisie attribution de créances du 29 mai 2002 et suite à l'exécution de l'ordonnance N°LM/69m/2002 rendue 25 juin 2002 par Monsieur le Président du Tribunal de Première Instance de Limbé ;

Que pour rentrer en voie de condamnation, le premier juge a pourtant qualifié dans l'ordonnance dont tierce opposition, la société ShellL DU Cameroun S.A. de tiers saisi ;

Que cependant, à la date du 1er octobre 2002, jour du prononcé de l'ordonnance N° 001, la société Total Fina Elf Cameroun S.A. ne pouvait être qualifiée de tiers saisi, relativement à la saisie attribution de créances du 29 mai 2002 ;

Que toutes les autres personnes morales, y compris l'ex-société ShellL du Cameroun S.a., entre les mains desquelles la saisie attribution de créances du 29 mai 2002 avait été pratiquée à la requête de la société Apc Sarl, avaient perdu la qualité de tiers saisi après l'exécution de l'ordonnance N°LM/69m/2002 rendue le 25 juin 2002 par Monsieur le Président du Tribunal de Première Instance de Limbé ;

Que d'autre part, les dispositions de l'article 153 de l'Acte Uniforme Ohada N° sont d'ordre public ;

Que la Cour Commune de Justice et d'Arbitrage est garante de l'interprétation et de l'application des Actes Uniformes dans l'espace Ohada pose comme condition sine qua non de la validité d'une saisie attribution de créances, l'existence d'un titre exécutoire constatant une créance, liquide et exigible ;

Qu'il est de jurisprudence établie que lorsqu'une saisie attribution de créances n'est pas conforme aux conditions de l'article 153 de l'Article Uniforme N° 6 elle doit être déclarée nulle sans qu'il soit besoin de statuer sur sa régularité formelle ;

Qu'en l'espèce, il est établi que la saisie attribution de créances du 29 mai 2002 était fondée sur une sentence arbitrale du 17 avril 2002 ;

Que la sentence arbitrale susvisée a été annulée par une autre sentence arbitrale le 18 mars 2003 par le même arbitre ;

Que par voie de conséquence, la sentence arbitrale du 18 mars 2003 qui est devenue définitive, a de manière rétroactive, toutes les prétentions rattachées à la sentence arbitrale du 19 avril et notamment tant la saisie attribution de créances du 29 mai 2002 que l'ordonnance

N° 001 du 1er octobre 2002 rendue par votre juridiction et sur laquelle la société Apc Sarl continue à fonder ses exactions contre les deniers et les avoirs des demandeurs ;
Que ce moyen est fondé ;

4) Sur le troisième moyen pris de la violation des dispositions de l'article 30 de l'acte uniforme Ohada n° 6

Que l'article 30 alinéa 1 de l'Acte Uniforme Ohada N° 6 dispose *«l'exécution forcée et les mesures conservatoires ne sont pas applicables aux personnes qui bénéficient d'une immunité d'exécution»* ;
Que la Sonaraest une société constituée par de capitaux publics ;
Que la Sonarabénéficie de l'immunité d'exécution visée par la disposition légale sus reprise ;
Que la saisie attribution de créances du 29 mai 2002 pratiquée par exploit de Maître NGUESSON André, à la requête de la société Apc Sarl n'aurait jamais dû avoir lieu du fait de l'immunité d'exécution susvisée ;
Que c'est en application de la disposition légale sus visée qu'en son temps, les Procureurs Généraux près les Cours d'Appel des Régions du Sud-ouest et du Littoral ont instruit les banques de ne point exécuter tant la saisie attribution de créances du 29 mai 2002, que l'ordonnance N° 001 du 1er octobre 2002 ;
Que ce moyen est fondé ;

5) Sur le quatrième moyen tire de la violation combinée des articles 153 et 33 de l'acte uniforme Ohada n° 6 entraînant main levée de la saisie attribution de créances pratiquée le 29 mai 2002 ;

Que l'article 153 de l'Acte Uniforme Ohada N° 6 dispose *«tout créancier muni d'un titre exécutoire constatant une créance liquide et exigible, peut, pour en obtenir paiement, saisir entre les mains d'un tiers les «créances de son débiteur portant sur une somme d'argent, sous réserve des dispositions particulières à la saisie des rémunérations»* ;
Que l'article 153 de l'Acte Uniforme Ohada N° 6 dispose : *«constituent des titres exécutoires : 1) les décisions juridictionnelles revêtues de la formule exécutoire sur minute, 2) les actes et décisions juridictionnelles étrangers ainsi que les sentences «arbitrales déclarées exécutoires par une décision juridictionnelle, non «susceptible de recours suspensif d'exécution, de l'État dans lequel ce titre est invoqué ; 3) les procès-verbaux de conciliation signés par le juge et les parties ; 4)les actes notariés revêtus de la formule exécutoire ; 5) les décisions auxquelles la loi nationale de chaque Etat partie attache les effets d'une décision judiciaire»...*
Que pour faire pratiquer la saisie attribution de créances du 29 mai 2002, la société Apc Sarl a déclaré agir en vertu ;
1) d'une sentence arbitrale rendue le 17 avril 2002 à Londres (Angleterre) au profit de la société AFRICAN PETROLEUM CONSULTANTS SARL contre la société Nationale de Raffinage du Cameroun ;
2) d'une grosse dûment en forme exécutoire du jugement rendu le 15 mai 2002 par le Tribunal de Grande Instance du Fako à Buea dans l'affaire HCF/91/M/2001-2002 enregistré (A.j) le 16/05/2002 Vol 08 Folio 84 n°6850 rendant exécutoire sur le territoire de la République du Cameroun, la sentence arbitrale rendue à Londres le17 avril 2002 au profit de la société AFRICAN PETROLEUM CONSULTANTS SARL contre la Société Nationale de Raffinage du Cameroun ;
Que s'il est établi qu'au moment de la saisie attribution de créances du 29 mai 2002, la société Apc Sarl disposait d'un titre exécutoire conformément aux dispositions de l'article 33 de l'Acte Uniforme Ohada N° 6, il n'en a pas été de même par la suite ;
Qu'en effet et tout d'abord, par Arrêt N°CASWP/51M/2002 du 21 août 2002, la Cour d'Appel du Sud-ouest à Buea a ordonné le sursis à exécution tant de la sentence arbitrale du 17 avril 2002 que du jugement N°HCF/91/M/2001-2002/2M rendu le 15 mai 2002 par le Tribunal de Grande Instance du Fako à Buea ;

Que l'Arrêt susvisé a été signifié tant à la société Apc Sarl qu'à son huissier instrumentaire du 24 septembre 2002 ;
Que la production des actes susvisés dans le dossier de procédure n'a pas empêché le premier juge de rendre l'ordonnance du 1er octobre 2002, en violation flagrante des dispositions de l'article 33 alinéa 2 de l'Acte Uniforme Ohada n° 6 ;
Qu'en effet, la sentence arbitrale du 17 avril 2002 faisant l'objet d'un recours en annulation et étant suspendu d'exécution depuis le 21 août 2002, la saisie attribution de créances du 29 mai 2002 ne pouvait être validée par le premier Juge à la date du 1er octobre 2002 comme cela a été le cas, à travers l'ordonnance N° 001 attaquée en l'espèce ;
Qu'à la suite du recours exercé par la Sonaracontre la sentence arbitrale du 17 avril 2002 conformément au droit anglo-saxon, le Juge arbitre unique, au vu des éléments produits par cette dernière a rendu une seconde sentence arbitrale en date du 18 mars 2003 ;
Que la sentence arbitrale rendue le 18 mars 2003 a purement et simplement annulé celle précédemment rendue le 17 avril 2002 par la même juridiction ;
Que la sentence arbitrale rendue le 18 mars 2003 a été rendue exécutoire sur l'ensemble du territoire camerounais par ordonnance N°LM/30.M 03-04 rendue le 30 mars 2004 par Monsieur le Président du Tribunal de Première Instance de Limbé ;
Que tant la sentence arbitrale du 18 mars 2003 que l'ordonnance N°LM/30.M/03-04 rendue le 30 mars 2004 ont été signifiées à la société Apc Sarl par exploit d'huissier du 02 avril 2004 ;
Que conformément aux dispositions de l'article 27 de l'Acte Uniforme Ohada relatif au droit de l'arbitrage, la société Apc Sarl disposait d'un délai d'un (01) à mois, à compter de la signification du 02 avril 2004 pour exercer un recours devant la Cour d'Appel du Sud-ouest à Buea contre la sentence arbitrale ainsi revêtue de la formule exécutoire ;
Que ce délai a expiré le 02 mai 2004 sans qu'aucune action ne soit exercée par la société Apc Sarl ;
Que face à l'inertie de la société Apc Sarl, la Sonarava solliciter et obtenir de Monsieur le Greffier en Chef de la Cour d'Appel du Sud-ouest Buea, une attestation de non opposition N°LM/30.M 03-04 datée du 26 mai 2004 ;
Que la sentence arbitrale du 18 mars 2003 qui est devenue définitive, a vidé la saisie attribution de créances du 29 mai 2002 de tout fondement relativement aux dispositions de l'article 33 alinéa 2 de l'Acte Uniforme Ohada N° 6 ;

Qu'il y a lieu d'ordonner la mainlevée de la saisie attribution de créances du 29 mai 2002 ;
Qu'ils produisent à l'appui de leurs allégations les pièces suivantes[961] :
Attendu que pour faire échec à cette action, la société AFRICAN PETROLEUM CONSULTANTS SARL par le biais de l'un de ses conseils Maître Ofomo Ofomo Toueli conclut d'une part au rejet des demandes de la Sonaraet de l'État du Cameroun pour cause d'irrecevabilité fondée tant sur la forclusion de toute contestation de la saisie attribution des 30 et 31 mai 2002 de nature à permettre sa mainlevée, que de leur défaut de qualité et d'intérêt établi par la Cour Commune de Justice et d'Arbitrage dans son ordonnance N° 06/2012 du 13 avril 2012 ;

---

[961] Exploit du procès-verbal de saisie attribution de créances avec titre du 29 mai 2002 du ministère de Maître Nguesson, huissier de justice à Douala ;
Exploit de dénonciation de la saisie attribution de créances du 31 mai 2002 du ministère de Maître André Nguesson, huissier de justice à Douala ;
Exploit d'opposition à commandement et à la saisie attribution de créances avec notification de pièces du 31 mai 2002 du ministère de Maître Guy Efon, Huissier de justice à Douala ;
Exploit de notification du 03 juin 2002 d'une lettre datée du 31 mai 2002 du ministère de Maître André Nguesson, huissier de justice à Douala ;
Copie certifiée conforme d'un certificat de cantonnement établi par la société Total Fina Elf du 03 juin 2002 ;
Copie de la lettre de la Sonara du 04 juin 2002 relative à la saisie attribution de créances adressée à Maître André Nguesson, huissier de justice à Douala ;
Exploit de notification d'un certificat de cantonnement contenant sommation de donner mainlevée du 06 juin 2002 du ministère de Maître Guy Efon, huissier de justice à Douala ;
Exploit du procès verbal de mainlevée du 07 juin 2002 du ministère de Maître André Nguesson, huissier de justice à Douala ;
Exploit du procès-verbal de mainlevée partielle avec notification et mise en demeure du 07 juin 2002 du ministère de Maître Guy Efon, huissier de justice à Douala ;
Copie grosse de l'ordonnance de désignation d'un séquestre de la Court of Instance Holden at Limbé N°LM/69m/2002 du 25 juin 2002 ;
Exploit de signification d'une ordonnance de désignation de séquestre des sommes saisies du 28 juin 2002 du ministère de Maître Guy Efon, huissier de justice à Douala ;
Copie de la décharge du 09 juillet 2002 d'une lettre du conseil de la société Shell du Cameroundatée du 05 juillet 2002 adressée à Maître Guy Efon, huissier de justice à Douala ;
Exploit de signification commandement en paiement des fonds sous séquestre du 17 juillet 2002 du ministère de Maître Guy Efon, huissier de justice à la requête de la société APC Sarl;
Copie grosse du jugement de la High Court of Fako Division Holden at Buea N°HCF/141/M/2001-2002 du 13 août 2002 ;
Copie grosse de l'ordonnance de la Court of First Instance Holden at Limbé suit N°LM/68m/2002 du 19 août 2002 ;
Exploit de signification avec commandement et procéder au transport des fonds du21 août 2002 du ministère de Maître Georges Nguela, huissier de justice à Douala ;
Exploit de notification du 05 septembre 2002 des copies de la Ruling Suit N°LM/68M/2002 du 05 août 2002 par the Court of First Instance Holden at Limbé et de la Ruling Court of First Instance Holden at Limbé aux sociétés African Petroleum Consultants Sarl et Total Fina Elf Cameroundu ministère de maître Guy Efon, huissier de justice à Douala ;
Copie grosse de la sentence arbitrale de l'Arbitration Tribunal Hold at Ibis Hôtel London Heathrow du 18 mars 2003 ;
Exploit d'Itératif commandement de payer le fonds sous séquestre du 1 avril 2003 du ministère de Maître André Nguesson, huissier de justice à Douala ;
Copie grosse de l'ordonnance de la Court of First Instance Holden at Limbé suit N°LM/30.M/03-04 du 30 mars 2004 ;
Copie d'une attestation of non opposition délivrée par le greffier en chef de la Cour d'Appel du Sud-ouest le 26 mai 2004 ;
Copie grosse de l'ordonnance de la High Court First Fako Holden at Limbé suit N°LM/130M/2003 du 23 juillet 2004 ;
Exploit de signification commandement des 03- et 04 août 2004 du ministère de Maître Guy Efon, huissier de justice à Douala ;
Copie de l'ordonnance de la Court of First Intance holden at Limbé suit N°LM/498C/02-03 du 18 janvier 2005;
Copie grosse de l'Arrêt de la Court of Appel of South West Province holden at Buea N°CASWP/11C/2005 du 25 avril 2006 ; Copie d'une expédition de l'Arrêt N°063/REF du 14 mars 2007 rendu par la Cour d'Appel du Littoral ; Copie d'une expédition de l'Arrêt N°044/2010 du 1er juillet rendu par la Cour Commune de Justice et d'Arbitrage d'Abidjan, Côte d'Ivoire ;

Que d'autre part, sollicite reconventionnellement que soit ordonné aux demandeurs de respecter les dispositions de l'article 29 de l'Acte Uniforme Ohada susvisé en veillant à l'exécution par la société Apc Sarl de ses titres exécutoires conformément à l'ordonnance susindiquée ;
Que sur le premier moyen, ce conseil fait valoir qu'en absence d'un visa du secrétaire général du Ministère de la Justice conférant la qualité d'avocat de l'État du Cameroun et de la Sonaraà Maître Ntamack Pondy Célestin Irénée, sa constitution pour leur compte est irrégulière et partant ses écritures irrecevables ;
Que s'agissant de l'irrecevabilité pour cause de forclusion de la contestation de la saisie querellée, il allègue que celle-ci a été déjà constatée fort opportunément par le Président du Tribunal de Grande Instance du Fako dans sa décision N°HCF/141/OM/2001-2002 du 13 août 2002 dans l'affaire African Petroleum contre Sonara, société Total Fina Elf Cameroun et société ShellL du CamerounSA ;
Que cette juridiction, pour conclure à cette forclusion s'est fondée sur le défaut de contestation par le débiteur saisi de la saisie attribution des 30 et 31 mai 2002 dans les formes et délai prévus à l'article 170 du même Acte Uniforme qui dispose : «*à peine d'irrecevabilité, les contestations sont portées devant la juridiction compétente par voie d'assignation dans un délai d'un mois à compter de la dénonciation de la saisie au débiteur. Le débiteur saisi est appelé à l'instance de contestation. Le débiteur saisi qui n'aurait pas élevé de contestation dans le délai prescrit peut agir en répétition de l'indu devant la juridiction du fond compétente selon les règles applicables à cette action*» :
Que tirant argument de cette forfaiture, le Tribunal ordonnait alors au tiers saisi, société Shell du Cameroun SA de reverser immédiatement les causes de la saisie conformément à l'article 164 dudit acte ;
Qu'ayant pris sur lui de faire la résistance abusive en violation de l'article 168 de cet acte fut condamné au paiement des causes de cette saisie sous astreinte de 200 000 francs par jour de retard par le Président du Tribunal de Première Instance de céans dans son ordonnance N° 006 du 1er octobre 2002, décision ayant acquis autorité de la chose jugée depuis le 17 octobre 2002 et définitivement confirmée par la Cour Commune de Justice et d'Arbitrage dans son Arrêt N° 044/2010. (Affaire Apc Sarl contre Chevron Texaco Cameroun SA) ;
Qu'ainsi, le tiers saisi société ShellL Cameroun SA aujourd'hui Corlay Cameroun SA est devenu définitivement le débiteur personnel du saisissant African Petroleum Consultants Sarl au lieu et place de la Sonara et de l'État du Cameroun ;
Qu'en ce qui concerne la seconde branche de cette fin de non recevoir pour défaut de qualité et d'intérêt des demandeurs, Maître Ofomo Ofomo argue que suite au rejet du pourvoi introduit par ces derniers auprès de la Ccja pour solliciter le sursis à exécution de l'Arrêt susvisé au motif que son exécution de l'Arrêt susvisé par la société Apc Sarl à l'encontre de Corlay Cameroun SA ne concerne en rien la Sonara et l'État du Cameroun, ceux-ci sont dès lors dépourvus de toute qualité en même temps qu'ils n'ont aucun intérêt à ester en justice dans le cadre de cette procédure ;
Que relativement au second moyen qui constitue en réalité la demande reconventionnelle de la société Apc, ce conseil allègue que depuis que l'ordonnance N° 006 rendue le 1er octobre 2002 par la juridiction de céans a acquis autorité de la chose jugée le 17 octobre 2002 pour cause de forclusion, la Sonara et son actionnaire majoritaire l'État du Cameroun ne sont plus légalement responsables du paiement des causes de la saisie attribution querellée, mais plutôt la société Shell du Cameroun devenue Corlay Cameroun SA et ce en application de l'article 168 de l'Acte Uniforme précité ;
Mais que pourtant, ils ne cessent de poser des actes pour empêcher la société Apc Sarl d'exécuter ses titres contre Shell Cameroun S.a. devenue Corlay Cameroun SA ainsi que l'attestent la sévère condamnation de son gérant pour tentative de détournement des causes de cette saisie au préjudice de la Sonara qui pourtant n'était plus concernée dans cette affaire, sans oublier les mainlevées constantes desdites saisies et le blocage de ses fonds ;

Que la présente contestation relative à la mainlevée d'une saisie attribution qui non seulement est forclose depuis plus d'une dizaine d'années et qui ne concerne en rien ces demandeurs participe de cette logique d'acharnement sans cause et ce en violation de l'article 29 de l'Acte Uniforme susvisé qui dispose : « *l'État est tenu de prêter son concours à l'exécution des décisions et des autres titres exécutoires. La formule exécutoire vaut réquisition directe de la force publique. La carence ou le refus de l'État de prêter son concours engage sa responsabilité*» :
Que pour mettre un terme à cet acharnement, il convient d'ordonner à la Sonara et l'État du Cameroun de respecter les dispositions de ce texte en veillant à l'exécution par Apc Sarl de ses titres exécutoires conformément à l'ordonnance N°06/2012/Ccja du 13 avril 2012 ci-jointe a-t-il conclu son propos ;
Attendu que par des conclusions dites rectificatives du 27 août 2014, l'État du Cameroun et la Sonara via Maître Ntamack Pondy, après avoir relevé le caractère surabondant de la demande de mainlevée de la saisie attribution de créances du 29 mai 2002 pour avoir déjà été réglée par le Tribunal de Première Instance de Limbé, qui a en outre ordonné le reversement immédiat entre les mains de la Sonara par la société Total FinaElfdes sommes séquestrées entre les mains de cette dernière, a déclaré y renoncer et ne s'en tenir qu'à celle relative à la rétractation de l'ordonnance N° 006 rendue le 1er octobre 2002 par le juge du contentieux de l'exécution de céans ;
Attendu que cela étant précisé, ce conseil, pour battre en brèche les arguments évoqués par Maître Ofomo Ofomo et notamment sur son prétendu défaut de qualité à défendre les intérêts de l'État du Cameroun et de la Sonara a produit aux débats la lettre de constitution de l'État du Cameroun représenté par le ministre d'État, ministre de la Justice, Garde des Sceaux ;
Quant à la fin de non recevoir tirée tant de la forclusion que du défaut de qualité et d'intérêt des demandeurs, il rétorque en disant qu'elles sont infondées pour plusieurs raisons ;
Que premièrement suite à l'ordonnance N°LM/130M/2003 du 23 juillet rendue par le Tribunal de Première Instance de Limbé et ordonnant le reversement immédiat par le séquestre précédemment désigné par la même juridiction, celle-ci a anéanti les effets de la saisie attribution querellée par des décisions devenues définitives ;
Que depuis lors, la Sonara étant rentrée dans ses fonds qui étaient séquestrés entre les mains des tiers saisis, le débat principal sur la validité ou non de cette saisie est devenu sans objet et partant définitivement clos, surtout qu'ils ont déjà renoncé à la demande de mainlevée de cette saisie ;
Que secondement et en relief avec le débat accessoire objet de la présente cause, il fait remarquer que malgré l'exécution des décisions qui mettaient désormais hors de cause l'ex-société Shell, la société Apc Sarl a continué à exercer un véritable harcèlement sur cette dernière par la signification d'un exploit du 21 août 2002 avec commandement de procéder au transport des fonds ;
Que face à cette situation, l'ex-société ShellL Cameroun SA a saisi le juge du contentieux du tribunal de céans aux fins de sa mise hors de cause dans cette affaire où elle n'était plus partie, mais que curieusement se verra condamner comme tiers saisi suivant ordonnance du 1er octobre 2002 à juste titre attaquée en l'espèce ;
Qu'ainsi poursuit ce conseil, la procédure engagée en son temps par cette société et qui a abouti à l'ordonnance susvisée constitue simplement la suite logique des actions que la Sonara a engagées devant le Tribunal de Première Instance de Limbé contre la saisie attribution de créances du 29 mai 2002 ;
Qu'or, ni la Sonara ni son actionnaire unique à savoir l'État du Cameroun n'ont jamais été appelés à l'instance qui a donné lieu à l'ordonnance en cause ;
Que c'est donc à bon droit que la Sonaraqui avait la qualité de débiteur saisi dans la saisie attribution de créances susvisée s'oppose à l'ordonnance N° 006 du 1er octobre 2002 rendue par la juridiction de céans à son insu ;
Que dès lors, la Sonaraet l'État du Cameroun renchérit-il, ont par conséquent qualité et intérêt pour agir en l'espèce afin de faire rétracter une ordonnance qui fait perdurer la saisie

attribution de créances pratiquées à leur préjudice le 29 mai 2002 mais qui a été anéantie par une ordonnance du juge du contentieux de l'exécution du Tribunal de Première Instance de Limbé ;
Que par ailleurs et contrairement aux prétentions de la société Apc Sarl, l'ex-société Shell du Cameroun a effectivement interjeté appel de l'ordonnance N° 006 du 1er octobre 2002 par-devant la Cour d'Appel du Littoral à Douala, laquelle l'a infirmée en constant que cette saisie était dénuée de tout fondement parce qu'entreprise en violation de l'immunité d'exécution dont jouit la Sonaraen sa qualité d'établissement public et a partant débouté la société Apc Sarl de sa demande reconventionnelle en paiement des causes de la saisie, non sans annuler l'exploit de commandement de Maître Nguega Georges du 21 août 2002 ;
Que s'étant pourvu en cassation devant la Cour Commune de Justice et d'Arbitrage, cette dernière sur les cinq demandes à elles présentées après avoir cassé l'Arrêt N°063/REF du 14 mars 2007 comme l'a sollicité la société Apc Sarl (1er chef de demande) a cependant refusé de statuer à nouveau, violant ainsi l'article 14 du traité Ohada qui dispose en substance» *qu'en cas de cassation, elle évoque et statue sur le fond*» ;
Que dans cette optique, fait observer Maître Ntamack Pondy, la conséquence majeure de cette abstention de la Ccja de statuer à nouveau comme le lui permettait la loi sus reprise est a contrario, le rejet par ladite Cour des demandes de la société Apc Sarl relatives à la réhabilitation de l'ordonnance N° 006 du 1er octobre 2002, à la condamnation de l'ex-société ShellL Cameroun S.A. au paiement des causes de la saisie attribution pratiquée le 29 mai 2002 contre la Sonara, à la liquidation des astreintes et à la condamnation de l'ex-société ShellL Cameroun S.A. au paiement des intérêts ;
Qu'en définitive, la Cour Commune de Justice et d'Arbitrage n'a condamné la société Chevron Texaco Cameroun SA qu'aux dépens liquidés ;
Que face à un dispositif aussi ambigu et faute de son interprétation par Apc Sarl dans le délai légal, l'Arrêt N° 044/2010 du 1er juillet 2010 ne peut plus donner lieu à l'interprétation pour cause de forclusion ;
Qu'en outre, pour n'avoir pas reçu la formule exécutoire requise par la loi, ledit arrêt n'a point intégré l'ordre judiciaire camerounais et ne peut dès lors produire aucun effet encore moins être opposable aux parties résidant au Cameroun ;
Que dans cette perspective, la société Apc Sarl ne peut s'en prévaloir de sorte que les procédures introduites par les demandeurs devant la Ccja après le prononcé de cet arrêt conservent leur pertinence ;
Que bien plus encore, l'État du Cameroun n'a point violé les dispositions de l'article 29 de l'Acte Uniforme susvisé parce que comme sus démontré affirme ce conseil, la société Apc Sarl ne disposait ni de décisions, ni des titres exécutoires de nature à prêter main-forte à qui que ce soit en ce que l'ordonnance N° 006 du 1er octobre 2002 présentement attaquée et qui a été annulée par l'Arrêt N°063/REF rendu le 14 mars 2007 par la Cour d'Appel du Littoral n'a pas été réhabilitée pat l'Arrêt N° 0046/2010 du 1er juillet d'une part, et cette dernière décision n'a pas reçu apposition de la formule exécutoire pour être valable au Cameroun d'autre part ;
Que c'est donc à bon droit que l'État du Cameroun s'est abstenu de prêter main-forte à un créancier démuni de tout titre exécutoire et c'est au bénéfice de tout ce qui précède qu'il y a lieu de dire non fondée la fin de non recevoir tirée du défaut de qualité et d'intérêt des demandeurs en l'espèce et partant son rejet ;
Qu'en tout état de cause, martèle Maître Ntamack Pondy, non seulement la juridiction de céans est compétente pour connaître de la présente action dont la recevabilité vient d'être démontrée, mais aussi pleinement justifiée et fondée parce que l'ordonnance dont rétractation est sollicitée constitue un accessoire de la saisie attribution de créances du 29 mai 2002, voie d'exécution dans laquelle la Sonaraavait la qualité de débiteur saisi ;
Que pourtant comme sus relevé, les demandeurs n'ont été appelés à l'instance ayant abouti à cette ordonnance conformément à l'article 170 de l'Acte Uniforme Ohada portant voies d'exécution ;

Qu'ainsi, en vertu du principe «*l'accessoire suit le principal*», la rétractation de l'ordonnance N° 001 rendue le 1er octobre 2002 par le juge du contentieux de l'exécution du Tribunal de Première Instance de Douala Bonanjo s'impose a-t-il terminé son argumentaire non sans verser au dossier de procédure un extrait des cahiers de l'Arbitrage, 2C LGDJ l'extenso édition P129 à 136 ;
Attendu que venant aux délais pour défendre les intérêts de la société Corlay (MRS) SA, la Scp Ngalle Miano et consorts par le biais de Maître Edmond Mouasso conclut sinon à la rétractation du moins à l'annulation de l'ordonnance N° 001 du 1er octobre 2002 querellée ;
Que ce conseil après avoir déclaré qu'il s'associe aux prétentions des demandeurs a cependant tenu à relever pour le déplorer d'une part le défaut de qualité de la société Apc dans la procédure ayant abouti à la sentence arbitrale du 18 mars 2003 et d'autre part à l'inexistence ou mieux la disparition de tout rapport juridique pouvant légitimer la prétendue créance de la société Apc Sarl sur la SonaraSA.
Que s'expliquant sur ses allégations, il soutient que la société nigériane NNPC, cocontractante de la SonaraSA dans le contrat du 20 octobre 1995 a produit un document dans lequel elle déclare n'avoir jamais donné un quelconque mandat à la société Apc Sarl de la représenter ;
Qu'ainsi cette dernière ne pouvait engager une action intuitu personae contre la SonaraSA qui n'a aucun rapport de droit avec elle ;
Que c'est fort de ce qui précède que la sentence arbitrale du 18 mars 2003 a conclu qu'aucun motif d'action en justice n'est dévolu à la société Apc Sarl pour dire qu'elle n'avait aucune qualité pour agir surtout que son gérant d'alors le sieur Ekollo Moundi a été reconnu coupable des infractions de faux, déclarations mensongères et autres et condamné à 05 ans d'emprisonnement ferme ;
Que dès lors, la prétendue créance de la société Apc Sarl sur la Sonaraétant illicite parce que d'origine criminelle ainsi que l'a reconnu la sentence arbitrale, ne saurait produire d'effet de droit et cette dernière ne peut s'en prévaloir pour pratiquer des saisies au préjudice de la Sonara, d'où le bien-fondé de la rétractation de l'ordonnance N° 001 du 1er octobre 2002 et la mainlevée tant de la saisie attribution de créances du 29 mai 2002 que de toutes les autres saisies ;
Attendu que pour sa part, intervenant dans cette cause en cours d'instance pour défendre les intérêts de la société Apc Sarl, Maître Eloh Ngah conclut principalement à l'incompétence rationae materiae du juge du contentieux de l'exécution de céans et subsidiairement à l'irrecevabilité de l'action des demandeurs pour défaut de qualité, d'objet et de forclusion ;
Que sur le moyen principal, ce conseil fait valoir que l'ordonnance N° 006 du 1er octobre 2002 en querelle avait fait l'objet de voies de recours notamment l'appel devant la Cour d'Appel du Littoral et le pourvoi en cassation par-devant la Cour Commune de Justice et d'Arbitrage à Abidjan ;
Qu'ainsi, pour faire valoir leurs prétendus droits dans le cadre d'une tierce opposition, les demandeurs se doivent d'en référer à la juridiction saisie la dernière du litige qui en l'espèce est la Ccja qui a rendu l'arrêt N° 044/2010 du 1er octobre 2010 ;
Que c'est du reste la démarche qu'ils ont fort opportunément respectée en saisissant cette Cour par requête aux fins de tierce opposition en date du 24 février 2011 ;
Que subséquemment, le même État du Cameroun et la Sonarasaisissaient également la Ccja en sursis à exécution et pour cette dernière saisine, ladite Cour rendait l'ordonnance de rejet N°06/2012/Ccja du 19 avril 2013 motivée en ces termes «*attendu qu'il ressort des pièces du dossier de la procédure qu'à la date du 24 février 2011, date de l'introduction de la demande tendant à surseoir à l'exécution forcée de l'Arrêt N° 044/2010 rendu le 1er juillet par la première Chambre de la Cour de céans, aucune mesure d'exécution forcée, comme l'exige l'article 46 du Règlement de procédure sus énoncé, n'a été entreprise par la société African Petroleum Consultants dite* Apc *ni au préjudice de l'État du Cameroun, ni au préjudice de la société Nationale de Raffinage dite* Sonara*; que par conséquent il y a lieu de rejeter la requête introduite par L'État du Cameroun et la Société Nationale de Raffinage dite* Sonara» ;

Que ne s'avouant pas vaincus, les demandeurs ont malencontreusement cru bon de revenir déférer la même tierce opposition devant la juridiction de céans ;
Que le juge de céans ne peut malheureusement retenir sa compétence pour statuer sur la même demande en tierce opposition, et ce conformément à l'article 16 du Traité Ohada qui dispose : «*la saisine de la Cour Commune de Justice et d'Arbitrage suspend toute procédure de cassation engagée devant une juridiction nationale contre la décision attaquée. Toutefois, cette règle n'affecte pas les procédures d'exécution ; Une telle procédure ne peut reprendre qu'après arrêt de la Cour Commune de justice et d'arbitrage se déclarant incompétente pour connaître de l'affaire*» ;
Qu'ainsi poursuit-il, en invitant le juge de céans à rétracter son ordonnance après la confirmation de la Ccja consacrée dans l'Arrêt susvisé, la Sonara et l'État du Cameroun tentent malicieusement une voie de recours contre l'Arrêt de cette haute juridiction ;
Qu'en procédant de la sorte, les demandeurs violent allègrement l'article 20 du traité Ohada qui dispose : « *les Arrêts de la Cour Commune de Justice et d'Arbitrage ont l'autorité de la chose jugée et la force exécutoire. Ils reçoivent sur le territoire de chacun des États parties une exécution forcée dans les mêmes conditions que les décisions juridiques nationales. Dans une même affaire, aucune décision contraire à un arrêt de la Cour Commune de Justice et d'Arbitrage ne peut faire l'objet d'une exécution forcée sur le territoire d'un État partie*»
Que dans la même lancée, les demandeurs à l'action principale et la société Corlay en action incidente veulent amener le juge de céans à interpréter l'Arrêt de la Ccja, violant ainsi l'article 48 du Règlement de Procédure de cette Cour qui dispose : «: « *en cas de contestation sur le sens ou la portée du dispositif d'un arrêt, il appartient à a Cour de l'interpréter. Toute partie peut demander l'interprétation du dispositif d'un arrêt dans les trois ans qui suivent le prononcé*» ;
Qu'en prétendant que l'ordonnance N° 006 du 1er octobre 2002 était dénué de tout fondement juridique motif pris de ce que l'Arrêt de la Ccja ne l'a pas expressément réhabilité, les demandeurs invitent insidieusement le juge de céans à l'interprétation de la décision de cette haute juridiction supra nationale alors et surtout qu'en tenant compte des effets attachés à l'arrêt N° 044/2010 du 1er juillet 2010, ladite ordonnance a acquis l'autorité de chose jugée et partant insusceptible de voies de recours ;
Qu'il s'en suit dès lors que la juridiction de céans est manifestement incompétente à statuer dans le cadre de cette procédure ;
Que s'agissant du second moyen qualifié de subsidiaire tiré de la fin de non recevoir pour défaut de qualité, d'objet et de forclusion, ce conseil argue que s'agissant d'une tierce opposition, le mode consacré pour la saisine de la juridiction est la requête conformément à l'article 219 du Code de Procédure Civile et Commerciale ;
Que faute de saisine dans cette forme, l'action des demandeurs encoure la sanction de l'irrecevabilité.
Que par ailleurs, à la lecture du dispositif de l'ordonnance N° 006 du 1er octobre 2001, il est constant que ni la Sonara, ni l'État du Cameroun ne sont nullement visés par cette ordonnance et de ce fait ne préjudicie en rien à leurs intérêts ou leurs droits respectifs pour justifier une action en tierce opposition de leur part ;
Que c'est dans ce sens que l'article 2017 du CPCC dispose : *«une partie peut former tierce opposition à un jugement qui préjudicie à ses droits, et duquel ni elle ni ceux qu'elle représente n'ont été appelés»*, d'où le défaut de qualité de demandeurs ;
Que bien plus, depuis le 1er octobre 2002, date de l'ordonnance N° 006 du juge du contentieux de l'exécution de céans, aucune mesure d'exécution forcée n'a été entreprise par la société Apc ni au préjudice de l'État, ni au préjudice de la Sonara, toute chose qui justifie le manque d'objet de cette demande en tierce opposition ;
Que c'est du reste la position retenue par la Ccja dans le cadre de la procédure aux fins de sursis à exécution introduite le 24 février 2011 contre l'arrêt N° 044/2010 du 1er juillet 2010 sus indiqué ;

Qu'enfin et comme sus expliqué, la Sonarane peut plus élever de contestations contre la saisie attribution de créances du 29 mai 2002 parce que forclose en vertu de l'article 170 de l'Acte Uniforme sus visé a-t-il conclu son propos ;
Que pour agréer toute cette argumentation, la société Apc verse au dossier de la procédure les pièces ci-après énumérées[962] :
Attendu que réagissant oralement à son tour aux côtés de Maître Eloh Ngah, Maître Eyidi Ngomba Sébastien, autre conseil de la société Apc a abondé point par point dans le même sens pour aussi bien à l'incompétence matérielle de la juridiction de céans qu'à l'irrecevabilité de l'action des demandeurs pour les mêmes motifs ;
Attendu que revenant aux débats par des conclusions du 1er octobre 2014, Maître Ntamack Pondy affirme que la compétence de la juridiction de céans est avérée en l'espèce conformément aux articles 218 alinéa 1 du Code de procédure Civile et commerciale qui dispose : *«la tierce opposition formée par action principale sera portée au tribunal qui aura rendu le jugement attaqué» et 2 alinéa 1 de la loi 2007/001 du 19 avril instituant le juge du contentieux de l'exécution connaît tout ce qui a trait à l'exécution forcée des décisions de justice et autres actes»* ;
Que pour n'avoir jamais été appelés ni représentés dans la procédure qui a abouti à l'ordonnance n° 006 rendue le 1er octobre 2002 par la juridiction de céans et pour n'avoir jamais engagée une quelconque voie de recours contre cette ordonnance, pas plus qu'ils ont participé à la procédure devant la Ccja ayant donné lieu à l'arrêt N0044/2000 du 1er 2010, les demandeurs sont dès lors fondés à engager la présente action qui consiste à former tierce opposition contre cette décision de base dans la forme légale sus indiquée ;
Que la procédure en tierce opposition engagée par les demandeurs devant la Ccja ne prive pas ces derniers de leur droit de saisir la juridiction de céans aux mêmes fins d'une part, et pour n'avoir pas été partie à l'instance qui a abouti au prononcé de l'arrêt N° 044/2010 du 1er juillet 2010 par la Ccja qu'ils ont à juste titre exercé la voie de recours prévue par l'article 47 du Règlement de procédure de cette Cour Commune d'autre part ;
Que bien plus, l'Arrêt susvisé n'ayant statué que sur sa forme, la tierce opposition formée par la Sonaraet l'État du Cameroun devant la Ccja empêche cette dernière d'examiner le fond de cette affaire de sorte que l'arrêt à intervenir à la suite de leur recours ne peut fondamentalement pas remettre en cause l'ordonnance présentement attaquée ;
Quoiqu'il en soit, renchérit ce conseil, les recours exercés par les demandeurs tant devant la Ccja que devant la juridiction de céans ne sauraient aboutir au même résultat encore que la saisine de la juridiction de céans n'a point pour but d'amener cette dernière à interpréter l'arrêt N° 044/2010 susmentionné comme l'insinue la société Apc si bien que l'autorité de la chose jugée évoquée en l'espèce et ce au regard de l'article 1351 du Code Civil qui dispose : *«l'autorité de la chose jugée n'a lieu qu'à l'égard de ce qui fait l'objet du jugement. Il faut que la chose demandée soit de même cause ; que la demande soit entre les mêmes parties et fondée par elle et contre elles en la même qualité»* ;
Qu'il en découle au bénéfice de tout ce qui précède que l'exception d'incompétence matérielle excipée par la société Apc est infondée et mérite d'être rejetée ;
Que contrairement aux prétentions de cette société relativement à l'irrecevabilité de l'action des demandeurs, ce conseil fait valoir que la tierce opposition engagée par les demandeurs dans le cadre de cette procédure est formée par l'action principale telle que prévue par l'article 205 alinéa 1 susvisé, lequel ne définit point le mode de saisine de la juridiction compétente ;

---

962 Arrêt n°044/2010 du 1er juillet 2010 rendu par la Ccja ;
Requête aux fins de tierce opposition auprès de la Ccja par l'Etat du Cameroun et la Sonara en date du 24 février 2011:
Ordonnance de rejet n°06/2012.Ccja contre la requête aux fins de sursis à exécution de l'Etat du Cameroun et la Sonara ;

Que les arguments avancés par la société Apc procèdent simplement à la transposition à la présente action le mode de saisine prévu par les dispositions de l'article 2018 alinéa 2 du même texte qui traite de la tierce opposition incidente ;
Que le mode de saisine usité par les demandeurs pour engager la présente action est dès lors justifié car conforme à la combinaison des articles 49 et 170 de l'Acte Uniforme Ohada susvisé et c'est en cela que le moyen tiré de la violation de l'article 208 du Code de procédure ne peut non plus prospérer alors et surtout qu4il est admis en doctrine que toute personne ayant intérêt à agir a qualité pour le faire.
Que comme il a été plus haut démontré suite à l'obtention par la Sonaradu reversement des sommes détenues par le séquestre désigné, sa responsabilité et celle de l'État du Cameroun restait engagée, car en tant que saisie dans cette affaire, il leur appartenait d'annihiler totalement les effets de la saisie attribution de créances pratiquée à leur préjudice d'où leur intérêt et partant leur qualité à agir en l'espèce ;
Que ces attributs leur sont d'autant plus justifiés au regard des agissements de la société Apc qui sur la base de ses actions vexatoires a déjà frauduleusement perçu la somme de 419 000 000 francs, tandis que celle de 591 000 000 f cfa reste sous main de justice ;
Que plus grave encore, une autre somme de 1 300 00 000 f cfa reste à ce jour sous la menace d'un recouvrement forcé à la faveur d'une saisie conservatoire de créances pratiquée et convertie en saisie attribution de créances, d'où la réalité d'un préjudice né actuel et même éventuel en l'espèce, ce dernier étant aussi de nature à donner lieu à réparation ;
Qu'au-delà de l'intérêt matériel ainsi mis en évidence, l'État du Cameroun et la Sonara, poursuit Maître Ntyamack Pondy se prévalent également d'un intérêt économique en ce qu'ils entretiennent avec la société Corlay Cameroun SA un partenariat étroit qui souffre des procédures actuelles engagées contre cette dernière par la société Apc Sarl et consort et même future alors que leur fondement est substantiellement vicié ;
Que pour n'avoir pas été exécutée, la saisie attribution de créances pratiquée le 29 mai 2002 sur les deniers et les avoirs de la Sonaraconserve tout son objet et l'on comprend dès lors que toutes les manœuvres et allégations mensongères utilisées par la société Apc visent en réalité à procéder à l'exécution de cette saisie, alors et surtout que cette dernière a été annulée et levée par l'ordonnance N°LM/130/2003 du 23 juillet 2004 susvisée, d'où le grand intérêt des demandeurs à voir rétracter l'ordonnance N° 006 du 1er octobre 2002 qui menace gravement leurs droits a-t-il conclu son propos tout en versant au dossier de la procédure les pièces ci-après[963] :
Attendu que prenant la parole lors des plaidoiries, Maître Charles Nguini autre conseil des demandeurs après avoir démontré l'intérêt et partant la qualité de ceux-ci à engager la présente procédure par-devant la juridiction de céans du reste compétente, a également abondé dans le sens de son confrère Ntamack et sollicitant la rétractation de l'ordonnance en querelle parce qu'elle nuit aux intérêts aussi bien actuels que même éventuels de ceux-ci ;
Attendu que dans le cadre de la communication de cette cause au Ministère public pour ses réquisitions, le représentant du Parquet, après avoir relevé les manœuvres frauduleuses orchestrées par la société Apc Sarl pour l'obtention de la sentence arbitrale fondement de sa créance dont recouvrement est poursuivi et l'annulation à juste titre de cette sentence et partant l'inexistence en l'état de cette créance a conclu au bien-fondé de l'action des demandeurs ;
Attendu qu'à l'analyse, il est constant et cela découle de toute évidence des dispositifs tant de l'acte introductif d'instance que des conclusions des demandeurs que l'action engagée par eux

---

963 Arrêt N°037/2005 du 02 juin 2005 rendu par la Cour Commune de Justice et d'Arbitrage Abidjan, Côte d'Ivoire, Affaire Société de Transformation Industrielle de Lomé (STIL) C/Société des Tubes d'Acier et d'Aluminium (SOTAC) et autres ;
Arrêt N°027/2005 du 30 avril 2008 rendu par la Cour Commune de Justice et d'Arbitrage Abidjan, Côte d'Ivoire, Affaire société African Petroleum Consultants contre Etat du Cameroun ;

dans le cadre de cette procédure est une demande en tierce opposition contre l'ordonnance N° 006 rendue le 1er octobre 2002 par le juge de l'urgence de céans chargé du contentieux de l'exécution et statuant en vertu de l'article 49 de l'Acte Uniforme Ohada susvisé, et a pour objet la rétractation de cette ordonnance dans tout son contenu ;
Qu'il est tout aussi indéniable que pour n'avoir pas été appelé ni représenté dans l'instance ayant donné lieu à cette ordonnance qui plus est, lèse leurs intérêts ont fort opportunément présenté leur demande pour un examen approfondi du litige par-devant la même juridiction conformément à la lettre et l'esprit des articles 218 alinéa 1 du Code de Procédure Civile et Commerciale qui dispose *: «la tierce opposition formée par action principale sera portée au tribunal qui aura rendu le jugement attaqué»* d'une part, et 2 alinéa 1 de la loi N° 2007/001 du 19 avril 2007 instituant le juge du contentieux de l'exécution ainsi conçu en substance : *«le juge du contentieux de l'exécution connaît tout ce qui a trait à l'exécution forcée des décisions de justice et autres actes... »* d'autre part ;
Que ces textes de loi n'appellent aucune réserve ni autres observations contraires relativement à la compétence de la juridiction de céans ainsi établie ;
Que dans la même perspective et contrairement aux prétentions de la société Apc Sarl relativement aussi bien à la saisine de la Ccja que de l'Arrêt n° 044/2010 du 1er juillet 2001 rendu par elle et qui constitueraient un obstacle à la compétence du juge de céans, il est établi que la tierce opposition dans le cadre de la présente cause vise la rétractation ou la reformation de toute l'ordonnance attaquée, prérogative dont ne dispose pas la Ccja et devant laquelle les demandeurs ne sollicitaient que l'Arrêt à intervenir leur soit simplement inopposable ;
Qu'il ne s'agit donc pas d'un quelconque conflit de juridictions encore moins d'un problème d'interprétation dudit Arrêt dès lors que les deux tierces oppositions ne visent pas un même objet et partant ne peuvent aboutir à un même résultat et c'est la raison également pour laquelle l'on ne saurait évoquer l'autorité de la chose jugée, faute de la réunion des conditions y afférentes en l'espèce et telles que définies par l'article 1351 du Code Civil susvisé :
Que de tout ce qui précède, il en découle que l'exception d'incompétence excipée par la société Apc ne saurait prospérer et par conséquent encoure rejet ;
Que s'agissant de l'irrecevabilité des écritures de Maître Ntamack Pondy Célestin pour défaut de qualité à défendre les intérêts de l'État du Cameroun et de la Sonaraévoquée par Maître Ofomo Ofomo, il est établi que la constitution de conseil pour la défense des intérêts des demandeurs est avérée ainsi que l'atteste la lettre de constitution de l'État du Cameroun représentée par Monsieur le Ministre d'État, ministre de la Justice, Garde des Sceaux, produite bien qu'en cours d'instance au dossier de la procédure par le susnommé d'où le mal fondé de cette fin de non recevoir ;
Qu'est également infondée l'autre branche de cette fin de non recevoir tirée de la violation de l'article 2018 du Code de Procédure Civile et Commerciale pour absence de saisine de la juridiction par voie de requête ;
Qu'en effet, la saisine de la juridiction compétente par voie de requête dont se prévaut la défenderesse et prévue par l'article 218 alinéa 2 de ce texte n'est applicable que dans le cadre de la tierce opposition incidente ainsi qu'il a été expressément indiqué dans ce paragraphe ;
Que l'alinéa 1 de cet article étant resté muet sur le mode de saisine relatif à la tierce opposition par voie principale comme en l'espèce, il s'ensuit qu'aucune violation de ce texte n'est établie ici et dans ces conditions, seule la saisine usitée par les demandeurs et fondée sur les articles 49 et 170 de l'Acte Uniforme susvisé s'impose à toutes les parties et ne peut de ce fait être remise en cause ;
Que l'irrecevabilité de l'action des demandeurs pour défaut de qualité et d'intérêt est aussi impertinente et mérite d'être également rejetée pour les raisons ci-après :
Premièrement, se fondant sur le dispositif de l'ordonnance N°LM/69m/2002 du 25 juin 2002 rendu par le Président du Tribunal de Première Instance de Limbé et passée en force de chose jugée et partant insusceptible de voies de recours, il appert sans ambages qu'à la demande de la Sonara, la société Total Fina Elf Cameroun SA, tiers saisi a été constituée séquestre des

causes de la saisie attribution de créances du 29 mai 2002 à son préjudice, tout en procédant à la mainlevée des fonds détenus par les autres tiers saisis parmi lesquels l'ex-société ShellL du Cameroun ;
Que par ce mécanisme, cette dernière ne pouvait plus matériellement et juridiquement revêtir la qualité de tiers saisi que lui a malheureusement conférée dans une confusion totale l'ordonnance querellée au point d'ordonner sa condamnation pour refus de paiement conformément à l'article 168 du même Acte Uniforme ;
Que secondement ayant obtenu le reversement desdites sommes détenues par le séquestre désigné et en tant que saisi dans cette affaire, l'intérêt et partant la qualité des demandeurs à faire table rase des effets de cette saisie trouve tout leur fondement au regard du préjudice né et actuel par eux subi du fait de cette saisie ;
Que ce préjudice peut même être éventuel ainsi que l'ont relevé les conseils des demandeurs et en cela répond fort à propos à l'un des objectifs visés par la procédure en tierce opposition, laquelle consiste à réparer les torts et vu sous cet angle, l'appréciation de l'existence du préjudice doit s'apprécier dans des conditions plus larges, plus souples qui prennent en compte ce type de préjudice ;
Que c'est du reste ce qui ressort des commentaires sous l'article 47 alinéa 3 du Règlement de Procédure de la Ccja ;
Que suite au désistement des demandeurs du chef de mainlevée de la saisie querellée, la fin de non recevoir tirée de la forclusion pour non respect de l'article 170 de cet Acte Uniforme se trouve dès lors dénuée de tout objet et c'est sans surprise qu'elle connaît le même sort que les précédentes ;
Attendu que la Sonaraet l'État du Cameroun, d'une part, et la société Apc Sarl d'autre part sont dès lors recevables respectivement en leur tierce opposition et demande reconventionnelle comme régulières en leur forme ;
Qu'il convient de procéder à l'examen de leur mérite ;
Attendu qu'il est acquis aux débats que dans l'avalanche des procédures opposant les parties litigantes et dont la quasi-totalité a été initiée par la société Apc et ses alliés, plusieurs décisions ont d'ores et déjà été rendues aussi bien en matière civile qu'en pénale et sont pour la plupart devenues définitives ;
Que c'est ainsi que celles rendues en cette dernière matière ont de toute évidence consacré le faux commis par cette société et son dirigeant en la personne de Ekollo Moundi pour obtenir la sentence arbitrale dont se sont prévalus des derniers vis-à-vis des demandeurs et la société Corlay Cameroun S.A.
Que par ailleurs, en l'absence d'une interprétation du sens et de la portée de l'Arrêt N° 044/2010 du 1er juillet 2010 susvisés, et que malencontreusement la Ccja s'est abstenue d'évoquer et de statuer à nouveau conformément à la loi, les demandes essentielles présentées par la société Apc Sarl dans le cadre de cette procédure n'ont point connu de suite au point d'en constituer des titres exécutoires ;
Qu'il en est ainsi de la réhabilitation de l'ordonnance N° 006 rendue le 1er octobre 2002 par la juridiction de céans, de la condamnation de l'ex-société ShellL du Cameroun S.a aux causes de la saisie attribution de créances du 29 mai 2002 aux astreintes et aux intérêts de droit sollicités par la société Apc Sarl ;
Que de même, en faisant une stricte application de la loi, l'on se rend à l'évidence que l'Arrêt N° 044/2010 sus indiqué est non avenu en l'espèce pour n'avoir jamais reçu l'apposition de la formule exécutoire prévue par l'article 46 du Règlement de Procédure de la Ccja en son Décret d'application ;
Qu'au regard de cette carence avérée de la société Apc Sarl de disposer des décisions de justice légitimant ses demandes et autres titres non contestés l'exécution desquels l'État du Cameroun est tenu de prêter son concours, il s'est à bon droit abstenu de le faire, et ce dans le but de préserver l'ordre public dont il est le garant et c'est en cela que sa responsabilité ne saurait être engagée en l'espèce, toutes choses qui justifient le mal fondé de la demande reconventionnelle de la société Apc Sarl telle que présentée par son premier conseil ;

Attendu qu'en revanche ainsi que l'a été fort pertinemment démontré plus haut par les conseils de la demanderesse que le fondement de leur action ne souffrait d'aucune contestation au regard tant de l'intérêt et partant de leur qualité à voir à annihiler les effets de l'ordonnance N° 006 rendue le 1er octobre 2002 par le juge du contentieux de l'exécution de céans ;
Qu'en tout état de cause, il est avéré que la société Apc Sarl entretient une confusion sur le bien-fondé de la précédente procédure lorsqu'elle prétend que la saisie attribution de créances du 29 mai 2002 a été exécutée sur les deniers et avoirs de la Sonaraalors qu'en réalité elle n'a fait que l'objet d'une simple mainlevée ;
Qu'un tel amalgame dénote du reste de son intention univoque d'engager des procédures à la limite vexatoires parce que viciées à la base contre les demandeurs et de nature à obtenir les condamnations de ces derniers au paiement des sommes d'argent dont elle n'est pas bénéficiaire et de nature à donner lieu à des décisions imprévisibles à l'instar de celle présentement en cause ;
Qu'aucune créance n'existant plus entre les différentes parties litigantes suite à l'ordonnance N°LM/130m/2003 du 23 juillet 2004, la rétractation de l'ordonnance N° 006 du 1er octobre 2002, procédure accessoire à celle de la saisie attribution ayant consacré la qualité de tiers saisi à la Sonaraen son temps s'impose dès lors avec toutes les conséquences de droit, toutes prétentions contraires étant nulles et non avenues ;
Que le Ministère public a dès lors vu juste et requérant dans ce sens ;
Attendu qu'en l'état, aucune responsabilité n'ayant été établie à l'égard de la société Corlay S.A. assignée comme défenderesse, il convient d'ordonner sa mise hors de cause ;
Attendu qu'il y a urgence à anéantir les effets de l'ordonnance querellée, toute chose qui justifiait l'exécution de notre décision sur minute et avant enregistrement ;
Et attendu que la partie qui succombe au procès est tenue de supporter la charge des dépens ;

PAR CES MOTIFS
Statuant publiquement, contradictoirement, en matière de contentieux de l'exécution et en premier ressort ;
Rejetons comme non fondées tant l'exception d'incompétence rationae materiae que la fin de non recevoir dans toutes ses branches excipées par la société African Petroleum Consultants en abrégé Apc Sarl ;
Recevons dès lors la société de Raffinage en abrégé Sonaraet l'Etat du Cameroun, d'une part en leur tierce opposition et la société Apc Sarl en sa demande reconventionnelle d'autre part ;
Donnons acte aux premiers cités de ce qu'ils renoncent au chef de demande de mainlevée de la saisie attribution de créances du 29 mai 2002 pratiquée par la société Apc Sarl à leur préjudice ;
Disons que la demande reconventionnelle de cette dernière n'est pas fondée ;
L'en déboutons par voie de conséquence ;
En revanche, constatons qu'après avoir reversé les causes de la saisie attribution de créances susmentionnée entre les mains de la Sonaraen exécution de l'ordonnance N°LM/69m/ du 25 juin 2002 rendue par le Président du Tribunal de Première Instance de Limbé, l'ex-société ShellL du Cameroun S.A. ne pouvait plus revêtir la qualité de tiers dans cette instance principale ;
Disons dès lors que c'est à tort que l'ordonnance N° 001 du 1er octobre 2002 rendue par la juridiction de céans en son temps l'a condamnée au paiement des causes de cette saisie attribution en se fondant sur l'article 168 de l'Acte Uniforme susvisé ;
Ordonnons de ce fait sa rétractation pure et simple avec toutes les conséquences de droit ;
Ordonnons toutefois la mise hors de cause en l'état de l'actuelle société Corlay Cameroun S.A. ;
Disons notre ordonnance exécutoire sur minute et avant enregistrement ;
Condamnons la société Apc Sarl aux dépens ;

Ainsi jugé et prononcé en audience publique du contentieux de l'exécution les mêmes jours, mois et année que dessus ;
En foi de quoi, la présente ordonnance a été signée par Monsieur le Président qui l'a rendue et la Greffier ;

Le Président du tribunal
(è) Elanga

AFRICAN COURT ON HUMAN AND PEOPLES' RIGHTS
COUR AFRICAINE DES DROITS DE L'HOMME ET DES PEUPLES
AFFAIRE
EKOLLO MOUNDI ALEXANDRE
C.
RÉPUBLIQUE DU Cameroun
ET
RÉPUBLIQUE FÉDÉRALE DU NIGERIA
REQUETE No 008 /2011
DECISION

La Cour composée de : Gérard Niyungeko, Président ; Sophia A,B. Akuffo, Vice-président ; Jean Mutsinz, T. Bernard M. Ngoepe, Modibo T. Guindo, Fatsah Ouguergouz, Duncan Tambala, Sylvain GRE ; Juges ; Robert Eno - Greffier par intérim,

En l'affaire ;

Ekollo Moundi Alexandre

C

République du Cameroun

EtRépublique Fédérale du Nigeria

Après en avoir délibéré, rend *la décision suivante :*

Par requête datée du 20 mai 2011, Ekollo Moundi Alexandre, domicilié à Douala (Cameroun), a introduit une instance devant la Cour contre la République du Cameroun et la République fédérale du Nigeria alléguant des violations des articles 3, 5, 6, 7 et 13 (3) de la Charte africaine des droits de l'homme et des peuples,

conformément à l'article 22 du Protocole relatif à la Charte africaine des droits de l'homme et des peuples portant création d'une Cour africaine des droits de l'homme et des peuples (ci-après dénommé « *le Protocole»)* et à l'article 8 (2) du Règlement intérieur de la Cour (ci-après dénommé « le Règlement»), le Juge Elsie N, Thompson, membre de la Cour, de nationalité nigériane, s'est récusée, conformément à l'article 34 (1) du Règlement, le Greffe a accusé réception de la requête, par lettre datée du 26 mai 2011,

Par lettre datée du 10 juin 2011, le Greffe a écrit au Conseiller juridique de la Commission de l'Union africaine pour vérifier si les États défendeurs avaient déposé ou non la déclaration prévue à l'article 34 (6) du Protocole,

Par lettre datée du 13 juin 2011, le Conseiller juridique de la Commission de l'Union africaine a informé le Greffe que ni le Cameroun ni le Nigeria n'avaient déposé ladite déclaration. Par la même occasion, il a joint une liste indiquant l'état des ratifications, dont il ressort que le Cameroun n'a même pas ratifié le Protocole.

La Cour relève que le Nigeria, État partie au Protocole, n'a pas déposé la déclaration requise et que le Cameroun n'a même pas ratifié le Protocole.

L'article 5 (3) du Protocole dispose que : « *la Cour peut permettre aux individus ainsi qu'aux organisations non gouvernementales (ONG) dotées du statut d'observateur auprès de la Commission d'introduire directement des requêtes devant elle, conformément à l'article 34 (6) de ce Protocole»*,

L'article 34 (6) pour sa part dispose comme suit ; *«à tout moment à partir de la ratification du présent Protocole, l'État doit faire une déclaration acceptant la compétence de la Cour pour recevoir les requêtes énoncées à l'article 5 (3) du présent Protocole. La Cour ne reçoit aucune requête en application de l'article 5 (3) intéressant un État partie qui n'a pas fait une telle déclaration».*

Il ressort d'une lecture combinée des dispositions sus mentionnées que la saisine directe de la Cour par un individu est subordonnée au dépôt par l'État défendeur d'une déclaration spéciale autorisant une telle saisine.

En conséquence, en application de l'article 34 (6) du Protocole, il apparaît que la Cour n'a manifestement pas compétence pour connaître de la requête introduite par Ekollo Moundi Alexandre contre le Cameroun et le Nigeria.
L'article 6 (3) du Protocole dispose que la Cour peut connaître des requêtes ou les renvoyer devant la Commission. La Cour considère qu'au vu des allégations contenues dans la requête, il serait approprié de renvoyer l'affaire à la Commission africaine des droits de l'homme et des peuples.

Par ces motifs,
La Cour :
i *A l'unanimité :*
Déclare, qu'en application de l'article 34 (6) du Protocole, elle n'a pas compétence pour connaître de la requête introduite par Ekollo Moundi Alexandre contre le Cameroun et le Nigeria,
ii. *Par sept voix contre une décide,* en application de l'article 6 (3) du Protocole, de renvoyer l'affaire devant la Commission africaine des droits de l'homme et des peuples.
Ont voté pour :
Gérard Niyungeko, Président ; Sophia A.B. Akuffo, Vice-président ; Jean MUTSiNZl, Bernard M. Ngoepe, Modibo T. Guindo, Duncan Tambala et Sylvain ORE, Juges
A voté contre : le Juge Fatsah Ouguergouz
Fait à Arusha, ce vingt-troisième jour du mois de septembre de l'An Deux Mille Onze, en anglais et en français, le texte français faisant foi.
Signé :
Gérard Niyungeko, Président
Robert Eno, Greffier par intérim
Conformément *à* l'article 28 (7) du Protocole et à l'article 60 (5) du Règlement intérieur de la Cour, l'opinion dissidente du Juge Fatsah Ouguergouz est jointe à la présente décision.

RÉPUBLIQUE FRANÇAISE
Au nom du Peuple Français

EXTRAIT des minutes du Greffe

TRIBUNAL **DE GRANDE INSTANCE** DE PARIS
JUGE DE L'EXÉCUTION EXPÉDITION
EXÉCUTOIRE

RG : 09/80896
SOCIÉTÉ NATIONALE DE RAFFINAGE

TRIBUNAL DE GRANDE
INSTANCE DE PARIS
N°RG : 09/80896

N° MINUTE :
Copies exécutoires envoyées par
LRAR aux parties et expéditions envoyées aux parties et aux avocats le

SERVICE DU JUGE DE L'EXECUTION JUGEMENT
rendu le 11 mai 2009

DEMANDERESSE
SOCIETE NATIONALE DE RAFFINAGE
domiciliée : chez DESFILIS & MC GOWAN
6 rue Clément Marot
75008 PARIS
représentée par Maître José-Luis DESFILIS, avocat au barreau de PARIS, vestiaire : P0367 substitué par Maître Anne POMAREDE, avocat au barreau de PARIS, vestiaire ; P367

DÉFENDERESSES
S.A.R.L. African Petroleum Consultants Registre du Commerce de Douala 016034
domiciliée : chez Jean et associés
87 avenue Kléber
75784 Paris Cedex 16
Représentée par Maître Thierry Lauriol, avocat au barreau de PARIS, vestiaire : T04

S.C.P. Henri Lavandier, Christophe Laude, Nicolas Dessard
173 rue Saint-Martin
75003 PARIS
non comparante, ni représentée

JUGE : **Mme Laurence Poissenot, Vice-Présidente**
Juge de l'Exécution par délégation du Président du Tribunal de Grande Instance de PARIS.

GREFFIERS : **Francine RE A, Greffier lors des débats,**
Bénédicte BESANÇON, Greffier lors du prononcé,

DÉBATS : **à l'audience du 6 avril 2009 tenue publiquement,**

JUGEMENT : **prononcé à l'audience publique contradictoire susceptible d'appel**

EXPOSÉ DU LITTGE

Par acte d'huissier en date du 19/02/2009, la Société Nationale de Raffinage (Sonara) a donné assignation à la Société AFRICAN PETROLEUM CONSULTANTS (Apc) à comparaître devant le juge de l'exécution du tribunal de grande instance de Paris afin de voir :

- constater qu'aucune notification des actes de saisie n'avait été faite au débiteur,
- dire et juger en conséquence nulles et de nul effet les saisies conservatoires pratiquées le 19/01/2009 *à* son préjudice entre les mains de la BNP PARIS AS et de tous autres établissements domiciliataires de ses comptes, faute pour la Société AFRICAN PETROLEUM CONSULTANTS (Apc) d'en avoir effectué la notification exigée par l'article 236 du Décret du 31/07/1992,
- à titre subsidiaire, constater l'inexistence de la créance prétendue pour irrégularité du titre exécutoire la fondant et constitué par la sentence arbitrale de Monsieur Fru John NSOH du 17/04/2002 la condamnant à verser à Apc la somme de 2 724 800 $, ladite sentence ayant été annulée par la sentence arbitrale rendue par ce même arbitre le 18/03/2003 pour fraude et tromperie de la religion du Tribunal,
- déclarer illicites lesdites saisies conservatoires et en ordonner la main levée,
- condamner la Société AFRICAN PETROLEUM CONSULTANTS (Apc) à lui verser la somme de 50 000 euros pour procédure abusive et la somme de 5000 euros en application de l'article 700 du Code de Procédure Civile.
- Par le même acte du 19/02/2009, la Société Nationale de Raffinage(Sonara) dénonçait la procédure à la SCP HENRI LAVANDIER, CHRISTOPHE LAUDE, NICOLAS DESSARD, huissiers de justice associés.
- L'affaire était retenue à l'audience du 06/04/2009.
- La Société Nationale de Raffinage (Sonara) était représentée.
- Elle réitérait les moyens et demandes de son acte introductif d'instance, précisant qu'elle sollicitait l'annulation et la main levée de la saisie conservatoire du 19/01/2009 pratiquée entre les mains de la BNP PARIBAS, et soulignant que la sentence arbitrale du 18/03/2003 avait été exequaturée au Cameroun le 30/04/2008 et en FRANCE le 02/04/2009.
- La Société AFRICAN PETROLEUM CONSULTANTS (Apc) était représentée.
- Aux termes de conclusions déposées et développées lors de l'audience et auxquelles il conviendra de se référer pour un plus ample exposé des moyens, elle faisait valoir que la notification des deux saisies conservatoires pratiquées le 19/01/2009 entre les mains de la BNP PAPIBAS et du LCL-CREDIT LYONNAIS étaient inutiles en l'espèce, en raison de leur caractère infructueux, et qu'en tout état de cause, seule la caducité, dont elle relevait que la Sonaran'en demandait pas le prononcé, sanctionnait aux termes de l'article 236 du décret du 31/07/1992 le défaut de notification reproché.
- Elle concluait à l'irrecevabilité et au rejet de l'exception de nullité soulevée.
- Sur le fond, elle faisait valoir, que la sentence arbitrale du 12/04/2002 exequaturée le 17/11/2008 n'était plus susceptible d'un recours suspensif d'exécution de sorte qu'elle constituait le titre exécutoire visé par l'article 3 de la loi du 09/07/1991, sans que la Sonarane puisse valablement lui opposer la sentence arbitrale d'annulation du 18/03/2003, qu'elle déclarait intervenue frauduleusement, en contravention des règles d'arbitrage du droit anglais applicable en l'espèce, et dont elle relevait que l'ordonnance du 02/04/2009 ayant prononcé son exequatur n'était ni définitive ni exécutoire.
- Elle concluait à l'existence du principe de créance exigée en matière de saisie conservatoire, et excipant des menaces de recouvrement de cette créance, elle sollicitait que la demande de main levée des saisies litigieuses soit déclarée irrecevable et que ces deux saisies soient déclarées valables.

Elle sollicitait la condamnation de la Société Nationale de Raffinage (Sonara) à lui verser la somme de 8000 euros en application de l'article 700 du Code de Procédure Civile.
Contestant le caractère abusif de la mise en œuvre des saisies litigieuses, elle sollicitait en tout état de cause le rejet de la demande de dommages-intérêts.
Assignée à personne, la SCP HENRI LAVANDIER, CHRISTOPHE LAUDE, NICOLAS DESSARD n'a pas comparu.
Par note en délibéré du 10/04/2009, la Sonarasollicitait l'autorisation de formuler en délibéré une demande de nullité et de main levée de la *"saisie vente"* pratiquée le 19/01/2009 à son préjudice par la Société AFRICAN PETROLEUM CONSULTANTS (Apc) entre les mains du Crédit Lyonnais.
Par courrier du 14/04/2009, la Société AFRICAN PETROLEUM CONSULTANTS (Apc) s'opposait à cette demande aux motifs notamment que lors de l'audience, la Sonara avait sollicité la nullité de la seule saisie conservatoire pratiquée entre les mains de la BNP.
Par courrier du 16/04/2009, la Sonarasollicitait qu'il soit statué sur les demandes d'annulation formulées dans son acte introductif d'instance du chef de toutes saisies conservatoires pratiquées entre les mains de tous établissements domiciliataires de ses comptes.

MOTIFS DE LA DÉCISION

Vu l'assignation précitée et les conclusions déposées le 06/04/2009 par la Société AFRICAN PETROLEUM CONSULTANTS (Apc), développées oralement lors des débats ;
La Sonara, qui lors de l'audience a limité sa demande d'annulation à la saisie conservatoire pratiquée entre les mains de la BNP PARIBAS, n'a ni sollicité lors de l'audience l'autorisation de déposer une note en délibéré ni a fortiori n'a été autorisée à le faire, de sorte que les notes en délibéré du 10/04 et du 16/04/2009 ne seront pas prises en compte en application de l'article 445 du Code de Procédure Civile.
I) Sur la nullité de la saisie conservatoire pratiquée le 19/01/2009 entre les mains de la BNP PARIS AS
II est constant que la saisie conservatoire pratiquée le 19/01/2009 par la Société AFRICAN PETROLEUM CONSULTANTS (Apc) entre les mains de la BNP PARIBAS au préjudice de la Société Nationale de Raffinage (Sonara) n'a pas été notifiée à cette dernière.
Ainsi que le souligne justement la Société AFRICAN PETROLEUM CONSULTANTS (Apc), ce défaut de notification, dont excipe la Société Nationale de Raffinage (Sonara) à l'appui de l'exception de nullité qu'elle soulève est sanctionnée aux termes de l'article 236 du décret du 31/07/1992, non par la nullité de la saisie, mais par sa caducité, dont en l'espèce la Société Nationale de Raffinage (Sonara) ne sollicite par le prononcé.
II convient en conséquence de rejeter l'exception de nullité soulevée, comme étant mal fondée.
II) Sur le fond
Aux termes de l'article 67 de la loi du 9 juillet 1991, toute personne dont la créance paraît fondée en son principe peut solliciter du juge de l'exécution l'autorisation de pratiquer une mesure conservatoire sur les biens de son débiteur, sans commandement préalable, si elle justifie de circonstances susceptibles d'en menacer le recouvrement.
L'article 217 du décret du 31 juillet 1992 précise qu'il incombe au créancier de prouver que les deux conditions cumulatives sont remplies.
L'article 68 de la loi du 9 juillet 1991 dispense le créancier d'obtenir une autorisation préalable du juge lorsqu'il se prévaut d'un titre exécutoire ou d'une décision de justice qui n'a pas encore force exécutoire, en cas de défaut de paiement d'une lettre de change acceptée, d'un billet à ordre, d'un chèque ou d'un loyer resté impayé dès lors qu'il résulte d'un contrat écrit de louage d'immeuble.
Conformément à l'article 72 de la loin^0 91-650 du 9 juillet 1991, *"le juge peut, à tout moment, au vu des éléments qui sont fournis par le débiteur, le créancier entendu ou appelé, donner mainlevée de la mesure conservatoire s'il apparaît que les conditions prescrites par l'article 67 ne sont pas réunies"*.

Le juge, auquel est déférée une mesure conservatoire examine au jour où il statue d'une part l'apparence du principe de créance - et non la certitude, la liquidité, l'exigibilité ou le montant de la créance - et évalue d'autre part la menace qui pèse sur le recouvrement.
En l'espèce, la saisie conservatoire contestée par la Société Nationale de Raffinage (Sonara) a été pratiquée le 19/01/2009 au visa de l'article 68 de la loi du 09/07/1991 par la Société AFRICAN PETROLEUM CONSULTANTS (Apc) entre les mains de la BNP PARIBAS, en exécution d'une sentence arbitrale rendue à LONDRES le 17/04/2002 par le Docteur Fru John NSOH, rendue exécutoire au Cameroun par un jugement du Tribunal de Grande Instance du Fako à Buea du 15/05/2002, et exequaturée par ordonnance du 17/11/2008 du Tribunal de Grande Instance de PARIS, la dite sentence ayant condamné la Société Nationale de Raffinage (Sonara) à verser à la Société AFRICAN PETROLEUM CONSULTANTS (Apc) la somme de 3 592 785 euros, cause en principal de la saisie litigieuse.
Si cette sentence arbitrale, dont il n'est pas contesté qu'elle n'est plus susceptible d'aucun recours suspensif, constitue effectivement un titre exécutoire au sens de l'article 3 de la loi du 09/07/1991 et de l'article 68 de la loi du 09/07/1991, il s'avère cependant, qu'elle a été annulée par une sentence arbitrale rendue le 18/03/2003 à LONDRES par le même arbitre, le Docteur Fru John NSOH, rendue exécutoire au Cameroun par jugement du Tribunal de Première Instance de LIMBE du 30/03/2004, et rendue exécutoire en FRANCE par ordonnance du Tribunal de Grande Instance de PARIS du 02/04/2009.
En application de l'article 1476 du Code de Procédure Civile, déclaré applicable par l'article 1500 du même code aux sentences rendues, comme en l'espèce, à l'étranger, cette dernière sentence, arbitrale du 18/03/2003 a dès son prononcé autorité de chose jugée relativement à la contestation, qu'elle tranche.
L'annulation du titre exécutoire causant la saisie litigieuse qu'elle prononce, s'impose dès lors au juge de l'exécution, sans que la Société AFRICAN PETROLEUM CONSULTANTS (Apc) ne puisse valablement opposer ni le caractère non exécutoire et non définitif de l'ordonnance d'exequatur du 02/04/2009, ni la méconnaissance des règles du droit anglais, dont il est constant qu'il régit cet arbitrage, la validité de la sentence relevant de la compétence du seul juge du fond, à l'exclusion notamment du juge de l'exécution.
Il résulte de ce qui précède qu'en ce qu'elle a été annulée le 18/03/2003 par une sentence arbitrale revêtue de l'autorité de chose jugée, la sentence du 17/02/2002, qui cause la saisie litigieuse, ne caractérise pas le principe de créance exigé en la matière ou le rend pour le moins tellement incertain qu'il ne peut autoriser la mise en œuvre d'une mesure conservatoire.
En conséquence, l'une des conditions cumulatives exigées par l'article 67 précédemment rappelé faisant défaut, il convient de donner main levée de la saisie conservatoire litigieuse.
De la même façon et pour les mêmes motifs, il convient de rejeter la demande de la Société AFRICAN PETROLEUM CONSULTANTS (Apc) visant à voir valider la saisie conservatoire également pratiquée le 19/01/2009 au préjudice de la Société Nationale de Raffinage (Sonara) entre les mains de LCL-Crédit Lyonnais en exécution de la même sentence arbitrale du 17/04/2002.
Il est constant par ailleurs, que "l'*exercice d'une action en justice de même que la défense à une telle action, constitue en principe un droit et ne dégénère en abus pouvant donner naissance à une dette de dommages-intérêts que dans le cas de malice, de mauvaise foi ou d'erreur grossière équipollente au dol"*, lesquelles ne sont en l'état pas établies, de sorte que la Société Nationale de Raffinage (Sonara) sera déboutée de sa demande de dommages-intérêts pour procédure abusive.
Les dépens, y compris le coût des actes et les frais bancaires, sont à la charge de la partie perdante, en l'espèce la Société AFRICAN PETROLEUM CONSULTANTS (Apc), qui sera déboutée de sa demande en application de l'article 700 du Code de Procédure Civile.

Il est équitable de faire participer la Société AFRICAN PETROLEUM CONSULTANT'S (Apc) à hauteur de 4000 € aux frais irrépétibles exposés par la Société Nationale de Raffinage (Sonara) à l'occasion de la présente procédure.

PAR CES MOTIFS LE JUGE DE L'EXÉCUTION,

Statuant publiquement, contradictoirement et en premier ressort,
Déboute la Société Nationale de Raffinage (Sonara) de sa demande visant à voir prononcer la nullité de la saisie conservatoire pratiquée à son préjudice le 19/01/2009 par la Société AFRICAN PETROLEUM CONSULTANTS(Apc) entre les mains de la BNP PARIBAS,
Donne main levée de cette saisie conservatoire,
Déboute la Société Nationale de Raffinage (Sonara) de sa demande de dommages-intérêts,
Déboute la Société AFRICAN PETROLEUM CONSULTANTS (Apc) de sa demande visant à voir valider les saisies conservatoires pratiquées le 19/01/2009 au préjudice de la Société Nationale de Raffinage (Sonara) entre les mains de la BNP PARIBAS et de LCL-CREDIT LYONNAIS,
Condamne la Société AFRICAN PETROLEUM CONSULTANTS (Apc) à payer à la Société Nationale de Raffinage (Sonara) la somme de 4000 € par application de l'article 700 du code de procédure civile,
Déboute la Société AFRICAN PETROLEUM CONSULTANTS (Apc) de sa demande en application de l'article 700 du Code de Procédure Civile,
Condamne la Société AFRICAN PETROLEUM CONSULTANTS (Apc) aux dépens,
Rappelle que les décisions du Juge de l'Exécution bénéficient de l'exécution provisoire de droit.

Fait à Paris, le 11 mai 2009

LE GREFFIER	**LE JUGE DE L'EXÉCUTION**
Bénédicte BESANÇON	**Laurence POISSENOT**

[2010/35] Cour d'appel de Paris (Pôle 1 — Ch. 1), 17 juin 2010, *SARL African Petroleum Consultants (*Apc*) /Société Nationale de Raffinage (*Sonara*)*

Arbitrage international. — 1°) clause compromissoire. — existence, — arbitre dessaisi par le prononcé d'une première sentence. —arbitre ayant constaté que la sentence avait été surprise par fraude. — arbitre ayant admis le principe de la rétractation de la sentence en application de la loi anglaise de procédure applicable. —arbitre ayant la faculté de rouvrir les débats après avoir constaté que la sentence n'avait pas mis fin au litige entre les parties. — compatibilité avec le dessaisissement de l'arbitre. —absence de nécessité d'un accord des deux parties pour saisir à nouveau l'arbitre aux fins de rétractation de la sentence. — 2°) sentence. — fraude procédurale. — sentence obtenue par fraude. — rétractation de la sentence par le tribunal l'ayant rendue s'il peut être à nouveau réuni. Clause compromissoire. — existence. —arbitre dessaisi par le prononcé d'une première sentence. — arbitre ayant constaté que la sentence avait été surprise par fraude. — arbitre ayant admis le principe de la rétractation de la sentence en application de la loi anglaise de procédure applicable. — arbitre ayant la faculté de recouvrir les débats après avoir constaté que la sentence n'avait pas mis fin au litige entre les parties. — compatibilité avec le dessaisissement de l'arbitre. — absence de nécessité d'un accord des deux parties pour saisir à nouveau l'arbitre aux fins de rétractation de la sentence. Recours en annulation. — clause compromissoire. —article 1502-1°Epc. — existence. —arbitre dessaisi par le prononcé d'une première sentence. — arbitre ayant constaté que la sentence avait été surprise par fraude. —arbitre ayant admis le principe de la rétractation de la sentence en application de la loi anglaise de procédure applicable. — arbitre ayant la faculté de recouvrir les débats après avoir constaté que la sentence n'avait pas mis fin au litige entre les parties. — compatibilité avec le dessaisissement de l'arbitre. — absence de nécessité d'un accord des deux parties pour saisir à nouveau l'arbitre aux fins de rétractation de la sentence. — existence d'une convention d'arbitrage valable. Sentence. — fraude procédurale. — fraude procédurale découverte postérieurement au prononcé de la sentence. — rétractation de la sentence obtenue par fraude par le tribunal arbitral l'ayant rendue s'il peut être à nouveau réuni. — existence d'une convention d'arbitrage valable. — absence de nécessité d'un accord des deux parties pour saisir à nouveau l'arbitre aux fins de rétractation de la première sentence. — arbitre ayant la faculté de recouvrir les débats après avoir constaté que la sentence n'avait pas mis fin au litige entre les parties. — compatibilité avec le dessaisissement de l'arbitre.

Il résulte des principes généraux du droit en matière de fraude que la rétractation d'une sentence arbitrale rendue en matière d'arbitrage international doit être admise en cas de fraude lorsque le tribunal arbitral peut être à nouveau réuni après le prononcé de la sentence.

Le dessaisissement de l'arbitre unique par le prononcé d'une première sentence est compatible, non avec l'introduction d'une nouvelle procédure, mais avec la réouverture des débats par l'arbitre unique dès lors qu'il a avisé les parties qu'en raison de la fraude imputée à la demanderesse au recours en annulation, cette première sentence «*n'avait pas mis fin au litige opposant les parties en présence* ». En conséquence, la fraude procédurale commise par la demanderesse a rendu possible la rétractation de la sentence par l'arbitre — choisi par les parties — qui l'a rendue.

La demanderesse objecte en vain qu'il n'y a pas eu accord des parties sur la saisine de l'arbitre dès lors qu'une éventuelle rétractation conventionnelle de la sentence est totalement utopique en cas de fraude, et dès lors que le tribunal arbitral a admis le principe de la rétractation après avoir interprété la loi de procédure anglaise sur la révision des sentences et que, pas plus que pour le droit applicable au fond, la Cour n'a à se prononcer sur la bonne application par l'arbitre de la loi de procédure applicable, en l'occurrence la loi anglaise. L'arbitre unique a considéré que la première sentence a été surprise par la fraude de la demanderesse au vu, d'une part, de ce que la société — tiers à l'arbitrage — que la demanderesse avait prétendu représenter au moment de la conclusion du contrat litigieux, a affirmé dans un courrier produit à la procédure arbitrale n'avoir pas connaissance d'un contrat signé en son nom, ne connaître en aucune manière la demanderesse et n'avoir pas plus mandaté le dirigeant de celle-ci pour la représenter, et au vu, d'autre part, de ce que ce dernier dirigeant était l'objet de poursuites pénales et qu'il a été condamné, postérieurement au prononcé de la sentence attaquée, à cinq ans d'emprisonnement pour escroquerie et abus de confiance par les juridictions camerounaises.

Dès lors que la sentence arbitrale attaquée a rétracté la première sentence, acquise par une fraude qui avait échappé à l'arbitre et que la demanderesse, qui n'invoque pas une violation de l'ordre public international, ne prouve pas que la sentence attaquée aurait été rétractée par une fraude procédurale de la part de la défenderesse, le moyen pris de l'absence de convention d'arbitrage est rejeté.

N° rép. gén. : 09/09688. — M. Matet, prés, Mmes Badie et Guihal, cons., Rouchereau, av. gén. — Mes Lauriol, Pomarède, av. — Décision : ordonnance du Président du Tribunal de grande instance de Paris du 2 avril 2009 conférant l'exequatur à une sentence arbitrale rendue à Londres le 18 mars 2003. — Rejet du recours.

INDEX

D

E

F

G

I

J

L

M

N

O

P

R

S

TABLE DES MATIÈRES

L'HARMATTAN ITALIA
Via Degli Artisti 15; 10124 Torino
harmattan.italia@gmail.com

L'HARMATTAN HONGRIE
Könyvesbolt ; Kossuth L. u. 14-16
1053 Budapest

L'HARMATTAN KINSHASA
185, avenue Nyangwe
Commune de Lingwala
Kinshasa, R.D. Congo
(00243) 998697603 ou (00243) 999229662

L'HARMATTAN CONGO
67, av. E. P. Lumumba
Bât. – Congo Pharmacie (Bib. Nat.)
BP2874 Brazzaville
harmattan.congo@yahoo.fr

L'HARMATTAN GUINÉE
Almamya Rue KA 028, en face
du restaurant Le Cèdre
OKB agency BP 3470 Conakry
(00224) 657 20 85 08 / 664 28 91 96
harmattanguinee@yahoo.fr

L'HARMATTAN MALI
Rue 73, Porte 536, Niamakoro,
Cité Unicef, Bamako
Tél. 00 (223) 20205724 / +(223) 76378082
poudiougopaul@yahoo.fr
pp.harmattan@gmail.com

L'HARMATTAN CAMEROUN
TSINGA/FECAFOOT
BP 11486 Yaoundé
699198028/675441949
harmattancam@yahoo.com

L'HARMATTAN CÔTE D'IVOIRE
Résidence Karl / cité des arts
Abidjan-Cocody 03 BP 1588 Abidjan 03
(00225) 05 77 87 31
etien_nda@yahoo.fr

L'HARMATTAN BURKINA
Penou Achille Some
Ouagadougou
(+226) 70 26 88 27

L'HARMATTAN SÉNÉGAL
10 VDN en face Mermoz, après le pont de Fann
BP 45034 Dakar Fann
33 825 98 58 / 33 860 9858
senharmattan@gmail.com / senlibraire@gmail.com
www.harmattansenegal.com

www.ingramcontent.com/pod-product-compliance
Lightning Source LLC
LaVergne TN
LVHW021153061026
849535LV00002B/458

* 9 7 8 2 3 4 3 1 3 8 2 3 7 *